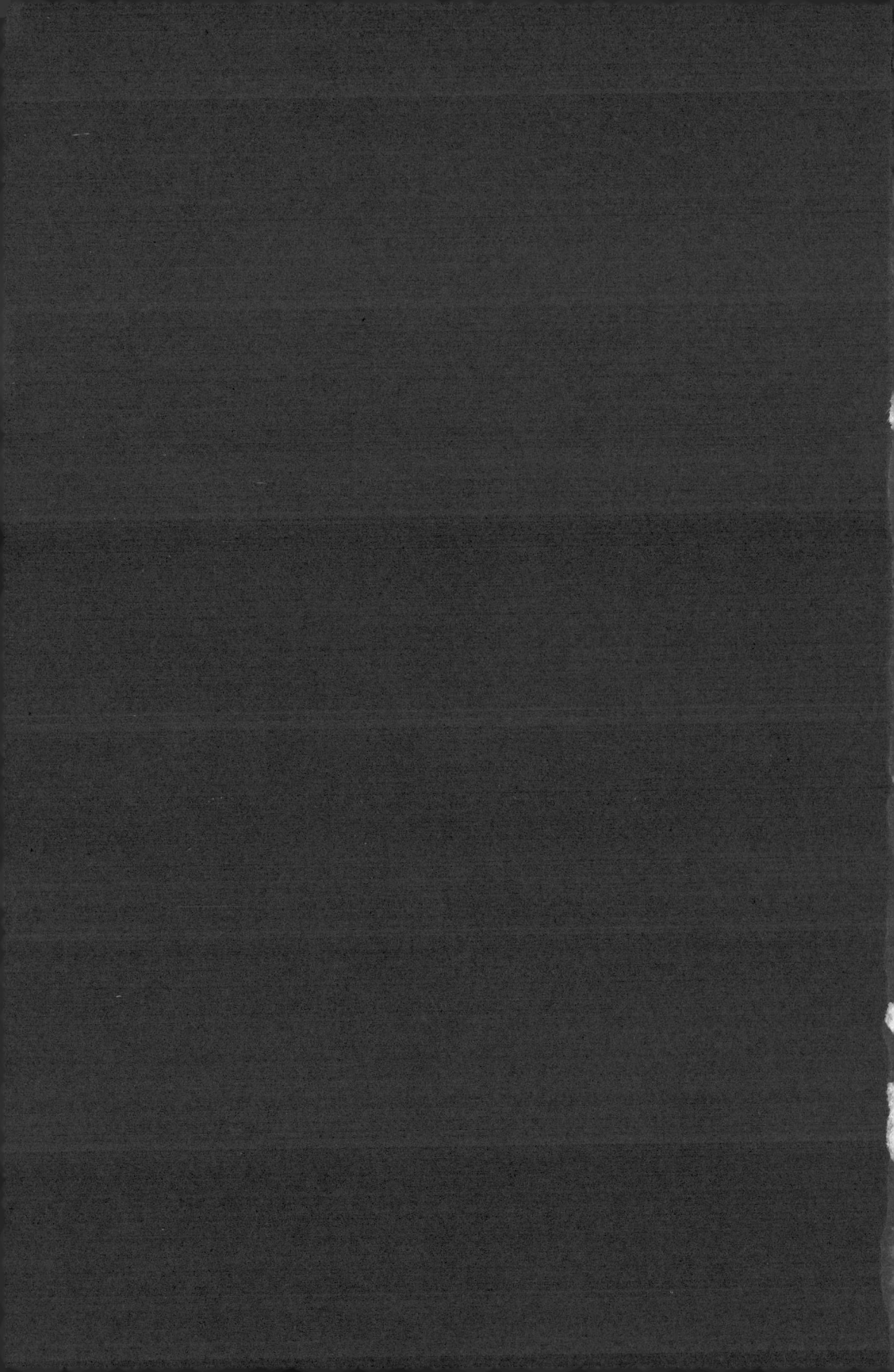

跨度·传记文库

Kuadu Biography Library

王姓始祖王子晋传

王姓始祖

郝树旭
郭成敏 ◎ 著

中国文史出版社

主要人物表

王子晋——东周灵王长子,姬姓,曾立为太子,王姓始祖之一。

纪　妃——纪国公主,王子晋之母,后册封为王后。

石婉儿——王子晋之妻,民女。

赵太后——周灵王之母。

周灵王——东周第十一代天王,姓姬,名泄心,人称"髭王"。

单靖公——周灵王辅政大臣,王子晋之太傅。

浮丘公——早期道人。

王叔陈生——周灵王辅政大臣。

伯　舆——周灵王辅政大臣。

瑕　禽——伯舆家臣。

史　狡——王叔陈生家臣。

苟　安——东周王室太监总管。

刘定公——刘毅,周灵王大臣。

尹言多——周灵王大臣。

甘悼公——甘过,周灵王大臣。

巩成公——周灵王大臣。

儋　括——周灵王侄子,大臣。

苌　弘——周灵王巫祝大臣。

单公子愆期——单靖公弟弟。

老　子——李聃,王室守藏室典史。

阴　里——周灵王使臣。

桓　良——王子晋之挚友。

仲　姜——周灵王王后,齐灵公次女。

唐　妃——周灵王妃嫔之一。

康　妃——周灵王妃嫔之一。

邾　妃——周灵王妃嫔之一。

·

观香公主——周灵王之女。

王子贵——周灵王次子,后为周景王。

王子佞夫——周灵王之子。

晋悼公——晋国国君,复霸的霸主。

晋平公——晋悼公儿子,晋国国君。

齐灵公——齐国国君。

齐庄公——齐灵公之子,齐国国君。

叔　向——羊舌氏,又名叔肸、羊舌肸,杨姓先祖,晋国重臣。

师　旷——晋国重臣,盲乐师。

范宣子——又名士匄,晋平公首辅大臣。

栾　盈——晋国栾氏公族后人,晋国将军。

崔　杼——齐国大臣。

目 录

第一回

中华民族寻根黄帝故里
王姓后人认祖缑氏仙山

　　水有源,树有根。
　　树高千尺,叶落归根。

——谚语

　　人类有一古老而深刻的哲学命题,就是"我从哪里来,我到哪里去"这一命题,自古至今,让多少圣贤先哲、文臣武将、迁客骚人,甚至凡夫俗子,抬头望天,俯首看地,孜孜以求,苦苦探索。这一既玄幻又真实的思辨,一言以蔽之,就是在寻根,就是在追梦。

　　遥想我中华民族,上下五千年,生生不息,源远流长,植根于东方神州,遍布于五洲四洋。我们的祖先,从"汤汤洪水方割,荡荡怀山襄陵"的蛮荒时代走来,历经茹毛饮血、刀耕火种的艰辛,由游牧到农耕,形成了社会雏形;自母系社会发端,到父系社会壮大,氏族部落演变成奴隶社会,形成国家形态;再进入封建社会,继而逐步进入更高的社会层次。历史长河,时而舒缓推进,时而奔腾咆哮,经过艰难曲折,绕过耸岸险阻,波澜壮阔,一往无前。直至今日,我皇皇华夏,以炫目的东方文明、灿烂的中华文化,自立于世界民族之林。当今中国,我们可以自豪地宣称:在这个小小寰球上,凡是太阳能够照耀到的地方,或者有淡水之处,都留下了龙的传人的足迹。勤劳智慧的中华子孙,弄潮于世界洪流,黄皮肤、黑头发的矫健雄姿,令全球瞩目。东方睡狮正张大睿智的眼睛,温和而又警惕地观察着五洲风云。

　　根脉所在,亲情所系,血浓于水,魂高于天。现代华人对于中华古老的文明、圣贤先哲、悠久历史的认识,由残存的记忆发展到大数据的记录,从疑似神话传说进入到历史真实。我们伟大的祖先,从树上溜下来,躲进了"山顶洞"中。他们结群抱团,围猎禽兽,采摘野果,以果饥腹。他们从手握石器到制作弓矢,劳动提高本领,本能得以延伸,一步步踏上"红山",敬奉着"玉猪龙",迈向了坚

1

实的大地。原始部落的首领们,带领本部落的同胞在恶劣的生存环境中,同猛禽野兽搏斗,同冰雪洪水搏斗,同外族部落搏斗,用生命的代价,向天地自然,向族群异类,争夺和拓展着生存空间,把"丛林法则"发挥到极致,终于物竞天择,适者生存,为我们这些后人磨砺出强韧的生存基因。那些可歌可泣的优秀代表人物事迹,在人们结绳记事的基础上,口传心记,逐渐浓缩,演绎成一个个动人的、令人敬畏的、令人心驰神往的神话传说。诸如盘古开天辟地,太昊伏羲一画开天,女娲抟土造人,羿射九日,嫦娥奔月,燧人氏钻木取火供熟食,有巢氏造舍民有居,神农氏尝百草教人务农耕,仓颉造字闻鬼夜哭……这些远古部落的酋长们,以他们对生民生存做出的贡献、提升民族素质的创造发明,流于口碑,载入青史。

伟人毛泽东曾经引用过这样一句话:"自从盘古开天地,三皇五帝到如今……"这句话意味着,自黄帝、颛顼、帝喾,到唐尧、虞舜、大禹、夏启、商汤、周文武以后,历史终于撩开了它迷人的面纱,渐次清晰起来。尤其是我们公认的人文始祖轩辕黄帝,已经成为中华民族先祖崇高圣洁的象征,成为中华民族精神的宏伟图腾。毛泽东在《四言诗·祭黄帝陵》中这样称颂黄帝:"赫赫始祖,吾华肇造;胄衍祀绵,岳峨河浩。聪明睿智,光被遐荒;建此伟业,雄立东方。"这位据说生在豫州具茨山、活动于九州方圆、建功于上百个部落族群、葬于雍州桥山的有熊氏君主,一生创立的丰功伟业,至今被人们交口传颂。他在华夏民族生存中做出的贡献,已经有了史料记载,与神话传说有了本质的分界。"三月三,拜祖先",在全球华人涌动不息的寻根热中,新郑黄帝故里、桥山黄帝陵园,已经成为追溯民族之根的寄寓圣地。当代华人欣逢盛世,海外侨胞、港澳台胞和全国各地的炎黄子孙,掀起了一波又一波寻根认祖的浪潮。每到农历三月三日,上万民众,不约而同,怀着无比崇敬、无比虔诚的心情,远涉重洋,从四面八方奔来,如蜂如蚁,络绎不绝,赶到黄帝故里或黄帝陵,献花致赋,敬香吟咏,载歌载舞,凝聚出"同祖同根同源"的民族共识,熔炼出"和谐和睦和平"的华夏精神,祈福血脉相连的同胞,祈求祖先庇佑天下苍生共享和平。其中,最让人倍生感触的,是那棵姓氏之树。姓氏之树使每一个前来祭拜的华人怦然心动,驻足流连,手指眼觅,惊呼找到了自己的姓氏,找到了直系的根,顿生强烈的归属感,体味出了老家和亲情的温暖,禁不住心潮激荡,泪眼蒙眬……

中华民族犹如一棵参天大树,枝繁叶茂,根系发达。说起王姓,众所周知是中华民族数一数二的大姓。据2014年人口普查统计,目前全国王姓人口有九千四百六十八万人,在各姓氏中排序第一。这个接近一亿人口的最大姓氏族群,源头非常复杂,宗祖根脉并非唯一,查考起来,有出自虞舜分派的妫姓王,有出自商代比干分派的子姓王,有出自周王朝毕公高的姬姓王,也有出自夷狄的虏姓王,还有出自皇帝赐姓、改姓、冒姓、换姓、复姓等的异姓王。

本书所追溯的王姓始祖,是东周王室的王子晋。山西太原王、山东琅琊王、江西豫章王,以及明朝从山西移民到河南、河北等地的众多王姓族群都是他的后裔,尊他为开山之祖。

王子晋(公元前565年—公元前548年),姓姬字乔名晋。因为他生活在春秋中后期,是东周第十一代天王周灵王姬泄心的儿子,故称"王子晋",又因为他曾经被周灵王册立为王储,故又称为"太子晋"。史书上记载,他,天纵聪明,温良敦敏,富有仁德,善政爱民。他,以其博大的胸怀、过人的智慧、高尚的情操、廉洁的政声、善辩的口才、丰满的人格,被东周王畿内的百姓所拥护、所爱戴,声名远播诸侯各国。他青年早逝,死后又被人们敬为仙人,代代相传,并且因为他衍生出一脉庞大的王姓族群。他本来应该是一个"五百年必有王者兴"的领袖人物,却因他青年仙逝,留下了历史的缺憾。尽管如此,他在华夏的历史上,仍然犹如一颗璀璨的流星,放射出炫目的光芒,划破夜空,照亮天际,德垂青史,泽被后世,启迪后人。

为了准确地把握历史潮流的脉搏,向读者展示一个鲜活的历史人物,作者遍览古籍,从字缝中探求这位先祖的生平事略,搜肠刮肚,穷尽文思,仍然不足以布局谋篇,载道文史。特别值得说明的是,孔老夫子说过:"知之为知之,不知为不知,是知也。"其实,在科学发达、互联网风靡全球的今天,圣贤的说法,也会过时。年轻的一代,已经对运用电脑驾轻就熟,孔子的话可以修正为"知之为知之,不知百度知",打开电脑,许多未曾了解过的知识,一经搜索就扑面而来,尽收眼底。因此,作者打开电脑的搜索引擎,几乎搜出了与王子晋相关的所有资料,但仍然缺乏行笔走书、击键输屏的勇气。于是,在相关领导的精心安排下,作者特意深入到王子晋生前活动频繁的登封、偃师、洛阳一带,进行了实地考察。

陪同作者开展考察工作的,一位是研究文史的高先生,一位是某名牌大学历史系硕士李妍女士,这二位都对王子晋的研究情有独钟,掌握研究王子晋的重要文献资料。在他们二位的陪同下,考察活动安排得十分圆满,收获颇丰。

与东岳泰山、南岳衡山、西岳华山、北岳恒山并称"五岳"的中岳嵩山,巍然屹立在中原腹地上,商周时期被称为"天室山"。在我们先祖的观念中,"天圆地方",大地的中心就是处在称为"天室"的嵩岳之地。为此,中原与中岳就形成了风格独特的"中"文化。相声、小品艺术家们,在调侃河南方言时,常常拿河南人的口头禅"中"举例。也就是说,中原人对于类似指令性语言的认可,从来不用"是、好、行、可以"一类的词汇响应,而是坚毅果决地说出一个字:"中!"或者温柔勉强地答应:"中啊!"其实,这一方言,要远比其他任何回答更古老,它显然产生于这天地之中的地方。

嵩山由太室山、少室山组成，山势巍峨，雄伟险峻，中峰高矗，直冲霄汉。这里有丰富的历史陈迹，也有繁多的历史传说。流传最广、最古老的当属大禹，流传同样广泛的另一个人物就是王子晋了。最有力的证明，是在嵩山七十二峰中有一座高峰名为"子晋峰"。同时，还有两座山峰，一名"浮丘峰"，一名"观香峰"，而浮丘公与观香公主都是与王子晋紧密关联的历史人物。这三座山峰的存在，都彰显出从古到今人们对王子晋的敬仰和爱戴，成为彰显少年英祖王子晋千古不朽的存在。此外，以王子晋身份命名的"太子沟""太子石""太子池"等，以及后人为纪念王子晋而修建的"白鹤观""太子庙"，无不证明，少年贤达王子晋在中华历史中，在人们的深层记忆里，有着不可磨灭的显赫地位。

在高先生等人的陪同下，作者登上太室山主峰，就在那接近峰顶处，考察了白鹤观。高先生告诉作者，这里就是王子晋修仙炼道之处，后人总结的"王子晋导引术"，就是源于这座道观，它与缑氏山一样，同属纪念王子晋的圣地。这座道观距今也有两千五百多年了，它始终屹立在嵩山之巅，从未被人们遗忘过。当然，在历史的风云变幻中，它也难免经历无数次被焚毁、重建的遭遇。现在的这座古朴建筑群，是前几年由仁人志士筹措资金，经有关部门批准，聘请专家精心设计，精心施工，在原址上恢复重建的。而高先生，也是这座宏伟建筑的策划、主持人之一。站在白鹤观前，作者猜想着王子晋在此勤奋修炼、潜心悟道的情景，心中油然升起崇高的敬意。同时，也为这里优越的地理位置、优美的自然环境，由衷地赞赏称奇。这里不仅是一个古代圣贤的纪念圣地，也是一个没有污染、洁净幽静的天然氧吧。无怪乎多少人至此一游，流连忘返。

考察的最后一站，也是最重要的一站，就是位于嵩山西北麓一二十公里开外的王姓发祥地、偃师市府店镇的缑氏山了。

这一日，是甲午年(2014年)霜月的一天，天高云淡，秋风送爽，气温宜人。作者站在宾馆大楼前的广场上，环视太室、少室二山，心旷神怡，陶醉于身在天地之中的美妙感觉里。不一会儿，司机小张开一辆越野车，把高先生和李女士接了过来，二人少不得跳下车来寒暄一番。高先生老成持重，宅心仁厚，肚子里装满了当地的风土人情、轶闻掌故，虽然衣着朴素，举止却温文尔雅，掩盖不住满腹经纶的学者气质。李女士则年轻漂亮，风姿绰约，上穿白底蓝花的绣边丝衫，下着酱灰色毛料裙子，给人以清新典雅、端庄秀丽的感觉。司机小张打趣道："李妍啊，打扮得这么漂亮，打算和王子晋一道成仙啊？"李妍脸上浮起红晕，啐了小张一口："开你的车吧，没有人把你当哑巴。"

越野车忽忽悠悠、欢快平稳地行驶在边山大道上。李妍抱着相机，坐在副驾驶位置上，全神贯注地盯着前方。高先生与作者并排坐在后座，半眯着眼睛，似乎在默诵着佛学的《般若波罗蜜多心经》。司机小张很健谈,更有漂亮女士坐在身旁,很快打开了话匣子,就像一名经验丰富的导游,向作者介绍起登封市的风土人情。由于中国历史上唯一的女皇帝武则天曾经八次临幸嵩山,是登封当地百姓津津乐道的历史,小张的话题很快转到了武则天身上:"要说这历史啊,对女人太不公平了,就说这武则天吧,多少人抹黑她。说她设立举报箱,重用酷吏周兴、来俊臣,害了多少人蒙冤而死。还说她养汉子和尚薛怀义,包小白脸张易之、张昌宗兄弟俩。这又有什么?当了皇帝,不杀反对她的人,巩固自己的统治地位,中吗?再说,就兴男皇帝三宫六院七十二妃嫔,外加后宫三千佳丽,难道就不许女皇帝有男宠吗?叫我说啊,人家武则天才真的是雄才大略,千古一帝!"

李妍哧地笑了:"张师傅,别掉你的书袋子啦,乱用辞藻,什么雄才大略啊?武则天是个女的,这个词用不到她的身上!"

小张连连说:"对,对,应该说'雌才大略'!"

三个人都忍俊不禁,哧哧地笑了起来。好不容易止住笑,高先生说:"像小张这样半文半白地介绍历史人物,倒是别有一番风味!"作者也附和道:"是啊,设举报箱、养小白脸都是现代语言,却也通俗易懂。"

小张得到两个人的肯定,谈兴更浓,正要说什么,忽然看见后边有车队打超车灯,赶紧靠边行驶,让车队鱼贯而过。

李妍扭过身子,扑闪着会说话的大眼睛,手指窗外:"作家老师,你看,这里就是少林寺附近,那一片楼房就是全国闻名的塔沟武校!"

作者向窗外一看,果然到了塔沟武校一带,而且各种武校的牌子,在楼顶上林立,可见由于少林寺驰名中外,嵩山武风大盛了。

作者正在想,忽听小张大呼小叫:"你们看,刚刚过去的车队挂的是山东的牌子!"

李妍嗔怪他:"这有什么?咱们登封市是全国著名的旅游城市,有外地车辆也值得你大惊小怪?"

小张不服气:"我说李领导啊,你才真是'雌才大略',你说的我哪能不知道?可这些车辆是往偃师方向去的!"

高先生好像明白了小张的意思,拍拍作者的手臂:"我猜呀,这些车大约和我们的目的地一样,是上缑氏山的!"

小张肯定地说:"就是,就是,八成,八成!"

作者也感到惊喜:"那可太好了,跟上他们!"

小张提高车速,一路尾追着这个车队。出了太室、少室两山的西北垭口,下了一段长长的弯弯曲曲的坡道,再向西行驶了一二十公里,果然看到这批车辆停在公路一侧。

小张说:"老师,缑氏山到了!"

作者抬眼望去,看到在公路的南边,有一个平地凸起、不太高的山包,好像一口平底锅,倒扣在平坦的原野上,登时感到,这与想象中的缑氏仙山太不相符了。

由于离上山的道路还有一段距离,小张绕过山东牌照的车辆继续向前开,到了两栋小楼夹着的上山坡道处,看见迎面也有长长的一溜儿挂着山西牌照的车队停在公路的另一侧。

小张将车停稳,唤了一声:"三位领导,请你们下车吧,我到前边停好车,再过来找你们。"

作者与高先生、李女士下了车,一边活动活动手脚,一边观察着熙熙攘攘的人群。但见一队身穿校服的小学生,手捧着鲜花,列队站在前往缑氏山的坡道上,另有一群当地政府领导模样的中年男女,笑容可掬,立着迎宾。其中一个中年干部手持着电喇叭,不停地招呼着:"从山西来的朋友请抓紧列队,我们共同欢迎来自山东的朋友。"

向东望去,山东车队的乘员正在下车。在孩子们挥舞鲜花高呼"欢迎,欢迎,热烈欢迎"的喧闹声中,从山东车队第一辆车上,下来一位穿着像华侨、满头银发、精神矍铄的老者,被一男一女两个中年人搀扶着站在车前。其他车上下来的人也都围了过来,像众星捧月一般簇拥着这位老者,与两边的人流会合。

电喇叭向众人介绍了前来欢迎的市、镇领导,少不得又是一阵子握手寒暄。一个像宾馆大堂经理模样的漂亮女郎,带着四个迎宾小姐,每人捧了一个盛着黄缎带的托盘,为两边的贵宾献上,很快,宾主阵线分明起来。

电喇叭发出号召:"欢迎山东、山西王姓后裔朋友前来缑山拜祖,请大家排好队,开始上山。"

于是,前边有迎宾小姐导引,华侨老者仍由那一男一女搀扶,后边山东、山西两处来的王姓后人排成两列纵队,如同多年未见到的亲人一样,亲热地牵住手,庄重地缓步上山。

作者与高先生、李妍立在公路边上,注视着渐渐远去的人群,等待着司机小张。李妍略显羞赧地抱歉:"哎哟,咱们事先没有跟有关方面联系,让作家老师受冷遇了!"

高先生也不无遗憾地说:"就寺(是),就寺(是)。"(当地人口语把"shi"总发成"si")

作者一笑:"呵呵,你们过虑了。咱们在此考察,不过是体验一下王子晋当年的生存环境,完全没有必要兴师动众。再说,咱们正好碰上了两地王姓后裔来此祭祖的盛事,极为难得啊。"

冷不防小张在身后插话:"是啊,老师算得上微服私访吧。"

见小张已经跟上,四个人也开始嘻嘻哈哈地上山。这是条长千把米的一段坡道,水泥铺就,没有台阶,缓缓而上,角度较小,相当平坦。

上山前,只见横在坡道上有一四根立柱的高大牌坊。正中间横额上,写着"仙人观"三个大字,两边低一点的横额上分别写着"王氏祖源"和"武皇御笔"八个大字。我们驻足观看,每个人的表情都不自觉地庄重起来。

来到山顶,整体看来,是一个方圆百十亩、相对平坦的场地。临时搭建的拜祭台前,两处王姓后裔已经整整齐齐地列队,在司仪的主持下,各项议程有序地展开。由此看来,当地政府高度重视这一活动,做了充分的准备。

我们一边观察祭拜活动,一边欣赏周围的景色。高先生小声地向作者介绍着这里关于王子晋生前的传说。

高先生讲,相传王子晋就是在这座山上驾鹤宾天的,你别看这座山并不大,可它的名气很大。特别是武则天亲自撰写了升仙太子碑以后,缑氏山更加确立了王姓发祥地的地位,王姓后人也一直以此地为祭祖圣地。

作者听着高先生的讲述,思绪万千。忽然联想到,刘禹锡的《陋室铭》中有云:"山不在高,有仙则名。"大约刘大诗人曾经来过这里。再说,现在当老人去世,挽幛挽联上常常用"驾鹤西去"作为悼词,也可能是出自王子晋驾鹤升天的传说吧。

正联想间,高先生扯了一下作者:"走,咱们去看看升仙太子碑,等他们祭拜结束了,人就拥挤了。"

我们四人赶紧去了山顶的南端,这里正在围绕武则天撰写的升仙太子碑做景观建设,施工队伍把那座保存完好的石碑用蓝色的铝皮板蒙着,让人遗憾地看不到石碑的真面目。好在石碑上的文字及武则天飞白的鸟书书法,可以在互联网上查到。尽管被遮挡着,作者仍感到了这座石碑非常巨大,与陕西乾陵的唐高宗碑和武则天的无字碑尺寸相仿,尽显皇家气派。

望着高大的碑楼,作者又是一番感慨,武则天为自己留下了一座无字碑,千秋功罪,任人评说,可她竟在这里,留下了为王子晋亲笔撰文并书丹的有字碑。仅从文物角度来看,也是无价之宝,更令人赞叹的是,这座石碑已历时一千三百多年,竟然保存得如此完好,真是一个奇迹。

这时,两个王姓后裔团队的祭拜活动已经结束,人们正在向升仙太子碑这里走来。高先生问作者:"这批人过来,施工人员肯定会把遮挡的铝皮取下来,咱们是不是再等等看?"

作者说:"算了,没这个必要,"忽然动念,"要是能采访一下他们才好。"

李妍说："老师，不行的，我已经同他们联系了，他们的负责人说，因为还有一些其他的活动，来不及了。"看看作者稍显失望，李妍举着一沓子活页资料和两本小册子说，"放心吧老师，他们已经为我们留下了不少资料。"

作者问："他们的行程这么紧，还要到哪里去？"

"他们要到偃师市去，领导们已经为他们安排了根亲联谊活动。"

作者与高先生对视了一下："既然这样，咱们就在这山上转转看看吧。"

于是，一行人就在这山包上信步漫游，观察着山包上的景物。作者对这座山有一种似曾相识的感觉，就问高先生："老高，秦始皇陵要比这座缑氏山大得多，却是人工堆起来的。这个山包是不是王子晋的陵墓啊？"

高先生笑道："哪里哪里，这座山自古就有，由于王子晋被道教奉为仙人，这里就成了道教的圣地，还演绎出曾是西王母修仙之处。再说，王子晋一生节俭爱民，绝对不会耗糜民脂民膏为自己修造陵墓的。"

"不仅如此，"李妍笑笑，接过话来，"王子晋在这里生活期间，已经是废太子了，没有理由为他造这么大的陵墓，而且，那个时代，东周王室已经入不敷出，也拿不出钱来营建这么大的工程。"

作者为自己幼稚的问题哑然失笑："你们二位说得都对，是我想多了。可是，这里既是王子晋升天的地方，难道就没有一个衣冠冢？"

高先生默然了一阵子，轻轻地叹了口气："怎么没有？据说就在这座山包的东北方向，大约半公里之处，曾经有一个王子晋的'剑冢'。在道教的传说中，那座墓有人盗过，那剑飞升了，人们又原封不动地埋好。可惜，动乱期间，这座坟墓被平掉了。也许当地还有几个老人知道在什么地方，要是再过若干年，恐怕就没有人知道具体位置了！"

作者感到十分遗憾，再次环视山包，遥望远山近水，有所感悟，对高先生和李妍说："哎，二位，假如我们乘热气球，升上高空，对这里的远远近近做个鸟瞰，将会是一个什么样的景象？"

高先生与李妍对望了一下，没有回答，不解地盯着作者。

作者说："你们看，东南方向的太室与少室两座大山，就像两条巨龙，横亘在大地上，两只龙头形成的那个山口，正冲着这座缑氏山，正是二龙戏珠之状啊！"作者转身，面向北方，"再看嵩山北麓发源的那条大河，也如一条白练，半环着这座缑氏仙山。从这个大形势看，别看这座山包不大，的确天造地设，钟灵毓秀，真是一块风水宝地啊！"

听了这个云山雾罩的分析，几个人都很激动，觉得神奇。小张惊呼："中！这座山包如此奥妙，无怪乎王姓后裔人口众多，名列第一了！"

……

读者朋友,闲言少叙,书归正传。下面,让我们穿越时空,回到两千五百多年以前,那个礼坏乐崩、诸侯争霸、逐鹿中原、问鼎王室、思想解放、百家争鸣的年代,看看我们的主人公王子晋不平凡的经历吧。

第二回

武王定九鼎中原开新宇
周公营东都洛阳徙遗民

公元前565年春,古都洛阳。

周朝历法的阳春三月,在周文王演绎的后天八卦里,是十二消息卦,又称辟卦的泰卦三月。泰的意思是美好和谐、太平安定。这一月,正是天地交融、阴阳互感、万物生发、草木葱茏、风暖雨润、绝胜烟柳的大好时节。京都的北部,流淌不息的是中华民族的母亲河,在这一时节,春凌已经消尽,浑黄的河水看上去温柔娴静,却也是潜流涌动,水面上不时冒出一个又一个圆圆的漩涡,翻卷着波纹,又好似沸水翻滚,平缓而又顽强地向下游流去,奔向东方,奔向大海。戴着斗笠、披着蓑衣的打鱼人,乘坐着独木舟或牛皮筏子,悠然自得地撒下渔网。到了收网时,在朝晖的映照下,一条条泛着银光的黄河大鲤鱼挂在网上,打鱼人取下来,扔在鱼篓里。这些不甘心脱离河水的鱼儿,甩头摆尾,啪啪作响,恨不能纵身一跃,回归水中,自由自在地畅游。嵩山的余脉邙山的尽头,伏牛山北麓环抱着这座古都。春风吹拂着不老的城邑,吹绿了原野,吹绿了伊水、洛水和谷水的岸柳,也吹绿了古都居民的心田。

这个时代的洛阳,处在春秋后期。尽管东周王室日渐衰微,礼坏乐崩,罡风不振,但在名义上仍是天子之都,皇城根儿。城池的规模,繁华的程度,除了齐国的临淄、楚国的郢都尚有一比外,寥廓的神州赤县,没有比它更大更热闹更繁荣之处。城池的政治地位动摇,并没有影响到它的经济文化中心地位,这也正是东周王朝春秋时期非常奇特的现象。

王子晋即将诞生在这个锦绣的城邑里。存在决定意识,在展开故事前,首先回顾一下周王朝以及洛阳的发展进程,因为这些,都会对王子晋的成长,政治理念、人格的形成,发生着重大影响。

相传在此前的五百多年,周王室还是盘踞在陕西岐山的一个诸侯小方国,在殷商王朝的统治之下。周国的始祖古公亶父带领族人,筚路蓝缕,艰辛创业,开垦荒漠,抗击戎狄,一个小小的部落渐渐地强大起来。从古公亶父以降的几代周人君主,无不克勤克俭,惜民护民,受到治下百姓的衷心拥戴,到了周文王姬昌时期,更是将前人的优良作风发扬光大,声名远播,已经对腐朽的殷商王朝构成了严重的潜在威胁。殷商纣王曾经把姬昌投入国家监狱羑里城两千多个日日夜夜,姬昌忍辱负重,韬光养晦,大彻大悟,钻研并创制了后天八卦,写出了"群经之首,大道之源"——《易经》。姬昌被释放以后,结识并启用了年迈博学的太公吕望,复仇的怒火在周人的国度里熊熊燃烧,救民于水火的强大决心,极大地提升了周人的品格,一场与殷商王朝大对决的战争一触即发。

殷商王朝的最后一个君王就是纣王。他,昏庸暴虐,宠信奸佞,滥杀无辜,诛良臣比干,逼箕子装疯,视百姓如草芥,所施的刑法无所不用其极,王室内外,怨声载道。他还宠爱美人苏妲己,整日不理朝政,泡在酒池肉林之中,荒淫糜烂,已经沦为独夫民贼,统治阶层分崩离析,人心丧尽。

公元前1045年,周武王秉承周文王的遗志,亲自率领戎车三百辆、虎贲三千人、甲士四万五千人,作诗《大誓》,向华夏发出了讨伐商纣王的动员令,立刻引起众多诸侯小国的普遍响应。周武王联合了庸、蜀、羌、彭、濮等方国的军队,浩浩荡荡,举兵东伐,于公元前1044年二月甲子日早晨抵达商都近郊牧野(今河南省新乡市北部),扎下营盘,向殷商王朝宣战。纣王也筹集了七十万人马,迎战周武王,兵力上占有绝对优势。可是,在冷兵器时代,战争的胜负不是以兵员多寡所决定的,而是由人心的向背所决定的。纣王的七十万大军,不仅没有战斗意志,而且盼望周武王这样英明的君主改朝换代。于是,交战伊始,旌旗蔽日,鼓角齐鸣,杀声震天,在周武王凌厉的攻势下,商朝的军队一触即溃,土崩瓦解。众多的奴隶、囚徒组成的商军队伍,根本不愿为殷纣王卖命,阵前倒戈,引领周武王的雄师长驱直入,很快攻陷了商都朝歌。殷纣王一看大势已去,在极度的恐惧和绝望之中,跌跌撞撞,爬上鹿台,眼看着黑压压的反叛军队围了上来,大叫一声"天丧我也",举火自焚,结束了殷商王朝五百多年的统治。

周武王完全没有料到,胜利来得竟然如此容易,在部下和已经投降的殷商旧臣的劝进下,周武王以顺天承命的名义,在商都朝歌举行了新王朝的奠基仪式。于是乎,周以一个地处西陲的诸侯小国一举战胜了大邑商,顺利地完成了王权移位。

周武王并没有在朝歌定都,他任命殷纣王的儿子武庚继续管辖朝歌这块地方,并留下本族的文臣武将和一干人马,作为"三监",严密监视武庚,防止商王朝死灰复燃。然后,把象征黄帝界定的天下九州的九只大鼎,装上战车,一路高奏凯歌,班师回周朝的都城镐京。大军路过中岳嵩山(当时称天室山)时,周武王又在山上举行了封禅大典,接着一路向西,来到洛邑。眼看临近函谷关,即将进入了原来周人的管辖之地,周武王的心情放松下来,决定在洛邑这个地方扎下营盘,稍事休整。

几天后,解除了征尘疲劳的周武王,让年事已高的军师姜太公吕尚留在军中休息,自己安排将校备马,带领弟弟姬旦、近臣召公、毕公、康叔、丹季等大臣,沿着伊水河岸,来到伊阙,登临高处。所有随从人员并不知道武王此举何意,静静地立在周武王身旁,聆听他的旨意。

身材魁梧的周武王立在一块大石上,目光坚毅,眺望着远山近水,心潮激荡,豪情万丈。他用马鞭子指着若隐若现的洛邑城郭,对姬旦说:"四弟,你们看,洛邑这个地方,地处中原,西接关中,南联荆楚,北临三晋,东濒齐鲁,是一个四方辐辏之地,地势冲要,商贸发达,无怪乎这里物阜民丰、百姓安居乐业啊!"

周公旦等人连连称是。周公旦说:"大王,臣弟十分佩服您的宽阔胸襟和战略眼光,洛邑这个地方的战略地位实在太重要了。不过,臣弟问您,您打算如何利用这个地方?"

"哈哈哈哈,知我者,四弟也!"周武王朗声大笑,震得小鸟扑扑棱棱地飞了起来。笑罢,周武王神色凝重,沉思良久,缓缓说道:"四弟呀,殷商王朝的灭亡,完全是纣王倒行逆施造成的,天要灭商,无可救药,我不予取,天命难违!可是,我们几乎兵不血刃就取得了天下,你不觉得这胜利来得太容易了吗?"

这一席话,说得周公旦打了个冷战。是啊,打江山容易,坐江山太难!如何管控好这神州大地,对于周人来说,不啻是一场严峻的考验!他们君臣怀里抱住的,不仅仅是胜利的成果,也是一块烫手的山芋。听了周武王的话,周公旦觉得自己肩上的担子重若千斤!

周武王看了看神色同样凝重的姬旦、召公、毕公高等人,继续说下去:"你们应该懂得,上天主宰着王权的更替,而民众则决定着王朝的生死存亡。我周朝开国之初,百废待兴。一旦殷商遗民缓过神来,突然意识到掌握在他们手里几百个春秋的政权消失了,就会有切肤之痛,就会疯狂反扑,妄图复辟!所以,寡人觉得,我们必须高度警惕,严阵以待,绝不能有丝毫的麻痹、懈怠!"

周公旦认真思考着王兄的教诲,不禁心潮起伏,浮想联翩。这个满腹经纶、深得周文王真传的姬旦,早已不再陶醉于已经取得的胜利,但王兄比自己看得更为深远。他保持沉默,继续聆听着周武王的宏伟设想。

周武王接着说:"诸位,天下既是我们周人的天下,也是天下人的天下。从寡人在朝歌登基的那时起,我们的视野就不能仅仅盯在关中那块八百里肥沃的土地了,我们要敬德保民,治理天下。"周武王顿了一顿,"一路上,寡人一直在思考,要不要将这象征天下的九鼎安置在镐京?到了洛邑,我才突然意识到,我们的胸怀、器量和眼界实在太小了,还没有从诸侯小国的圈子里跳出来。我们周人必须脱胎换骨,拿出平治天下、舍我其谁的大气魄!所以,我看中了洛邑这块宝地,决定在这里定鼎,稳住中原,以示八荒六合,俱是我周人的天下!待我等君臣到了镐京,把治国施政的方略定下来以后,腾出手来,在洛邑建个陪都,嗯,就叫东都吧。这样一来,自镐京以东,我们周人就建立了一个新的基地,充分发挥这里的区位优势,更加有利于号令天下!"

周公旦此时才明白了周武王带领大家来到此地的重大意义和良苦用心,他敬佩地注视着这位雄才大略、睥睨天下的王兄,胸中同样充满了一腔豪情。其他随员也为周武王这一重大决策欢呼雀跃,摩拳擦掌。

紧接着,经过周公旦等人的紧张筹备,周武王亲自在洛水与谷水的交汇处建立了一座高台,举行了比在朝歌、嵩山更为隆重的定鼎仪式,祭拜天地,以此诏告天下苍生,从此九州方圆,尽归周人统治。

从登基、封禅到定鼎,周武王在不到三个月的时间内,完成了一系列具有象征意义、历史意义的立国开元之举,并在洛邑勾画出了一幅大发展的宏伟蓝图。回到镐京以后,周武王为新兴的政权日夜操劳,废寝忘食,终于累出了一场大病,自知天年将尽,命人将周公旦叫到病榻前托孤负重。他特别交代姬旦:得洛阳即得中原,得中原即得天下,万望四弟辅佐幼主,平定天下,选择适当的时机,抓紧营造东都。周武王断断续续地向周公旦面授机宜,殷殷嘱咐。周公旦看着少气无力的王兄,扯起衣袖,不住地揩擦眼泪和鼻涕,悲伤万分,哽咽得连话都说不出来,只是跪在王兄的病榻前,叩头应承。周武王交代完后事,溘然长逝,享年仅四十五岁。

周公旦亲自主持,为周武王举行了隆重的葬礼后,将周武王的儿子周成王扶上王位。由于周成王年纪幼小,周公旦就担当起了辅政的责任,接连向全国发出了《大诰》《康诰》《召诰》《梓才》等文书,号令天下,稳定民心,稳定大局。即使如此,仍有不少谣言从镐京传出,说周公旦可能将年幼的成王取而代之。谣言传到殷商遗民那里,引发了政治危机。他们蠢蠢欲动,由复辟的梦想变成复辟的行动。特别是留守在朝歌的殷纣王之子武庚,感到时机成熟了,说服周武王委派留守殷地的"三监",以"勤王"的名义起兵,发动叛乱。

形势十分危急,眼看刚刚建立的新兴政权面临倾覆的危险,周公旦亲自率兵东征,经过三年浴血奋战,终于剿灭了武庚和"三监",平定了叛乱的军队。至此,周王朝才真正一统天下。

周公旦不愧为英明的政治家,在平定叛乱伊始,他就深谋远虑,秉承周武王的遗志,首先到洛阳"相土",营建东都。建成以后,将"洛邑"改名为"洛阳"。史称镐京为"宗周",洛阳为"成周"。周公旦下令,将那些心有不甘的殷商贵族,当作顽民迁往东都洛阳的东郊一带,派驻八师军力严密地监视起来。

到了此时,殷商的遗民才真正感到大势已去,再无复辟的可能。他们到了东都，别说不可能再享受封国或食邑的贵族待遇，没有沦为奴隶就是周王朝所赐予的最优厚待遇了，从此老老实实，自食其力。好在商民们有着良好的经商传统，而周王朝也没有重农抑商的观念，这些殷商遗民与当地的土著百姓打成一片，借助洛阳独特的地理区位优势，商业、手工业很快兴起，没过多少年便创造出了洛阳盛况空前的繁华景象。

那么，周公旦营造的东都又是什么样子呢？说穿了，当初也就是一个大兵营而已，其作用，一方面是监控殷商遗民，一方面是护卫九鼎。后来，周成王、周康王两代君王继承了周武王、周公旦未竟的事业和优良的施政传统，创造了历史上有记载的第一个太平盛世，史称"成康之治"。在这一历史时期，洛阳东都得到了较快的发展，已与早期不可同日而语，成为名副其实的一座都城。如果把镐京比作大脑的话，洛阳则相当于周王朝的心脏。数百年的时间里，从镐京这个行政中心发出的诏告旨令，都经过留守在东都的王室大员的周转，发布于一百四十多个大大小小的诸侯方国，形成了一整套相对行之有效的指挥系统。

事物总是在不断地发展变化之中。古代君主在施政动武前，都要祝告上天，用专门懂得巫术的官员，煅烧龟甲，占卜吉凶，从神灵那里寻找启示。而周文王则通过潜心研究，创立了系统的占卜理论体系。他最伟大的贡献之一，就是弄懂了事物运动阴阳消长、盛极而衰、否极泰来的波浪式发展周期。这个规律形成的义理就是道，道为《易经》的体，卜为《易经》的用。后天八卦的"大用"，就是用义理来指导人们顺天应时、进德修业，其"小用"才是运用象数进行占卜活动。就人类延续香火而言，"君子之泽，五世而斩"，也就是说富不过三代、五代，但是，周文王也许没有想到，他研究的规律同样应验于他的子孙后代身上。

"成康之治"稳固了周王朝的政权，然而远远没有达到统一九州的理想境界。所谓的蛮夷、戎狄控制的大片区域，一直并未隶属于周王朝的统治下。更为重要的是，堡垒最容易从内部攻破。西周传到周厉王时，统治者的骄奢淫逸终于超过了民众耐受的程度，"国人暴动"赶走了这个昏庸无道的君王。而到了周幽王时更加昏聩他为了博得宠妃褒姒的一笑，不惜拿严肃的号令当儿戏，上演了一出"烽火戏诸侯"的闹剧。接着，废掉太子宜臼，立褒姒生的孩子伯服为太子。废太子姬宜臼逃到外公家——申国（今河南南阳），申侯联合戎狄攻陷镐京，杀掉了周幽王。虽然为宜臼夺回了王位，但戎狄已将镐京劫掠一空，王宫也变为一片废墟。登基后的周平王，竟没有安身之处。万般无奈，周平王在秦襄公、晋文侯和郑武公等几个姬姓诸侯的帮助下，迁都洛阳，东都从此成为周王朝的新都城，称为"王城"。为了与镐京区别，史称为"西周"和"东周"。以周平王迁都洛阳为东周的起点，自公元前 770 年到公元前 256 年，东周结束。这一阶段,又划分为春秋时期(公元前770年—公元前476年)和战国时期(公元前475年—公元前221年)。这次东迁,周王室的地位一落千丈,跌到了仰人鼻息,依靠诸侯国供养、施舍的境地。经过十二个周王,王室更加衰微,连一个诸侯小国都不如。王子晋就出生在这样一个时代里。

当时,在洛阳民间,流传着这样一首民谣,古语难懂,翻译成现代语言是这样的意思:

> 说王城,道王城,
> 大城里边套小城。
> 大城里边驻军队,
> 小城里边该住龙。
> 说住龙,没住龙,
> 住的尽是混世虫。

通过这首歌谣,我们至少可以得知,王城有内城和外城之分。或者说,分成了两个圈层:大城圈和小城圈。据考古发掘,王城占地面积很大,规制宏伟,约有二十平方千米。外城部分,有用夯土堆起的城墙,东南西北四座大城门均由士兵把守,四座城楼上也都有箭楼,供军士站岗放哨,并且堆有可以燃火起烟的艾草垛,与远在四方山上的烽火台遥遥相望,用来发出警报信号,召诸侯派兵前来勤王。不过这类设施,在东周时期,根本没有用过。

有必要说明的是,自从周平王迁都以来,外城部分的功能基本废弃。历代周王,都生有成群的孩子,这些王公贵胄差不多都是安置在大城圈的范围内。被瓜分的区域,盖起了重重叠叠的住宅院落,形成了纵横错落的大街小巷,零星边角地带,是几代周王和一些贵族的陵寝所在,建有祭奠先人的明堂。这些地域没有人敢掠夺蚕食,一直保持着庄严、肃穆的表象。

东周王室,基本上浓缩在小城圈内。内城的占地面积大约为2.5平方千米。城墙不仅坚固,四角设有箭楼,而且周边都有又宽又深的护城壕,从谷水引来流水,将城壕注满。从内城西北方向流过的谷水,顺着地势,从城墙西部的中间部位进入城内,绕了一个 Ω 形的大弯儿。所以,这西边的城墙只能算得上半包围结构。王室充分利用谷水在王城内环绕的特殊河道,当作景观,既为王城平添了几分秀气,也形成了一道天然屏障。一般说来,除了洪涝季节,这一小段谷水在王城西侧,成为后宫景观的重要组成部分。谷水绕出王城后,一路向南,在外城的西南部与洛水汇合,向洛阳东部广大的区域流去,与其他河流汇成伊水。

现在,时间回到公元前565年三月初二的早晨。

这天早晨,远远近近的公鸡引颈高歌,唤醒了谷水、洛水,也唤醒了所有住户居民。晨雾犹如轻纱,轻轻掠过。透过薄雾,可以看到王宫的大门和两侧仪门,镶嵌在上面的大铜钉,在晨光的辉映下,就像一排排虎贲将士的眼睛,盯着宫墙外大官道上过往的行人、车马。在这条驰道上,不时有满载薪炭、果蔬的牛车驶过,高大的木轮碾压着路面,发出咯吱咯吱的响声。

东方已经大亮,远远近近的景物渐渐清晰起来。正对王宫的一段驰道是没有树木遮掩的,所以内外一览无余。从王宫大门向南,穿过护城壕沟的桥梁,穿过驰道,来到一个大广场。说起来令人恐怖,这广场是专门用来处决人犯的地方。可以看到,广场上竖着几根高大的木桩、木架子,就是专门用来行刑的。一百多年来,随着王室权威的日渐下降,很少发布"推出'午门'斩首"的命令,这广场与刑具也都变了味,只能说明王室曾经有过的威风和严苛。空旷的广场上,已经成为王公贵族、遗老遗少的休闲娱乐之处。

一大早,人们三三两两地来到广场上活动。有的提着鸟笼子遛鸟,有的牵着狗娃子遛狗,也有的牵头小猪在广场上溜达。这些达官显贵们,旁若无人地各干其事。只见一个衣着华丽的少年,带了两只白鹤,引得人们注目。这两只白鹤在少年的调教下,引颈啼唱,展翅跳跃。真正让人感到王朝后裔还没有完全颓废到不可救药的,是有两三个家长模样的壮年人,手里展开木简或竹简,逼着身边的孩童背诵着佶屈聱牙的文章、诗篇,动不动就厉声训斥。另有一帮年轻人结群练武,在一个武师的指导下,舞动着刀剑,劈闪腾挪,吼声响亮,给人的感觉是,周人后代,尚武精神也没有绝迹,仍然在血液中延续着。

这时,从王宫东边的巷道里,走来一个年纪五十开外的老者,鬓毛成霜,胡须花白,身材矮胖,身后有两男两女四个用人,手捧器物,低头躬身,紧紧追随。

这人的威风煞气,仿佛有着巨大的辐射能量,令广场上所有望见他的人,赶紧闪避。大部分人从其他的方向,悄悄溜走,也有几个青壮年迎上前去,跪下施礼,恭敬地问安:"王叔大人,您早!"

王叔鼻子里哼了一声,算作搭理,傲慢地从这些逢迎巴结的人身边走过。这些人一直等到王叔走远了,才慢慢立起,匆匆离去。

王叔,就是王叔陈生,是当朝的一品卿士①。这个"一人之上,万人之下"的高官,本身就十分尊贵,更何况王叔陈生历来高傲,目中无人,所以人们对他都持敬而远之的态度。

王叔陈生来到广场,两个奴隶伺候他宽下外边的皮袍,捧在怀里,立在一

---

① 一品卿士:为便于读者理解,书中的一些事物引用了大家熟知的说法。

旁。另两个男奴,一个捧着一只锃亮的铜壶,盛的是温开水,另一个端着一只托盘,上边摆放着一只洁白的玉杯,也分立在两旁站定。王叔陈生伸展拳脚,做着一些奇形怪状、颇含滑稽的动作,缓缓地练起功夫来,四个仆人低首垂眉,不敢正眼看他。

太阳已经悄悄地升上了东方山峦,一个白衣秀士一路小跑而来,见王叔陈生旁若无人地练功,就站在一边等候,大气都不敢出。

一直眯着眼睛的王叔陈生终于收了势,深深地舒了一口长气,接过仆人奉上的玉杯,漱了漱口,喷在地上。两个女奴趋步向前,为王叔陈生穿衣束带。这时,王叔陈生才问道:"小李子,大清早有什么事啊,值得你慌里慌张的?"

白衣秀士趋前禀报:"大人,官师庄羽来到府上,说有要事向大人禀报。"

王叔陈生朝王宫方向努努嘴儿,不屑地道:"大王尚且不急,他一个小小的官师,急个什么?"

小李子也不由得望了一下王宫紧闭的大门和仪门:"我也不知道是什么事儿。庄羽大人说,这件事在半个月前就应该准备了,可到现在也没有人安排,他们几个官师非常着急,怕耽误了大事,所以特来请示大人。"

王叔陈生马上意识到不过是"春祭",是该早做准备了,忽然问:"他对伯舆说了没有?"

小李子回答:"不清楚,"又补充了一句,"看他急急火火的样子,好像还没有来得及说。"

王叔陈生一直板着的面孔才松动下来:"算他们知趣,他伯舆算什么东西?举办禴祭这样的大事情,还得靠老夫做主!"

小李子恭维地称:"是啊,是啊! 没有大人您,谁也玩不转宫内的大事!"

王叔陈生哼了一声:"小李子,你先回去告诉他,让他和其他的官师上午到宫里再找老夫禀报!"

小李子答应一声:"中啊,我这就赶紧回去见他们。"说完,一溜烟儿地向来时的方向跑去。

第三回

后宫谒太后尴尬周灵王
半厦囚纪妃怀胎王子晋

让王叔陈生失望的是,他带上官师庄羽等人在大宸殿外等到快小晌午了,从宫中传出的消息是,今天天王有要事,不上朝了,让他们各自回府,等待宣召。王叔陈生很不高兴,但也没有办法,心里说:"说什么'天王有要事',有狗屁的事!还不是被哪个妃子绊住了脚。"于是,悻悻地对众人说:"散了,都先回去吧。"庄羽看着王叔陈生,正要开口说什么,被王叔陈生一瞪眼,想说的话噎了回去。

王叔陈生作为辅政的两大卿士之一,越来越流露出对周灵王的不满。究其原因,半是对这个天子疏于朝政,久不理事,半是对周灵王过于宠信另一个卿士伯舆,对自己越来越轻视。所以王叔陈生憋了一肚子气,动不动就发无名火,对其他大臣吹胡子瞪眼。

大千世界,无奇不有,古今中外,概莫能外。造物主有时跟人类开玩笑,拿新生婴儿开涮,常常让万里挑一的婴儿,带着六指、唇裂、鸡胸或者残耳面世。比如这周灵王,出生的时候,就非常怪异,上嘴唇上竟然长着浓密的毛发。而这恰恰被他父亲周简王视为天生异赋,奠定了他能够在众多的王子中脱颖而出坐上王位的基础。从这一点来说,周灵王是相当幸运的。

身体发肤,受之父母。古人对于自己身上的毛发,是十分珍视的。比如孔子的弟子子贡眼看要被砍头了,还要把自己的头发理顺束起来,从容就戮。就嘴边上长的毛来说,古人也分别命名,十分精细:长在上嘴唇上,称为"髭";长在下巴上的,称为"须";而长在鬓角以下两腮以上的,则称为"髯"。周灵王长在上嘴唇上的毛,显然是髭了,所以,当他登基以后,人们背地里称他为"髭王"。

懂得历史常识的人都知道,眼下在位的周天子,其实还不应该称作"周灵王",因为这个"灵"字是他的谥号。谥号这东西,是古代帝王、诸侯或者大臣等死后,人们依照他生前的事迹总结出来的评价性称号。所以,对于此时的周天子姬泄心,称作"周灵王"是不合适的。但是,有记载的周王有三十多个,仅在东

18

周，传到他这里，就已经是第十一个君王了。有一些周王，我们还必须要提到，所以，在此开始称姬泄心为"周灵王"，以此区分不同的周王。

此时的周灵王就住在王宫里。王宫是神州第一宫，对于天下的老百姓来说，是一个非常神秘的地方。因为它庄严、神圣、至高无上、戒备森严，不是什么人都可以随便出入的地方，所以，引起人们的各种猜测、无穷遐想。并且越是神秘，越有人喜欢探秘，总巴望着看看这宫内到底是个什么样子。比如北京故宫，一年到头，都是人山人海，可仍然有大多数没进去过的人热切地想要进去一睹真容。

东周王宫比起北京故宫，简直是小儿科。但它的规制和功能应当是类似的。高大的宫墙里边，前边有祭祀的明堂，供奉着自老祖古公亶父以下的诸王、诸先祖。正对大宸殿的前边广场上，盖有敞篷，敞篷之下，五百年前周武王在此安置的九只大鼎呈田字形排列，每只鼎上铸有九州的名号，象征着九州方圆，尽在周天子的统治之下。

再往深处走，大宸殿是君臣召对之处，左右是办公区、馆藏区，过了这一片区域，就是后宫了。前殿后宫是历朝历代都不曾改变的基本模式。皇宫则是花园式的建筑群，亭、台、楼、榭，鳞次栉比，这就是天子、太后、王后、妃嫔们的寝宫所在。

按照周礼，天子占有的女人应该有王后一人、夫人三人、嫔九人、世妇三十六人、御妻八十一人。集合起来，基本上是一支小型的娘子军队伍。可在实际上，一般都不会配备得如此齐整。比如周灵王，眼下身边的女人，满打满算也不过二十多个妃嫔。妃嫔是干什么的？毫无疑问，是陪天子睡觉，生儿育女的。一般说来，是让宫里的宦官排好班次，轮流与天子颠鸾倒凤。但事实并非如此，天子也有偏爱，他喜欢的女人，自然承恩多一些。往往在一个时期，天子宠幸一人，后边怨妇成群。

这不，周灵王新近就单单宿在数月前新纳的妃子叔隗这里。这个叔隗，是周灵王最宠信的卿士伯舆选送进来的，是唐国贵族的三女儿。这唐国贵族，因为受到楚国的欺负，在本国混不下去，带了家眷和浮财，来到洛阳避难，投奔了权倾朝野的伯舆大人。这在洛阳这个王畿之地，是常见的现象。伯舆也打算培植一个亲信女人，打进宫内，见到唐国贵族如花似玉的女儿，就像捡到了至宝，当下就与唐国贵族商议，让其同意将女儿送进宫里。这也是举目无亲的唐国贵族求之不得的好事，一拍即合，不仅自己的女儿成了天王的妃子，自己也受封晋爵，好不荣光。

来自南国水乡的叔隗姑娘，大约十六岁，个头适中，面如桃花，肤若凝脂，乌发云鬓，柳眉樱唇，胸脯高耸，再加上楚人喜爱的柳腰，天生一股媚态。入宫前，经过伯舆安排女官的一番调教,更是婀娜多姿,别有一番韵味。入宫以后,展示万种风情,巧笑倩兮,美目盼兮,一下子就令周灵王着了迷。从此,周灵王专宠此女,缠缠绵绵,不到日上三竿,再也不肯起床。本来,到了周灵王执政的时候,王权就已经形同虚设,无病呻吟的早朝,已经没有什么重要的事情,所以,自唐妃叔隗入宫,早朝就彻底废了。这也正是王叔陈生一干人等到小晌午也得不到天子接见的原因。

阳光从窗棂里直射进来,照到了眼睛,周灵王这才从酣睡中醒来,忽然想到这天是向母后请安的日子,就挣扎着要起床。叔隗用嫩藕一样的双臂抱住周灵王的脖子发嗲:"大王,您太辛苦了,再睡一会儿嘛。"

周灵王再懒得起也得起来了,口里说道:"睡到这时候了,不起来怎么行?寡人已经饥肠辘辘了。"

唐妃叔隗从周灵王的胸膛向下摸去,果然周灵王的肚皮瘪瘪的,再向下抓了一下周灵王的祖宗根子,才把嫩笋一样的小手移上来,分开周灵王浓密的髭和须,柔软的嘴唇凑上来,狠狠地亲了一口:"好吧,臣姜就饶了天王这一回,赶快起来用膳吧。"

周灵王拥着叔隗,手在叔隗光滑的脊背上游弋了一阵子,才恋恋不舍地翻身起床。早有宫女们有序地为周灵王穿好衣服,又有宫女伺候周灵王梳洗干净。太监已经把御膳抬了进来,整齐地摆放好,揭开盖子,饭菜还是热腾腾的。周灵王一边用膳,一边看着已经起床的唐妃叔隗坐在梳妆台前,扭着柔软的腰肢,对着那面宫中最大最亮的铜镜,在宫女们精心地伺候下,梳妆打扮。

太监总管、周灵王的贴身太监苟安,伴随周灵王来到太后的寝宫。周灵王跨过高高的门槛时,两腿发软,差一点儿被绊倒,苟安赶紧搀扶住了他。

当今太后来自中山国的赵地,按照古人男子称氏、女子称姓的礼制,这位中山国女子以父兄的食邑得姓赵,名为姜,当年嫁到王室,也是一个知书达理、玲珑剔透的美人,但并未被周简王册立为王后。曾经册封过的王后没有子嗣,并且早逝,在周简王最终将生来有髭的儿子姬泄心确立为继承人以后,赵姜就名正言顺地被册立为王后。"髭王"即位,赵姜就成为太后。周灵王是个孝顺的儿子,隔三岔五都要到宫中向母后请安,也讲述一些朝廷中大大小小的事情。尽管太后不干涉朝政,但有时也能为周灵王出一些绝妙的点子。

周灵王走入宫内,只见邴妃和康妃两个妃子分别带着她们生的两个女儿——四五岁的小公主莺儿、燕儿也在母后的身边。见周灵王进来,邴妃和康妃赶紧站了起来,低首垂眉而立。周灵王扫了她们一眼,觉得室内暖烘烘的,原来虽说到了三月份,老年人怕寒,宫里的炭火仍然生着。

周灵王冲着太后赵姜跪下叩首:"孩儿向母后请安!"

太后瞥了周灵王一眼:"哦,天王来了,赶快起来吧,眼看三十岁的人了,还像个大小孩!早朝过了?"

见母后这样问,周灵王含混地嗯了一声,算作回答。宫女赶紧搬来藤条座椅,伺候周灵王坐定。邾妃与康妃鼓励着两个小公主:"去,让你父王抱抱!"莺儿看了看父王,反而躲在了邾妃身后,小声对邾妃说:"妈妈,我害怕父王的大胡子扎我!"倒是燕儿欢快地跑到周灵王身边,周灵王怜爱地把燕儿抱了起来,放在腿上,以手示意两个妃子坐下,然后问太后:"母后,儿臣近几天没顾上过来,您老人家身体可好?"

太后叹息一声:"母后的身体没有什么大毛病,用不着你天天来问候。可母后心里的毛病,你却从来没有问过!"

周灵王一惊:"母后,您心里有什么毛病?要不要赶快叫太医过来看看?"

太后白了周灵王一眼:"你登基说话间也有七个年头了,你父王像你这么大岁数,已经有了五个小王子了,你就是不争气,到现在也没有给我生一个宝贝孙子!"

周灵王听了母后的责怪,犹如芒刺在背,尴尬地辩解道:"母后勿急,孩儿觉得快了!"

太后抢白道:"快什么快?我看你应该节欲了!你以为母后不知道你们男人的那副德行?一个南方女子入宫,把你弄得五迷三道的!整天泡在那里,掏虚了身子,多少肥沃的良田都让你荒废了!"

周灵王无言以对,低头不语,情知太后责怪他专宠唐妃,不肯在其他妃子身上尽心竭力,正思量该如何回答,不料邾妃、康妃听了太后的话,吓了一跳,一齐跪在太后面前请罪:"母后快不要这样说大王,他为天下日夜操劳,太辛苦了!都是臣妾们不中用,不能生出王子来,请母后恕罪!"

燕儿看见邾妃和母亲向奶奶跪了下来,也赶紧从周灵王怀里跳下来,扯着莺儿也学着她们的母亲,一齐跪在太后面前,童声稚气地叫:"请母后恕罪!"一下子把太后逗笑了:"都起来吧,我又没有责怪你们,你们不要袒护他!"然后一手一个小公主,"莺儿、燕儿,来,坐奶奶身边!"

两个小公主乖巧地依偎在太后身边,两个妃子也回到蒲团上坐下来。

太后脸上的愠怒已经消散,换了话题:"心儿,近来有没有诸侯前来聘问啊?"

周灵王赔着小心:"禀母后,诸侯聘问,说有也没有,说没有也有。前几天只有许国、鄀国那两个小邦的使臣来了一下,也是过境去晋国的。唉,孩儿觉得颜面扫地,也不好说他们什么!"

太后深深地叹口气:"唉,咱这王室啊,真是黄鼠狼生耗子,一窝不如一窝了。这世道人心变成这个样子，真让人想不到啊！按照礼制，这些大大小小的诸侯应该一年一小聘，三年一大聘，五年一朝觐。可现在呢？连个诸侯巴头望望也没有了。你父王在世时常常说，这些诸侯都是没良心的，不是先祖给他们封地，他们哪有今天？礼法完全不顾了，可王室毕竟还是天下共主嘛。他们新君继位，不来请命，卿和士大夫也都不来请命就世卿世禄了。没有咱们王室的册封，不举行祭祀上天、祖宗的仪式，他们的公、侯、伯的爵位都是冒牌货！人心不古啊！王室受命于天、辅有四方的威权哪里去了？再说，诸侯们的贡献也不按规矩来了，咱这天朝得纡尊降贵，倒成了求他们的了！想起来，实在令人心寒啊！"

周灵王听着母后语无伦次的絮叨，只得赔着小心说："母后说得极是，孩儿也有同感啊。"心里却说，母后只知其一，不知其二，当今的诸侯岂止是不来请命，不受册命，简直是无法无天了。想当年，齐桓公和晋文侯称霸的时候，打的还是拥戴天子的名义。而现在呢，一些诸侯从不王到叛王，甚至冒犯王室、侵犯王室、蚕食王畿之地，原来方圆六百多里的王畿之地，现在被侵吞到不足二百里方圆了。

太后接着说："儿啊，你父王临终时，就盼望你振兴天朝，那些教诲，你还记得吗？"

周灵王说："怎么不记得？儿臣时刻记在心里，可是，世道艰难，力不从心啊！"

太后说："世道再艰难，你也得有乾纲，振作起来！我问你，与北边的关系处得怎么样啊？"

太后说的北边，指的是晋国和那个已经复霸了的晋悼公。周灵王愤愤地说："又能怎么样？我们的热脸对的是人家的冷屁股。八年前，栾黡和荀罃来请他回晋国主政之时还到王室请命，由父王亲自赐命，让他当上晋侯的！一个十四岁的毛头小子，一下子得到侯爵的位置，才有了身份和地位。要不是这样，晋国那么乱，他怎么能镇得住那八大公族？可这小子忘恩负义，全然不念寄居在王都的时候，咱们对他的种种好处。现在晋国复霸了，他成气候了，翅膀硬了，就翻脸不认人了，更别说他苛待王室，就连礼法都僭越了。"

太后吃惊地问："你，你说的都是真的？"

周灵王说："怎么不是真的？自古礼乐征伐自天子出，可他是怎么做的？郑庄公那时候，骑在我们王室头上拉屎，可攻打别国，还得假借天子的名义。齐桓公和晋文公称霸的时候，也得打着尊王的旗号，挟天子以令诸侯。就连那蛮夷楚庄王，狂妄到问鼎王室时，也是借着北伐勤王的借口而来的。现在呢，晋周（晋悼公，姓姬名周，因男子称氏不称姓，所以叫晋周）这家伙，坐稳了霸主地位以后,年年与楚国交恶,攻打楚国的盟邦郑国,教训不听他指挥的诸侯,看谁不顺眼就开战,想打谁就打谁,弄得夹在中间的郑国朝晋暮楚,无所适从,老百姓更是苦不堪言。他的这些狂妄之举,哪一次向王室禀报过?更为可气的是,一些诸侯也是巴结脸子,像鲁国,原来与晋国的关系一直不好,现在看到晋国强势了,为了得到庇护,免受齐国欺负,那个小小年纪的鲁襄公亲自到晋都新田聘问,不仅携带重礼,而且见到晋悼公以后,施只有天子才配享受的三拜九叩的大礼!这个晋周居然欣然接受了。这小子要求旗下的诸侯,三岁一聘,五岁一朝,有事即会,不协而盟,动不动就召集诸侯,听他训政。母后,你说说看,像这样狼子野心的人,咱们王室能与他相处好吗?儿臣真的是无计可施啊!"

太后听了周灵王这一番话,不禁发怔。呆了一会儿,才幽幽地开腔说道:"你不要再说这些丧气的话了,晋周他毕竟是咱们姓姬的祖宗传下来的,一脉相承,他的作为再离谱也离谱不到哪里去。唉,我是想啊,要是早年他在我们王室寄养时,你们待他好些,也不至于弄成今天这个样子!"

周灵王听了母亲的训诫,脸色一赤一白,很不自然,结结巴巴地说:"母,母后,白眼狼就是白眼狼,喂不熟的!"

太后责怪周灵王当年对待寄居王室的晋悼公不好,并没有冤枉他。他自己也时常后悔。是啊,谁也没有长着前后眼,早知道这小子能够成为显赫一时、不可一世的晋国之君、诸侯方伯,也不会得罪得那么苦。他至今还清楚地记得三件事。

这个晋周,是那个被晋国公室杀了的晋厉公的堂兄弟。由于晋厉公州蒲非常暴虐,喜怒无常,六亲不认,同族的人无不害怕。晋周的父亲惠伯谈,生了两个儿子,大儿子是个傻瓜,不辨五谷,成不了大器,而二儿子晋周非常聪慧。人们都说是继承君位的料子,这个传言让惠伯谈非常害怕,唯恐晋厉公加害自己的儿子,在晋周七八岁时,就把他送到了洛阳,寄养在单襄公家里,由周灵王做太子时的太傅单襄公亲自教导。晋周十岁时,单襄公把他带进宫里,做太子泄心和几个小王子的伴读。周灵王年长晋周七八岁,对这个面如冠玉、聪明沉稳的小家伙,越看越不顺眼,变着法儿欺负他。

最初的起因是单襄公把晋周带进学堂时,对他们这一帮周简王的儿子交代说:"你们别看晋周这孩子年纪小,他可是王室正宗的族人,根据牒谱上的记载,他应该与你们的祖父平辈。"单襄公讲这番话的本义是让王子们不要排外,不要瞧不起他,要和这个晋国人和睦相处,却不料反而激怒了这帮自命不凡的王子。他们恨恨地议论:"一个乳臭未干的小子,怎么能是我们爷爷辈的人?"于是愤愤不平,趁单襄公不在场时,周灵王牵头踢了晋周的屁股。晋周连回头看一眼都没有,只管埋头读书。这更让周灵王生气,觉得这小子傲气,更要制服他。

再一件事是,这小子读书不仅用功,而且脑子特别灵。单襄公教习他们的易学义理,深奥难懂,周灵王和他那几个兄弟学得非常吃力,可这小子背得滚瓜烂熟,解得头头是道,让周灵王和几个王子妒忌得牙根都是痒的,总是找机会在私下里教训这小子,免得他过于狂妄,扫大家的面子。

第三件事是,晋周即将十四岁的时候,有一个姓郤名至的晋国公族来王室献俘聘问,由单襄公接待,正好周灵王作为听政太子也参加了这次活动。郤至问及晋周的情况时,单襄公赞不绝口,说晋周"立如青松,目不斜视,听不侧耳,言不高声,论敬必及上天,论忠必及心意,论信必及自身,论仁必及他人,论义必及利益,论智必及处事,论勇必及制约……"云云,夸得像一朵花。郤至听了,眉飞色舞,连称"我晋邦有明主也"。这让周灵王很不舒服,妒忌得厉害。等郤至走后,周灵王伙同几个小王子把晋周拉到学堂后院,罚他下跪、吃土,并且美美地揍了这小子一顿。尽管如此,这小子挺能忍耐,从来不在单襄公面前告他们的状,可见这小子城府很深。

每当想到这些,周灵王既后悔又后怕,从内心里责备自己少年轻狂,不谙世事,种下这么大的仇根儿,不是轻易能够化解得了的。

太后看周灵王满腹心事,一直闷声不响地坐着,也就没有打扰他。忽然,壁炉里的炭火啪的一声,把一屋子人吓了一跳,周灵王也从沉思中醒了过来,苦笑了一下,责怪太监:"怎么用这没有烧透的木炭?"太监赶紧去鼓捣壁炉,周灵王冲着太后施了一礼,"母后如果没有什么嘱咐,儿臣就告退了!"

太后挥挥手:"走吧,走吧,难得你这份儿孝心。我除了盼望着赶紧抱上孙子外,能有什么事儿?朝堂上的事情你自己做主,忙你的去吧!"

周灵王起身正要离开,一个太监匆匆进来,跪下叩头:"恭喜大王、太后,纪妃娘娘要生产了!"

一听这话,邾妃和康妃比任何人的反应都快,脸色一寒,浑身一震,不约而同地跪下:"恭喜大王、太后,贺喜大王、太后!"

周灵王有点儿摸不着头脑:"哪个纪妃?寡人怎么不知道?"

太监回禀道:"是那个名叫伯姐的纪妃啊!"

太后已经颤巍巍地站了起来,满面春风地嗔怪周灵王:"哪个妃子你都不知道,亏你还是个要做父王的人!苟安,你快去请收生嬷嬷,火速赶到要生产的妃子处照料,就说我和天王随后就到。"

太监总管苟安答应一声,一溜儿小跑向后宫西部奔去。

周灵王陪着太后,在宫女、太监的簇拥下,匆匆地朝着苟安去的方向走。邾妃和康妃知趣地各自带着女儿回了自己的住处。

一路上,周灵王一肚子狐疑,怎么也想不起来这个姓纪名伯姐的女人到底是哪一个妃子，后来干脆不想了，反正是要生孩子了，这对于周灵王来说，总算是又有了一个孩子，如果这个纪妃弄璋，生出一个小王子来，对于王室就是天大的喜事。

一行人穿堂过院，风风火火地走了好大一阵子，才到了一个偏僻的院落，只见正房的东边山墙上，出了一个半厦的小储藏间，这半厦房的门前站着一个宫女，看见周灵王一行人过来，赶忙跪下，伏在地上。一个收生嬷嬷，从低矮的小门里钻了出来。

周灵王皱了皱眉头："纪妃就住在这里？"

苟安回话："是，大王，这就是纪妃娘娘住的地方。"

周灵王顾不得责怪这些下人，自己也从小侧门里躬着身子走了进去，听见门外太后问收生嬷嬷："生了吗？"

收生嬷嬷答道："回太后，这位娘娘的身子很弱，怕是要早产，刚刚宫缩痛了一阵儿，这一会儿安定多了，羊水还没有破，生下来恐怕要到明天了。"

太后相信这个收生嬷嬷的接生经验，听了这话，放下心来，把拐杖捣得地上咚咚地响："在这个地方生产怎么能行？你们真是粗心大意！传我的旨意，马上把纪妃转移到宽大的房子里去！"

太后一发令，所有下人全都忙碌起来，有人跑去安排腾房子，有人去准备被褥、衬布、浴具等各种物品，闻讯赶来的宫女、太监挤满了院子。

太后也要进小厦房里去，伺候纪妃的那个小宫女搬了把椅子，乖巧地上前拦住了太后："太后，房子太小，您老人家还是不进去的好，请您坐下，等搬到新房子再看纪妃娘娘吧。"

太后看看低矮的门厦，里边黑洞洞的，也就不再坚持，在门口坐了下来，看着下人们忙碌着。

周灵王进了小厦门，混浊的空气呛得他咳了两声，过一阵子，眼睛适应了，才看到靠正房的山墙边上放置了一张小床，床上吊着一盏小油灯，发出豆大的光芒。在光芒的照射下，只见纪妃仰面躺着，紧闭双眼，紧紧地咬着嘴唇，强忍着剧烈的疼痛，白皙的面庞就像一座汉白玉浮雕。如果不是盖着薄薄的棉被，隆起一个大肚子，两条叉开的双腿不时地抖动一下，很难想象这里有一个活着的生命存在。

周灵王用捂着自己鼻子的白纱巾为纪妃擦了擦额头上因疼痛渗出的汗珠，粗声粗气但含有歉意地说："坚持着，马上把你搬到新的地方就好了！"说罢，赶快退了出来。整个过程中，纪妃一言不发，根本没有理睬他。

周灵王出了小厦门，强烈的阳光刺激他打了一个响亮的喷嚏，先对太后说了句："请母后放心，一时半刻还生不下来。"然后直起腰来，像寻找什么人。贴身太监苟安急忙趋前,叫了一声:"大王!"

只见周灵王怒不可遏,劈手给了苟安一记响亮的耳光:"狗奴才,这个,这个,叫什么妃来着?"

苟安被周灵王扇得两眼直冒金星,忍痛回禀:"大王,这位是纪妃娘娘。"

周灵王气不打一处来:"一个王妃怀孕这么久了,你们竟然不告诉寡人,让她住在这样低矮龌龊的地方,说,你们到底安的什么心?"

苟安捂着半边脸:"大,大王,奴才以为您不喜欢她,就没有敢在您面前多嘴多舌!"

周灵王骂道:"混账!寡人不喜欢她,又怎么能让她怀上寡人的孩子?说,到底是怎么回事儿?"

苟安欲说又止,左右看看身边众多的宫人:"大王,奴才实在不方便说。"

周灵王这才意识到,问题很可能在自己身上,立即喝令:"去,都给我退下!"

所有宫人惊恐地四散了,周灵王看看太后,太后说:"好吧,我在这里也碍眼了,走,到新安置的宫室里去,等着我的宝贝孙子降生!"

待太后移驾后,苟安跪下来,左右开弓,扇自己的嘴巴:"奴才知罪,奴才该死!"

周灵王也冷静了一些:"寡人饶你不死!说吧,寡人怎么不记得和这个纪妃同眠过?"

苟安回禀道:"大王,您是贵人多忘事,召幸过的妃子多了,就记不清楚了。去年七月的一天,大王您喝醉了,在您的寝宫里,吵吵闹闹要见新来的妃子,我们就把纪妃娘娘接了过来。打这以后,大王再也没有宣召过她。奴才们看大王不喜欢她,就不待见她,也从来没有人告诉我们这些下人,说这位娘娘她怀了六甲!"

周灵王听着苟安的诉说,依稀记得是有这么一回事。那一天,他心里不痛快,闷酒喝得高了一些,一股无名火发泄不出去,忽然想到王叔陈生选送了一个妃子,已经十多天了,也没有兴趣召幸她,立即下旨让太监们赶快宣来。结果也不记得这个妃子来了没有,并且酒醒以后,根本不记得自己做了什么……

周灵王正在回忆一些细节,另有太监前来禀报:"大王,纪妃娘娘已经送到新的寝宫了,太后让您过去!"

第四回

太后施关爱情满储秀宫
灵王问国是懊丧大宸殿

为纪妃伯姐安排的新寝宫,是周简王时期一个妃子的住处,名叫储秀宫,已经闲置多年。屋子高大、宽敞、明亮,家具陈设一应俱全。靠前窗放一卧榻,已经将纪妃抬来,安顿好了。宫女、太监们忙上忙下,把室内的所有用具器皿揩擦得一尘不染,唯恐伺候得不够周到。为了驱赶室内残存的潮气和霉味儿,宫女们专门生了两个铜盆炭火,燃了檀香,偌大的屋子顿时温暖起来,飘散着淡淡的香味。有两个宫女正在分割着多年前吴国进贡来的麦绿色丝绢,准备把陈旧的窗帘换掉,并且在床榻前树一道新的屏风。

周灵王来到这里时,一切已经安排就绪。有宫女看见周灵王进来,立即恭敬地要下跪请安。周灵王摆摆手,示意她们免礼,不要惊动产妇。宫女们会意,不敢声张,垂手立在一边。

周灵王轻轻踱到床头,看见纪妃仰面躺在崭新的被褥里,气色好了许多。太后坐在床边,拉着纪妃的手,亲热得就像一对母女,正在悄声安慰待产的妃子:"孩子,不要害怕,咱们女人都有这样的劫难,尤其是头胎生产,免不了吃苦要大一些,挺一挺,等孩子一落地,一切都好了!"纪妃非常感动,白皙的脸上泛起红晕:"谢谢太后,伯姐不怕,只要能为王室生出小王子来,伯姐就是死了,也值了!"

太后急忙打断她:"傻孩子,不许说死呀活呀的这些不吉利的话,生孩子是大喜事,有了孩子,你就有了依靠。母后我是过来人,深知其中的苦与乐。比起那些妃子,整天吃得脑满肠肥的,连一个蛋都不会下,你太幸运了!"

看到纪妃微微皱了皱眉头,太后心疼地把手抽了出来,又把被子在纪妃的脖子下掖掖:"是不是又来阵痛了?"

纪妃眨巴眨巴眼睛,算作回答。太后说:"阵痛会越来越密的,你现在忍着点儿,别急着用力,留住气力,等骨盆全部打开,孩子露头时再用力不迟。"

这时,有宫女端来了一大铜碗热腾腾的面汤。接生嬷嬷接了过来,捧到床前,请示太后:"是不是请娘娘把这面汤喝下去?"

太后连声吩咐:"喝,赶紧喝下去,不然生孩子没有气力!"一边说一边从床边站了起来,宫女们上前搀扶太后在一旁坐了下来。

两个宫女把纪妃的枕头垫高,伺候纪妃喝汤。纪妃挣扎着要坐起来,说自己不饿,喝不下去。收生嬷嬷劝道:"娘娘,这是太后专门吩咐下人们做的,还特意嘱咐放了不少珍藏多年的郑国进贡的枣花蜜,您可不要辜负太后的一片心意。生孩子是很辛苦的,尤其是到了婴儿快出生的那一刻,要用尽浑身的气力,肚子里没有饭食是不行的!"

太后也说:"孩子,喝吧,听母后的话,喝吧!"

纪妃感动得哽咽起来,豆大的泪珠儿在眼眶里滚动着:"谢太后,我喝,我喝!"

太后如此地关爱纪妃,不仅让纪妃感动得热泪盈眶,周围的嬷嬷、宫女和太监们也都很感动。周灵王呆呆地站在一边,看着母后和一帮人不停地张罗,尤其是看到母后如此地疼爱这个不起眼的妃子,眼角也有些发潮。他知道,母后本来就是一个慈祥而谦和的人,从不苛待下人。人都说王宫里没有亲情,看看眼下这一切,就会知道也不尽然。母后如此对待一个即将生育的女人,仅仅用盼望孙子降生来解释,显然是不够的。

周灵王正在发呆时,太后转身看到了他,嗔怪道:"你一个大男人,立在这里干什么?生孩子是我们女人的事情,你该干什么干什么去吧!"

周灵王立在这里,本来手足无措,走也不是,留也不是,听了母后这个话,如蒙大赦,连忙说:"有劳母后了,孩儿告辞!"

周灵王出了屋子,因为室内的温度高,只觉得脊背上汗津津的。站在走廊上,猛吸了口清凉的新鲜空气,顿觉凉爽。太监苟安请示道:"大王,是回寝宫还是到唐妃娘娘那里去?"

周灵王没有理睬苟安,自顾自地信步走去。苟安见状,不敢多嘴,就像一只哈巴狗,紧紧地尾随在周灵王身后。穿过曲径回廊,就是一片花圃,桃、杏、李花已经谢了,月季花开得正艳,姹紫嫣红,暗香涌动。只有大片的牡丹还羞于争春,巴掌大的绿叶迎风摇摆,顶着一个个蒜头大的花蕾,含苞待放。远处传来布谷鸟的叫声,清脆悦耳。不多一时,一群麻雀掠过,也发出叽叽喳喳的欢叫声。

春光如此明媚,可周灵王却无心欣赏,他心里一阵兴奋,一阵惆怅。兴奋的是,自己马上又有一个儿子或女儿降生了,让他感到自豪。他想,这女人真是怪物,琢磨不透。自己同那个唐妃叔隗几个月来,不停地缠绵,这娘儿们的肚子却一点儿动静也没有,而与纪妃仅仅就那么毛毛糙糙的一次,竟首发命中。若能够生出一个小王子来,不仅了却了母后的心愿,更是天朝的一大喜事,一定要到宗庙里告慰列祖列宗,再通报各路诸侯,普天同庆。

一想到通报各路诸侯,周灵王又惆怅起来。诸侯们听到周王室有后的消息,该是如何反应? 就现在看来,不会有多大的响应,大多数诸侯,一定会漠然置之。王室的子嗣,应该是天下人关注的焦点,可现在沦落到如此境地,可痛可悲。周灵王甚至想到,假如各路诸侯听到这个喜讯,全部前来聘问、祝贺,他情愿破一次例,让御膳房做百牢宴款待他们。

想到这些,周灵王头皮发麻,心乱如麻。在慈宁宫里,对于国是、国运,母后没有训诫他,但肯定是不满意的。他从小受到的教育,就是一个能够登上王座的人,是天之骄子,负有治理天下、振兴王室的神圣职责。王室是什么? 王室是天下人的共主,他有权对诸侯方国发号施令,接受由先辈分封的诸侯、大臣们的朝觐、进贡和爱戴。七年前,就在他的登基大典上,在他戴上王冠、穿上朝服的那一刻,他曾经以为自己就是中兴王室之主;在宗庙里,他也冲着那琳琅满目的祖宗灵牌,祭拜敬香,庄严宣誓,要做一个顶天立地的天王,做一番惊天动地的大事业,方不负先辈的重托,不负天下苍生的期盼。可是,远大的理想,宏伟的抱负,撞上了社稷面临的残酷现实,立刻化为齑粉。当今天下,名义上仍然是周人的天下,实际上是强人的天下。诸侯争霸,愈演愈烈,大鱼吃小鱼,小鱼吃虾米,相互攻伐,无休无止,处在至高无上位置的王室、天子,对此竟然毫无办法。说穿了,本来是天朝象征的王室,有位置,没权力,有章法,没办法,混到了有名分、没名誉的地步。一个经济上没有基础,军事上没有实力,跟着霸主混日子的王室,怎么可能走向中兴之路? 更让人气塞咽喉的是,普天之下,莫非王土,率土之滨,莫非王臣,可王室当今能够管辖的六百里方圆的王畿,也像一块肉饼子,不断地被秦国、晋国、郑国咬食,从周平王起到父王那一代,只剩下不足二百里方圆了。这些苦衷,周灵王能向谁诉说? 只能打碎了,咽在自己的肚子里。登基七年来,他由想有所作为,到无法施展作为,再到现在的不作为,都是因为这无可奈何的现实。好在强大的晋国和楚国对垒,各领一帮小诸侯国,打打谈谈,今天在这里会晤,明天到那里盟誓,刚刚握手言和,转眼战火又起,谁也无暇顾及王室。可谁也没有把王室放在眼里,王室倒能够偏安一隅,苟延残喘。

太监苟安禀报一声:"大王,唐妃娘娘的寝宫到了,奴才唤娘娘迎驾吧?"

这一声禀报,吓了周灵王一跳,让他从沉思中醒来,自己怎么会走到这里? 抬起脚步,正准备走上台阶,忽然转念,趔过身子,向自己的寝宫走去,边走边吩咐苟安:"传膳! 下午召集六卿、五官等大臣到大宸殿议政。"

"诺!"苟安略跪了一下,领命传旨去了。

寝宫外,当值太监已经迎上来接驾。

午休后,周灵王乘六驾马车前往王宫大殿与群臣议政。这不是周灵王一定要摆"天子驾六"的派头,而是从后宫到大宸殿,还有一段长长的路程。

那个下午的议政会议,倒是确有其事。大臣中,有两个辅政的卿士最重要。一个就是前边已经出现过的王叔陈生。请读者不要望文生义,以为王叔陈生就是周灵王的叔父。王叔是他所在的氏,陈则是他的姓。考证起来,王叔陈生的爷爷叫王子虎,父亲名王孙苏,从王子、王孙到王叔,称呼颇为滑稽,但历史就是这样记载的,他们一定是东周王室某一个天子的后代,但未必是周简王的嫡系直亲。王叔陈生曾经是周简王的重臣之一,不然周简王也不会安排他辅佐周灵王。另一个大臣就是伯舆。伯舆出身于庶姓之家,血统并不高贵,这正是王叔陈生不屑与他为伍的重要原因。但伯舆的祖上曾经为王室立下了汗马功劳,并且这伯舆有勇有谋,不是等闲之辈,周简王看中了他,因而将他安排成周灵王的执政卿士,与王叔陈生同等地位。

与会的大臣共有九人,其中的单靖公、刘定公值得说明。

这单靖公,姬姓,名蔑,单国国君。单国是周康王时的一个封国,原来的爵位是伯爵。在一百多个诸侯国中,当属单国及单氏家族最为幸运。在诸侯争霸、相互吞并的过程中,始终没有涉及他们。这是因为单氏的采邑,也就是单国的地盘,位于东周的王畿内,在今天河南省孟津县东南一带,国土面积不大,颇有点儿国中国的味道,周边的王畿之地成为单国的屏障。相继称霸的齐桓公、晋文公都没有举兵侵占王畿,单国自然不会受到侵扰,秦国与郑国将王畿掠走的地域,又与单国不相邻,所以单国就像一艘船上挂着的小舢板,随着历史的波涛晃动,却也没有翻沉。正因为如此,单国历代君主有自己的食邑,旱涝保收,家道殷实。而他们由于与王室共存亡,所以特别效忠王室,甘愿做天子的忠实奴仆。单氏家族首脑也代代在王室做官,一个家族中,数百年间,出了两位"伯爵"、八位"公爵",八个公爵分别是单襄公、单顷公、单靖公、单献公、单成公、单穆公、单武公和单平公。而且这八位公爵的谥号都是溢美之词,足以说明,单氏一族在王室里的地位一直不低,政治声誉也很高。到了秦孝公彻底灭亡周王朝时,也曾流传有"单氏灭周"一说,是否是稗官野史,也很难说,找不到更多的考据。单靖公的祖父单襄公既是周灵王做太子时的太傅,也是竭力扶持现如今的晋国国君晋悼公的重要人物,可谓是才智深厚。单顷公在王室里的地位并不太显赫,但也曾多次代表王室主持了诸侯间的会盟,其子单靖公因为博学多才、正直正派,善于处理复杂的政务,很得周灵王的器重,因此,地位仅在王叔陈生、伯舆之后,轻易不进谏,一旦开口,说出的话分量很重。

至于刘定公,名夏,也是姬姓的公侯,在宫中担当的是行人的差使,经常在诸侯国间穿梭外交,相当于外务大臣。诸侯会盟时,一般都邀请王室派代表主持,周灵王七年前的鸡泽之盟、戚地之盟和长樗之盟,都是刘定公作为王室的使臣亲自参加的。由于刘定公经常出席这些活动,对于天下大事了解得多,论起时政,算得上权威人士。

此外,还有司马尹言多、司徒甘悼公、司空巩简公、司礼儋括,还有一个年轻人,十分了得,他就是千古留名的贤士苌弘。这苌弘,是从蜀地资阳走出来的大才子,此时有二十多岁,年纪轻轻,却对天地之气、日月之行、历律之数,无所不通。他最初到达王室时,以其精湛的测算、对易经义理的渊博学识,驳倒了原来在宫中供职的巫祝大臣,成为王室中的明星人物。他的主要任务就是观测天象、推演历法、占卜吉凶,对王室的起居出行、祭礼、战事进行预测,对自然变迁、天象变化进行预测和解释。除了这些,苌弘还特别擅长音律,许多时候,司礼之臣儋括掌管排练的宫廷乐舞,不得不向苌弘请教。这儋括才真正是周简王的孙子,其父儋松是周简王的儿子之一,是周灵王的同父异母哥哥,儋松死了以后,周灵王安排儋括接替了儋松的职务。

由于这次会议不是仪式性的大型会议,就不必安排乐工们奏乐、百官参拜那些按周礼要求的繁文缛节的仪式,与会的大臣们对周灵王简单参拜后,就开始了奏对。

历来抢先奏报的王叔陈生当然不会放过这个机会,他根据官师庄羽提供的情况,奏请大王重视一年一度的春季祭祀,并详细地讲述了春祭的规格、日期和需要提前准备的东西等。

主管王室财务的伯舆早已忍不住气,听完王叔陈生的奏报,立即起身提出相反的意见:"大王,臣也以为举行春祭是当务之急。可是,听了王叔陈生大人的这个盘算,觉得费用预算造得太大了,春荒时节,不要说老百姓,就是王室,过日子也是紧巴巴的,陈生大人,你真是不当家不知柴米贵啊!"

王叔陈生一听这话,顿时火冒三丈:"大王,伯舆这样讲是对祖宗的大不敬!像这样的人居于朝堂之上,是我朝的耻辱!"

伯舆反唇相讥:"呵呵,你王叔陈生此时表现得敬天地、亲祖宗、畏鬼神了?我问你,你可知'东邻杀牛,不如西邻之禴祭'吗?"

一旦掉起书袋子,伯舆也不行,可比起王叔陈生来,就绰绰有余了。一时间,王叔陈生脖子上的青筋憋得蹦了出来,急赤白脸地大叫:"伯舆,你这是什么意思?欺负老夫没有你读的书多不是?"

伯舆冷笑一声:"我是说你枉活了这么大年纪,愚昧无知,连既济卦中九五的爻辞都不知道!告诉你,上天不会因为谁的祭品丰盛就亲近谁、保佑谁,而是给至诚明德之人。禴祭作为春天的祭祀,简单的蔬菜贡品比杀大牲畜的贡品还要好!你以为我不知道,你做的预算计划那么庞大,真的是全部用于祖宗神灵啊?是不是又要从中捞到不少油水啊?"

王叔陈生气得脸色发白,指着伯舆:"你,你,你血口喷人!"一边骂着,一边上前攥住了伯舆的领子,伯舆也不相让,也伸手攥住了王叔陈生。众人眼看两个人要打起来,急忙上前来劝架。

周灵王怒喝一声:"够了!朝堂之上,岂容撒野?身为重臣,打打闹闹,像什么话!"

王叔陈生与伯舆见周灵王发怒,都松开了手,退到各自原来的位置上,仍然喘着粗气,怒目相向。

周灵王缓和了语气说:"禴祭的事情,寡人觉得伯舆说的不无道理,但仅仅用蔬菜,未免过于单薄。至于如何操办,寡人自有定论,明天就会告诉你们!"

周灵王这样表态,是差点儿把纪妃即将生孩子的事情给透露出来,他还不想说出来,因为是小王子还是小公主还不知道。孩子的性别,直接决定着这场春季大祭的规格,如果生了小王子,大操大办是势在必行的。最让周灵王头疼的就是这两个辅政大臣,总是意见相左,一到朝堂上,就互不相让,无休止地争吵。尤其是王叔陈生,常常带有倚老卖老、强制的意味,让周灵王心里很不舒服,可这家伙毕竟是王室的近支血亲,有一定的号召力和影响力,在某种程度上,施政还得倚重他。所以周灵王尽管讨厌他,也一直隐忍不发。

制止了二人的争吵之后,周灵王命刘定公通报一下近来天下的动态。

刘定公说:"现在鲁国越来越不像话了。鲁成公薨了以后,鲁襄公那么个小孩子几乎与大王您差不多同时继位,坐上了鲁君的位置,但他没有来请命,也没有受到王室的册封。这也难怪,因为多年来,各诸侯国已经形成惯例了。可是,鲁国现在由季孙氏、孟孙氏和叔孙氏这三位把持着朝政,至今也没有到王室来聘问过。可他们对于晋国,呈现出一边倒的趋势。前年,鲁襄公亲赴晋国,领取晋国的指令。晋悼公很高兴,设享礼招待了年仅十岁的鲁襄公,陪同鲁襄公前往晋国。孟献子趁着晋悼公高兴,竟然提出要求,让晋悼公答应把鄫国作为鲁国的附庸。一开始,晋悼公并不答应,可孟献子却说:'我们鲁国虽然紧挨着仇敌,还是冒着风险侍奉着晋悼公,从来不曾耽误晋悼公命令,而鄫国却没有向晋国交纳过贡献,他们仗着与王室交好的势力,甚至对鲁国指手画脚,你说可气不可气?请晋悼公答应我国的要求。'晋悼公听信了这番花言巧语,竟然答应了鲁国的无理要求,欺人太甚啊!得了晋君的话,鲁国就攻打鄫国,鲁国的穆叔捉住了鄫国的太子,押到晋国,与晋悼公会晤,私自办理了鄫国归属鲁国的手续,这不是大逆不道吗?"

周灵王听到这里,打断了刘定公:"你不是说过去年九月在戚地会盟时,鄫国仍以盟国身份参加了吗,怎么说在此之前鄫国已被晋君划归鲁国了?"

刘定公解释说:"要不怎么说呢,这晋悼公是个两面派,他暗地里办了鄫国附庸鲁国的手续,这只是幕后交易,不敢对外公开。他倒是公开责备鲁国不该灭亡鄫国,鲁国害怕了,只得让鄫国仍以诸侯国的身份参加了会盟,遮人耳目,其实鄫国国君虽然到会,有苦难言,仍然不过是鲁国的傀儡。"

憋了很久的王叔陈生终于抓住个机会,抢过话头:"这晋悼公一贯两面三刀,不知大王还记不记得,三年前,您派老夫到晋国控告戎人,他们却把我抓了起来,说我勾结戎人,其实他已经和戎人讲了和,却诬陷王室。"

这件事情周灵王记忆犹新,那个时候,晋悼公已经听从他的谋臣魏庄子的建议,把逐水草而居、重财货而轻土地的戎狄通过讲和的方式,全部收买了,戎狄不再侵扰晋国,而来侵扰王畿。周灵王派王叔陈生去求助于晋国,晋悼公当然不会同戎狄开战保护王室的利益,所以把王叔陈生抓起来,派士鲂来报告说,是王叔陈生私通戎狄,以此来糊弄王室。周灵王只得派刘定公费了好多周折,才把王叔陈生解救回来。

周灵王显然不想在晋悼公阴一套阳一套的问题上多纠缠,他只是想知道当前诸侯各国是个什么态度,特别是鲁国的态度,于是拦住话头,问刘定公:"这么说来,这个鲁国是死心塌地地跟着晋国混了?"

刘定公说:"是啊,现在鲁国年年都到晋国聘问,上个月鲁襄公又去了晋国,就是为了听取晋国要求贡献钱币的数字。"

周灵王恨得牙根发痒:"这小子,七年来从未到王室露过脸,真是有奶便是娘!算了,不说他了,有没有其他让寡人感到高兴一点儿的消息?"

刘定公沉默了,周灵王盯着他。停了片刻,刘定公试探着说:"有一个情况,也不知大王是不是看成好消息。"

周灵王焦灼地说:"快说,别卖关子!"

刘定公说:"只能算个苗头。最近,晋悼公召集十四国在戚地会盟,别的小国去的都是国君,唯独齐国的齐灵王称病不参加,派他的儿子公子光参加,弄得晋悼公很不高兴,这算不算好消息?"

周灵王不以为然:"这有什么,难道还不让齐灵公害个头疼脑热的?"

一直一言不发的单靖公插话:"大王,刘定公讲的另有深意,这说明齐国并不买晋国的账。这个齐灵公,自恃国力雄厚,不甘心跟着晋悼公的指挥棒转,他不去参加会盟,其实就是无声的抵制、消极的对抗。"

周灵王听了这话,心中暗喜,问几个大臣:"你们对这个情况有何看法?"

其余大臣也都附和单靖公的分析。

周灵王喜形于色:"太好了,终于有人敢抵制晋侯的霸道了!大家说,王室该怎么应对?"

大臣们面面相觑,没有人说出意见,就连爱"放炮"的王叔陈生也哑口无言。

周灵王扫视了众人,最后把目光落到了单靖公身上。单靖公从容不迫地表态:"大王,臣以为可以用八个字来应对:静观待变,谋后而动!"

周灵王兴奋地站了起来:"好一个'静观待变,谋后而动',就这么办吧。你们几位要告知全体大臣,让大家集思广益,都拿出自己的见解和办法。哦,对了,寡人的一个妃子待产,今天就议到这里吧。"周灵王突然意识到说漏了嘴,可既然说出来了,也就不必收回了。

听到这个消息,群臣都流露出欣喜的神色,一齐跪下:"恭喜大王,贺喜大王!"

周灵王挥挥手:"算了吧,恭喜还有点儿早,等孩子生下来再说吧。"

说完,周灵王就宣布退朝,大臣们分别离开会场。王叔陈生紧追几步,走到周灵王面前,小心探问:"请问大王,是哪个妃子生产了?"

周灵王嘿嘿一笑:"就是你选送的那个纪妃伯妲。爱卿,你功不可没啊!"

王叔陈生笑逐颜开,一连声地说:"大王洪福,大王洪福!王室有后了!"

伯舆回头看看,见王叔陈生谄媚地恭维周灵王,用阴冷的目光盯了一阵子,悻悻地甩手而去。

第五回

伴春雷王子驾鹤降王室
怀愁绪灵王乘辇幸缑山

周灵王起驾回宫后，下了马车，就朝储秀宫方向走。苟安急忙趋前一步，请示周灵王："大王，您是九五之尊，像王妃生孩子这样的事情，依奴才看，您不必再亲临了吧？"

周灵王瞪他一眼："胡说！你没有看到太后一直在那里吗？寡人怎能不去？"吓得苟安伸伸舌头，不敢再说什么，屁颠屁颠地跟在周灵王身后走去。

到了储秀宫，院子里静悄悄的，只听到纪妃一声惨叫，像尖利的刀子，从窗子里蹿了出来，声音尖细得瘆人。门口站着太医看见周灵王到来，赶快跪下叩头，口称："大王万岁，万万岁！"然后直起头来，听周灵王如何吩咐。

周灵王朝里边努努嘴儿："王妃怎么样了，快生了吧？"

太医答道："禀大王，听收生嬷嬷讲，王妃要生下来，恐怕要到明天早上了！"

周灵王又问："太后还在吗？"

太医答道："太后已经回宫，留下话说，如果大王下朝来到这里，也让他回去，留在这里也使不上劲儿，干着急。"

周灵王哦了一声，心里想，既然太后已经走了，也不让他留在这里，可见一时半刻生不下来，就低声吩咐太医："好生伺候王妃，一定要保母子平安！"

太医再次叩头："请大王放心，臣竭尽全力，服侍王妃。臣已经备好了药品用具，一直在门口守候，以应不时之需！"

周灵王满意地转身离开，走了几步，又忍不住踅了回来，跨过门槛，进了室内。室内很温暖，所有宫女、收生嬷嬷和助手都屏声敛气，有条不紊地忙碌着。纪妃被屏风挡住，看不清楚，只时不时地发出一声痛苦的呻吟。周灵王不忍心目睹王妃生孩子的痛苦模样，心里说，这女人生孩子，真是太辛苦了，简直是一场生死搏斗，想来自己的母亲生自己时，也一定是这么痛苦。做人子的，如果不孝顺自己的娘亲，实在是大逆不道。周灵王皱着眉头，满腹心事地走了出来，向自己的寝宫养心殿走去。

王室的大小动静,历来是国人关注的焦点。这次王妃要生孩子的消息,尽管是周灵王在很小的范围内透露出去的,仍然像在平静的湖面上投下一颗石子,很快在王城范围内传播开来。

得到这一消息,最兴奋的莫过于王叔陈生了,因为这个纪妃伯姐是他选送进宫的。现在的王室远远不能跟多年前的东周相比了,听祖辈传下来的规矩说,新王登基,选妃是王室的头等大事。那个时候,凡是非姬姓的诸侯各国,都会在本族里选出最优秀的名媛淑女,配上嫁妆、陪送的媵人,不远千里送到京师里来,供王室优中选优。能被选中留下来的,诸侯会得到王室丰厚的赏赐,这些妃子若能得到周王的宠爱,诸侯还能加官晋爵,光宗耀祖。可是,随着王室日渐衰弱,这　盛事早已不复存在了,现在的诸侯连正常的对王室的聘问都不进行了,哪里还会有选送女子入宫的好事?并且现在也不可能挑挑拣拣地选妃了,为新王纳妇成为大臣们的特殊使命,好在这些天子近臣们还乐意为天王效劳。不过,这样一来,王宫里的妃嫔就不能达到周礼的标准,配备整齐了。

天子近臣们乐意为天子选妃,是因为他们与王室荣枯相连。在王叔陈生看来,王室就是一棵大树,背靠大树好乘凉。皮之不存,毛将焉附?王室若不存在了,所有荣华富贵就都不存在了。所幸的是,几百年来,周王室尽管风雨飘摇,却大厦将倾而未倾,它的存在就是向世人证明,当今天下,仍然是周王朝的天下。自己作为天子近臣,就是要竭忠尽智,全力维护它。而维护它的最佳方式,就是让王室得以延续。自己若能选出好的王妃,为王室生出王子,这功劳就不言而喻。倘若这王子又能被册立为太子,自己的努力就不仅仅是用功劳来评定了,而是成为下一代君王的元勋。可想而知,这是多少天子近臣梦寐以求的最高境界。

为了给周灵王选一个好妃子,王叔陈生真是煞费苦心。他派出了像当代"星探"那样的人员,在整个洛阳城内,凡是在诸侯争霸中失去方国的贵族,甚至是在诸侯国内部纷争中失去采邑的卿士——这类人物在洛阳城里比比皆是——从他们的子女中搜寻合适的对象,也找到了一些,但没有中意的。即使听说有好苗子,却早已被其他的王公大臣挖走了。正在无计可施时,忽然,这个纪氏、姜姓贵族的女孩子和一个老奴被现在的管家,我们前面已经见过的那个白衣秀士送到了自己的府上。

事情的经过是这样的:

大约在去年(公元前566年)的五月初,王叔陈生散朝回到府上,在大门外见到白衣秀士带着一个少女和老奴前来投奔。白衣秀士帮助面容凄楚的少女说明原因,说是这女子遵照其父的口谕,来投靠王叔陈生大人的。这类情况,王叔陈生经常碰到。素不相识,又没有什么见面礼,王叔陈生当然不愿意多管这类闲事。王叔陈生正要喊下人把他们赶走,突然福至心灵,仔细地看了看女孩,发现这女孩就是无价之宝,虽然满面凄容,却透出冰清玉洁、灵动飘逸,特别是那一双扑闪扑闪的大眼睛,似乎有一种勾人魂魄的力量。这样的美人坯子,真是个极为难得的尤物。王叔陈生马上换上一副笑脸,把他们带入了府中。

王叔陈生命下人为女孩沐浴更衣,招待他们三人用饭,然后询问了女孩的来历。王叔陈生大喜,原来这个女孩出身名门,家教良好。她是纪国诸侯的公主,名姐,因为是长女,故名伯姐。纪国的都城在当今的山东省寿光县附近。就是在前不久,齐国攻陷了纪国都城,小小的纪国,从此灭国。纪国国君在抗争中负了重伤,临终前安排最忠诚的老奴带上女儿到洛阳避难。国君掏出怀中的一块玉佩,说:"这是当年纪国公室接待过王叔陈生大人的聘问,这块玉佩是天王册命纪国国君时的赏赐。纪国国君送王叔陈生一大笔财物,王叔陈生不会不记得这份儿交情。你们带上它,作为信物,去找王叔陈生大人吧。"

老奴陪伴公主离开故乡,携带一些细软逃命,一路从鲁国、宋国、郑国奔来,倒也比较顺利,不料到了嵩山一带,突然遭到强人打劫,不仅抢走了财物,而且还要将女子带上山去,做压寨夫人。正在万分危急的时候,这位白衣秀士出现了,徒手与一群强人搏斗,由于武艺高强,把强人打得屁滚尿流、满地找牙、跪地求饶。白衣秀士行侠仗义,一直把他们护送到王叔陈生的府上。

在伯姐姑娘诉说自己经历的过程中,不时地瞟一眼白衣秀士,脸上泛出红晕。白衣秀士却正襟危坐,不与姑娘对视。

王叔陈生不仅对纪国公主很感兴趣,也对这位白衣秀士产生了兴趣。这白衣秀士,大约有二十岁,英眉俊目,短须束发,一表人才,玉树临风,飘然若仙,再加上一身武功,极为难得。在那个时代,贵族、卿士们养士之风渐渐兴起,王叔陈生决定收留这个白衣秀士,于是详细询问了他的来历。

白衣秀士讲,他是楚国苦县曲仁里人士,父亲仅仅是一个士。在那个时代,士比奴隶、平民高几个阶层,但也不过是自食其力,没有响亮的氏可以称谓。父亲耕种的井田周边,长满了李树,因此父亲对子女就指李为姓,给自己取了个名字叫李海山。这李海山所在的曲仁里,有一个在商朝就很有名的道教术士,据说是商朝活了八百多年的术士商容的亲传弟子,道法高强,道德高尚,李海山就跟着这位道长学艺,非常入迷。面对乱世,李海山不愿被楚国征召,到战场厮杀卖命,于是跟着师父一道上了嵩山,从此避世,苦练轻身辟谷、羽化成仙之术。前不久,师父一病不起,把自己所掌握的秘籍奇术,一并传授给了李海山,并教导他,一心向善,守持正固,毕生修道,可以经邦济世,也可以超脱凡尘。李海山一一记在心中,叩谢师父的大恩大德。师父临终前,长叹一声:"我所传授的弟子中,唯你是最有造化的一个。道家讲的是虚无,清静无为,你既然名叫海山,海上之山，风浪中浮，动之者也，师父就送你一个道名吧，叫'浮丘'为好。"李浮丘拜谢了师父赐名，师父就坐化了。李浮丘按照师父的临终嘱咐，三个月内不许埋藏，就安置好师父的尸身，正要为他老人家守孝，不料却遇上了纪国公主主仆二人，就此跟着下了山来。为了行路方便，特地与纪伯姐结义为兄妹。

王叔陈生对李浮丘的经历赞叹不已，试探道："道长，你师父既然同意你经邦济世，你能不能来老夫门下，帮助老夫做些事情？"

李浮丘思索了一阵子，抬眼看见伯姐姑娘也热切地望着他，就对王叔陈生说："蒙王叔大人相邀，浮丘不胜荣幸。可师父坐化后，停枢在山中，后事未及料理，请大人容我归山，三个月守孝期满，我再来投奔麾下，大人能否答应？"

王叔陈生爽快地回答："道长放心，你什么时候来，老夫都给你留有位置，请你归山后，抓紧料理，及早前来，老夫定当重用！"

这个白衣秀士其实就是《列仙传》中大名鼎鼎的浮丘公，后人记载他姓李。"楚国苦县曲仁里"就是现在的河南省鹿邑县附近，鹿邑县是老子故里，而老子又被尊为李姓的得姓始祖。其实这个浮丘公比老子年长十多岁，按照这种说法，浮丘公见到王叔陈生时，显然还没有李姓，故此特别说明。

浮丘公之所以爽快地答应了王叔陈生的挽留，很大程度上是因为纪伯姐那双大眼睛反复扑闪的缘故。从嵩山下来，一路上，李浮丘与纪伯姐、老奴相伴而行，伯姐姑娘的感激之情，溢于言表。在举目无亲的情况下，能有一个兄长一样的年轻人护卫，真是犹如雪中送炭。晓行夜宿中，男女之情迅速萌生，只不过没有机会互诉衷肠罢了。这李浮丘毕竟是个至诚至纯的君子，虽然当他再次回到王叔陈生府中时，伯姐姑娘已被王叔陈生送到了宫中，让浮丘痛彻心扉，但他毅然决定留了下来，担任了王叔陈生的大管家，盼的就是有机会再见上伯姐姑娘一面。倘若伯姐姑娘再蒙不幸，李浮丘献上性命相救也在所不惜。从这个意义上来说，浮丘公当与不食周粟的伯夷、叔齐，或者焚身山火的介之推齐名。

伯姐姑娘进宫，当然不是她心有所愿的。当王叔陈生逼她入宫时，伯姐姑娘曾经以死抗争，最终还是王叔陈生和贴身老奴说服了她。她自幼虽然受到良好的教育，却是一个不谙世事的女孩子。家国不幸，父母双亡，自己一个女儿身，无力报仇雪恨，已经使她万念俱灰，为了家庭的荣誉，为了让父母在九泉之下知道女儿有个好的归宿，她只得选择嫁到王宫。但她想拖延入宫的日期，为的是能够和心爱的浮丘哥哥再见上一面。王叔陈生似乎看穿了她的心事，或者是急于邀功，选了同年的七月七日，这一天也是黄道吉日，将伯姐姑娘强行送到了宫中。

打那以后，王叔陈生一直盼望着得到周灵王的赏赐，哪怕是一句赞扬的话也行。可是，几个月来，周灵王仿佛没有经历过这件事儿，从来没有提起过。从后宫打探出来的消息,也没有好的说法。王叔陈生一直纳闷,这个貌美如花、温良端淑的女孩子怎么这么无用?进了王宫,犹如石沉大海,杳无音信。后来又听说,伯舆这个王八蛋,为了跟自己较劲儿、邀功,竟然从落难的唐国贵族中选中了一个江南水乡的女子,一下子迷住了周灵王。王叔陈生多次咒骂这个伯妲姑娘无用,却万万没有料到,一肚子怨气的他突然听周灵王说出了她即将生产的消息,而且周灵王夸奖他"功不可没",可把王叔陈生高兴坏了。回到府中,立即命下人在大门口挂上大红灯笼,以示庆贺。府内上下人等从来没有见到易怒狂躁的王叔陈生大人如此高兴,也都兴高采烈,府上一派喜庆气氛。王叔陈生吩咐厨娘为他炖了一大鼎羊羔肉,取出珍藏多年的杜康酒,让浮丘公"小李子"来陪自己,为自己助兴。浮丘公给王叔陈生敬酒时,试探着问大人为何如此高兴,王叔陈生吞一口肉,猛饮一爵酒,对浮丘公说:"小李子啊,这里也有你的功劳,你送来的那个王妃要生孩子了,你说,老夫我能不高兴吗?"

浮丘公听了这话,心里猛一沉。

周灵王的另一个辅政大臣伯舆的府邸,紧临着王叔陈生的府邸,守门的两个下人看到王叔陈生家张灯结彩,非常奇怪,报告给了伯舆的家臣瑕禽。瑕禽立即到府里向伯舆禀报,伯舆冷笑一声,咬牙切齿地说:"突如其来如,焚如,死如,弃如。"①瑕禽当然听不懂这样文绉绉的话,但也知道不是什么好的意思,傻愣愣地盯着伯舆。伯舆呼出一口气,盯着窗外已经暗下来的天空说:"笑到最后的,才是最好的。"

且说周灵王离开储秀宫后,径直回到了自己的寝宫养心殿。四个宫女非常惊喜,因为天王多日没有回这个寝宫休息了,请过安后,立刻像走马灯一样忙碌起来。一个宫女给沙漏重新注满了细沙,拨动开关,细丝一样的沙流开始均匀地流淌下来,注向了画有刻度的容器。同时,另一个宫女点亮了四台十六盏獾油灯,室内明亮得如同白昼;还有一个宫女焚起檀木棒,屋子里立刻有淡淡的香味,如同看不见的云雾缓缓飘散。宫女们又将玉石池里注满温水,试试水温,恰到好处,伺候周灵王沐浴后,换上柔软的睡衣。卧榻已经铺垫齐整,两个宫女立在半边未曾垂下的帐幔两侧,准备等周灵王躺下后,将帐幔轻轻掩上。

周灵王一屁股坐在床榻沿上,似乎还不打算躺下。太监苟安躬身问:"大王,是不是宣唐妃娘娘前来伴驾?"

周灵王摇了摇头。

苟安小心翼翼地再问:"那,大王,您看是否宣其他娘娘?"

周灵王愠怒地说:"多嘴!"

---

① "突如其来如,焚如,死如,弃如",出自离卦九四爻辞,意即突然来到,焚烧,整死,扔掉。这里指伯舆发恨,连王叔陈生、纪妃和即将出生的孩子一同咒诅。

苟安在自己脸颊上轻轻扇了一下,知趣地退到一边。

周灵王望着明亮的灯笼,出了一会儿神,突然问道:"外边的天气怎么样?"

苟安急忙跑到殿门外,向天上看看,转身回禀:"大王,满天星星,晴朗着呢。"

周灵王不再说话,默默地躺在了床榻上。宫女们立即轻轻地把帐幔放下,床榻里只有微光照射进来,一片幽暗。

周灵王觉得自己的身体很疲乏,脑子却闲不下来,两眼盯着帐顶,回想着一天的事情。

这一天,让他最多思索的就是那个晋国的君主、当今诸侯们竭力逢迎的方伯(霸主)晋悼公。自己毕竟在名义上贵为天子,天下共主,尽管管不了也没法管天下大事,但不想天下事也是不可能的。他最不理解的就是晋周这个人,一个毛头小子,该有多大能耐,七八年的光景,如同变戏法一样,把那个乱七八糟、千孔百疮的晋国治理得服服帖帖,井井有条。这手段、这魄力不是常人可以比拟的。更了不得的是,他竟然恢复了晋文公时代的霸业,运用了一系列杀伐果断的政治手腕,采取了数次规模宏大的军事行动,把十多个诸侯国的命运掌握在自己的手里,玩弄于股掌之上。而那些诸侯国,特别是王室的至亲之邦鲁国,趋炎附势,对晋悼公极尽谄媚讨好之能事,摇尾乞怜。在周灵王看来,这个晋周最为可恶的是,他并不像曾经称霸的齐桓公、晋文公那样,到王室接受册封,承认霸主称号和相应地位,打起"尊王攘夷"的旗号,给王室以应有的尊重,而是视王室为无用之物,不闻不问,不理不睬,我行我素,想怎么干就怎么干,一点儿也不给王室留面子,大有"矫天子之命,行天子之权"之势。周灵王想到,截至目前,晋周这个人的狐狸尾巴还在夹着,毕竟时机还不成熟,在晋国与诸侯会盟结盟的文告和仪式中,不得不把王室列上,邀请王室派员参与,让王室承认其宣称的主张,可这种法统上尊重、礼制上僭越、形式上拥护、政治上孤立、道义上认同、经济上制约的局面,已经让王室、让天子,越来越不能忍受了。

周灵王已经深刻地意识到了王室面临的巨大危机,也许要不了多久,这个野心勃勃的晋周就可能将自己取而代之,自己眼下这个傀儡位置,将再也维持不下去了。周灵王的这个判断,不是没有依据,他清楚地知道,晋国连年来,频繁征战,每次都要集结强大的军队,陈兵王畿,耀武扬威,这不是倾覆王室的预演又是什么?周灵王思来想去,浑身一会儿燥热,一会儿冰冷,自己就像在井田里耕地的牛一样,突然陷进了田里边,无论怎么挣扎,也拔不出来。联想到晋周在王城寄居时,自己与兄弟们苛待人家,这种私仇,再加晋周的野心膨胀,这笔账很可能要算在自己的头上,几百年的大周天下将断送在自己手里,周灵王姬泄心就将成为千古罪人!想到这里,周灵王打了个冷战,呼地坐了起来,披衣下床,在宫里踱来踱去,仍然心情烦躁,推开宫门,走到了室外,抬头望天,那轮上弦月牙儿早已没了踪影,天空中乌云密布,黑压压地把王宫笼罩住了。

苟安和宫女们悄无声息地跟在周灵王身后,不敢稍有懈怠。到底是苟安机灵,赶紧从室内取来皮袍,披在周灵王身上,小声对周灵王说:"大王,沙漏已经过半,请大王赶紧休息吧,纪妃娘娘如果将孩子生下来,会有人很快前来禀报的。"

周灵王没有吱声,在院子里站了片刻,回到宫内,再次躺下。有宫女手持盖碗,熄灭了数盏灯火,室内顿时暗淡下来。

在储秀宫,纪妃生产的痛苦越来越频繁,越来越加重了。纪妃的嗓子已经嘶哑,力量也消耗得差不多了,大声的号叫变成了小声的呻吟。收生嬷嬷及助手不停地为纪妃擦拭额头上和身子上的虚汗,每隔一段时间,向纪妃的口中灌一些面汤,一边小声地安抚她,指导她什么时候该用力。纪妃的羊水不停地汨汨渗出,人们屏声敛气,迎接新生命的诞生。

当更夫敲了四梆以后,意味着时间已经进入了三月三日。到了寅时,夜更深,人更静了,而在储秀宫里,围产的纪妃进入了生产的关键阶段。婴儿黑黑的头发已经从产道里暴露出来,纪妃浑身痉挛,嘶哑的声音竭尽全力迸发。收生嬷嬷和助手相视一笑,用温和的话语鼓励纪妃:"娘娘,你开始用力吧,使点劲儿,再使点劲儿!"

外面的天空里,突然一道闪电划破夜幕,轰隆隆响起了新年的第一声春雷。随着闪光射进宫里,春雷炸响,纪妃哎呀一声,身子一挺,婴儿就托在了收生嬷嬷的双手里——一个不过四五斤重的小生命来到了人世间。助手眼尖,惊喜地向纪妃通报:"娘娘大喜,是个小王子!"已经瘫软的纪妃伯姐,嘴角露出一丝笑意,紧闭双目,像要沉睡过去。

收生嬷嬷麻利地为婴儿剪断脐带,示意宫女把灯端得近些,看见婴儿浑身发紫,呼吸微弱,心里暗暗叫苦,情况不好。助手惊呼:"嬷嬷,小王子怎么不哭啊?"嬷嬷瞪她一眼,意思是不要多嘴,然后一手提着婴儿的双脚,在婴儿的脊背上轻轻拍了一下,仍然没有哭声,嬷嬷狠狠心说:"小王子,休怪老婆婆无礼,谁让你不哭呢。"说着,在婴儿的背部重击了一下,婴儿顿时嘤嘤地哭叫起来。听到这婴儿来到人间的第一声啼哭,收生嬷嬷、助手和宫女像听到了世上最动听的乐曲,一片欢腾。

收生嬷嬷和助手将婴儿洗好、包好,助手问:"要不要把厢房里的奶娘叫过来为小王子喂奶?"

嬷嬷说:"不用,喂奶早了不好,先让他少饮一点清水就行,等到王子把脐屎排净了,吃了娘娘的初乳,才能让他吃奶。"

助手敬佩地看着嬷嬷："那下边该干什么？"

嬷嬷说："娘娘的肚子空了，需要进食。哦，对了，抓紧去给大王、太后报喜，他们一定在等待着这个大喜讯！"

就在纪妃加紧生产的那一刻，半夜未曾合眼的周灵王才坠入梦乡。他仿佛乘坐着六驾马车，出了宫门，辇上的黄盖伞突然一跳，跃进了自己的怀中。周灵王伸手把伞把儿抓牢，身子竟随着伞飞升起来，离开了地面，升上了天空，在白云间穿行。他不仅不感到惊慌，反而身心舒泰，精神上有一种少有的愉悦。就这样飞呀，飞呀，飞过了一望无垠的湖面，飞过了连绵不绝的崇山峻岭，最后飘落在一个圆墩墩的小山包上。山包上面非常开阔，平坦的地面上，虫叫鸟鸣，绿草如茵，繁花似锦，异香扑鼻。周灵王正诧异地想自己从来没有来过这个地方，只见薄雾轻纱在身边缭绕，仿佛触手可及，自己的身子轻飘飘的。忽然听到上空一声白鹤鸣叫，引得周灵王眼光穿过云霄向上望去，只见一个清秀的白衣少年，骑在白鹤的背上，翩翩而来，飞落在自己的面前。那少年翻身下了白鹤，向着周灵王纳头便拜："父王，孩儿来了。上天知道你做这个天子非常不易，特地差遣孩儿来帮你治理这个混沌、荒唐、乱纷纷的天下！"周灵王又惊又喜："什么，你是寡人的儿子？寡人怎么从来没有见过你？"上前就要拉这少年的手，只听一声响雷，周灵王哎呀一声被惊醒，原来是南柯一梦。周灵王懵懵懂懂，追忆着梦境，听见宫外滴滴答答下起了春雨，又听见一阵紧凑的脚步声和轻轻的叩门声。

周灵王呼地坐了起来，一阵狂喜："这个纪妃，一定是为寡人生了一个王子！"

太监苟安和宫女以最快的速度为周灵王穿好衣服，洗漱完毕，外边的小雨已经住了。养心殿只留下两名宫女，其余人等簇拥着周灵王快步去了储秀宫。

等他们赶到时，见储秀宫门外放着一乘小轿，周灵王知道母后已经赶到了。进到宫内，只见太后正小心翼翼地捧着新生儿，像捧着一件罕见的宝贝，亲不够，看不够。太后看见周灵王进来，就对婴儿说："孩子，你的父王来了，睁开眼看看吧！"

周灵王走到跟前，并没有伸手去接孩子，瞅了一眼，心里说："一个小不点儿，皮肤皱巴巴的，不就是个丑八怪嘛。"

也许是听到了太后的召唤，这孩子真的睁开了眼睛。现代人都知道，新生的婴儿，视力近乎为零，可那双乌黑的小眼珠儿与周灵王一个对视，让周灵王顿时感到好像在什么地方见过一样，仔细一想，正是刚才在梦境里看到过的，顿觉亲切，心中涌出一股暖流。

周灵王按捺不住心中的狂喜，想把孩子接过来，太后却拦住了："别，别，这孩子有点儿毛病，你看他出气很不均匀。"

周灵王仔细一看,孩子的双目紧闪,咧着小嘴,发出了一声微弱的哭声,招手让太医过来。

太医立即跪在周灵王面前:"禀大王,臣已经瞧过了!"

周灵王问:"没有什么毛病吧?"

太医吞吞吐吐不敢回答。

周灵王火了,厉声呵斥:"混账,说!"

太医在地上重重磕了一个响头:"回大王,小王子是早产儿,心音有些杂乱,恐怕难以成活。"

"什么,你说什么?"

太医吓得浑身发抖:"臣会竭尽全力医治的!"

周灵王大吼:"你听着,一定要让这孩子好好活着,若有半点儿闪失,我就把你这废物砍了,灭你九族!"

太医伏在地上,叩头如同捣蒜,脑门子上滴下血来。

小王子虽然生在帝王之家,却也没有现代的医疗条件,可以放在暖箱里做特护治疗。显然,这个让王室大喜的早产儿,心肺功能都不可能发育完全,稍有不慎,就可能夭折。然而,人的生命既是脆弱的,也是柔韧的。这个早产儿,生命力是强大的,在母亲体内的发育,给了他一定的免疫力,带他闯过了一道又一道生命的险关,使他顽强地活了下来。

然而,当他的生命刚刚起步时,就遇到了营养供不上的难关。

第六回

李浮丘乔装入宫催母乳
周天子集思占卜定子名

　　收生嬷嬷说的"脐屎",不用做任何解释,大家都明白是怎么一回事儿。但仔细想想,颇具深意,那也是伟大母爱的体现。试想婴儿在母体里的日子,从无形到有形,从有形到成形、孕育成鲜活的生命的过程中,全靠母亲把自己饮食所摄取的水谷精微,通过脐带,源源不断地将营养输送给婴儿。导管就是一条生命线,在婴儿呱呱坠地时,输送到婴儿体内残留下来些许的废弃物,放置于婴儿的肠道内,看似无用,其实正是让其成为新生命体进行新陈代谢的先导,过上一遍,就启动了这一新生命个体自我功能的运行。

　　剪断脐带后,生命的过程才正式开始。张开嘴巴,翕动鼻翼,就开始要吃,要呼吸。呼吸不成问题,但吃的仍然要靠母亲来供给。纪妃伯妲生下的这个宝贝婴儿,当然也不能例外,可问题恰好就出在这儿。早产儿的心脏跳动微弱,呼吸也显得不够正常。当排净脐屎,需要进食时,纪妃的奶水却一直下不来。按说这并不要紧,来王宫供奶的奶娘可以排成长龙,可偏偏这个婴儿非常怪癖,宁肯叼着母亲无汁的奶头费劲地吮吸,也不吃其他人的乳汁。被王室选中的十几个奶娘,轮番上阵,托着白白净净的乳房,小婴儿仿佛知道这不是自己固有的食囊,根本不予张嘴。没办法,奶娘们把奶水挤在金碗里,无论单个的还是混合的,也不论怎么配比,这婴儿就是不吃他人的奶,强灌进去一点,婴儿就会发呕发喘。饿得急了,只能饮下一点儿清水。纪妃心疼自己的孩子,再次试图将自己的乳头送到婴儿嘴里,婴儿就会贪婪地吮吸,吸得乳头生疼,也吸不出几滴奶来。

　　这可是大事,这可了不得!太医与收生嬷嬷使尽了浑身解数,也不能为纪妃催下奶来,气得周灵王跺脚骂娘。照这样下去,小王子吃不到东西,生命危在旦夕。宫里上上下下,急得像热锅上的蚂蚁。来到宫里贺喜的大臣及贵妇们,得知这一情况,除了个别别有用心的,也都很着急,献上了不少主意,也不能奏效。王畿内的医士、方术家闻风而动,妄图借此博得名利,却都碰了一鼻子灰。

周灵王越来越上火，把几个无用的废物太医下了大狱，还把几个装神弄鬼的江湖术士砍了脑袋，也无济于事。这样一来，反而堵塞了前来救援的人们，没有人敢拿脑袋来充能了。

毫无疑问，最早得知这一情况的人中，肯定少不了王叔陈生和伯舆这一帮近臣。伯舆以为自己的诅咒生了效，暗自开心。着急上火的，当然是王叔陈生。他一回到府上，就对大管家李浮丘讲了。李浮丘当即向王叔陈生告假，骑上快马，奔上了嵩山他和师父修仙炼道之处，从那个柴房的一角，挖出了一个陶罐子，一刻不停，星夜兼程，回到了王叔陈生府上。一来一回，已经有三天三夜了。

王叔陈生见到李浮丘，根本不体谅他的疲劳，张嘴就是一顿臭骂："好你个小李子，你根本就不是浮丘，而是混球儿！老夫急得要命，你却神出鬼没，到外边逍遥自在去了！"

李浮丘忙问："王妃娘娘下奶没有？"

王叔陈生仍然没有好气："下什么下？大王已经砍了好几个骗子的脑袋了，仍然一点儿办法也没有。唉，算纪妃福浅命薄，生个孩子连命也保不住。"

李浮丘脸上浮现出笑容："大人，在下有办法为娘娘催奶！"

王叔陈生半信半疑："什么？你有办法？你一个未婚男子，连女人都不懂，能有什么办法？"

李浮丘狡黠地笑笑："请大人放心，在下保证娘娘药到病除。请大人您安排厨娘，炖两只猪蹄，放七个红枣熬汤，炖得越烂越好，我带回来的山药，两种相配，保证很快让娘娘奶水丰盈，母子平安！"

王叔陈生见李浮丘说得如此肯定，也知道这小子学过不少法术，素有异能，就立刻吩咐下人，按李浮丘说的，抓紧照办。

在下人一片忙碌期间，李浮丘向王叔陈生提出，药和汤必须自己亲自送去。王叔陈生本来十分欢欣，听了这话，却急了："那怎么行，你一个大男人是进不了王宫大内的。"

李浮丘说："大人，心为神主，神统领形，疗治疾患，攻心为上。倘若在下不能进入王宫大内，无法施展仙术，这药和汤将毫无作用！"

王叔陈生见他说得这样肯定，由不得不相信。为了给纪妃治病，死马也得当活马医，更何况是病笃乱投医？不过，他终究放心不下，就告诫李浮丘："小李子啊，老夫必须告诉你，没有十足的把握，千万不要逞能。已经有好几个人为了得到赏赐，下狱的下狱，砍头的砍头，老夫不忍心让你冒这个险。"

李浮丘说："大人您尽管放心，这秘方秘术正是在下的师父临终时亲自传授的，百发百中，万无一失。就说这药，师父他制成后，深埋在山里，少说也有三十年了，它叫益母膏，专治妇女的各种疑难杂症。师父说，埋得越久，熟得越透，疗效就越好！不是为了娘娘，在下还舍不得拿出来哩。"

王叔陈生这才放下心来："好吧，不过你这样年轻，不容易进得宫去，这该如何是好？"

李浮丘说："大人，在下会一种易容术，只要在下打扮成一个仙翁模样的人，就可以确保无虞了。"

就在李浮丘改装易容时，易怒多疑的王叔陈生又有了想法。他看着身穿道袍，头发、眉毛已经变白了的李浮丘，冷冷地发问道："我说小李子啊，你可别糊弄老夫。老夫知道你对纪妃娘娘有情有义，可这绝不是儿戏，岂容你借此机会与王妃幽会？"

李浮丘义正词严地对王叔陈生说道："看大人您想到哪里去了？王妃久不下奶，小王子性命难保，大人您忧愁得吃不下饭，睡不好觉，小人我是您的家臣，主忧臣辱，主辱臣死。为大人分忧，是在下应尽的职责。再说，王妃娘娘是在下的义妹，义妹有难，当哥哥的岂能不救？小王子的性命，关乎天下大局，社稷兴衰，做臣子的即使肝脑涂地，也得报效！大人，在下愿以脑袋担保，为了您，为了义妹和小王子，即使粉身碎骨也心甘情愿！"

听了这话，王叔陈生才放下心来，等一切准备妥当，备了两乘轿子，王叔陈生亲自护送李浮丘进了王宫。

王叔陈生与李浮丘所做的一切，都被王叔陈生的另一个家臣名叫史狨的家伙看在眼里，记在心里，暂且不表。

且说王宫里，一片沉寂。储秀宫院内院外，站满了人，那些妃子们不管是什么心态，也都在自己贴身宫女的陪同下，来到了这里。就连唐妃叔隗，尽管幸灾乐祸，心怀鬼胎，也不得不跟随大众，来到储秀宫，装作满面凄容，呆呆地站在院子里。郲妃和康妃，属于贤德的女人，各自手牵着女儿，站在宫门外，大气也不敢出。室内，周灵王焦躁地踱来踱去，直想骂娘，冲淡这压抑的气氛。纪妃斜躺在榻上，怀抱着婴儿，两眼空洞，欲哭无泪。太后一边擦着眼泪，一边默默地求告着上天，保佑自己的宝贝孙子无恙。有时实在忍不住了，掀开婴儿的盖头，叨念着："孙子，吃口奶吧，你来到世上已经七天了，还没有填饱过肚子，你真的舍得离开奶奶、父王和你的妈妈吗？"

两乘小轿来到储秀宫的门外，王叔陈生下了轿，又按照约定，亲自为李浮丘掀开轿帘子，搀扶着仙风道骨的浮丘大仙颤颤巍巍地下了轿子。

二人一进院子，立刻引起一片惊呼，不免惊动了室内焦躁不安、走来走去的周灵王。他急忙出门一看，就意识到，是仙人下凡了，孩子有救了！王叔陈生跪下叩拜时，这位大仙仅仅对着周灵王唱了一个肥喏。

王叔陈生禀报道，这是他从中岳嵩山请来的道长，法力无边，通天彻地。周灵王看到王叔陈生如此虔诚，由不得不相信，反正到了这个地步，王室求天不应，告地不灵，已经走到绝路上了，无论如何，也要把这个大仙当成救星看待。于是，周灵王做了一个手势，请大仙入内。王叔陈生按照与李浮丘定好的方略，要求所有人等离开室内，连太后、大王也不例外，只留他一个人在室内陪伴，好方便大师施法。周灵王怏怏地看了李浮丘一眼，无可奈何地搀扶着太后走了出去。太后倒一连声地请大仙抓紧施展功力，保佑母子平安。

门外的所有人鸦雀无声，一齐盯着敞开着的宫门。只见李浮丘舞起木剑，作张作致，嘴里吟唱着不知什么名目的歌谣，举手投足之间，与刚刚进来时老态龙钟的模样截然不同，身形矫健，步履扎实，翩然灵动，宛如游龙。半倚在床榻上的纪妃伯姐也惊异地看着这个道长作法，突然有一种久违了的十分亲切的感觉。她已经从那优雅而且刚健的舞姿中看出，这就是心爱的浮丘哥哥，喜悦的眼泪不禁从面颊上淌了下来。是他，就是他，浮丘哥哥，你终于来了！纪妃伯姐突然觉得这死气沉沉的王宫里顿时充满了生机，心情豁然开朗，恨不能立即跳下床榻，扑到浮丘哥哥怀中，倾诉无尽的思念。是啊，当初自己仅仅听了王叔陈生的花言巧语，威逼利诱，为了家族的荣誉，连见上浮丘哥哥一面都不能够，就入了宫。打那以后，她心如死灰，觉得自己被埋在了活棺材里，今生今世再也不可能见到这个亲人了。与周灵王的初夜，她惊恐万状，彻底得罪了这个丑八怪似的大胡子"髭王"。那些势利眼的太监、嬷嬷、宫女不把她当人看，变着法子虐待她，她都能够忍受，因为心中有个浮丘哥哥。只有在产后的这几天里，生活才突然发生了巨变。她为了孩子，也要坚持着活下去，可自己的奶水是那么的不争气，眼睁睁地看着孩子衰弱到了生命的尽头。她已经暗暗地下定决心，孩子如果没命了，自己也不苟活于世。不料想，犹如云开日出，浮丘哥哥乔装打扮，来到了自己的身边。上一次在嵩山，是浮丘哥哥救了自己，这一次浮丘哥哥又来救自己和孩子了，她深信浮丘哥哥有的是办法。

就在纪妃目不转睛地望着李浮丘，心中充满遐想之时，李浮丘施法已毕。这套动作，除了他知道伯姐妹妹能心领神会外，其他人都以为是在施展法术。

李浮丘收了势，悄声与王叔陈生商量，可以用药用汤了，就让王叔陈生走到门口招呼下人把药和汤奉上。趁所有人不注意，李浮丘向伯姐做了一个不要声张的手势，伯姐含笑点头，一切就在不言之中了。

李浮丘收了木剑，包裹好，下人们也已经把山药、猪蹄红枣汤送了进来，放在桌子上退了出去。李浮丘把药罐打开，一股浓烈的药香在室内飘散开来。闻到这气味时，纪妃就感到精神一振。李浮丘从中取出一汤勺，倒入一个杯子中，添上温水调匀，对王叔陈生说："请太后、大王进来吧，再来两个宫女帮忙就行了。"

太后、周灵王如蒙大赦，与两个宫女依次进来，亲眼看着李浮丘继续施法。

李浮丘旁若无人地将调好的汤、药摆放好，嘴里叽里咕噜地念了一番咒语，亲自端着药送到纪妃面前说："请娘娘用药。"此时，两个人的目光才正式相遇，纪妃看到的是一双明澈慈爱的目光，就像自己的父兄一样看着自己，一股暖流涌上心间。她顺从地接过杯子，含着热泪，一饮而尽。少顷，李浮丘又命宫女端来猪蹄汤，让她们服侍娘娘慢慢地喝下去。纪妃顺从地按照李浮丘的要求办，不时地抬起眼帘瞟一下面无表情的浮丘哥哥。等这一切完毕，李浮丘又向周灵王唱了一个肥喏："大王莫急，只需要半个时辰，娘娘的奶水就会下来了，老衲告辞！"

也许是周灵王被骗子坑怕了，此时，还没有见到效果，怎肯放走李浮丘？上前扯着李浮丘的衣袖："大仙，请不要急于离开，寡人要宴请你！"

太后也叫道："大仙慢行，半个时辰如果见效，老身也重重有赏！"

李浮丘朗声大笑："贫道谢谢太后、大王的美意。修道人忌口，自有自己的饮食；荣华富贵、金银珠宝乃身外之物，贫道绝不妄贪！老衲此行，只是为了王妃娘娘玉体康安而来，为了小王子健康成长而来，为我大周王朝的社稷永固而来，别无他求！倘若一味留下老衲，以此来验证老衲的法术，就是对神灵的亵渎，对老衲的不信任，算老衲枉费心机了。"

听了这话，周灵王非常尴尬，急忙解释说："寡人挽留大仙，实乃想请大仙为天下效力而已，不知大仙意下如何？"

李浮丘道："不瞒大王，贫道是个闲云野鹤、散淡之人，留在宫中不能适应，云游四海，才是平生之志。"

周灵王见无法说服他，又说："请问大仙，倘若纪妃的疗效不能巩固，仍需施法，该如何找到大仙？"

李浮丘答道："大王，吉人自有天相。有了这药，再连喝三次这种催乳汤，就会确保娘娘康复，如果要找贫道的话，只需要通过王叔陈生大人就可以找到了。"

说话间，纪妃已经感到口舌生津，浑身有了气力，乳房也似乎鼓胀起来，正巧小婴儿又少气无力地哼了一声，纪妃赶紧将婴儿抱起，把一只乳头送到婴儿口中，一股细细的乳汁已经涌出，纪妃欣喜地叫道："大仙真灵，有乳汁了！"太后、周灵王赶紧围了过去，看婴儿贪婪地吃奶。李浮丘向王叔陈生使了个眼色，王叔陈生会意，二人悄悄地离开了储秀宫。

王叔陈生让李浮丘与自己同乘一顶轿子，上去后仍然惊魂未定："好险！如果不是你小李子坚持要走，差点露馅儿。"

李浮丘把白眉毛、白胡子扯下来，恢复了本来的面目，忧心忡忡地对王叔陈生说:"不瞒大人,浮丘也不能再伺候大人了,出了这王宫大门,浮丘就要向您告辞了!"

王叔陈生大惊失色:"小李子,你这是什么话?难道老夫有对不起你的地方吗?"

李浮丘道:"大人,我们已经犯了欺君之罪,这是王室绝不能容忍的呀。"

王叔陈生不屑地说:"小李子尽管放心,这件事只有老夫府上的少数人知道,谅他们也不敢乱嚼舌头,你只管放心好了!"

李浮丘道:"大人,要想人不知,除非己莫为。我既然敢这么做,也是豁出去了。不过,人心隔肚皮,虎心隔毛皮,天下没有不透风的墙。这件事,大王迟早会知道的,还是小心为妙,我一走了之,大王要责怪大人,你只管往在下身上推就是了!这样一来,大人就可以无所顾忌了。"

王叔陈生沉默不语,他实在舍不得这个精明能干、忠诚无私的小伙子。可又想想,朝廷中同僚间钩心斗角,尔虞我诈,尤其是那个伯舆,就是一个阴谋家,不得不防啊。罢罢罢,小李子这样办,完全是为自己着想,人各有志,还是让他去吧。

说话间,轿子已经出了王城大门,来到驰道上,李浮丘喝令住轿,轿夫们将轿子稳稳停下。李浮丘向王叔陈生拱拱手:"大人,浮丘就此别过。"

说罢,李浮丘跳下轿子,扬长而去。惊呆了的王叔陈生望着李浮丘渐渐远去的背影,一阵无名惆怅涌上心头。

再回到储秀宫。

纪妃服药、喝汤后,不到半个时辰,奶水就如涌泉,充盈饱满了。小家伙吃了一顿饱饭,满足地露出笑靥,嘴角上边溅出一点乳汁,沉沉地睡去。王室一扫焦灼的气氛,人心大安,纷纷议论那个大仙如此神奇,妙手回春。人们渐渐地散去了,身心疲惫的周灵王和太后也都回了各自的寝宫,储秀宫恢复了平静。

为纪妃催奶的效果如此之好,除了药汤神奇、滋补的作用外,另一最重要的原因是纪妃的心情好了。虽说浮丘哥哥离开的那一刻,纪妃的鼻子有点儿酸楚,但总算又见到了朝思暮想的人儿,浮丘哥哥此举等于向纪妃表明,他心里不仅有自己,而且也时时地关注自己,在关键时刻,他就会出现,全力相助。两个有情人无声的交流,给纪妃注入了强大的精神力量,就使得催奶的效果如此之快,如此之好。

太后在离开前,慈祥的面容乐开了花,从怀里掏出一个长命锁,给小孙子戴在脖子里,也让纪妃好生感动,想起了自己慈爱的母亲。

王室有了小王子,天朝后继有人,要按照现代人的说法,对东周王室乃至天下来说,是"政治生活中的一件大事",应当普天同庆,万众欢腾。但其实这事件在诸侯中的影响,若有若无。孔夫子增删的《春秋》、左丘明著的《左传》根本就不予记载。《春秋》号称是"微言大义",文字简约,可以不记,但《左传》记述的史实就非常丰富,诸侯们的活动,一些谋臣的言论,还有不少宏大的战争场面,都写得相当传神、精彩,也记述了诸如"××的棺材被××用了""××将领头上长了恶疮",甚至"郑国人夺取了堵狗的妻子"这样的琐事,可唯独对于王室的活动记载很少,像生了小王子这样的事情一字不注,这也说明王室在人们心目中的地位是无足轻重了。

尽管这样,在周灵王召开的朝会上,群臣意见一致,要把小王子诞生的消息向诸侯各国通报。周灵王因此下旨,让单靖公配合刘定公负责实施。因为王室经济紧张,财政拮据,开不出那么多的差旅费用,单靖公和刘定公商议,根据诸侯国爵位的不同派不同等级的官吏前去,同时压缩出差聘问的官员人数,能一趟可以顺道走访几个邦国的就委派人兼顾了。

刘定公对这活动信心满满,他认为,王室是天朝的象征,诸侯邦国总不至于对王室的大喜事置若罔闻。能不能前来祝贺,尚在其次,但贺礼应该不会少的。可单靖公就很冷静,并不抱乐观态度。他对刘定公说:"刘大人,出水才看两腿泥。依下官看来,通报诸侯国的活动,本来就是可有可无的。一是王子并未册立为太子,不必兴师动众,大肆张扬。二是通报是王室的礼仪,诸侯不贺等于蒙羞,倘若再遭到冷遇,则王室更是不堪其辱,颜面扫地,只能落下个自讨没趣。"对于单靖公的这个估计,刘定公深知很有道理,但自己身为行人,负有外交使命,分内的事务,不便明目张胆地反对众大臣的意见,打肿脸也得充胖子。

王室派出的行人队伍,正在向四面八方奔波的时候,为婴儿取名摆上了周灵王和辅政大臣的议事日程。按照周礼的要求,"婚生三月而加名",婴儿应该在出生第三个月才能取名,但这并不妨碍婴儿的父亲提前思考,提前准备,拿出多种方案,到了第三个月时,就基本可以敲定了。纪妃生下的这个小王子,毕竟是王室里的头胎男孩,因此,对于取名相当重视,而且王室是天下人的王室,是至高无上的,为小王子取名就更加非同凡响,不能像柴门小户那样,随便取一个阿狗、阿猫,就可以叫上一辈子。

自从纪妃的奶水充盈,小婴儿有了充足的营养以后,发育得很快,就像水泡豆芽一样,一天一个样。这小孩脑袋出奇的大,小脸蛋丰满红润,笑起来右脸蛋上有一个小酒窝,很逗人喜爱。心脏跳动和呼吸匀和起来,哭声也显得分外响亮,渐渐浑圆起来的小胳膊小腿,只要醒来,就一刻不停地舞动。太后每天都要到来,逗弄孙子,小家伙一见到祖母,就会咧着嘴笑,简直把太后高兴坏了,只是有时会冷不丁地发喘,小脸憋得通红,但过不了多大一会儿,就恢复正常了。太后和周灵王没少申斥太医们,可这些没用的家伙,总是将小孩子的隐疾推到早产上去,说什么随着孩子长大,渐渐地就会好起来。不过,他们倒也没有说错,随着婴儿的不断成长,发喘的现象越来越少了。

为孩子取名成了周灵王和大臣们议论得越来越多的话题。周灵王自己也有所考虑。他不明白的是,向上数的几代周王,名字都是一个单字,如他曾祖父周匡王名班,祖父周定王名瑜,父亲周简王名夷,可偏自己的名字为"泄心"。自从坐上了天子的宝座,他这个"泄心"不仅"泄心",而且"糟心"了,他觉得自己的名字不好、晦气,因而决定,自己的孩子,无论如何也要取一个单字为名字。周灵王读书时不太用心,学问实在有限,为了给儿子取个响亮的名字,煞费苦心,左思右想,也理不出个头绪,于是决定召集几个近臣,集思广益,拿出几个方案,由自己决定。

参加这项会议的有伯舆、王叔陈生、单靖公、尹言多、甘悼公、巩简公和儋括,因为是非正式朝会,就不在大宸殿进行,而在周灵王寝宫养心殿里的书房里进行。刘定公出差去了晋国,还没回来,就没有参加。

当周灵王说要为小王子取名,请大家各抒己见时,大臣们显得很兴奋,立即展开了热烈讨论。

又是王叔陈生抢先发言:"大王,臣建言,臣以为天子之子,至尊至贵,贵胄之身,贵在名贵。当今天下,德、和、仁、爱,最为稀缺,最为珍贵,已为天下人所共识,臣思来想去,莫如以'贵'字为小王子命名,可以喻示天下,王族的德和仁爱,撒满乾坤。"

周灵王含笑不语,继续听取其他大臣的建言。伯舆站起来,出口就反驳王叔陈生:"臣以为王叔陈生过于浅薄。天不言自高,地不言自厚,日月不言自明,王室不言自贵。当今天下,我王室虽然不似成康盛世,但也上承天命,下接黎民,如同万丈光焰,普照大地,惠及万物。光为火之华,地为坤之母,按照文王八卦,火为离卦,地为坤卦,王室在上为火,诸侯邦国在下为地,才显出王室的尊荣和威严,火地为晋卦,不如为王子取名为'晋',寓意我王室独尊,福祧万年!"

王叔陈生听到伯舆贬损他,已经不快。此时,不管伯舆说得有无道理,也要强词夺理,予以驳斥:"大王,臣以为伯舆一派胡言!为王子取名,寓意固然重要,但不能不考虑天下大势!众所周知,晋周这小子,自从离开王畿,回晋国为君,短短的八年里,就恢复了晋文公时期的霸业,居于天下伯的位置。当下志得意满,号令天下,我王室不仅不能调动他,而且还得仰他鼻息。老臣我以为必须避其锋芒,可保王室的安全。若将王子取名为晋,则很可能遭到晋君生疑,以为向他的地位挑战,惹来不必要的麻烦,请大王三思!"

司马尹言多平时言并不多,这次却开了腔:"大王,恕臣直言,臣以为王叔陈生大人说得有理。臣统领的三千御林军,粮秣不足,除去镇守各个边关要塞的六百多人、保卫王宫的四百多人、守护地方治安的五百多人,其余近一千五百人都已经分配到王室的井田里务农,作坊里做工,以农工养兵。而晋国如此强大,不断蚕食王畿的土地,说的是借道,却把掠走的土地、城池再也不打算归还,而我王室毫无办法。照这样下去,王畿岌岌可危。所以为小王子取名,的确需要从现实考虑,以避免激怒晋君为要。"

听了这些争议,周灵王再一次烦躁起来。司空巩简公不等周灵王发话,就站了起来:"大王,臣以为王叔陈生和尹言多二位大人的说法,长他人志气,灭自己威风,绝不可取。如果一个小王子的名字就能让晋侯觉得冒犯,这晋侯也未免太小家子气了!臣以为正因为晋国为当今方伯,晋侯为当今霸主,我们才更应为小王子取名为晋。然而此晋非彼晋,毕竟王室为尊,他再牛也不过是一方诸侯!我王室正是要以此警示晋侯晋周,不要忘了自己的根本,收敛一下狂妄的野心、嚣张的气焰,免得不知天高地厚,招致天怨人怒!"

周灵王连连点头,使王叔陈生觉得很没面子,正要发作,司徒甘悼公立起,说出了自己的见解:"大王,臣以为公说公有理,婆说婆有理。既然伯舆大人从《易经》中为王子取名提供了一条思路,臣看不必在'贵'与'晋'之间争执不下,不明之事,应该请教神明。臣建议将巫祝苌弘宣来,用卜筮决疑,判定吉凶,岂不稳妥?"

周灵王听了,直拍脑门:"哎呀,寡人怎么把这茬儿给忘了?坐下以后,就觉得缺少一个人,又想可能是刘定公,原来是少了苌弘。苟安,快去宣吧!"

周灵王不仅对神明十分虔诚,也对苌弘非常信任。其他大臣见前面几个人争来争去,毫无意义,都觉得甘悼公的折中办法才是最好的办法,让神明来裁决,是谁也不敢妄言的。

不多一会儿,苌弘来到。不用周灵王吩咐,就知道诸位大臣的用意,连占筮用的蓍草都没有带,直接拿了一片新鲜、完整的龟甲,这样的占卜更为庄严,一般不用。在太监的协助下,苌弘在炭火中焙烧甲片,火太猛不行,没有一定的热度也不行。苌弘神情专注地轻轻翻动龟甲,口中念念有词,每听到一声爆响,就在笏板上画一记号,经过几个反复以后,取出龟甲,让太监把火盆移去,自己认真观察龟背上的裂纹,如此端详了片刻,胸有成竹地对周灵王参拜道:"大王,此次占卜,得一晋卦,乃青天白日之象。且应在动爻六二,爻辞占断为'晋如,愁如,贞吉。受兹介福,于其王母'。意思是,君子以自昭明德,升进中亦有忧虑,然而正固吉祥,从王母那里受到大福。此外,龟甲上出现的裂纹,呈'乔'字状,预示乔迁之象,请大王明断。"

周灵王大喜,哈哈一笑:"你这个呆子,你已经明断了,还要寡人明断什么?寡人将按照神明的昭示,将孩子取名为'晋',至于'乔'纹,寡人看来也颇具深意。王城已多年失修,况且处在谷水与洛水交汇的下方,迟早会受到洪水的威胁。从卦象上可知,王室乔迁也是当务之急。不过,建筑新的王城,需要诸侯各国进献材料。你们想想,这些可恶的诸侯们,可肯出血效力?所以寡人决定,干脆就以'乔'字作为小王子的字,先应了卦象,再徐图建筑新都的大计吧!"

众臣见周灵王已经做出了决策,无不称颂如此甚好。周灵王看了一眼一直没有发言的单靖公:"单公啊,对于寡人的这一决定,你意下如何?"

单靖公见周灵王突然问到自己,颇感意外,但仍然思索一下,简要地回答:"大王,臣以为为小王子取名为'晋'是最贴切不过了。诸位大臣不要以为用了'晋'字是对晋国的冒犯,从另一个角度看,正是看好晋国与晋周,是抬举他们,相信晋悼公会明白这一点的。"

周灵王对单靖公的这一解释非常满意,或者说是对上了他的心思。他决定为儿子取名为"晋",并不像伯舆所说的要压晋悼公一个价码,也不像王叔陈生那样害怕得罪晋国,而从周灵王内心讲,恰恰是为了讨好晋国。自己把宝贝儿子都取名为"晋"了,不就是看好晋国吗?但这个意思,周灵王当然不会明说出来,那样未免会让大臣们小瞧自己。尽管如此定了,周灵王还是看出王叔陈生有气,心想:儿子毕竟是这老家伙选送的妃子生的,不能让他过于难堪,于是对单靖公说:"单公啊,寡人看你还是有政治头脑的。既然卦象如此明确,众爱卿也没有疑义,就这样定了。由敬事房正式记录在案,三个月后,正式向世人宣诏。至于王叔陈生大人提出的那个'贵'字,也是一番好意,吉利吉祥,等寡人有了下一个儿子,就以'贵'字命名。"王叔陈生听了这个旨意,气得像猪肝一样的脸色才渐渐地转了过来。

群臣离开王宫时,王叔陈生冲着伯舆背影,恨恨地想:小王子毕竟是老夫选送的纪妃生的,大王这么重视命名,显然另有深意,伯舆,你小子别以为用了你的建议取名,大王就倾向于你了,咱们走着瞧!

第七回

王室四处碰壁前后受堵
晋侯八面威风左右逢源

　　出使诸侯各国的卿士、大夫、官师陆续回到了京师。果然不出单靖公所料，使者们差不多都憋了一肚子气。带回礼品的使者，不管这礼品如何菲薄，总算为王室捞回了一点儿面子，更多的使者则是空手而返。如出使鲁国的官师庄羽见到了穆叔，也就是叔孙氏穆子，略略客气地寒暄了几句，管了一顿饭食就把庄羽给打发了。出使郑国的大夫石㝵，别看距离近，却吃了闭门羹，郑国的执政子驷正与其他公族闹得不可开交，根本无人肯出面接待天朝来的使者。再说，郑国人认为，现在的王室依附于晋国，而晋国组织的联合国军正在虎牢筑城，时时准备从西北方向也就是王畿东部进攻郑国，与晋国结怨的郑国岂肯再抬举王室？出使宋国的卿士侯孙敖倒是受到了宋平公的接见，带回了祝贺的信札和一些玉品、锦帛。出使蔡国的士崇正好赶上郑国军队攻打蔡国，把蔡国的公子燮都给俘虏了，所以，根本就没有进蔡国的领地就折了回来。出使齐国的大夫公输忌受到了礼遇，带回了一批食盐和海产品，顺道还有齐国的大夫陪同天朝使者登了泰山。最垂头丧气的就是刘定公，作为这次活动的组织者，王室出使的最高长官，到了晋国的首府新田，递上聘问的文书，那晋悼公根本不予理睬。要不是晋国的大臣叔向顾点儿面子，把刘定公安排到自己的府上，请刘定公消气，体谅晋国主公政务太忙，刘定公非要到晋廷骂娘不可！至于出使卫国、莒国、吴国、邾国、陈国、曹国、中山国的使者，一个个灰头土脸，气塞满胸。幸亏没有派人出使秦国、楚国，要不然会有更难堪的事情发生。

　　出使的官员心思比较灵活，没有人肯和盘托出出使遭受的冷遇。官场中报喜不报忧的潜规则自古有之。这些使臣洗净一路风尘，到了宫里，尽拣好听的向周灵王禀报，差不多都带回了贺喜的信札（天知道有些是不是伪造的！）。周灵王心知肚明，也不说破。大家这样做，都不会影响到周灵王有了儿子的快乐心情，王室对这些漠然置之的反映早已司空见惯。不管那些狼心狗肺的诸侯们来不来贺喜，献不献礼物，生活还得在自己的轨道上运行。

当小王子姬晋的健康状况稳定下来之后，推迟了半个月的春祭正式举行。周礼的三月十五日，周灵王早早起来，怀着虔诚的心情沐浴后，戴上沉重的纯金王冠，身着天子的衮袍盛装，带领同样冠冕整齐的文武百官，来到宗庙祭拜先祖。因为小王子的降生，这一次祭拜更增加了实质性的内容。

站在宗庙里列祖列宗的灵牌前，一切仪式都显得隆重、庄严和肃穆。周灵王由宫女导引着，首先盥洗了面部和双手，然后向列祖列宗敬献三牲、焚烧刍狗。同时，摆上新春采摘的菜蔬，另配上干果。巨大的檀香柱点燃后，青烟袅袅升起。司礼大臣儋括吟唱祝词后，周灵王才率众举行三拜九叩大礼。礼毕，众人合唱《周颂》，惊飞了庙堂上空的鸟儿。整个过程既没有王叔陈生拿出的方案那样铺张，也没有伯舆建言的那样简约，百官们都感到满意，认为这才是王室应有的气象。

在这一段时间里，周灵王真的听从母亲的教导，在二十多个妃子的肚皮上平均用力。他住在自己的养心殿里，每天轮流宠幸一个妃子。自三月初五到四月十五止，才轮换够一遍。周灵王也没有仔细想想，总共不到二十五个女人，为什么轮流了整整四十天？可见太监们捣鬼有术，也可见妃子们用尽了心机，更可见宫中也并非一片净土。不过，周灵王显然乐此不疲，累得每天昏头涨脑的，并没有关注到这些细节。唯独使他不满意的是，尽管这些妃子各自施展媚人的本领，可用千姿百态形容，却总不如那个叔隗让自己称心如意。一轮下来，周灵王说什么也不这样干了，仍然喜欢宿在唐妃的宫中，享受唐妃那花样百出的各种新鲜点子。

再说小王子姬晋，自从有了充足的奶水以后，很快恢复了健康。到了四月初三，刚好满月，虽然诸侯们没有人前来祝贺，但王畿内的达官贵人、卿士大夫全都前来贺喜，流亡的诸侯、有头脸的商贾及尚未败落到破产地步的贵族阶层，毕竟生活在天子脚下，有了这样的效忠机会，谁也不会放过。王城里的礼宾监每天都很忙碌，接待着络绎不绝的前来贺喜的人们。周灵王下旨，分不同层次给予赏赐，算是对人们的答谢。虽然士以下的平民、奴隶傍不上边，但数日下来，王室收到的礼品仍然堆得像小山一样。这也反映出，洛阳的确是一个繁华富庶之地。

到了最后，周灵王亲自举办了一场国宴，宏大的场面，人们多年都没有见过。王宫里的食官全部集中起来，在大宸殿的后边搭起了烹饪的临时伙房，杀了十头牛、五十头猪、二百只羊，还有成群的鸡鸭鹅，从黄河里搞来了四十五筐大鲤鱼，加上不计其数的菜蔬、米、面，满足大宸殿五百多人的酒席用料。掌管礼乐的司礼大夫儋括特邀苌弘帮忙，排练了华美、精彩的乐舞。由于长期没有举行过如此盛大的庆祝活动，乐府里的乐师人数尚能满足需要，舞女却显得不足,只剩下三十多人,差一半多不够额定的六十四人,儋括就请示了周灵王,让太监总管苟安从宫女中选拔出了一批参加排练。这些宫女都挺能吃苦,也乐意有了表现自己的机会,所以非常用心,排练的效果出奇的好。就在周灵王到唐妃的宫中就寝的时候,唐妃隐隐约约听到远处传来的排练乐舞的声音,非常兴奋。南方女子能歌善舞,禁不住技痒难耐,竟然异想天开地向周灵王提出,要到乐府去帮助排练一场歌舞为宴会助兴。周灵王被她缠得没有办法,差一点儿就答应了,忽然考虑到礼制不允许,况且自己的妃子怎能在那种场合抛头露面,于是打消了唐妃的念头。唐妃就噘着嘴,一副不高兴的样子,睡觉也给周灵王一个脊背。周灵王就吃这一套,赶快哄哄这个娇滴滴的美人,让她下了床榻,为自己独舞一曲过过瘾。唐妃真的披上薄纱,在床榻前翩翩起舞,犹如仙女下凡,把周灵王看得发呆,涎水直流。这一夜的风流快活,另是一番风味,不在话下。

宴会就在王子晋满月这天举行,从小晌午开始,一直狂欢到黄昏时分。当司礼大臣儋括宣布宴会开始,大厅前排的编钟首先奏响了周武王讨伐时的《武乐》。周灵王从后台出来,坐上了王座,招手向百官示意,百官一齐跪倒在地,山呼"天王万岁,万岁,万万岁"。乐曲一转,又奏起了颂扬天子盛德、天下康宁升平的《韶乐》,百官退到两边站立,六十四名舞女鱼贯而入,个个衣着华丽,体态柔美,粉妆玉臂,妖娆妩媚,随着音乐起舞,腰肢轻盈,婀娜多姿,分外迷人。舞女退下后,小王子姬晋与众大臣见面,把宴会推向高潮。纪妃身穿荷色上衣、桃红长裙,亮相在周灵王身边,活脱脱一个仙子下凡,圣母临世。纪妃面带微笑,把小王子交给一个宫女。这宫女把小王子放在一个装饰华美的小辇上,由两个宫女抬着,走下丹墀,沿着长长的甬道,缓移莲步,让王子晋与百官见面,身后的宫女不时地把牡丹花瓣撒向空中,人们一片欢腾。只见这小王子不哭不闹,躺在辇里,神态安详,睁着两只黝黑明亮的大眼睛,面对着欢腾的人群。

当宫女们簇拥着纪妃娘娘和小王子回宫后,饮宴才正式开始。首先就是安排座次,分配餐具。在这样的国宴上,严格按照周礼的规则,等级森严。宫女们在当值太监的指挥下,在周灵王面前摆了九只青铜大鼎。王叔陈生、伯舆、单靖公、刘定公、尹言多、甘悼公、巩简公等人面前摆了五只鼎,但明显可以看出,王叔陈生与伯舆面前的鼎比别人的大一号。其余卿士、大夫及官师、官旅一级均为三只鼎,而且大小有别,余下的贵族以下的低级官僚则均配备三只陶制餐具。所有达官贵人的餐具安置完毕,这才安排食官们为百官分配肉食。

就在分配肉食的过程中,突然发生了意外。不知食官是忙中出错,还是有意如此,自丹墀上的周灵王以下,食官分肉的次序是从伯舆为第一位大臣开始。这让王叔陈生立刻来气:平起平坐,为什么先从这小子开始?论年龄第一个也应从年长者开始分配,老夫自然优先。然而气归气,王叔陈生尚未发作,但眼睛一直盯着食官的动作。食官来到王叔陈生身边，从托盘中挑出一块肉，正要放在王叔陈生的第一只鼎里，王叔陈生一跃而起，揪住食官的衣领子，就擂出了一记老拳。食官猝不及防，被打得眼冒金星，晕头转向，托肉的盘子啪地掉下，肉块子滚了一地。只听王叔陈生骂骂咧咧："狗眼看人低，凭什么你给伯舆先分肉，不先给老夫？凭什么你给他挑大块，给老夫的是瘦了吧唧的小块？"食官正要分辩，王叔陈生又是一拳。伯舆见状，一个跨步跃过自己的五只鼎，差一点儿踢翻了一只，上前拉开王叔陈生，劝道："王叔大人息怒，大王大喜的日子，何必为一口吃的发火？"王叔陈生的火气本来就是冲伯舆发的，见到伯舆来劝阻，立即把矛头对准了伯舆，丢开食官，伸拳就揍到了伯舆的脸上，骂道："你算什么东西，也有脸来劝老夫？"

宴会上突然出现这一幕，让全场官员目瞪口呆。伯舆好心劝阻反而吃了大亏，也怒从心头起，恶向胆边生，与王叔陈生你一拳我一脚地厮打起来。脚下的几只鼎个个被搅得立足不稳，叮叮当当地滚了一地。单靖公、刘定公等人赶紧过来劝架。

台上的周灵王怒不可遏，呼地站了起来，把手中的酒爵啪的一声摔到了丹墀下，大喝一声："住手！"

王叔陈生与伯舆一怔，不由得松开了手。

周灵王大叫："来人！"立刻有两个卫士来到身旁。

周灵王下旨："去，把王叔陈生叉出去！"

两个卫士大跨步来到王叔陈生身边，不由分说架起王叔陈生就向外走去。王叔陈生一边挣扎，一边大叫："大王，请不要忘了，是老夫选送的妃子为您生了小王子，他伯舆算什么东西，选送的妃子只会迷惑大王，祸国殃民啊！"

周灵王气得脸色煞白，结结巴巴说不出话来，只是指着王叔陈生远去的背影："你，你……"

机灵的伯舆看到周灵王气成这个样子，赶紧跪到丹墀下连连叩头："大王息怒，臣有罪，请大王处罚。"

周灵王这才回过神来，看看文武百官，不想再僵持下去，缓了一下说道："伯舆呀，寡人不怪罪于你，都是王叔陈生这个糟老头子闹的，太不识相了。"

伯舆叩称："臣也是见他目中无人，倚老卖老，自恃有功于社稷，在大殿上胡闹，才气不打一处来，过于冲动了。大王，臣不会跟他计较的。臣叩谢大王宽恕之恩！"

司礼大臣儋括抓住时机，大声宣布："饮宴继续进行，奏乐！"

随着乐声响起，食官们又忙着分配酒食，宴会的秩序稳定下来，百官们因为王叔陈生不在场了，好像不再那么拘束，宴会的气氛融洽起来。

原来,这王叔陈生与伯舆的矛盾由来已久,矛盾的焦点集中在争权夺利上。东周王室这巴掌大的一块地方,从来就不是一方净土,王室与公族、公族与公族之间,一个公族的内部,都不停地发生着矛盾,为了各自的利益摩擦不断。土地纠纷,边界之争,商业竞争,从来没有止息过。大的公族,豢养一些无所事事的士子,他们闲得无聊,职业就是寻衅闹事。因而在王畿的范围内,不时地冒出械斗风潮。公族内的公卿们,向上就是对王室讨要权力和封赏,向下则对农夫、工匠和奴隶实施盘剥,各种社会矛盾错综复杂,越来越突出。王室作为王畿核心,常常处于大臣们争权夺利的风口浪尖。特别是王叔陈生与伯舆这两个最重要的辅政大臣之间,竞争已经达到了白热化程度。

周简王宾天前,为周灵王安排了王叔陈生和伯舆两个顾命大臣。伯舆处事比较圆滑,王叔陈生则比较尖刻。两个人的出身也不相同,王叔陈生是世袭公爵,而伯舆一直处在庶族地位。周灵王很信任伯舆,把王室的财政大权交给了伯舆,而让王叔陈生掌握三千御林军和执法大权。正因为王室财政困难,年年都是入不敷出,王叔陈生认为伯舆抠门儿,总是卡军费和其他开支。军费岂能是儿戏? 兵丁们虽说没有解甲归田,但大部分已经沦为耕种王田的农夫或王室作坊里的工匠,却仍然领不到粮饷,怨气很大。兵无粮草自散,为了维持王室的基本保障体系,不能没有兵丁守备。可是,由于可怜的军费、军用物资都不能兑现,军队建设成了难题,一旦出现哗变,局面将不可收拾。因此,王叔陈生没少和伯舆吵闹,也没有一个结果。到周灵王那里告状,周灵王反而责怪他危言耸听,根本不相信他那一套。于是,王叔陈生一想到这些就来气,与伯舆的矛盾越来越大。

两个辅政大臣动不动就势不两立,让周灵王深感头痛,他虽然倾向于伯舆,但王叔陈生背后的势力过于强大,周灵王也不便于过分得罪。所以这次王叔陈生大闹国宴,让周灵王大为光火,但后来他仍然采取息事宁人的态度,安排了一桌酒席,让大内总管带人抬着,吹吹打打地送到了王叔陈生的府上,为王叔陈生挽回了面子。

眼看到了这一年的五月。一般到了这个时候,晋悼公就开始面见和晋国已经结盟的各诸侯国,将他们对霸主的"保护费"和对王室的贡献数目分配下去。王室则一直耐心地等待晋国送来消息,好参与会盟,了解情况。与晋国对垒的楚国及其盟国,甚至离王室最近的郑国,因为一直依附于楚国,王室也没法向他们征收贡献。至于东南方向的吴国、越国,由于过于偏远,他们已经和楚国一样,独自称王,更是不可指望。对了,还有一个秦国,他不来骚扰你、掠夺你就谢天谢地了,岂敢奢望他能有所贡献?

过了五月中旬,王室得到消息说,晋悼公已经在邢丘召开了会盟,史称"邢丘会盟",中心议题就是晋国向诸侯各国提出贡献的数额,让同盟国认可。与会的诸侯有齐国、宋国、卫国、鲁国等,连暂时屈服于晋国的郑国国君郑简公也参加了会盟(郑简公把前不久攻打楚国的盟国蔡国的战利品也献给晋国,才取得了与会资格)。这样的会盟首次没有邀请王室参加,王室当然也不可能充当主持的角色。这是严重藐视王室的行为,可周灵王气不起来,他与几个大臣猜测,晋国总不至于不安排各国对王室的贡献,只要保证不低于原来的水平,王室参加不参加会议并不重要。

然而,希望越大,失望就越大,王室的如意算盘打错了。没有多久,周灵王和大臣们就得到了会议的内容,核心有两点:一是正式确立了列国对晋国的朝聘之礼,晋国成为新的权力中心,可以堂而皇之地向列国索要重赋,并且是无条件的。列国稍不称晋国的意,就会被视为"不廷",就会被晋国率领列国共讨之,共诛之。二是取消了诸侯对天子、对王室的朝贡义务。本来,自周平王东迁以来,王室就失去了天下共主的实际地位,除了索要贡品,对诸侯国毫无帮助,早已被诸侯视为"寄生虫",诸侯对履行上贡的义务,很不情愿。但碍于宗法礼制,他们必须循例而行,否则就是大逆不道,才硬着头皮,坚持到现在。晋悼公的这一决定,彻底地将他们这些诸侯邦国解脱了。从此以后,诸侯不再朝觐天子被合法化。稍微使周灵王及大臣们不至于望天悲怆的是,晋悼公又耍了一个聪明的政治手段,就是把王室的财帛由晋国包揽下来,不需要列国操心,双头朝贡。这就意味着,晋国作为霸主,列国有朝贡的义务;晋国又代行为王室索要朝贡的职责,附庸的诸侯方国,不履行义务,不仅不廷,也是不王,罚你或者伐你,甚至灭你都没商量。

相对于东周王室而言,邢丘之盟带有重大历史转折意义和严酷的现实意义。晋悼公来的这一手,既是高明的,又是毒辣的。他从此彻底切断了诸侯列国与王室的一切关系,彻底断绝了王室赖以生存的命脉。同时,确定了晋国政治、经济轴心地位,彻底打破了王室为天下共主的神话。所有诸侯,一切以晋国马首是瞻。晋悼公从此主宰天下大事,所缺的不过是一个天子名号而已。至于包揽了对王室的朝贡费用,也是一个策略,借以堵住天下人的口,因为取代周王朝的时机还不成熟,操之过急,将会众叛亲离的。历代王朝新旧更替时,对于末代王室都会开出优惠条件,可能就是由此发端的。

趁着王子晋刚刚出生,还不可能参与任何政治生活,我们将晋悼公这个人物的情况做一回顾。

对于晋悼公晋周这个历史人物,如果用一句话概括,"后生可畏,年轻有为"最为贴切。他在十四岁时封君,到二十九岁陨落,在位的短短十五年中,能让一个千疮百孔、混乱不堪的晋国迅速崛起,称雄天下,是与他的个人魅力分不开的,以至于在那个历史阶段,天下再没有人敢小瞧年轻人,"自古英雄出少年"的感慨可能就是因他而引发的。在晋国人的心目中,这种观念尤为强烈。这也正是王子晋举行成人礼后,以太子身份监国,晋国从晋平公到六大公族中一些了不起的政治家们,对王子晋颇为忌惮的重要原因。

在前面的那些章回里,我们对晋悼公用了不少的抱怨之词,那其实是站在王室的立场上,站在周灵王的角度上说话的。客观地讲,晋悼公年轻有为,肯定是代表了社会文明先进力量的主流。

晋悼公少年老成,思维缜密,作风务实沉稳,洞察天下政治风云变幻,迅速占领了战略高地,我们可从他的一系列作为中窥见一斑。

公元前574年冬天,诛杀了晋厉公的公族大夫栾书等人,自知取代君位名不正言不顺。为了使晋国拥有一个明主,公族代表荀罃、晋国公室代表士鲂前往洛阳成周,面见当时的周天子周简王,请册命封晋周这个刚满十四岁的少年为侯爵,迎接他回新田(今山西省侯马市附近)继晋君之位。对于王室来说,这不过是一道手续,但也体现了晋国人的法统意识,为晋周继位的合法性提供了政治基础。

经过一番准备,公元前573年正月,晋周离开王城,踏上了回国之路。洛阳至晋国都城新田不算太远,不多日,晋周一行就进入了晋国境内,抵达距新田十几里地的清源时,只见晋国留守的诸卿大夫以及百姓成百上千,正在此恭候晋周回归故土,就任新君。

晋周毫无忸怩作态的小家子气,而是大气磅礴、昂首阔步登上高台,语出惊人,不同凡响地发表了施政宣言:"我能作为晋国君主,并不是我要求的,实乃天意!寡人羁旅他邦,连此生能不能回到故乡,都不敢想,更何况当上邦国的君主?但是,"晋周话锋一转,"既然众人拥戴我为晋君,就应该按照对待君主的方式对待寡人,做到令行禁止,说话算数。如果你们真心实意地奉我为君,今日就给我一个明确的态度,不然的话,我晋周不要这君主的空名义,也不要这如坐针毡的君位,宁可回到洛阳去,过我的寄居生活!"

晋周的这番话,令众人惊异、钦佩,人们全部跪下来:"唯君命是从。"

从此,晋国有了一个强有力的领导人,历史上有了一个著名的晋悼公。

那个时代,"盟誓立约"是人们建立相互信任关系的重要方式,虽然现在看来,这种方式毫无约束力,可在当时,人们最吃这一套,相当守信,一诺千金。违背誓约,将遭众人唾骂,为人所不齿。晋悼公就善于运用这一手段,收拢人心。在清源发表那番"就职演说"后,当即与众人进行了盟誓。登基以后,又专门在宫外建立了一座盟誓台,自己与众臣、众臣与众臣之间,臣与民、民与民之间,相互盟誓。后来推而广之,与诸侯各国不停地盟誓。一年一次或一年数次,规模也大小不等，有两国之间的盟誓，也有多国之间的盟誓，在《春秋》与《左传》中，每年都会出现盟誓的记载，还有更多的盟誓没有记录在案，可见盟誓的广泛性和频繁程度。

从考古发掘中，也能证实当时的人们对盟誓的重视和频繁程度。在侯马市附近，就发现了晋都新田有专门用于盟誓的巨大场地，在那个地方，发掘到了上千个埋下誓约的杀牲坑。

在《周礼·司盟》中记载，盟誓具有专门的仪式："盟者，书其辞于策，杀牲取血，坎其牲，加书于上而埋之，谓之载书。"意思是进行盟誓的双方，将盟誓的内容写在兽骨头或者竹、木片上，杀一牲畜，取血，双方共饮（有说抹在嘴唇上即可），然后把写有誓约的文件放在牲畜之上，埋在地下。

誓约的内容也相当广泛，小到规范行动，中到表达忠心，大到国际交往，无所不载。如有的发誓"不得掠夺别人的财产"，有的联上数十上百人的名字，约定"以心事其主，不与其他族人来往，若不忠于家主或行诅盅之术不利家主的，当受神谴"，等等。

盟誓这种古老的行为，显然是古人敬畏神明的表现。晋悼公就对其非常重视，狂热推行，充分利用了这种凝聚人心、约束和规范行为的重要手段。可以想象，当一代人对某一种事物深信不疑地崇拜时，这种事物肯定在某种程度上起一定作用，或有其灵验的传闻。换句话说，信则有，诚则灵。如果有人不信守盟约，即使不受神谴，也会受到良心的谴责。这对于大多数纯朴的晋国人来说，是约定俗成的。

当然，我们绝对不能认为年轻有为的晋悼公就是靠盟誓把晋国治理好并恢复了霸业的。他是在国内矛盾激化到不可调和的时机上台，当时国内又出现了一大批痛定思痛的仁人志士，而晋悼公恰恰做到了知人善任，因而将晋国治理成了一代强国。"国君贤明，四个军完备无缺，八个卿和睦无间"的评语，就是郑国的大臣子展在考察了当时的晋国状况做出的。

在王子晋年幼的那几年里，天下大势发生着重大变化。晋国已经恢复霸业，占据着华夏的北部。南部的楚国，楚庄王称霸时的余威尚在，与晋悼公同期的楚共王也一心恢复霸业。称霸最早的齐国一直内忧外患，动乱不止，齐灵公有心无力，但齐国的地域条件优越，相对富庶。西部的秦国也正在悄然崛起，尚不足与中原诸国抗衡。处在中间部位的王畿是一块特区。而那个最早挑战王室权威的郑国却处在南北夹击、东西挟持的尴尬境地。在后来的战国时代，郑国的"朝秦暮楚"演变成一个成语。其实，在春秋时代，郑国虽然没有"朝暮"之间更换盟主那么快，但左右摇摆，时而依附楚国立约，时而向晋国讲和盟誓，改变立场也算得上家常便饭。

从大的格局来看,齐、秦两国尚不能服众,而晋国与楚国就不仅各领风骚,也各有了一帮小兄弟。晋悼公善于用人,睦邻公族,奖励耕战,国家很快恢复了元气,在国力增强以后,就开始了复霸大业,竞争的对手就是楚国。他运用又打又拉的手段,收复了北方十几个诸侯国结盟,成立了联合国军。而楚国却未能将自己的盟友拴在一个战车上,更何况他的东边还有一个宿敌吴国正在崛起,与晋国争霸就有点儿力不从心。但郑国这一盟友对楚国起着盾牌作用,阻碍了晋悼公的南下。

晋悼公的高明之处,就是制定了"攻郑疲楚"的战略。他并不急于收服郑国,就使得郑国对晋国和楚国都惹不起,靠不得,无所适从。为了向郑国施压,牵制楚国,晋悼公占领了王畿东部的声就、复与两座城池,在邻近郑国的虎牢建立了军事基地,不时地敲打郑国一下子。而楚国也不肯放弃郑国这一长期盟友,郑国一旦求救,就得出兵相救,于是就和晋国为主的军队经常展开遭遇战、拉锯战,不是南风压倒北风,就是北风压倒南风,相持了五六个年头。郑国在夹缝中生存,在立国的方略上,或者说尊晋、楚两国谁为老大上耗尽了气力。

就在王子晋出生的这一年(公元前 565 年),先是郑国攻打了楚国的盟友蔡国,这也是在对楚国无望的情况下,向晋国献媚。"春秋无义战",强一点的国家可以随意地欺侮小国,郑国不强,但攻打蔡国绰绰有余,于是获得了战利品,向晋国奉献,赢得了参加邢丘会盟的资格。郑简公暂时与晋悼公坐在了同一席面上。但此举就得罪了原来的盟主楚国,楚国以讨伐郑国入侵蔡国的名义,令尹子囊亲自带领军队攻打郑国。郑国一看大事不好,等待晋国并不情愿的救援还不如抓紧修复与楚国的关系,君臣们议来议去,权衡利弊,郑简公决定带上重礼与楚国讲和,以求得谅解。而晋国对郑国一点儿也不体谅,反而认为郑国反复无常,就决定惩罚郑国。这是后话,暂且不提。

第八回

母以子贵纪妃伯妲翻身
祸从贪来王叔陈生落单

转眼到了公元前563年,王子晋两岁多了。在这两年多里,王室就像王城大门外驰道上的破牛车,不紧不慢地向前蠕动着。

虽说邢丘之盟切断了王室与诸侯国的联系,但晋悼公尚未撕破脸皮,由晋国独家承担的王室贡献还不算苛刻,较之多国贡献,迎来送往反而少了一些麻烦。相对于大乱不休的天下来说,王畿这块特区反倒是一块平静的土地;相对于农夫、工匠一年不息的劳作来说,王宫里是饱食终日、无所事事的城堡;相对于王公大臣、卿士大夫争权夺利巧取豪夺来说,后宫则是安定的住所。当然,这一切都是相对而言的,凡有人群的地方,就会有矛盾和斗争,即使是后宫,也不是安定的绿洲,同样是看不见厮杀的战场,女人们尔虞我诈、钩心斗角,一刻也没有止息过。

可想而知,纪妃为王室生了头胎儿子,一枝独秀,立刻就成为人们关注的焦点,也成为矛盾斗争的焦点。出于本能,纪妃伯妲一边承受着来自各个方面的逢迎,也提防着来自不同方向的明枪暗箭,母子俩相依为命,在这个复杂的环境中过着艰辛的日子。

当然,与在半厦房子里过的那些日子相比,现在的物质条件有了天壤之别。住房就不用说了,宫里的人手不足,别的妃子只配有一个宫女,而纪妃配有两个宫女、两个厨娘,全心全意地照顾她们母子的饮食起居。食官也天天分出些上好的食材,由宫女取回,交厨娘烹制可口的饭食。母以子为贵的功能就显现出来了。

生活质量的改善比起政治地位的上升,又算不了什么。太后和周灵王不时地来储秀宫走动,来看自己的孙子、儿子,而且好多时候,太后都派宫女过来,或送些食物、衣物,或把她们母子接到慈宁宫里去团聚。最常伴太后的郏妃和康妃一开始紧急回避,后来,太后不让她们再走,她们就留了下来,对待纪妃羡慕而且谦恭,一个一个把"纪妃妹妹"叫得比蜜还甜。孩子们之间却没有那么多心机,莺儿和燕儿对这个小弟弟格外亲切,他们在一同玩耍时,两个女孩儿扯着他,无比欢快,喜得老太后合不拢嘴。

尽管日子过得安逸起来,纪妃并不觉得苦尽甘来,她知道自己的命运多舛。国破家亡,逃命在外,遭遇强盗,都让她不堪回首。被强行送入宫中,周灵王近乎强暴一样地占有了她,那时她还是一个青涩柿子。住在半厦房子里时,没人把她当作天王的妃子看待,夏天热得要命,冬天冻得要死,饭食不说质量,也是饥一顿饱一顿的,时时让纪妃处在煎熬之中。自从知道自己怀上了孩子,渐渐大起来的腹部,与母爱同步隆起,纪妃从此克服了死的绝望,萌出了生的希望。等孩子来到人世间,纪妃仿佛一下子长大了,变得坚强而勇敢,她要展开翅膀,为自己生命中分离出来的儿子挡风避雨。

在那段凄风苦雨的日子里,纪妃时常思念父母,思念家乡,仿佛过去的一切都是梦幻。生她养她的故乡纪国是一个小小的诸侯国,她的父亲承袭了国君位置,却没有过上什么奢华的生活。因为他们这些小邦国受尽大邦国的欺凌、盘剥,他们时时面临的,不仅仅是地位不保,而且是食邑不保。《春秋》和《左传》在用字上的确精辟,大国兵不血刃,闯进小邦国并不占领它叫作"入";若吊销了这个小邦,纳为附庸,称作"取";如果动用武力,把小国彻底倾覆,则叫作"灭"。姜姓的纪国就是被姜姓的莒国给生生地"灭"了。纪妃逃亡出来,所有的亲人已成永别,再没有家国可以回望。倘若是个热血男儿,拼上一条性命,也可以痛快地复仇,快意人生。可她一个弱女子,是毫无办法的。虽然嫁给了天子,也不过是众多的妃嫔之一,头戴王冠的周灵王,对自己的家邦,谈不上一点儿帮助,甚至连过问一下也不曾有过。纪妃为了家族复仇的愿望像泡沫一样一下子破灭了。她想起王叔陈生对她讲的,进了王宫,成了天王的宠妃,丑小鸭就变成了白天鹅,可以通过王室,追封自己的父辈,洗雪灭国的耻辱,原来不过是骗人的鬼话。这一点是王叔陈生始料不及的,他以为纪妃伯姐会感激他,成为他在宫中的依靠,殊不知纪妃差一点儿恨死了这个糟老头子。

纪妃一直想不通,为什么莒国像虎狼一样,灭了自己的家邦。她一个弱女子,对这场政治风暴,是根本弄不明白的。近来,和其他妃子们交往得多了,听得也多了,才知道像她遭遇过的悲剧到处都在上演,有的甚至更加惨烈。当然,也不全是大邦国取了、入了或者灭了小邦国,有的则是出自内部,有弑父杀兄的,也有卿士夺权的,有的则是平民、奴隶暴动的,都是兵燹战乱,血流成河。

父母只生了她和妹妹两个。由于没有男孩子,父亲视她为掌上明珠,从小就对她进行了严格的教育。这纪妃伯姐也是一个极其聪明的女子,读书识字毫不费力。纪侯虽为国君,也是学究底子,知识渊博,教导出来的女儿可想而知。纪侯常常哀叹,伯姐这孩子若是个男儿才好,那样的话纪国就后继有人了。

纪妃再恨自己不是个男孩子,也不可能成为一个顶天立地的大男儿了。是自己生下的这个可爱的小王子,让她感到了自己的生命真正有了意义。她感谢上天,赐给了自己一个宝贝儿子,怀里抱着这个肉嘟嘟的孩子,阳光都特别灿烂。孩子的每一声啼笑,对母亲来说都是最动听的乐章,更不要说,儿子让她成为王室的功臣,使她受到了前所未有、无法想象的礼遇。有了这个孩子,她特别感受到了太后,也是她应该称为母后的人的温暖。老太太对待纪妃的那份儿关爱,远远超出了仅仅是疼爱自己的孙子流露出来的情感。老人家详细地询问了纪妃过去的经历,说到心酸处,也陪着纪妃流泪,说与自己的经历也有很多相似之处。她考问了纪妃所学的知识,感到特别的满意,嘱咐纪妃运用自己学过的知识及早教育孩子。纪妃觉得太后就像自己的母亲,有一次,她与母后交谈,情不自禁地叫太后为"妈妈"。太后高兴地搂着她,流下了激动的眼泪。太后说,自己多么想听像民间那样亲切的称呼,而不是带有官腔性质的"母后",那称呼虽然庄严,心里却总是温暖不起来。

打那以后,纪妃私下里就称太后为妈妈,老人家更加不同寻常地疼她、爱她。她也总想拿点儿什么来报答这位可亲可敬的母后,可自己实在没有什么可孝敬的。后来,她得知母后年轻时也落下产后的痼疾,忽然想到浮丘哥哥给她的山药益母膏还有一大半没有用,自己也不需要了,也许能让自己的婆母用用试试。太后本来就十分相信那个仙翁,听了纪妃的话,把益母膏带回慈宁宫开始试用,没有用上几天,就觉得效果出奇的好,就坚持服用了下去。

纪妃万万没想到,自己的这份儿孝心,却差一点儿闯下了大祸。

过了好多日子,这一天,纪妃在太后宫里,太后郑重地问她:"孩子啊,你的那个益母膏还有没有啊?"

纪妃答道:"没有了,就那么一陶罐,剩下的全部给您了。"

太后不无遗憾地说:"可惜了,这种药简直就是仙药。老身服用后,有一种返老还童的感觉。你瞧,我这鬓角里的白发都变黑了,孩子,那个仙翁你认识吗?"

纪妃吓了一跳,矢口否认:"哎呀母后,那个仙翁是王叔陈生大人请来的,我怎么会认识呀?"

太后想想也是,这话就没有再提,纪妃从此把心吊到了嗓子眼上,害怕为浮丘哥哥惹来麻烦。

纪妃不知道的是,太后又让周灵王找这位仙人,看能不能再弄来些益母膏。周灵王就宣王叔陈生进殿,让他再请这个仙翁。王叔陈生禀报说,那个仙翁出了王城就云游四海去了,至今杳无音信,要想寻找他的仙踪,就要看他高兴不高兴,要么就得碰运气了。周灵王非常生气,责问王叔陈生:"他不是说要想找到他,必须得通过你吗?"

王叔陈生辩解道:"大王,这类神仙般的人物,来无踪,去无影,讲话却是云山雾罩的,不能不信,也不可全信啊!不过,请大王放心,臣会下功夫寻找他的。"

周灵王听了这话,对王叔陈生能否找到仙翁半信半疑。当人们对于充满希望的事情变得失望时,这种抱怨情绪就会被放大,周灵王也不例外。

一天,周灵王让伯舆前来陪酒,喝到微醺之时,周灵王感叹道:"伯舆啊,寡人真是个无用的废物啊!"

伯舆听了这话,一惊,立即跪下叩头问道:"大王,何出此言?"

周灵王说:"你还记不记得为纪妃催奶的那位仙翁?"

伯舆说:"怎么不记得? 这件事过于神奇,在京都传遍了。"

周灵王说:"是啊,寡人当时要留下他,盘桓数日,多行些道法,而这个仙翁执意要走,留下话说,如果想找到他,只需要跟王叔陈生说一下就行了,可王叔陈生却说,这个仙翁出了王城大门就云游四海去了。近来,太后一再催问寡人,找到那个仙翁没有,王叔陈生却推说没法找到这个仙翁,寡人在太后那里无法交差啊! 你说,寡人虽然贵为天子,连这点儿小事都办不到,不是无用的废物吗?"

伯舆一听是因为这个事情,登时放下心来,乘着酒兴,说开了大话:"大王请放心,不就是找一个仙翁吗? 别说是个真人仙翁,就是天上下来的神仙,也会乐意为王室效力的! 这样吧,他王叔陈生找不到,臣回去为大王访察!"

周灵王说:"好吧,有劳爱卿了!"

伯舆回到自己府上,一觉醒来,忽然想到自己对周灵王的承诺,顿时犯了难,感到喝酒时说大话容易,真办起来,实在不容易! 不要说自己从来没有看见过这个仙翁,没有一丝交情,就是见到过,那也是王叔陈生的朋友,与自己毫不相干。他想到,这些所谓的"仙翁",都是神神道道的,在京都里,也经常会冒出一个两个,但都是骗子。可这个仙翁倒是真的神奇,不然,太后不会如此相信。究竟在哪里才能找到他呢? 伯舆一时实在想不出什么办法。

一连数天,伯舆都为此事煎熬着,犯了偏头疼,也牙疼得腮帮子红肿。本意是与王叔陈生较劲儿,却不料说了大话收不回来。他明明知道,要想得到这个仙翁的线索,只能通过王叔陈生的府上探听消息,可两府势同水火,想找个机会,却是万难的。正在无计可施时,家臣瑕禽前来报告,说是有一个名叫史狡的人,是王叔陈生的大管家,前来求见。伯舆一听,恰如饥饿的猎狗遇上了猎物,立刻命瑕禽把史狡带了进来。

在春秋末期,已经兴起了有权有势、家资丰厚的公卿阶层的养士之风,虽然远远达不到战国时期的孟尝君、春申君、信陵君、平原君这"四大君子"那样的水平，可也初具规模。这史狡与浮丘公都是王叔陈生养的士子。伯舆与王叔陈生两个府上均有二三十个士子。当然，这些人并非全是食客，很大一部分人身怀相当于如今的"出彩中国人"一样的绝技，因此，王叔陈生和伯舆根据他们各自的才能都安排了一定的事情做。本领强、职务高的称为"家臣"，有武功或气力的士子，只能用来看家护院的，称为"家丁"。这样看来，公卿们养的士子也都良莠不齐。个别士子，没有种植养殖的本领，就投靠公卿，找个稳定的住所，混口饭吃。对主人稍不如意时，拔腿就走。所以，士子群体是个流动的群体。

这史狡就不安分，是一个表面光鲜、内心阴暗的无赖小人。他与李浮丘一前一后进到王叔陈生府中，对王叔陈生特别信任的李浮丘一直心存嫉妒。李浮丘走了以后，因为他颇有些管理才能，就接替了管家的角色。这本来是主人的特别信任，应当知恩图报，可这个家伙很不老实，没有多久就同王叔陈生的一个小妾勾搭上了。这小妾同他如胶似漆、柔情蜜意时，要求他和她私奔，史狡这才知道，随便玩女人是要付出代价的，黏上了就不容易甩掉。他怎么肯放弃自己好不容易得到的好差事？就糊弄这小妾，小妾看穿了他的心思，威胁他说要向王叔陈生举发他。眼看奸情败露，史狡面临杀身之祸，他又深知王叔陈生与伯舆不和，才决定铤而走险，投靠伯舆。

史狡见到了伯舆，把他掌握的王叔陈生贪赃枉法、草菅人命的罪行和盘托出，让伯舆又是欣喜，又是震惊。伯舆早就想扳倒王叔陈生，此时，掌握了王叔陈生大量的犯罪事实，就不再犹豫。但他转念一想，这些罪行对于王叔陈生来说，并非是致命的，周灵王也许会赦免他。而且伯舆此时最感兴趣的，不是这些，而是王叔陈生与那个仙翁的交往，于是就问史狡："你说的这些情况都很重要，我问你，你知道不知道有一个仙翁与王叔陈生经常来往？"

一听这个，史狡更来劲儿："哎呀大人，哪有什么仙翁？那是王叔陈生的一个门客假扮的。这门客姓李，名浮丘，只不过二三十岁，如果不乔装成仙翁，是不可以进入王宫的。本来就是糊弄天王的，谁知道歪打正着，为王妃治好疾患，因为此事王叔陈生立了大功，小人才没有向大人禀报。"

伯舆吃了一惊，竟有这样的事，这真是欺君大罪啊！当下责问史狡："此事关系重大，你可不要胡编乱造，要掉脑袋的！"

史狡吓得跪下磕头："大人，小人说的是千真万确，是小人亲眼看到的！"当下就把李浮丘何时带纪妃伯姐投靠到王叔陈生门下，又如何做了大管家，听说王妃不下奶的消息，如何取药、改装成一个耄耋仙翁的过程，一股脑儿倒了出来。

到了这个时候，伯舆心中的愁云才彻底消散。他把史狡稳住，立即进宫去面见周灵王。

　　周灵王听伯舆叙述了这曲曲弯弯的事情,气不打一处来,当即命人把王叔陈生宣进宫里。一见面,就劈头盖脸地责问:"王叔陈生,你可知罪?"

　　王叔陈生摸不着头脑,但也立即跪下问道:"大王,臣不知犯了何罪,请大王明示!"

　　周灵王哼了一声:"你犯了欺君之罪! 寡人问你,那个仙翁到底是怎么一回事儿?"

　　王叔陈生听了这话,情知事情败露。但他知道李浮丘的去向不明,自己完全可以抵赖,于是辩解道:"大王,臣已经禀明,那个仙翁云游四海去了,一时不容易找到,臣已经派人多处打听,至今没有下落,臣并未欺瞒大王啊!"

　　周灵王道:"寡人问的不是这个。寡人问你,怎能让一个年轻人打扮成仙翁,混入王宫大内?"

　　王叔陈生瞥了一眼身边的伯舆,似乎还不相信事情已经败露:"大王,请不要相信奸人胡说,臣带进宫的的确是臣结识的仙翁,臣一片好心,并且真的为王妃治好了病,救了小王子的命,请问大王,老臣何罪之有啊?"

　　周灵王竟被王叔陈生问着了,一时语塞。伯舆却急了,他知道,只要这仙翁像王叔陈生说的确有其人,自己就犯了诬告之罪。于是,也赶紧奏称:"大王,请不要听信王叔陈生的狡辩! 不错,那个假仙翁为王妃治好了病,但功不掩过,欺君之罪,罪不容诛,让一个年轻小伙子乔装打扮进入大内,本身就是大逆不道的。"

　　王叔陈生冷静下来,他回忆起李浮丘走时曾说,他走了,什么事都推到他身上,自己就没事儿了。于是,镇定地说:"大王,这伯舆血口喷人! 请问,他怎么知道仙翁是假的? 这不是无中生有,陷害好人吗?"

　　周灵王也被他二人搅糊涂了,他当然宁愿相信仙翁是真的,不然,传出去就是王室的一大丑闻。于是又问伯舆:"是啊,伯舆,你说说看,你是怎么知道仙翁是假的?"

　　伯舆眼看要败诉,这才兜底儿把事情揭穿:"王叔陈生啊,不要再狡辩了,欺君之罪你是赖不掉的。是的,我并没有亲眼看到那个假仙翁,但你的大管家史狡什么都招了,人证物证俱在,你还有什么好说的?"

　　听了这话,王叔陈生像黄河里泄了气的牛皮筏子,一下子垂下头去。周灵王本来就一直讨厌这个老家伙,又知道这样一来,根本找不到什么"仙翁"了,自己更无法向母后交差。于是恶狠狠地下旨:免去王叔陈生一切职务,回家养老去吧!

　　周灵王这一处置,把王叔陈生气坏了。落架的凤凰不如鸡,当宫中的侍卫前来摘掉王叔陈生门前作为辅政大臣悬挂的匾额时,相邻的伯舆府上的门客、士子全都站在王叔陈生的大门外看热闹。而他自己门下的那些士子,一看主子大势已去,树倒猢狲散,竟有人立即卷起铺盖走路,溜之大吉。人情就是如此淡薄!王叔陈生本来易怒,此时更加生气,最可气的就是对头伯舆,把自己多年的经营一下子搅黄了!用这一罪名将自己下野,估计纪妃娘娘也不好站出来替自己说情。再说,这个昏聩的周灵王全然不念自己为他选妃生了小王子及为纪妃治病的功劳,忘恩负义,太不近人情了!忽然又把气转到了贼子史狄身上,如果不是这个背主叛逃的家伙,怎会让事情败露,自己真是瞎了眼,引狼入室。

想来想去,王叔陈生决意大闹一场,闹的动静越大越好,要让天下人看看,到底谁对谁错,谁是忠心耿耿,谁是祸国殃民!打定主意,王叔陈生吩咐对自己忠诚的几个家臣套上马车,穿城而过,大肆张扬,也有意号召本族人站出来,为自己说话。就这样,轰轰烈烈地离开城邑,径直到了黄河滩上,找到了一处渔人的窝棚住了下来,准备一方面看王室的动静,一方面找舟筏渡过黄河去,亲自找到晋君晋悼公为自己评理,看这个昏庸无能的周灵王如何收场!

王叔陈生这样张扬的举动,自然很快传进了宫中,周灵王又气又后悔,气的是你这个老家伙不知宽而感,没有按欺君之罪把你下大狱就是对你的容忍和宽宥了,你反而变本加厉地闹腾起来了!后悔的是自己处理得未免草率,这个老臣毕竟是忠诚的,即使在这件事情上,也是功大于过。可是,君无戏言,覆水难收,想纠正已经来不及了!

太后也听说了这个消息,立即把周灵王叫去,好好地数落了一顿:"你真是昏了头脑,连什么是恩什么是怨都分不清楚。那个年轻道人如果不乔装打扮能进宫吗?他不进宫能为纪妃治好病,保全了我孙子的性命吗?若不是纪妃这孩子孝敬自己,那益母膏老娘能用得上吗?再说,那神仙一般的人物,毕竟是王叔陈生请来的。你这样做,彻底把一个忠君的老臣得罪了,对社稷有利吗?那个仙翁是真是假还不确定,即使是假的,也应该把丑闻悄悄地压下去,你可倒好,让王叔陈生这么一闹,这丑闻满世界都知道了。那神仙是假的,药是真的,这样一来,别说神仙,就是天帝也不肯再赐来仙药。你真是糊涂透顶啊!"

太后的一顿批说,让周灵王更加后悔自己的莽撞,嗫嚅着对太后说:"可儿子已经下旨了,君无戏言,又怎么能够收回来?那样做就太没面子了。"

太后不再斥责他,语重心长地说:"孩子啊,是社稷重要还是你的面子重要啊?能分辨是非,能听进忠言,才最有面子!办错了事情,赶快纠正过来,大臣和百姓才会更拥护你。"

周灵王听了母后的教导,也醒悟自己一怒之下做得太过分了。幸亏没有砍了这个老臣的头,要不然更加不可收拾。这一切都是王叔陈生的那个家臣史狄搞出来的,周灵王立即派御林军把那个背主的卑鄙小人史狡抓了起来,自己带上单靖公、刘定公、尹言多、甘悼公几个大臣亲往黄河滩,请王叔陈生回来。

乡下人形容性格倔强的牲口时,常常这样说:"牵着不走,打着倒退。"王叔陈生就是这样的人。当周灵王一行人到达黄河滩上,找到他时,他一点儿也不感到意外,行君臣相见的大礼都是马马虎虎、板着面孔的。这也难怪,毕竟是周灵王先对不起他。周灵王喝令把史狡押了上来,王叔陈生怒目圆睁,向着五花大绑、面如土色的史狡呸了一口,大骂道:"算老夫瞎了眼,你这样的小人狗都不如!"周灵王道:"王叔陈生爱卿,请你看看如何发落这个小人?"王叔陈生仍然愤愤不平地说:"大王有权治老臣的罪,就知道该如何治这类小人的罪。"

周灵王看看这个倔老头子,一点儿面子也不给自己,心头火起,但还是强忍了下来,下旨立即把史狡斩首在黄河滩上,然后对王叔陈生说:"爱卿,寡人已经把陷害你的小人给处决了,本应该烹了他,可这里条件有限,便宜了这个小人!请你消消气,跟寡人一道回去,还做你的辅政大臣。寡人离不开你呀!"

随行的官员也一同说:"请大人回京都吧,大王九五至尊,亲自来敦请你回京都,这面子够大,你不必再生气了。"

王叔陈生扫了一眼随行大臣,问道:"伯舆那个小人为什么没有来?"

周灵王知道他还有气,就对他解释说:"伯舆本来也该来,是寡人让他在朝里处理政务,没有让他前来。"

王叔陈生当然不相信周灵王的解释,仍然气愤难平:"大王,不是老臣不愿回朝,而是要有一个说法,要么大王也罢了伯舆的官,治他挑拨是非、陷害忠良的罪,要么让他亲自来这里向老夫磕头赔罪!"

这个要求显然有点儿过分。单靖公、刘定公等人劝他说:"大人,此事不必过于拘泥,伯舆他其实也没有什么大的过错,你提出这样的要求,不是让大王太作难了?"

王叔陈生转身进了窝棚,丢下话说:"老夫不愿意与伯舆这号奸佞为伍,大王如果作难,就请河对岸的晋国国君来主持公道,评一下老夫和伯舆到底谁有理!"

周灵王气得脸色煞白,却无法说服这个王叔陈生,忍气吞声没有发作。众大臣面面相觑,也一时没了主意。还是单靖公有主见,立即向周灵王提出建议:"大王,王叔陈生与伯舆势同水火,僵持不下,连大王的面子也不给,是有些过分。不如请一个他信得过的中间人在他和伯舆之间调解一下,也许会有转机,找到一个台阶下。臣建议不妨让刘大人辛苦一趟,就此直接入晋,请晋侯前来调停一下,也给王室一个转圜的机会。毕竟,晋侯为当今霸主,有责任解决来自各方面的纠纷,我们也乘此机会卖个面子给晋侯,增强王室同晋国的联系。"

这个办法是自曝家丑，周灵王怎会不明白？可事情弄到这个地步，自己把事情办砸了，怪不得别人。这个倔老头儿不仅对伯舆有仇，也对自己有恨。自己这一趟还不如不来，僵持下去更加不好收场。在骑虎难下的情况下，周灵王只得同意单靖公的建议，让刘定公去邀请那个权势熏天的晋悼公。

单靖公见周灵王同意了自己的意见，就钻进窝棚，开导了王叔陈生一番："请大人千万不要一味地同伯舆过不去，那样做，一害自己，二害社稷，让天下人耻笑。"王叔陈生说："老夫反正豁出去了，一定要跟伯舆分个青红皂白，否则决不罢休。大王他一味地偏袒伯舆，老夫此时回朝也没有好日子过。"单靖公见劝不醒他，只好叹口气说："那就请大人多保重，暂时屈居这里，等候晋国人的到来。好在是同姓同祖，要不然这样闹，会让诸侯们笑掉大牙的。"说完，单靖公钻出窝棚，跟随周灵王回了京都。

再说刘定公带上随从，渡过黄河，骑上快马，翻山越岭，走村过寨，到了晋都新田，拜谒晋悼公，竟然有幸蒙晋悼公接见。晋悼公在刘定公面前并没有摆架子，比较耐心地听取了刘定公讲两个大臣出现政争的情况，想了一下立即表示："周王派你来，说明这事王室难以解决了。寡人看来，也算不了什么了不起的大事，这样吧，寡人不可能亲去调停两个王室大臣的争执，就派士匄去吧。"

刘定公本来也不敢指望晋悼公亲自驾临王室，见晋悼公派了身边的重臣前去，也算是给王室足够的面子，当即表示了感谢。

士匄这个人，出身于晋国名将之家。他的远祖就是西周周宣王的大臣，名叫杜伯。杜伯因为替自己的好友辩护，被周宣王杀害，含冤而死。他的儿子逃到晋国，传到几代人之后，出现了一位名将叫士会，这士匄就是士会的孙子。因祖上曾封邑在范地，故士氏这一支后人姓范。士匄在历史上有范宣子、范匄几种称谓，本书就只称士匄。因其父士燮（范文子）曾任晋军的上军佐、上军将、中军将，士匄也承袭父职，很早就获得了晋国重要卿士的地位，一生留下的记载很多，如出使齐国，说服齐国与晋国结盟；受晋悼公之命，攻下偪阳赠予宋国，巩固了晋宋联盟；荐才让贤，平定栾氏家族；尤其是在刑法建设上，是华夏首开先河的代表人物之一。

闲话少叙，士匄到了王城，在王宫大宸殿里设立了"特别法庭"，让王叔陈生及其家臣与伯舆及其家臣当庭展开诉讼，士匄作为法官，先让两个辅政大臣的家臣开始陈述。

王叔陈生的家臣首先发言，气势咄咄逼人。他说："我们最可气的就是伯舆这个人，不过出身于柴门小户，有什么资格担当首辅大臣。我们大人出身十分显赫，有功于社稷，让伯舆这样的人凌驾于我们大人之上，不是天大的笑话吗？请士匄大人明断，如果再让伯舆这样低贱的人官居高位，我们大人就很难施政了！"

伯舆这一方，显然也做好了充分准备，家臣瑕禽出面，拿出了当年周平王东迁时与伯舆远祖盟誓的誓约，侃侃而谈："士匄大人，王叔陈生的家臣说得的确不错，我们大人确实出身于柴门小户。可是，他们不要忘了，在早年平王东迁时，是我们七姓人家追随天子，牺牲了自家的全部财产，奉献给了王室，才受到天王的信赖。周平王他老人家为此专门杀了一头牛，给我们七姓人家祭神盟约，对天起誓。请看这盟约上是如何写的，平王要我们尽心竭力地辅佐王室，世世代代不要失职。请问王叔陈生大人，你们有这样的盟约吗？"

王叔陈生及其家臣顿时乱了方寸，正要找理由反驳，瑕禽拿出一大捆诉讼简册，继续攻击王叔陈生："士匄大人请看，这是我们了解的情况。王叔陈生大人自恃为高官，把持朝政，专横跋扈，凡是他们经手的案子，完全靠贿赂的多寡来断案决狱！而且他疏于政事，贪图安逸，把执行法律的责任推给自己的宠臣，因此，他手下的官员无论官职高低，都贪赃枉法，肥得流油。请士匄大人评判，我们这些家族清廉为官，怎么能不是柴门小户啊？"

士匄听了这些，已经做出了基本的判断。他说："这样吧，我代表我们的国君表明我们的立场，凡是周天子赞助的，我们国君也赞助，凡是周天子不赞助的，我们国君也不赞助。既然周平王那时与伯舆家族有誓约，我国就认可。王叔陈生大人，你能够把你们家族的誓约拿出来吗？"

王叔陈生哪能拿出什么誓约来？羞得满面通红。士匄给了他一个台阶下："王叔陈生啊，一山不容二虎，两虎相斗，必有一伤。在本使看来，你们两家闹到这种程度，在王室内不可能和平共处了。这样吧，晋国与王室本来就是同宗同源，你不如到晋国去，我们负责给你养老吧。"

到了这时，王叔陈生自知在王室已经没有了市场，只好灰溜溜地带领家人去了晋国。

第九回

纪妃和风细雨启蒙幼子
晋侯攻郑疲楚定霸萧鱼

　　王叔陈生的遭遇说明,在王畿范围内,周天子的权威仍然不可挑战。在过去,周灵王很讨厌他,却迟迟不罢他的官,是担心他世代公卿,家族势力大,牵一发而动全身。周灵王的软弱,致使王叔陈生更加有恃无恐。这一次,周灵王在盛怒之下,罢黜他的官职,削去他的大权,取缔他的爵位,并未引起大乱,可见王叔陈生照样不堪一击。落架的凤凰不如鸡,他落荒而走,去了晋国,送行的人也寥寥无几。他的家族内也无人敢于站出来替他说话,甚至倒戈相向,落井下石。门人、士子都另觅出路,有人干脆投靠了伯舆。伯舆集大权于一身,将王叔陈生的亲信抓的抓、关的关、杀的杀,迅速查抄了王叔陈生的家产,没收了他的食邑,甚至连他的房产也霸占了,拆除了围墙,合并成为自己的府邸。王室里的这场政治风暴,影响了好多人的政治命运,王室里的权力结构,也重新进行了一次大洗牌。

　　处在王宫里的纪妃母子,暂时还感受不到这场政治动荡对他们的影响。小王子姬晋聪明伶俐,活泼可爱。牙牙学语时,母亲就开始教他认字,几乎不用重复,他就能牢固地记住。有时,纪妃怕累伤了他的脑子,隔上两天,不教他生字,他就缠着妈妈教他。学了一定数量的字以后,他看墙上或地面上的裂缝也猜想像什么字儿,颇有点儿痴迷。纪妃见自己的孩子如此勤奋好学,更加悉心地教导他。周灵王有时也来到储秀宫,将王子晋挽抱在怀里,放在膝上逗弄一番,大胡子扎得儿子咯咯直笑。他得知纪妃很有学问,非常惊讶,既对纪妃有所歉疚,也有了敬重之意,从来没有动过让纪妃服侍自己的念头,好在纪妃也不存在两情相悦的概念,一直相安无事。周灵王命太监从典藏室里取来了一些书册,让纪妃阅读,并教导小王子。纪妃非常欣慰满足,每天教了孩子,就自己坐在窗前读书,生活过得非常充实。三岁多一点的王子晋,也开始读上了书籍,记忆力更让纪妃惊奇,不管那些书籍上的篇章,讲的是什么意思,王子晋只管生吞活剥地读,而且过目不忘,凡是读过的典籍,纪妃稍加提示,他就能一字不差,倒背如流。

一天，纪妃母子在宫女们的陪同下，到谷水河边散步。这一段溪流迂回到王城以内，历来就是王宫难得的自然景观，每到春、夏、秋三个季节，就会有王妃们带上子女到河边玩耍，甚至洗衣、洗浴，享受大自然的恩赐。纪妃、王子晋和宫女穿过柳荫，走进河滩，小王子晋在鹅卵石上奔跑跳跃，欢快极了。宫女怕他跌倒，紧紧地跟着他，不时地提醒他。只见他跳到一块大石头上，童声奶气地指着潺潺的流水，大声叫道："妈妈，你来看，河水清且涟漪呀。"

纪妃又惊又喜，又故意问他："晋儿，你方才说了什么？"

王子晋说："妈妈，《诗》上说的'河水清且涟漪'，指的就是这个吧？"

纪妃心里别提多么高兴了，自己的孩子已经解蒙，能够学以致用了！

当周灵王再次来到储秀宫看望孩子的时候，纪妃一改经常总是对周灵王低眉垂眼、有问才答的模样，兴奋地向周灵王讲起，他们母子在河边玩耍时，小王子无师自通地用《诗》上的词句描述河水那件事儿。周灵王也非常高兴，情不自禁地盯着纪妃，突然发现这个妃子温良端淑，容貌秀美，别有一番其他妃嫔所没有的高贵气质，觉得自己实在亏待了这个可人儿。忽然动念，吩咐宫女将小王子带出去玩耍，自己要和纪妃单独说话儿。两个小宫女知趣地带着孩子走后，纪妃红润的脸色变得煞白，身子不由得抖动起来。

宫里只剩下他们二人时，周灵王大步向前，把纪妃拉了起来，紧紧地拥抱着，却发现纪妃浑身颤抖，牙齿咯咯地打架，周灵王一下子泄了气，松开纪妃，长长地舒了一口气，说了声"怎么会这样"，悻悻地走了。

周灵王走后好久，纪妃才从木然的状况下清醒过来。她没有哭泣，而是觉得羞惭、无奈、无助、无用，身子虽然不再抖动，却觉得浑身瘫软，没有一点儿气力。好大工夫，纪妃才打开宫门，明媚的阳光照得她一阵眩晕，她这才像重新回到人间一样，有着起死回生之感。宫女带着孩子已经回来，王子晋看见妈妈，奔跑着扑到纪妃怀中："妈妈，父王走了？"

纪妃随口回答道："嗯哪。"

王子晋又问："父王欺负您了吗？"

纪妃紧紧地拥抱着懂事的孩子，眼泪扑簌簌地掉了下来，哽咽中带笑："没有。好孩子，他是欺负不了妈妈的！"

从那以后，除了太后一如既往经常来储秀宫看孙子外，周灵王来的次数渐渐少起来，但这并不影响纪妃的心情，反而让她的心灵更加纯净、宁静，只要每天能够和孩子在一起，就是她最大的幸福。

每当到了晚上，小王子晋在入睡前，总要缠着妈妈讲故事，纪妃就把自己儿时从祖母那里听来的儿歌、传说讲给孩子听。一般说来，小孩子往往在母亲的抚慰下,听着听着,安然入梦,可小王子却不是这样,讲了一个又要听下一个,直到母亲讲累了,用动听的声音,吟唱起催眠曲,才能让这个对世界充满好奇而且不知疲倦的孩子入睡。

纪妃对外面的世界知之甚少,但父亲对她的教育却牢牢地记在了心里。她能从远古时代对孩子讲起,让小王子晋知道了是盘古开天辟地知道了祖先伏羲氏、神农氏、燧人氏、仓颉氏是多么的了不起。那个能把天上九个太阳射得只剩下一个的后羿,成为王子晋心目中的第一个大英雄。纪妃还讲了大禹治水的故事,王子晋说,自己长大了,也要像大禹那样,造福于民。她讲了黄帝怎样大战蚩尤,把天下分为九州,教会了老百姓好多的生活本领,他的夫人嫘母教会女人取丝织布。王子晋非常敬仰黄帝和嫘母,说嫘母就像妈妈您一样。纪妃告诉王子晋,另有一个皇上叫颛顼,他把一个叫共工的人打败了,共工发怒,用头撞塌了支撑天地的不周山,天从此向西北倾斜,日月星辰都向那里奔去,地陷东南方向,江河卷着尘埃都向东南流淌。王子晋说,自己要快快长大,到西北去看看太阳落山的地方,再到东南看看,大海是什么样子。纪妃还讲了大禹的儿子夏启成为夏王朝的开国天王,一直传到了最后一个天王叫夏桀,这个天王凶残暴虐,祸害民众,宠爱着一个叫妹喜的女人,天怒人怨,被一个叫商汤的英明领袖推翻了。王子晋惊奇地问母亲:"那个商汤原来也是一个天王吧?"纪妃说:"他原本只是一个普通人,可他有道德、有理想、爱民众,得到了民众的拥戴,才能当上天王。"王子晋若有所思:"哦,原来是这样,那,我们的周王朝是怎样建立起来的呀?"纪妃显然对这一段历史更加清楚了,她对孩子讲,姬姓的祖先是古公亶父,开始只是一个部落首领,经过几代人的努力,小小的周人部落发展成一个西部诸侯大国,隶属于商汤建立的殷商王朝。王子晋问:"妈妈,一个部落怎么能够成为大周王朝啊?"纪妃就娓娓道来,对王子晋讲起了周王朝的历史。

纪妃对王子晋讲的历史,尽管是粗线条的,可也在他幼小的心灵里深深地埋下了种子。使他懂得了一代王朝的建立,必须得到老百姓的拥护,不然的话,就会有新的英雄人物出来推翻它。

渐渐地,小王子晋想了好多的道理,他不再仅仅听妈妈说,而是和妈妈一起探讨。比如他问妈妈:"推翻旧王朝,建立新王朝的英雄是上天叫他干的吧?"纪妃回答说:"是呀,当然是上天让他干的。"王子晋说:"不对,还有老百姓!"纪妃想了想说:"孩子,你说得对,凡是能够当上天王的人,必须敬德保民,才能顺应天命,你外公就是对我这样讲的!"小王子晋点点头,好像明白了,然后又天真地问:"老天真的那么厉害啊?"纪妃说:"是呀,老天太厉害了,做天王的,就是天的孩子,所以叫天子。"王子晋紧紧地抱住妈妈:"妈妈,我要做您的孩子,不做天的孩子!"纪妃被孩子的幼稚逗笑了:"傻孩子,你本来就是妈妈的好孩子,永远是妈妈的孩子!"小王子晋就又有了疑问:"那父王也是祖母的孩子,为什么又称天子啊!"纪妃想了一阵子,才有了解释:"孩子,不是每个母亲的孩子都能称为天子的,只有当上天王的人,才配得上天子的称号!"王子晋仍不罢休,再问母亲:"妈妈,我能当上天王吗?"纪妃顿时无法回答了。她怎能决定自己孩子的命运?想了半天只得说:"孩子,好好睡吧,天亮了,你好好读书! 书中会回答你这个问题的!"王子晋缠着妈妈,一定要妈妈回答,纪妃说:"妈妈确实回答不了你这个问题,等你长大了,自己就慢慢地懂得了。"王子晋不情愿地说:"好吧,妈妈回答不了我,回头我问父王!"纪妃急忙拦住了他:"孩子,你千万不要问你父王,也不要问你的祖母,那是要杀头的!"王子晋吓了一跳:"妈妈,真有那么厉害?"纪妃把孩子紧紧搂在怀里:"孩子,也许更厉害,妈妈也会跟你一块儿被杀掉!"王子晋害怕了:"妈妈,我听你的话,不问不问!"纪妃幽幽地望着漆黑的屋顶,喃喃自语:"孩子啊,妈妈不求你当什么天子,只求你一生平平安安就好了。"这时王子晋已经沉沉地睡去。

孩子睡熟了,纪妃却睁大双眼睡不着。她能给予孩子的,只是用生命付出的母爱,却决定不了孩子的命运。按道理说,这孩子至今仍是周灵王唯一的男孩,完全有资格被册立为太子,可是,宫里还有那么多的妃子,每个妃子都有生下小王子的可能,王子再多,而太子却只有一个。在这几年里,众多的妃子在各种聚会的场合下,已经差不多都结识了。纪妃清楚地知道,由于自己生下了王子,其他妃子恭维、羡慕的背后,更多的是嫉妒。邳妃和康妃就总是对自己酸溜溜的,夸张的热情掩盖不了她们的排斥心理。而那个唐妃叔隗,更是对自己不屑一顾,待理不理的,偶尔搭一次话,也是冷言冷语的。最让人看不惯的是,她自恃周灵王娇宠,在周灵王面前撒娇弄乖,嗲声嗲气的让人汗毛直立,起鸡皮疙瘩。自己同周灵王的微妙关系已经让人们看了出来,知道她同样失宠,但这反而减少了人们对她的敌意。几个妃子还经常来走动,套套近乎,拉她结成对付唐妃的同盟,她都巧妙地避开,宁可独善其身。也有的妃子憋不住心里话,套问她怎么样才怀上了王子。她怎能向这些多嘴多舌的女人们道出那难以启齿的秘密? 每到了这种时候,她就顾左右而言他,让这个妃嫔失望而去。她清楚地知道,自己只有讨好"髭王",才可能对孩子有益,但她不愿做,也做不出来,所以她常常在心里说:孩子啊,妈妈不能给你的命运有多大帮助,那就听天由命吧。

纪妃决心要教导好自己的孩子,把自己从祖母、父母那里得到的知识和自己有限的人生理念,毫不保留地传授给自己的孩子。白天,她教孩子读诗书、礼乐方面的书籍,王子晋总会提出一些稀奇古怪的问题,她答不上来时,就告诉孩子,长大后你自然会明白的,现在只要背下来就行了。虽说人生识字糊涂始,可随着王子晋读的书越来越多,不用人讲解,他已经能够消化一定的知识,弄懂了自己不曾理解、妈妈解释不了的不少问题。

　　晚上讲故事仍然是母子交流的最主要方式。一天夜里，纪妃开始讲起了自己的母邦纪国的往事，讲王子晋的外公、外婆的故事。讲起这些来，纪妃很动情。她讲到，周王朝开国以后，开始分封诸侯。那个时候，天子管辖的土地方圆一千里，诸侯管辖的土地方圆一百里，他们纪国的祖先，封的是子爵，土地还不到方圆一百里。祖先从关中那地方跋山涉水，迁移到了现在纪国的地盘上。一开始这里人口非常稀少，祖先带去的家族人口还有奴隶不过百十口，加上本地居民，总共才千把人口。纪国地处偏远，常有狐狸、豺狼出没，主要是山冈、沼泽，还有大片没有开垦的田地。自己的先祖放火烧荒，驱走了豺狼狐狸，度量了山林的木材，估算了水泽的出产，区别了各高地的产量，标出盐碱地，测量水淹地，划出肥沃的小块耕地开垦成井田，在水草地里放牧，打井围埝，计量收入，制定赋税标准，及时向王室交纳贡品。可想而知，开国是多么的艰难。经过几代人的努力，纪国渐渐变成了一个美丽的方国，这引来了更加强盛的国家觊觎、侵略，纪国的军队力量弱小，根本斗不过他们，地盘渐渐缩减。即使如此，大国还要勒索小小的纪国向他们贡献，使纪国不堪重负，长期处于贫弱状态，民不聊生，到了父亲这一代，被大国盘剥得几乎难以生存下去，最终还是被灭了。

　　王子晋听得入神，突然问："妈妈，大国为什么这样坏呀？"

　　纪妃答不出来，小王子思索了一阵子说："哦，我明白了，是大国贪婪无度的缘故。妈妈，咱们的王室看着外公的国家受欺负，怎么就不管呀？"

　　纪妃叹道："孩子，你看看你父王，他能够管得了吗？不但管不了，这些大国呀，还要欺负咱们王室哩。"

　　小王子晋在被窝里攥紧拳头："妈妈，等我长大了，要教训他们！"

　　王子晋能说出这样的话，尽管他还是个孩子，纪妃还是无声地笑了。

　　纪妃还对王子晋讲了自己童年的故事。她告诉孩子，自己小时候，经常坐着马车，跟着父亲到田间地头去，看农人和奴隶们耕作，看女人们采桑。那些农夫、奴隶赤膊赤脚，吆喝牛马，在田里播种、中耕、收获。女人们则养蚕、种桑、缫丝、织锦，她们一年四季都没有闲暇的时候。一些专管放牧的人，为了驯养小牛犊，专门在牛角上绑上一根横木，让它不能够抵人，一直驯养成温良的耕牛。

　　王子晋听得津津有味，又提出另一个问题："妈妈，外公他们不干活儿呀？"

　　纪妃解释说："你外公是管理他们的大官，用不着亲自到田间劳作。"

　　王子晋说："我知道了，你们是靠农夫、奴隶来养活的。"

　　对于孩子这样的理解，纪妃说不上是对还是错，她解释说："妈妈可是干活儿的。那个时候，妈妈也跟着你外婆做女红，缝制自己的衣服。"

　　王子晋说："哎，妈妈，你是个好妈妈，听你讲了这么多，孩儿好想到乡下去，到农人家里去看看,他们到底是怎样创造财富的。"

就这样,王子晋在妈妈的教导下,潜移默化地掌握了很多人生知识,转眼已经四岁多了。

在这几年中,王妃们又为周灵王生了两个女儿。郗妃与康妃的女儿莺儿、燕儿经常来和王子晋结伴玩耍。后宫里有了这几个孩子,充满了生机和情趣。太后她原来因为没有孙子而着急,可到了这时,她又为只有王子晋一个独苗而着急,但这也是没有办法的事情,并不是数落周灵王一番就能马上见效的。

纪妃眼看王子晋渐渐长大,求知欲又是这么强烈,自己的那点知识远远满足不了他的渴望,也开始着急。可她终日见不到周灵王,即使见了,也不敢说,情急之下,就把自己的想法向太后讲了。太后也十分重视,要周灵王为小王子选一个好的太傅,开始教导王子晋。周灵王深知单氏几代公爵都是道德高尚、学识渊博的君子,单靖公更是学富五车、稳健持重,于是下旨让单靖公做了王子晋的太傅。自此开始,王子晋走进了学堂。

王子晋成长的这几年,天下也发生了很大变化。

诸侯列国的争斗,最符合弱肉强食的"丛林法则"。在一代英主晋悼公的统领下,晋国日益强盛,其势头远远超过了晋文公重耳称霸的那个时期。在王子晋一周岁到四周岁这几年中,晋国的内政外交走向了全面辉煌。晋悼公调理得晋国内部八大公族和睦相处,紧密团结,顾公而不顾私,公卿个个都表现出谦让互敬、同心协力的家国情怀。这是其他国家无法比拟的。能做到如此地步,是与晋悼公虚怀若谷、清正廉明、以身作则、知人善任分不开的,是其他诸侯国君主难以望其项背的。

自邢丘那次重要的会盟以后,晋国成了十多个诸侯国的行政中心,凝聚力也因为不停地盟誓显著增强,晋悼公本人已经达到了无人可以挑战其权威的地步。晋悼公知道,本是盟友的东方大国齐国,不断地骚扰相邻的鲁国、邾国、莒国,这与盟誓相悖,显然是一种离心倾向,就时不时地敲打齐灵公,让齐灵公收敛锋芒。然而,他真心要对付的,仍然是那个总想与晋国争霸的楚国,处心积虑地打压楚国的势力范围,所用的基本战略就是"攻郑疲楚",并且成效明显。

在邢丘会盟那次,郑简公献上入侵楚之盟国蔡国的战利品,获得了与晋国结盟的资格,这是向晋国的屈服。然而在郑国人看来,这种行为是屈辱的。郑国毕竟是列国中最早称雄的泱泱大国,但从晋文公时代就开始的晋楚争霸,使在地域上夹在两国中间的郑国腹背受敌,从来没有安定地过过太平日子。可是凭自己的实力,两者都得罪不起,亲晋遭楚攻,睦楚又遭晋伐,选边站队极其不易。如何摆脱这个困境,年年都成为郑国君臣讨论、议决不下的课题。然而,郑国也并非是一个可以随意灭了的国家,从礼制上、道义上,晋、楚都不肯背负灭郑国的恶名,这也是郑国如同墙头草,随风摇摆而倒不下去的原因。

就在王子晋出生的那一年(公元前565年)的五月七日,郑简公参加了邢丘会盟,认下了晋国提出的朝聘数字。这一举措,极大地激怒了楚国。本来,与楚国有着长期盟友关系的郑国,在四月份攻打了楚国的另一个盟友蔡国,这一叛盟行为,已经被楚共王视为大逆不道。接着郑国又参加邢丘会盟,投靠晋国,更让楚共王不能容忍。于是,刚刚进入冬季,楚国就出兵攻打郑国。

大兵压境,郑国人非常恐慌。朝中大臣分为两派,一派主张去晋国求援,一派主张再同楚国讲和。委决不下时,郑简公提出用占卜的方式决定走向。主政大臣子驷态度强硬地表示反对,他说:"等待黄河水澄清,人生能有几何?占卜太多,等于给自己结网束缚手脚。商量来,商量去,主意太多了,反而没了主意。我主张同楚国讲和,有什么问题,我独自承担!"

于是,郑国一方面备了重礼,向楚国讲和,申明了进攻蔡国的理由,诉说了若不依附晋国,就会受到攻打的委屈,楚国原谅了郑国,再一次歃牲盟誓。另一方面,郑简公派人到晋悼公那里,解释为什么同楚国讲和,请晋悼公接受郑国的报告,体谅郑国的苦衷。

从这一件事上可以看出,郑国过的是什么日子。

然而,郑国在晋楚之间求得的苟安一时,没有多久就被搅乱了。到了第二年,秦国的秦景公和楚共王联手出兵,攻打晋国,晋国吃了大亏,决心报复,办法仍然是逮住野猪还愿,攻打郑国泄愤,目的是"攻郑疲楚",理由很简单、很蛮横:你郑国活该挨揍,谁让你与我晋国结盟后嘴上的鲜血未干,就又与楚国恢复结盟呢?第二年十月,晋国召集鲁国、齐国、宋国、卫国、曹国、邾国、滕国、薛国、杞国、郳国这十个国家的军队,大举进攻郑国。郑国抵挡不住,迫不得已又要与晋国恢复和谈。晋军的两大首领荀偃和知罃提出两个主张,荀偃的性子较烈,又是主帅,他说:"包围郑国,等待楚国的救援,然后同楚国交战,不这样,与郑国就不会有真正的讲和!"知罃建议:"还是结盟好,这样一来,就可以引诱楚国前来攻打郑国,楚国军队远征而来,必定疲劳,我们再用精锐部队迎头痛击,这是以逸待劳的办法,他楚国军队肯定不能持久。"荀偃说:"你这是一厢情愿。"荀偃不太同意知罃的主张,知罃又解释说:"君子用智,小人用力,这是咱们先君晋文公的训示啊!"荀偃仔细盘算一下,深知跟随来的诸侯军队不愿意真正打仗,不过是虚张声势,于是同意了与郑国讲和。

这次讲和史称"戏地结盟",晋国独自制定的盟约显然是"霸王条款",郑国根本不服气,所以这次戏地之盟是不牢固的,晋郑双方都认为不过是权宜之计。

仗没有打起来,围困郑国的各国军队撤了回去。到了同年十二月,晋国又因为不能随心所欲地号令郑国,再次带领近处的盟国集结军队,教训已经结盟了的郑国。而楚国也因为郑国叛盟来进攻讨伐。晋国军队见楚国的军队声势浩大地进攻郑国,却不动武了,看着郑国与楚国交战,准备坐收渔翁之利。可郑国没有让晋国得意多久,很快就向楚国投降,再次结盟。正巧,楚庄王的遗孀去世,楚共王急于回国办理丧事,没有认真地安定郑国,就急急忙忙撤军了。

此时,晋悼公也做出决定,休战一年,让国内百姓休养生息。动员全体公族,把积聚的财物拿出来,借给受灾的百姓。此举大得人心。八大公族踊跃响应,没有怨言,更使晋国有了礼节和法度,很快恢复了因连年战争而损伤的元气。恰在这一年,楚国由于内乱,并且东边的吴国成为楚国强敌,楚国此时再与晋国抗争已不能势均力敌,渐渐处于下风。

郑国再次与楚国结盟,晋国是不能容忍的,好在晋国休整的这一年,对郑国没有坏处,过了这一年,晋国的刀锋再一次悬到了郑国的头上。

就在士匄来到王室调解王叔陈生与伯舆矛盾的日子里,晋悼公又推出了一项重大决策,就是侵占王室的声就、复与两座城池,在虎牢这个地方修建军事基地,屯兵数万,直接威胁郑国。郑国赶往楚国求援,楚国军队就立即赶来了。晋国新任的主帅栾黡率领部队,绕过郑国都城,直接出兵与楚军交战,一直抵达颍水,隔河与楚军对垒。郑国的军队也在夜里偷偷地渡过颍水,与楚国军队会合。栾黡要晋军渡河进攻楚国军队,知罃阻止了栾黡的做法,再一次展示了他高超的军事谋略。他认为此举已经达到了疲楚的目的,乘着郑国兵力空虚,晋军回师,反戈一击,攻打了郑国北部边境后撤军,也起到了教训郑国的作用。

经过这一次沉痛的教训,郑国彻底明白了,只有顺从晋国,才能安稳下来。可是,国君之间也是要讲信用、讲面子的,几次叛离,肯定难以再获得晋国的信任。于是郑国用计,试探晋国的态度,用挑起晋国与楚国决战的方式,判定哪个国家最强盛,做出投靠方向的最终抉择。

有了这一大胆决策,郑国决定拿经常欺负郑国的宋国开刀。这宋国是晋国的铁杆盟友。当郑国的子展率郑军攻打宋国的时候,晋军又率领联合国军从虎牢入侵郑国,而楚国这次失约,没有出兵救郑,郑国与晋国讲和,在亳地结盟。

听到这个消息,楚共王又气坏了,可自己的实力已经不济,就到秦国请求出兵,秦国也正想乘机捞上一把,于是与楚军联合,攻打郑国。郑国又赶紧与楚国复盟,三国军队共同攻打宋国。

面对这场混战,晋国采取的措施仍然是攻打郑国。秦国捞了战利品后立即后撤,楚军不敌强大的晋军,也顾不上郑国了,急忙班师。到了此时,郑国彻底向晋国投诚。晋悼公见时机已经成熟,表现出了豁达大度,赦免了郑国的俘虏,并给予礼遇,让郑国感到体面。晋国索性好人做到底,把晋郑边界上的巡逻兵也收回了,禁止掠夺郑国边民。

经过一波三折，数擒数纵，晋国彻底征服了郑国，与其他同盟国在萧鱼这个地方隆重结盟。会前，郑国赠给晋悼公配对的进攻车、守护车各五十辆，并且提供了盔甲，另有五十辆普通战车，还有三个乐师、女乐两列共十六人及歌钟两架，晋悼公非常高兴，接受了这些馈赠。

诸侯们重新商定了盟誓的誓词，内容是："凡是我同盟国家，不要囤积粮食不救灾，不要独占山川利益，不要庇护逃亡的罪人，不要收留坏人，救济灾荒，安定祸患，统一好恶，辅助王室。如果有人胆敢触犯这些命令，司慎、司盟的伟大神灵，名山、名川的神灵，先王、先公，七姓十二国的祖宗，明察的神灵诛戮他，使他失去百姓，丧君灭族，灭亡国家。"

誓词如此庄重、严厉，足以证明这次会盟的成功，真正起到了巩固晋悼公霸主地位的作用。历史上把这次会盟称作"萧鱼定霸"。

需要指出的是，盟誓中"辅助王室"这一条文说明，会盟并非无视王室存在。可是，令人不无遗憾的是，这次会盟照旧没有邀请王室派人参加，至于晋悼公是如何想的，看看他以后的所作所为就知道了。

第十回

王室觅服享向齐国求后
单公育英才塑王子成器

　　"萧鱼定霸"的盟约,写了"辅助王室"这条内容,不知道是诸侯各国的共同主张,还是晋悼公的倡导。但既然有此条文,至少说明晋悼公作为霸主,没有否定王室的地位,这也体现出他的政治智慧和手腕。

　　王室的腐朽没落,没有一个诸侯君主能比晋悼公看得更透,因为他亲自感受过。他从来没有把周灵王放在眼里,而是把王室看作晋国的附庸、傀儡,理想和信念就是在适当时机取王室而代之。萧鱼定霸之后,晋悼公勾画的蓝图轮廓渐渐清晰起来。

　　自晋悼公元年(公元前572年)开始,他就展开了强大的外交攻势,还用频繁会盟的方式,逐步把中原诸侯方国牢牢地掌握在自己手中。他入则从政,出则从军,执政的十五年中,即使路过王畿也不去朝觐天子。相反的是,他陈兵王畿,炫耀武力,威慑王室,并运用经济手段,切断这一庞大的寄生实体的经济命脉,牵住了王室的牛鼻子。他借口征战的需要,逐年蚕食王畿之地,让王室敢怒而不敢言。邢丘会盟,他使王室成为孤岛,彻底转移了政治轴心的位置,他不再"挟天子以令诸侯",而是"代天子以令诸侯",实现了"政出于晋"的目标。萧鱼会盟,彻底征服了郑国,使郑国回归中原版图后,正式宣告了晋国的霸业复兴,拉开了他创立的新时代的帷幕。从此以后,诸侯们,即所谓的"七姓十二国",尽从晋命。鲁襄公的发言人臧武仲向与会代表公开宣称:"凡为同盟,小国有罪,大国攻讨,稍有所得,即行赦免。寡君闻命矣!"意思非常明显,大国即指晋国,如果小国违背了同盟的"帮规",甘愿接受盟国的惩罚和征讨,寡君,也就是鲁襄公,绝对服从晋国的命令。这种谄媚式的效忠姿态,正是晋悼公所需要的效果。到了此时,晋悼公已经俨然成为天子,尚未戴上王冠,只等待诸侯国的劝进而已。

　　然而,晋悼公也清楚地知道,以晋代周,正式成为新王朝的天子,时机还不成熟,他还不能一下子抛开王室这个驴皮影子,还必须打着"辅助王室"的旗号,方便行事。在这一点上,也可以看出晋悼公的谨慎。诸侯国的君主也早已看穿了晋悼公的野心,但没有人敢公然站出来拥戴晋悼公成为天子,怕被天下人和后人唾骂,但他们之间都在相互试探,等待时机成熟。政治家们不仅手腕高超,心理也非常微妙。

公元前562年四月,也就是王子晋三岁那年,就有一次拥戴晋悼公的苗头出现。晋悼公亲自率领大军,灭了偪阳小国,并且出手大方,把偪阳送给宋平公,并入宋国的版图。宋平公感激不尽,在楚丘这个地方招待晋悼公,鲁国的鲁襄公、杞国的杞孝公,亲自前来陪酒助兴。宋平公就导演了一出形式上是答谢,内容上却是推戴的闹剧。宋平公为晋悼公准备《桑林之舞》,鲁襄公要为晋悼公演奏《禘乐》。《桑林之舞》是天子才能享用的乐舞,而《禘乐》更是天子祭祀天地祖宗的音乐。再看看参加的成员国及其国君,更具有象征意义。宋国是殷王朝的后裔立国,杞国是夏王朝的后裔立国,而鲁国,则是周公旦的后裔立国,并且是仅存周礼所在地。三个王朝的后裔君主,运用隐喻的方式向晋悼公献媚,其意义不言自明,意味不同寻常。但《桑林之舞》奏起,首席乐手举旌夏之旗,指挥乐队,吹吹打打进场时,晋悼公突然悟出了什么,惊退离席。他意识到,自己毕竟是一方诸侯,享受这种待遇,意味着僭越,传出去,自己的形象将大打折扣!即使宋平公赶紧命人撤了旌夏,改换了乐曲,晋悼公还是为此害了一场病。这显然是心病导致的。从此他非常谨慎,绝不过早地暴露自己的野心和图谋。可到了萧鱼会盟后,随着霸权地位的巩固,他牢牢地掌握了各国和王室的操控权,就不再谨小慎微了,放开胆子扩充军队,扩张版图,扩大影响,向天子的宝座加速迈进。

晋悼公虽有觊觎天子宝座的野心,却因为二十九岁就巨星陨落而没有实现梦想。按照"胜者王侯败者贼"的传统观念,晋悼公这个超越了当时任何一个霸主的英明领袖,并不为历代史学家认可,但他的英明练达、极善驭下、长于谋略、精于纵横,在春秋中后期强宗如林的情况下,给历史留下了精彩的一笔,这是那些碌碌无为的诸侯君王们所不能企及的。如果晋悼公没有英年早逝,历史就有可能改写,但历史不容假设。他留下的遗产之一,就是让人们意识到,青少年的能力绝对不能低估。后来王子晋声名鹊起,很大程度上是人们借鉴晋悼公的历史,看到了又一个英主的耀世光辉,因此对他评价很高。此是后话。

站在王室的立场上讲,晋悼公的崛起,是东周王室的噩梦。邢丘会盟以后,王室断绝了与诸侯各国的来往,但晋国还不敢明目张胆地亏待王室。头两年,仍然保持了诸侯各国对王室贡献的份额,甚至第一个年头,晋国还亲自把粮秣、布帛、玉器等祭祀供品送到王城。到了第二年,交割的地点就在晋国都城新田了。而后每况愈下,王室所得年年削减。即使削减了,也得忍气吞声,而且负责配给王室物品的晋国公卿,还要雁过拔毛,索要王室行人、使臣的贿赂,不然就设置种种障碍,刁难他们。本来是理直气壮的所得,倒像是得到了晋国的恩赐。出使晋国领取贡献的王公大臣,没有一个、没有一次是不受气的,可是,王室已经没有强大的政治资本,没有了强大的军队,腰杆怎能挺得起来?周灵王浑浑噩噩地当自己的天子,今朝有酒今朝醉,毫无作为地打发日子。

在晋国日益强大、诸侯国臣服的环境中,王室的地位不断动摇。面临着严重的危机,即使周灵王再无动于衷,也挡不住大臣们焦虑的上表陈奏。于是,王室寻求改变处境的课题终于摆上了日程。

久违的廷议终于召开了,因为事关王室机密,参加的大臣依然是核心层的那四个人,即伯舆、单靖公、刘定公、苌弘。单靖公做了王子晋的太傅,地位大幅度上升,基本上取代了王叔陈生的位置,但他的性情沉稳,很有城府。在施政大事上,他并不与伯舆争锋,但也并非唯命是从,轻易不肯发言,一旦思考成熟,说出来的话就如板上钉钉,让人无法否决。这一点,使已经流露出骄横姿态的伯舆也不得不佩服。刘定公是王室的外交大臣,深受晋国羞辱,是王室另谋支持的竭力倡导者,曾分别与伯舆、单靖公、苌弘及一些下层官员们多次议论。可以说,这次廷议的发起人就是他。苌弘虽然年轻,但他的判断代表着天象、神灵、祖宗的启示,其权威性绝对不可小觑。

廷议仍在周灵王的书房里举行,也就是商议为王子晋取名的那个屋子。宫女们献上茶点后退了下去,只有大内总管苟安侍立在周灵王身后,随时为周灵王办差。这家伙趁周灵王刚刚坐定哈欠连天不注意时,与伯舆对望了一下,伯舆向他微微点点头,苟安的眼睛眨巴眨巴做了回答。他二人之间有什么勾搭,暂且不提。

周灵王开腔,一副不耐烦的口气:"这一年多来,大臣们,哦,也包括你们,就王室如何掌控天下,重振先王时的威望不停地聒噪,吵得寡人的耳朵快起茧子啦。今天你们就好好合计合计,为寡人拿出主意来。这样吧,苟安,你把所有大臣的奏册搬出来,先让大家轮流看看,找出一些高明的办法,再集中议论吧。"

苟安应了一声,立刻把已经准备好的奏册抱了进来,分发给诸位大臣。在那个时代,大臣们议事一般都是把自己的意见当廷对奏,顶多为备忘记,写在象牙、玉圭或者竹片、木板制成的笏板上,很少采用把奏章写成文章、编辑成册的方式。可是,由于周灵王懒得听大臣们喋喋不休的吵闹,就下令用书面陈奏。奏册呈到周灵王面前,他看了几册就不愿意再看,撂在了一边。所以苟安抱来的上奏表章,好多并没有拆封。

几个大臣当然不敢指责周灵王,各自展开一份,认真地阅读起来,然后相互交换,心里默念着自己看过的册页上有哪些要点,想着如何向周灵王陈奏。好在那个时代的文风尚简,文字简约,看起来比较快。

周灵王坐在软榻上,手肘拄在橡木案几上,不多时,就发出轻微的鼾声。伯舆并未把精力放在阅读上,而是不时地扫视一下其他三位大臣,真的端出了首辅大臣的架子,代替周天子主持着大局。

看到单靖公、刘定公和苌弘都卷起了最后阅读过的册子,伯舆悄悄地问道:"都看完了?"

三位大臣看看涎水都流了出来的周灵王,都郑重地点了点头。伯舆向苟安使个眼色,苟安会意,轻轻推推周灵王:"大王醒醒,大王醒醒!"

周灵王冷不丁地醒来,迷茫地看了看众臣,才想起正在召开廷议,就对伯舆说:"伯舆,你先说吧。"

伯舆欠了欠身子:"大王,臣等按照您的吩咐,已经把奏册阅读完毕。还是请单公、刘公和苌大夫先说说他们的意见吧。"

一向不爱抢先发言的单靖公向刘定公做了个手势,刘定公清清嗓子,说道:"大王,从大臣们的奏章来看,无不体现出一种心情,就是如何寻求忠于王室的邦国支持从晋国的阴影下走出来,既要达到目的,又不得触怒晋侯。提出的方案,也有一些,基本上都是建议避开与晋国结盟的七姓十二国,另觅出路。有的主张秘通楚国,因为只有楚国才有实力与晋国抗衡。臣以为这是异想天开,毫不可取。因为长期以来,楚国独霸南方,早已擅自称王,与王室不是一条心。晋国与王室同宗同祖,尚且如此做大,更何况是外姓之邦? 这是根本行不通的。有主张与秦国交好的,这一点倒有可取之处。因为秦人在周平王时代保卫王室有功,受到周平王赐命册封,才由一个小部落发展成大邦国。依臣看来,这是个别大臣的一厢情愿。秦国其实是个虎狼之邦,与中原各国的交往,从来没有信义可言。让王室降尊纡贵,攀附他们,不仅不会有好的结果,更会让天下人耻笑。更为可笑的是,有的大臣主张动员吴国来依附王室,说什么吴邦的远祖是姬姓后人,且有贤士季扎对王室最为敬仰和友善。这一点倒是不假,可他们不知道,这个季扎是吴王寿梦最小的儿子,最讨厌的就是从政,主动让他的兄长诸樊、夷昧和余祭先后接任吴王,自己则躲得远远的。这能指望吗? 换句话说,那吴国虽与楚国结仇,有意联络中原诸邦,其实早已效法楚国,自立称王了。要吴国为王室效力,同样是痴人说梦。真正有见地的就是多数大臣建议的联齐方略。这齐国虽与晋国结盟,但时常有离心倾向,并不完全听命于晋侯,况且齐国幅员辽阔,物产丰富,如果不是内乱不止,则强盛之势不弱于晋国。齐灵公见晋侯恢复了晋文公的霸业,已有恢复齐桓公霸业之志。如此看来,只要找到一条能够向晋国解释得通的说辞,试探一下齐国对王室的态度,如果齐有意结交王室,再定夺不迟。"

说了这么一大篇话,刘定公停了下来,望望周灵王和诸位大臣,表示汇报完了。周灵王说:"刘公言之有理,伯舆啊,你们怎么看?"

　　伯舆挪了挪坐麻了的屁股,微微欠身,答道:"臣也认为有必要同齐国拉上关系,挑起齐国争霸的欲望。诸侯争霸,争的是什么? 争的就是在诸侯国中的地位,成为诸侯盟主,有话语权、收取小国贡献权和操纵他国命运权,这是根本利益所在。过去晋侯组织的历次会盟,齐灵公总以种种借口不去参会,只派儿子公子光和使臣前往,就证明齐灵公一直看不起晋侯那小子,不甘心听命于一个乳臭未干之人的调遣。王室去试探一下齐侯的意向,应当是一个比较明智的选择。"

　　周灵王问其他大臣:"你们的意见呢?"

　　单靖公与苌弘几乎异口同声:"伯舆大人讲得很好,臣也是这个意思。"

　　周灵王站了起来,在书房里走来走去,忽然停下:"你们既然都这样认为,寡人就依你们。可是找什么理由,既不让晋侯警觉,又能使齐灵公理解王室的意图,请诸位拿拿主意!"

　　所有人一下子语塞了。周灵王看看伯舆,伯舆有些结巴地表示:"这,这个,臣还没有来得及考虑。"

　　周灵王转向刘定公:"刘公,你与齐国打交道最多,你有什么高见?"

　　刘定公欠身答道:"臣已经考虑过,当今天下诸侯、公卿已经多年不向王室请命了,均按世卿世禄世袭下来。按照周礼,王室是一概不予承认他们的。倘若我王室对齐侯赐命,应当是一件令他荣耀的事情。这一点,晋侯是经过先王赐命的,大王若对齐侯赐命加冕,晋侯应该没有什么可说的。此举若行得通,也可以引起诸侯们仿效,从而显示王室的权威,巩固王室的地位。"

　　周灵王听了这话,非常兴奋:"对,就对齐侯赐命! 单公,你看这个办法可不可取?"

　　单靖公略加思索,慎重地回答道:"大王,臣也考虑,从加强同齐国的联系,试探齐灵公的态度出发,当前也许只能用这种办法,不过……"单靖公欲言又止。周灵王急了:"不过什么,你有什么好主意?"

　　单靖公斟酌了一下,终于说了出来:"不过,臣以为刘大人讲的话自相矛盾。一是世卿世禄,已成惯例。这说明天子赐命的影响力相当有限。二是先王对晋侯赐命,大王此时对齐侯赐命,齐侯尚未对王室有什么功劳,贸然赐命显然有与晋侯分庭抗礼之嫌。此举要想不引起晋侯反感,怕是办不到的。再说,如果齐侯无意接受赐命,王室的热脸对着个齐侯的冷屁股,岂不更扫了王室的面子?到了那时,就不好收场了啊!"

　　单靖公这样缜密的分析、冷静的判断,像一盆冷水浇了下来,一下子使大臣们的头脑冷静下来。周灵王焦躁地嚷道："这也不行，那也不行，难道就让我王室坐以待毙不成？"

刘定公喃喃地说："大王别急，天无绝人之路，容臣再想想，再想想。"

伯舆也附和道："是啊，再想想吧，也许有更好的办法。"

单靖公不再发言，眉头拧成了疙瘩。

一直没有发言的年轻人苌弘，突然说了一声："大王，诸位长者，请你们不要忘了，那齐国一直是我王室的娘舅之邦啊！"

听了这话，周灵王急忙问："苌弘啊，你说这话是什么意思？"

苌弘不卑不亢地讲："臣以为，王室最好用联姻方式与齐国打交道，如果齐侯不拒绝，下面好多事情就容易展开了，谅他晋侯也没有什么可挑剔的。"

从周灵王到几位大臣，均眼前一亮，无不认为苌弘出了一个绝妙的主意。不过，刘定公很快提出了一个疑问："苌弘大夫，这主意虽好，问题是小王子的年纪尚幼，离举行成年礼还得十多年，就是订娃娃亲也有点儿操之过急。再说，此举对于晋侯来说，怕是欲盖弥彰了吧？"

苌弘冷冷地答道："刘大人过虑了，苌弘想的并不是小王子，而是大王。而且这本来就是政治联姻，必须有足够的诱惑，才能使齐侯无法拒绝、晋侯无话可说。大王至今尚未立后，王室就以求后的名义去试探齐侯的态度，再合适不过。同姓不婚，他晋侯只能认可，这是一箭双雕的策略。"

周灵王听了苌弘的分析，十分兴奋，再也没有增添女人更让男人高兴的事了，于是连声叫好："诸位爱卿，就这样定了吧！"

伯舆的心里一直打鼓，他本来不同意这么办，因为他把希望寄托在唐妃身上了，若这样一来，押下的宝就可能不灵了。可是，唐妃迟迟没有身孕，而那个王叔陈生选送进宫的纪妃却生出了小王子，这对自己的前景是个潜在的威胁。此时，看到周灵王如此感兴趣，只能顺水推舟："大王，臣赞成苌弘的这个主意。"

刘定公也附和道："臣也赞成苌弘大夫的办法。"

周灵王见单靖公没有表态，心里有点儿不高兴，但仍然问道："单公，你的主张呢？"

单靖公从容应对："大王，苌弘大夫的建议，对于王室解困，的确是再好不过的策略，臣应该恭喜大王。可是，请大王不要忘了，小王子毕竟是您的长子啊！"

周灵王和其他大臣都明白，单靖公提出了一个礼制上的大问题，长子毕竟有继承王位的优先权，而且母以子贵，纪妃也应该册立为王后，可王后只能有一个，如果立纪妃为后，就无法向齐国求后了。伯舆当场反驳："单公啊，你不要忘了，大王尚未册立王后，小王子算不得嫡长子啊！"

伯舆的话也是正确的。因为纪妃没有被册立为后，就算不得天子的正妻。

如果从齐国娶来一个王后,生了孩子,王子晋只能算作庶出,而不是嫡长子。可是,单靖公已经作为太傅,教导了王子晋几个月,他心里隐隐约约地意识到,这孩子将来能成大器,必定会成为天朝的一个明主。单靖公虽然这样认为,但在这种情况和场合下,却不能将其表露出来。他清楚地知道,如果说了出去,会害了王子晋的。可自己一时想不出对策来,只好静观其变了。

苌弘说:"大王,诸位大人,微臣的这个建议是经过深思熟虑的。为了天朝的社稷永固,为了让天下人有所期盼,小局必须服从大局,即便做出点牺牲也是值得的。臣在入宫前,已经筮了一卦,得屯卦之第四爻,屯卦之彖词为'元亨,利贞,勿用有攸往,利建侯'。且变爻第四爻的判词为'乘马班如,求婚媾,往吉,无不利'。乘马班如,即徘徊不前,正如王室现在面临的局势,在这一环境下,恰好有利于求婚媾。参加了这个廷议,微臣听大家一致倾向联齐,才思索今天的廷议,应了卦象,神明的启示,实在是太重要了,舍此再无别的好办法,因此斗胆建言了!"

话说到这个份儿上,单靖公心里说,只能走一步看一步了,于是也表态同意。周灵王没想到竟是这样一个结果,不仅能够打破王室目前的僵局,还可以抱得美人归,何乐而不为呢? 于是,责成苌弘择定好日子,派刘定公和阴里前去齐国。

在廷对时违心地同意了向齐国求娶王后的单靖公,实在是忧心忡忡。这位干练的政治家,对于王室的前途和命运,有着更深刻的认识和思考。在他看来,周王朝好比泥足巨人,站在水泽里,正不自主地下陷,又像根基早已腐朽了的大厦,外有风雨剥蚀,内有虫蛀蚁啃,稍有震荡,就会土崩瓦解。单家世代公卿,他实在不甘心在自己这一代,眼睁睁看着自己祖祖辈辈效命的政权倒台。他认为,仅仅靠到齐国求娶王后,借助外部力量维持王室的苟延残喘,是不可能的。王室需要的是一个强有力的英明领导人。他的祖父单襄公培育了一个盖世英才,就是晋周,年轻有为,没有几年光景就恢复了晋国的霸业,而晋悼公本人的威望也如日中天,让周王室感受到咄咄逼人的态势。这个人的所作所为,已向世人表明,他不会仅仅满足于霸主的位置,甘当一辈子侯爷,而是要将天下、将王室收入自己的囊中,改朝换代,成为新王朝的天子。单靖公也要塑造出一个比晋周更优秀的人才,才能与之抗衡,挽狂澜于既倒,使王室免遭灭顶之灾。也正是这种担当意识,让他欣喜地发现,自己满打满算才教导了三四个月的小王子姬晋,已经显露出能够成为国之重器的潜质。为此,单靖公愿意付出不懈的努力,把王子晋塑造成一个天下归心的英主。他从王子晋的言行举止上看出其有三点不在晋悼公之下。

首先,他看到王子晋温良孝顺。每天,单靖公都要到后宫的大门外,恭迎这位小王子到学堂念书,这不仅出于礼仪,而且出于对小王子的疼爱。他每天都会看到,纪妃和宫女护送王子晋前来,母子情深,手拉着手,有说不完的话儿。才五岁多一点的小王子,彬彬有礼,总是对母亲跪行大礼后,才庄重地离开。这是同龄孩子难以坚持做到的。单靖公多次与纪妃打过照面,他观察到这个女人端庄大方,举止得体,有一种不平凡的气度,因此他对这个温文尔雅的女人充满崇敬,他觉得,这才真正是一个能够母仪天下的王后,否则,不可能教导出人格如此出众的小王子。

刚接受太傅这一职务,为小王子开蒙时,他担心小王子过于幼小,可能容易饥饿、疲倦,就让府上的厨娘做了几个可口的小点心带上,以备不时之需。时近中午,即将散学之际,他把这些小点心拿出来,让小王子垫补一下小肚子,小王子竟然问道自己可不可以带走。单靖公摇摇头说:"作为一个文明的王子,在路上吃东西是失态的,不好。"小王子说:"不是在路上边走边吃,而是带回去让妈妈尝尝,妈妈不先吃,晋儿不能够吃!"这件小事让单靖公大为感动。按说,宫里什么都不缺,小王子的母亲也不可能饿肚子,可这个小王子已经饥肠辘辘,竟然舍不得吃一口,首先想到的是自己的母亲。具有如此孝心的小王子,将来必定是位善良的君主。在他君临天下时,一定不会贪图安逸享受,而会心里装着民众的。俗话说,从小看大,三岁至老,小王子的这一举动,给单靖公留下了深刻的印象。

其次,没过多久,单靖公就发现小王子特别聪慧。他原来以为,尽管时常听说小王子聪明,也必须从识字教起,却发现这一过程完全可以免去。不仅免去识字课,而且一部分经卷也不需要从头学起。当小王子将自己读过的诗书向单靖公背诵如流时,单靖公简直不相信自己的耳朵,他感叹道,这简直是一个神童!于是,单靖公仅仅对王子晋不认识的字(也就是纪妃不认得的字),和一些断得不够正确的句子进行查漏补缺,并且只需要一次指点,王子晋即能掌握、消化,从来不用重复。这样一来,单靖公根本不需要把王子晋当作蒙童看待,完全可以开讲了。

单靖公主要从周王朝的建立讲起。他讲到,周人的先祖开疆拓土,历尽千辛万苦,才为一个大周王朝的建立奠定了坚实的基础。祖先们创立的业绩,常常使王子晋激动万分,泪光闪闪。单靖公对于王子晋,当然是按照一个合格进而成为优秀君主来定向培养的。他对王子晋讲,历史就是一面铜鉴,能够从其中洞见历代人的作为。成败利钝,兴衰得失,存亡更替,当政者无论有怎么样的德能勤绩,都有推卸不掉的责任!对于太傅的教导,王子晋似懂非懂,他天真地问太傅:"单子,你教导的,是不是要弟子担当起天下的兴亡啊?"单靖公大喜,想不到小王子已经意识到了自己要肩负的历史责任,就故意考考他:"王子,你为什么要这样想啊?"王子晋庄重地说:"因为我是王子啊!能够成为伟大先祖的后代,我好幸运!可我也知道,我的责任同样重大。我要像建功立业的先祖那样,做一个好君王!"单靖公左右看看,并没有其他人在场,就严肃地对王子晋说:"这话是你妈妈教你的吧?"王子晋招招手,单靖公俯下身子,王子晋贴着单靖公的耳朵,小声说:"单子,是弟子这样想的,我妈妈不让说,特别是不让我在奶奶、父王那里说,因为您教导我要担当天下的责任,我才对您说了,您可得给弟子保密啊!"听了这话,单靖公会心地笑了,心里说:好一个贤良的母亲,好一个具有远大志向的孩子!可王子晋仍不放心,他把手指伸出来,要和单靖公拉钩,口中念念有词:"拉钩,上吊,一百年不许变。"单靖公被小王子的稚气逗乐了,也用庄严的口气重复着:"拉钩,上吊,一百年不许变。"然后,单靖公对王子晋讲:"王子,你是个懂事的好孩子,你要懂得,人生的道路充满了艰难坎坷,你身为王子,是普天下第一家庭的后代。天下既是天下人的天下,也是你家的天下,越是这样,你面临的风险和挑战就越大!你也许能够接替你父王的事业,坐上王位,也许一生与王位无缘,但你要记住,千万不要把今天的话说出去!"王子晋点点头说:"单子,弟子记住了!"单靖公继续开导他:"王子,不管你将来能干什么,都要立身中正。要树立高尚的道德,博施济众;要为社稷、为民众建功立业,拯厄除难;要以真知灼见,流传后世!"王子晋眨巴着眼睛,认真地听取单靖公的教导,一边思索着。单靖公问他:"单子说的话,你听明白了吗?"王子晋谦虚地说:"单子,我不知道自己理解得对不对,您教导我的是,生在这个世上,要有立德、立言、立功的远大志向,决不能庸庸碌碌地混日子!"对于这样精辟的回答,单靖公能不由衷地欣慰吗?

最后,也是最重要的,是单靖公发现王子晋的心智接近于成年人。王子晋思考的问题、说出去的话,完全不像是一个五六岁的儿童所想、所能表达出来的,有时要较成人更成熟。有时他童稚未泯,有时他老成持重,有时他活泼可爱,有时他又沉默寡言。他能望着窗外大树上的鹊窝出神,担心小鹊儿找不到妈妈,掉在地上摔死;他也能为乐府里传出来的音乐片断着迷,手脚随之舞动。孩子好奇的天性促使他孜孜不倦地读书学习,偌大的头颅想的又是超乎常人思考的问题。小王子的语言天赋更让单靖公惊奇,复杂的问题他能够用简略明快的语言表达出来。单靖公对王子晋的心智过于成熟心存忧虑,觉得也许不是好事,但他只能藏在心里,不敢表露出来。

在单靖公对他讲了天王贵为天子,替天行道,代表着天的意志,治理普天下的百姓时,王子晋问了单靖公一个古怪的问题,就是夏桀、殷纣王及其先祖周幽王也贵为天子,却为什么被上天抛弃?单靖公耐心而详细地对他讲了这几个昏王的覆灭成因,王子晋很快明白了,这几个君王都是不顾百姓死活,才成了千夫

所指的独夫民贼,失去了做天子的资格。单靖公让他就此现象做一个小策论,小王子思索了一下,写出了下面一段话:

> 天所崇之子孙,或在畎亩,由欲乱民也;畎亩之人,或在社稷,由欲
> 靖民也。无有异焉!

单靖公反复阅读王子晋的这个小策论,他明白,这个小王子的意思是,君主的生灭,完全取决于他个人的政治作为,身为国王或国君,如果为非作歹,就会流为平民;反之,身为平民,能使百姓安居乐业,同样可以成为君主。

单靖公十分感慨,小王子的见识远在自己之上啊!难道他不仅从那几个昏王的命运里悟出了为王之道,也从当今天下霸主晋悼公那里悟出了什么吗?也就是说,王室当前的困厄,他已经意识到了?小王子的这种崭新的理念,让单靖公深为叹服!

然而,知识的传授毕竟得循序渐进,当单靖公系统地带领王子晋学完了文学书籍后,小王子向单靖公提出要学习乐理。单靖公说:"好吧,你该学乐了,但要让更高明的乐师苌弘大夫教你!"

就在单靖公同王子晋钻进书堆里的时候,刘定公和阴里从齐国回来复命了。

第十一回

王子晋潜心学乐吹洞箫
单靖公筹划寻机荐王储

刘定公前往齐国为周灵王求后，算得上圆满而归。

此行是在公元前 561 年入冬以后发生的，一来一回用了三个多月，也就是说，在这个冬季，刘定公只忙了这一件事。

临行前，刘定公做了精心的准备。首先是置备聘礼，王室赐予诸侯的礼品，一般说来是少而精，具有象征意义就行了。可这次到底与往常不一样，是求娶王后的，就需要多备一些，丰厚一些。但这时临近年关，王室的财政相当吃紧，要把资财耗费在向外输送礼品上，就让主管财政的伯舆有些心疼。不过，伯舆毕竟明白此行的重大意义，再说，忠心为主子办事，是伯舆的一贯信条，更何况是为周灵王娶媳妇，所以表现出少有的大方，凡刘定公开的礼单需要，全部满足，让刘定公很满意。周灵王听了伯舆的禀报，知道此行准备得很充分，也给予了肯定。可就在派出车辆时，刘定公却生了一肚子气。按刘定公的想法，至少要用三辆马车，一辆自己一人乘坐，显示王室大臣的尊严气魄，一辆让阴里和士崇乘坐，一辆装载聘礼。可伯舆坚决不同意，对刘定公说，还不知道你此行能否成功，摆什么谱啊，坚持只派一辆大一点的马车，后半车厢装礼品，前半车厢让刘定公和两个随员挤在一起。刘定公非常恼火，可也拗不过伯舆，只好一肚子怨气出发了。走到半道上，刘定公慢慢想通了，礼品和人在一起，可免遭抢劫；天气寒冷，三个人挤在一起暖和，还能相互说说笑话，解解闷儿。只是在打盹儿的时候，随着车身的晃荡，难免你挤我一下，我挤你一下，有些难受。好在他们三个人比起御者公孙忌来说好得多。在那个时代，御者也是爵位较高的官员，可人家夜里需要喂马、站哨，白天就坐在棉帘子外面的车辕后，受的罪就不用提了。

入冬以后，马车一路向着东北行进，越走越冷。马车上高高竖起王室官员出行的专用符节倒很起作用，一路畅通无阻。他们沿着黄河两岸附近的驰道，穿过郑国、宋国、曹国、鲁国、莒国，就进入了齐国。一路上，万木凋零，寒风凛洌,没有什么景点可看。每当走了几舍(一舍为三十里)路程,刘定公等人就要跳下车来,活动活动快要散了架的身子,跺一跺连冻带挤变得麻木的双脚,然后再向前行。路过鲁国时,天气变了,开始飘起了雪花,幸好这雪不大,没有影响到行程。这次活动,虽然是光明正大的,但刘定公害怕有变数,所以一直保持低调,尽量避免招摇,一般不进各国城邑,也就少了许多不必要的应酬。

刘定公深知,此行的责任重大,绝不仅仅是为了周灵王求娶王后,更多的是为了投石问路,是一次破冰之旅。这是什么?这就是政治。政治是什么?政治就是当权者们玩的把戏。尽管周灵王智囊圈里的这几个人物,撑破脑袋,议来议去,觉得大有可能通过此举与齐国建立紧密联系,可是具体落实这一艰巨任务的刘定公,还是必须做好应对各种复杂局面的准备。他有点儿心虚,最害怕的就是王室的一厢情愿。倘若不受欢迎,齐侯拒绝了这门亲事,自己就遇上了麻烦,聘礼变成一般礼品,肉包子砸狗有去无回是小事,周灵王肯定责怪自己无能,大臣们也会小瞧自己,甚至被扣上"有辱王室尊严"的罪名也未可知。所以进入齐国的边境以后,刘定公本来悬着的心又揪了起来,一阵阵发紧,一阵阵发冷。

刘定公不曾想到,他们刚刚在到达齐国的第一个驿站,打了尖,过了夜,就有齐国的驿马火速将消息传到了齐灵公的宫里。当刘定公快要到达齐国首府临淄时,在郊外就受到了齐国太子光、大臣崔杼的迎接。刘定公心中暗喜,一路上的寒冷随着心情好转一扫而光,不过,这并非全是由于齐国给予的融融的暖意,也是受到逢迎后人格迅速放大的缘故。给了阳光,就灿烂起来,刘定公也端起了天朝大使的架子。

因为事先已经得知王室代表的此行目的,齐灵公就盘算起来。他觉得,王室向齐国求后,摇的是橄榄枝,是善意之举,不能拒绝。齐国山高路远,虽也是一方诸侯,却没有中原小国到王室方便,反而对王室更加心存敬畏,向心力更大一些。王室代表着最高权威,这是几百年来在人们心目中牢固树立的观念,若此次联姻成功,齐国再向晋国讨价还价时就多了一些筹码,再攻打、教训周边的鲁国、莒国、邾国这些小国,就多了一些理由和倚仗。齐灵公不是一个成熟的政治家,他没有晋悼公那样的雄才大略,对周边邻邦只打不拉,等于给晋悼公帮了大忙,这些邻国都投向了晋国,还不停地向晋侯告他的状。齐灵公想,晋悼公与自己虽然结了盟,但总是不相信自己,而自己也不愿受晋国的窝囊气,所以两国的关系一直不冷不热的。可一旦自己当上了周天子的老丈人,你晋悼公总不至于不给面子了。主意打定,就在刘定公还未到达之前,这门亲事已成定局。

为了应对王室的求婚,齐灵公专门把大臣晏桓子叫到了宫里,请教如何答复王室的使者。这位老臣晏桓子,就是以善于外交辞令著称于今的小个子晏婴的父亲,素有应对宫廷礼仪的经验。晏桓子对齐灵公说:"先王的礼仪辞令中有这样的话,遇上了天子向诸侯求娶王后的大事,诸侯应当拿出最好的女子备选,可以对使者说,夫人所生的女儿有几人,妾生的女儿有几人。如果诸侯年轻,还没有快成年的女儿,可以说先君某公的女儿有几人,也就是诸侯本人待嫁的姐妹有几人。"齐灵公说:"寡人明白怎么回答了。"

这齐灵公有两个女儿,大女儿伯姜已经出嫁,二女儿仲姜,方才十四岁。人都道皇帝的女儿不愁嫁,那诸侯也是一方土皇帝,女儿自然也不愁嫁,可齐灵公对自己的二女儿仲姜颇为犯难。原因是这女儿长得太丑,脑筋也有点儿迟钝,要嫁个好丈夫很不容易。想不到天子竟来求婚,可见傻人有傻福。所以,齐灵公打定主意要将这个女儿仲姜打发到王室里去,不在乎是否受屈,只在乎名分;也不在乎聘礼多寡,而情愿倒贴,甚至连配送的媵人也多多益善。

刘定公一到临淄,就受到了隆重的欢迎,享受国宾待遇。齐国善于搞这些形式都是从齐桓公那时开始的,集会典礼以盛大而著名。欢迎仪式隆重热烈自不必说,十多天里,宴请不断,特别是吃到了洛阳所没有的海鲜。这几个吃惯了黄河大鲤鱼的人,乍一见到海产品,格外的新奇,饱食以后,一个个闹了肚子,幸好齐国这地方不仅盛产大葱,也盛产大蒜,用烧熟的大蒜就可以把吃坏了的肚子补过来。这还不算,最让刘定公一行人感兴趣的是受到了色情招待。齐国这地方自从管仲做相那时起,就办起了华夏历史上首创的国家妓院,在其他行业萧条时,这一行业倒长盛不衰。齐国不仅政府这样开放,民间也设有"红灯区"。刘定公一行在崔杼等人的热情陪同下,酒足饭饱,就到国家妓院里洗浴、吟唱、弄弄风月、淘淘身子,甚至还到红灯区领略过齐国风情。刘定公虽然古板矜持,也架不住陪同官员的劝导,再加上无法遏止的人性冲动,便也入乡随俗,很快就颇为适应,表现得像风月场上的老手一样,甚至得意地想,还是这地方好,比洛阳那些王公大臣望而却步的私窠子要开明大方,也不用避讳,好似天堂,让人流连忘返。

不想返也得返,正事还是要办的。刘定公端着天朝大臣的架子,凡事都让自己的副手阴里去交涉,签了婚约,约定了婚期,齐灵公备了五挂马车的重礼,护送刘定公一行回了王畿,可谓是满载而归。因为整个活动都是阴里具体操作的,所以《左传》在记载这件事上,只提到了阴里,没有把刘定公写进去。这一活动,成为王子晋五岁那年发生在王城里的大事,为暮气沉沉的王室注入了一剂强心剂。此处暂且按下不表。

就在这一年的正月,唐妃叔隗终于又为王室生下了一个儿子,周灵王没有忘记对王叔陈生的承诺,为这个儿子取名为"贵"。有了第二个小王子,周灵王增加了自信,太后悬着的心也放了下来,朝廷内外的庆贺也不必细说,反正比起庆祝王子晋出生的那一阵子稍逊一筹。最高兴的应当是伯舆,因为唐妃是他选送到宫里的妃子,唐妃的肚子为伯舆立了功。

王叔陈生落荒北去之后,伯舆好像动物没了天敌,迅速膨胀起来,已经不再是过去的伯舆。王叔陈生曾经抨击他出身于柴门小户,可柴门小户出身的人最谦卑,最渴望出人头地,也最善于钻营,讨好自己的主子。这也是君子斗不过小人的原因之一。伯舆对于周灵王的忠诚带有很大的私心,他用异常恭敬的姿态,鼓励和诱导周灵王由着自己的性子胡来,把周灵王的每一个毛孔都熨平。他最善于察言观色,对周灵王的喜怒哀乐洞察在心,了然在胸,把握到极致,逢迎的分寸拿捏得恰到好处,让周灵王时时感受到自己作为天子的伟大、英明、正确,在实际上却是围绕着伯舆的指挥棒转,不自觉地把王权运用成为伯舆捞取好处的有力工具。他最善于狐假虎威,矫天子之命,行驶天子才有的权力。这样的人,每天都在谄媚、巴结主子,算计他人,必是活得很累。然而小人自有小人维持自己心理平衡的办法,那就是欺上压下,滥施淫威。王叔陈生在任时,臣工们觉得这个老头是搅屎棍子,倒是伯舆还好相处,王叔陈生斗败出走,伯舆的真实面目很快暴露了出来,人们这才发现上了大当。子系中山狼,得志便猖狂,小人的残忍、阴毒比起一般人使坏更可怕。他将王叔陈生一党的人一网打尽后,便开始死死地盯着其余的文武官员,谁胆敢向他的权威挑战,就是找死。一发现对他心怀不满、稍有微词的人,这些人就会被扣上罪名,送进监牢。两年多来,伯舆的密探网络,布满了市区各个角落,官员们动辄得咎,噤若寒蝉,都让伯舆收拾得服服帖帖的。

伯舆的手也伸向了大内。他需要时刻掌握周灵王的饮食起居情况,而知道这些最清楚的人就是苟安。有人也许会有疑问,那个时代到底有没有太监这种王宫里的奴才,你只要看看《左传》中记载的那个齐国的阉人夙沙卫,就会知道,这种非男非女的人确实存在了,只不过那时的太监还比较少。在周王朝的王宫里,并不缺这样的仆人。苟安本是一个奴隶,受了宫刑,反而因祸得福,成为周灵王大内里的红人,也成了权倾朝野的伯舆要笼络的对象。当伯舆对他略施恩惠、予以器重之后,苟安便投桃报李,与伯舆一拍即合,两个小人,沆瀣一气,内外勾结,形成了非同一般的关系。

小王子姬贵的出生,让伯舆扬眉吐气,这也是伯舆和王叔陈生深层次斗法的开始。他一直认为纪妃是王叔陈生安插在王室里的钉子,如果王子晋有朝一日被立为太子,王叔陈生及其家族肯定会卷土重来,因此,对纪妃母子一直是必欲除之而后快。这也正是冤枉了纪妃,这个女人温柔善良,与世无争,也从来没有对王叔陈生有过好感,更何谈报恩?可伯舆不这么看,当他把文武百官中与王叔陈生有过瓜葛的人全部当作异己排除以后,就没有一天不盯着纪妃母子的,恨不能让他们立刻从人间蒸发。现在王室里有了第二位王子,又是自己培植的妃子生的,伯舆清除纪妃的步伐也大大地加快了。

再说苟安。但凡能够称得上小人的人,智商都不低,都是有一定才能的偏才、怪才,这苟安也不例外,在逢迎、巴结主子,看主子脸色行事方面,一点儿也不弱于伯舆。当年,正是他认为纪妃不会得到周灵王的宠爱,并且这个妃子也不会巴结他,才命人从库房里抽出一个小行李卷儿,配了一个年幼不懂事的小丫头,把纪妃打发到了那个盛满杂物的小半厦房中,其他下人结成团伙欺凌这个弱女子,也是看苟安的眼色行事。在纪妃生产的那一天,周灵王怒不可遏,抽了他一记耳光才把他打醒了,从此他来了个一百八十度的大转弯,想尽一切办法讨好纪妃,从各个方面满足纪妃的需求,把纪妃当成宝贝一般捧着、哄着。他比谁都明白,他以前那么对待纪妃,纪妃怎能不怀恨在心? 有朝一日,可能要了自己的性命。再说,小王子姬晋是太后的心肝宝贝,也是王室目前唯一的继承人,即使纪妃将来不念旧恶,自己的身家性命仍然系在她的身上。每当想到这里,这个家伙就不寒而栗。

王叔陈生走后,他看出周灵王并不宠爱纪妃,但因为小王子的存在,他依然不敢对纪妃有丝毫怠慢,这也是那场政治风暴没有波及纪妃的原因。可现在,备受周灵王宠爱的唐妃生了小王子,这一切在悄然起着变化。苟安想到,纪妃的支撑已经垮台,而唐妃的幕后却有权倾朝野的伯舆的支持,纪妃和王子晋在宫中的地位已经大打折扣了。并且,纪妃好像不懂宫中的规矩,从来不对苟安有所表示,可唐妃就很乖巧,不时地送一些小礼物给苟安,这么一比较,两位娘娘、两个小王子孰轻孰重,苟安就不能不动脑筋了。他决定配合伯舆和唐妃,把纪妃和王子晋往坑里推。

转眼间,已是公元前 559 年,王子晋过了六岁的生日。这一段时间,小王子开始对音乐痴迷。单靖公把苌弘请来,专门向王子晋传授乐理知识。苌弘首先带他到乐府里去参观,让他感受一下音乐的氛围。乐师们对于小王子的到来,表现出极高的热情,恭敬备至。他们用编钟、石磬、鼙鼓、胡笳、竹笛等乐器,为小王子演奏了迎宾、饮宴、祭祀以及军乐的操练、出击、得胜班师等一首首乐曲,王子晋听得如痴如醉。特别是一个盲女乐师,在一架焦黄的古筝上运指如飞,勾弹按揉,时而急风暴雨,犹如万马奔腾,时而嘈嘈切切,犹如轻声曼语,时而绵延悠长,犹如长河流淌,时而金蛇狂舞,犹如剑客醉步,让王子晋惊若天人。乐曲一共演奏了两个多时辰,王子晋仍然觉得意犹未尽。苌弘告诉他,想听这些美妙的音乐今后有的是时间,改日再来。王子晋说:"我读书时知道,这音乐大到强国振民,小到陶冶心灵,是一个人的必备知识。古人能从乐师演奏的乐曲中听得出王朝兴衰、君主更替,分辨出哪些是黄钟大吕,哪些是靡靡之音,甚至听得出丧音来,可见音乐是多么神奇!"苌弘完全没有料到一个六岁的学童竟然对音乐有如此深刻的认识。他告诉王子晋:"当今晋国的大臣师旷,就是一个举世闻名的音乐大师,他从小就迷上了音乐,为怕眼睛能观五色,分了心神,影响耳朵辨别细微声音的功能,专门用艾草的叶子燃出烟雾熏瞎了眼睛,把自己的注意力全部集中到自己的双耳上去,果然有了别人不可企及、难以望其项背的成就。"王子晋听了咋舌,问苌弘:"是真的吗?"苌弘严肃地点点头,肯定地回答:"这是真的,当今郑国也有几个著名的乐师,叫师悝、师蠋,都是盲人,盲人司乐有天生的优势。"王子晋笑道:"我想起来了,有一次单子告诉我,有一个叫师慧的盲人乐师,当着宋国国君、大臣的面,旁若无人地尿在人家的宫廷上,讽刺宋国没有懂道理的人,把一个盲人乐师当成郑国的人质,宋平公没有责怪他,反而把他送还了郑国。"苌弘也笑了,说这个传闻也是真的,夸王子晋博闻强记。王子晋郑重地说:"苌子,我能够学好音乐吗?"苌弘说:"热爱就是最好的老师,你很有音乐天赋,再加上如此热爱,完全可以掌握乐理和学会乐器。"王子晋神往地说:"我要是个盲人该有多好啊!"苌弘知道这是孩子话,但还是吓了一跳,赶紧纠正王子晋:"殿下千万不能这样想,你将来要担当天下的大任,六艺的知识不需要特别深入地探讨。"王子晋执拗地说:"不,我一定要学会一些乐器,演奏出流淌在心中的乐曲。"苌弘向前席乐师使了个眼色,乐师马上取来一支洞箫,送给王子晋,口中说道:"请王子殿下先从这个学起。"王子晋连声道谢,爱不释手。

接着,苌弘系统地向王子晋讲解了乐理知识。他告诉王子晋,乐音是有规律的,称为乐律,可以分为十二律。十二律的十二个音调,从低到高依次为:黄钟、大吕、太簇、夹钟、姑洗、钟吕、蕤宾、林钟、夷则、南吕、无射、应钟,均可成为宫音,旋相为宫,形成音阶,或称音级,能够翻出十二个调门。通常取五音七级为令调,分别用"宫、商、角、变徵、徵、羽、变宫"来表示,循序渐进,千变万化,构成了乐曲。王子晋仔细地听,认真地记,很快就领悟出音乐与其他千万种的声音是不一样的,是来自上天的恩赐,它是如此之美妙,从而越发对音乐着迷。

苌弘还对他讲解了各种乐器,构造虽然不一样,但大多不过是以"吹、拉、弹、打"的手法演奏,表现不同的音色。由于十二律是相通的,才可以合在一起,高低强弱,单连互通,同奏一首歌曲而共和,形成混响,构成完美的乐章。王子晋悟出这好似君臣齐心,尽管各自的能力不同,所处的位置不一,但只要统一指挥,同心协力,就能形成一股强大的力量,完成辉煌壮丽的事业。苌弘由衷地称赞道:"殿下以小见大,领悟力太强了。为君之道,就如同指挥乐队合奏,如何调停得众臣工步调相同,错落有致,也是一门艺术。伟大的君王,都是有高明的指挥艺术,才能带领民众走向富饶、和谐。"

在此基础上,苌弘带他熟悉了当时流行的一些乐曲,王子晋将这些乐谱一一记了下来,但他认为,只有从自己心中流淌出来的乐曲,才能表达自己的情感。苌弘暗自感叹,这个小王子举一反三,触类旁通,对乐理的领悟超乎常人啊!

从此以后,王子晋刻苦地练习吹奏洞箫。夜里,躺在被窝里,还在自己的肚皮上默写乐谱,进行指法练习。就这样,他白天练,晚上练,在储秀宫练,到谷水河边练,没有多久,就能演奏出数首乐曲,而且越练越精,后来竟能抛开乐谱,自己想怎么吹就怎么吹,把自己心中的意境通过乐音表达出来,吹得如痴如醉,似癫似狂,让母亲觉得这孩子是怎么啦?是不是病了?忍不住摸他的脑门,试试他有没有发烧。因为他吹得越来越动听了,宫里的小姐妹一听到他吹箫就跑来听。那个叫观香的小妹妹更是把哥哥当成了神人,只要王子晋吹箫,她就捧着腮,坐在王子晋面前,听得如痴如醉。

正当孩子们无比欢快的时候,纪妃的心却一阵阵发紧,日子过得不顺畅起来。周灵王到齐国求王后的事情被几个嘴快的妃子说给了她,那神情看似惋惜,却带有幸灾乐祸的味道,无非是暗示纪妃,别看你生了小王子,当王后肯定没有你的份儿,你当不了王后,你儿子也未必能够当上太子,大家的肩膀是平齐的,没必要再对你敬畏。听到这些,若说对纪妃没有一点儿影响是不可能的,但她从来没有野心,倒还能够不为所动,泰然处之。可是,自从唐妃也生了一个小王子以后,情况很快发生了变化。

一天,当王子晋辞别太傅单靖公回到宫里,进了宫内,高声喊叫"妈妈"时,只见纪妃从厨房里走了出来,两手沾面,王子晋一下子愣住了:"妈妈,你怎么下厨房,嬷嬷呢?"纪妃强挤出笑脸:"你唐姨生了小宝宝,宫里人手紧,她们被抽调过去了,哦,对了,还有一个宫女姐姐,也调过去了。"

听到这些,王子晋很郁闷:"妈妈,这是怎么了,难道父王他不喜欢晋儿了?"

纪妃说:"孩子,可不能这样想,你奶奶和父王还是很疼你的。从今往后,妈妈亲自给你做饭吃,天天给你做你最喜欢吃的,好吗?"

王子晋似乎明白了什么,也强作笑脸,很懂事地对纪妃说:"太好了,晋儿最喜欢吃妈妈做的饭,你是晋儿的好妈妈。"

纪妃听了孩子的话,笑了,眼里闪着泪光。

可渐渐地,王子晋和纪妃两人的生活质量也开始下降。肉食很少见,细粮也少了,代之的是难咽的粗粮。这些纪妃从来不让孩子知道,也不会在太后那里诉苦。她默默地忍受着,适应着,觉得仍然比在半厦房里强多了,那个叫苟安的公公还不至于将他们母子赶尽杀绝。她把细粮留给孩子吃,自己吃粗粮,即使细粮不足时,纪妃也变着法子把粗粮细做,让儿子吃饱吃好。剩下的那个小宫女请娘娘把这一切告诉太后或天王，纪妃都劝慰她不要多嘴，这姑娘跟了纪妃多年了，很听话，也很懂事，纪妃不让再说，她也就一心一意地跟娘儿俩过日子。

太后也基本上不再来储秀宫了，这倒不是因为有了第二个孙子去了唐妃那里，而是年纪大了，身体大不如从前，懒得走动了。有时，她会召他们母子去慈宁宫团聚，考问王子晋的学业，让王子晋吹箫给她听，夸奖、勉励一阵子。可因为纪妃从来不在老人家面前说三道四，说苦叫屈，太后也没有过问过纪妃母子的生活。而且苟安一帮狗奴才做贼心虚，只要太后见母子一回，他们就收敛几天，不敢过于嚣张。可是，过后不久，一切照旧。正应了"人善被人欺，马善被人骑"的那句老话，苟安这一帮狗奴才因为纪妃的不责怪、不告状，又有伯舆撑腰，越来越肆无忌惮地变着法子让纪妃母子的日子过得艰难。

在唐妃怀孕的那段日子里，周灵王临幸了几个比较喜欢的妃子。到了秋天，又有妃子为周灵王生了一个儿子，取名为佞夫。周灵王的感觉不错，太后也不再因为孙子少而揪心。这个孩子一出世，选送这个妃子进宫的大臣就有了想法，这个妃子是儋括的父亲儋季选送的，这儋季又是周灵王同父异母的兄弟，而且他们弟兄俩关系很好，不然不会让儋括接替父亲的职位。这儋括到后来就弄出好大动静来。此是后话，暂且不提。

现在就透露出以后的这个变数，就是为了向读者说明，王宫里风云诡谲，杀机四伏。王室盼的是有后代，可以从中选出继承人，而嫡子继承在之前数代就弄乱了，不是固定的、一成不变的模式。这就出了问题，一旦王子成群的时候，就成为祸乱的开端。大臣们各自心怀鬼胎，为自己将来的荣华富贵而选边站队，甚至不惜铤而走险，结党拉派，清除异己，拥立自己理想的王子。而在宫内的嫔妃之间，同样明争暗斗，人情淡薄。那些宫斗电视剧有的是紧张、血腥、充满阴谋诡计的情节，此处不再多说。就此一点，让年幼的王子晋很快就尝到了滋味。

有一天，王子晋没有去学堂读书，和几个小姐妹来到储秀宫，叽叽喳喳地在一起玩耍。她们缠着王子晋吹了一阵子洞箫，就拉上王子晋到外边玩耍。王子晋征得母亲同意后，就和姐妹们到花园里追逐嬉戏。忽然，小姐姐莺儿说："弟弟妹妹们，咱们到唐阿姨那里看看小弟弟中不中?"几个孩子说："中啊!"于是手拉着手儿，蹦蹦跳跳地去了湘竹宫。

进了院子，原来伺候过纪妃的小宫女见到王子晋，赶紧向王子晋下跪施礼问安，王子晋说："姐姐，我们几个来看小弟弟!"这宫女拉着王子晋，看了又看，亲切地说："好，我带你们进去。"

当他们进入室内，也许是欢笑声惊醒了小婴儿，小王子贵哭闹起来。唐妃生气地嚷道:"烦死了,把这几个孩子赶出去!"唐妃身边的那个嬷嬷,也是原来在储秀宫里干过活儿的妇人,那时非常和蔼,见了王子晋就会欠身问安,此时,却凶神恶煞地把他们几个往外赶。王子晋说:"让我们看看小弟弟呀!"边说边要到里边去,那嬷嬷伸手拽住王子晋的胳膊就向外拖,疼得王子晋差一点儿叫出声来。

小伙伴们噘着嘴儿,走出了院子。王子晋心里一直想:这个嬷嬷怎么啦?才离开没有多久,怎么翻脸不认人了?他虽然早熟,也想不太明白。这是他初次体验到了人情冷暖、世态炎凉的滋味。回到自己宫里,他没有告诉妈妈,怕惹妈妈伤心。

老成持重、很有城府的单靖公已经觉察出宫里的微妙变化。虽然他现在已经与伯舆平起平坐,但他很注意韬光养晦,一直奉公守法,谨慎行事,在许多问题上,他都顾全大局,不与伯舆发生正面冲突。这反而让伯舆对他颇为忌惮,不敢在朝中过于为所欲为。他作为王子晋的太傅,从王子晋那么多闪光的品质中,看到了东周王朝中兴的希望。在同苌弘的交谈中,苌弘也深有同感。因此,单靖公下定决心,不惜运用一切手段,也要保护好这位小王子,因为他深信,王子晋才是未来的真命天子。

可是,王室里的一系列变故,让单靖公觉得势单力薄,力不从心。向齐国求后,若不是为了帮助王室解困,单靖公压根儿就不会同意。他本来可以在此之前就向周灵王建议,立王子晋为王储,可他始终没有机会。如今这种局面,让他始料不及,有些后悔。但单靖公心里很清楚,眼下,按照与齐国的约定,新王后明年才能迎娶,即使有了新王后,也未必能够马上为王室增添王子。王子晋毕竟是第一位王子,占有继位的绝对优势。可是,当伯舆选送的妃子生了第二个王子之后,王子晋的优势就不足了。再说,现在又有了王子佞夫,更有可能挤占王子晋成为太子的份额。

单靖公盘算了又盘算,觉得不能再犹豫了,他要寻找适当的时机,单独向周灵王建议,尽快册立王子晋为太子,免得日后演变成血腥竞争。那样的局面,自从周平王东迁以来,已经出现过两次了,历史的悲剧不能重演,避免的办法只能是尽快地把太子之位定下来,不给居心不良的人留下机会,相信周灵王再糊涂也会明白自己的良苦用心。主意打定以后,单靖公一直在寻找合适的机会。

在这两年里,天下的形势又发生了一些重大变化。先是吴王寿梦死了,死前留下遗言,要将王位传给最小的儿子季扎,可季扎说什么也不干,最终寿梦的大儿子诸樊坐上了吴王的位置。接着,楚国的楚共王也死了,他儿子接替他成为楚康王。在这两个国家办丧事的时候,天下也没有消停。晋悼公召集宋、郑、鲁、卫的军队,由大将军荀偃率领,讨伐秦国,报复曾经在栎地有过的一次失败。

大军在迁延这个地方与秦军遭遇上了。在这场史称"迁延之役"的战争中，晋军效命晋悼公，自然责无旁贷，拼死相搏，可其他国家的军队就没有这个义务了，所以狼上狗不上的，只做佯攻，不肯卖力。结果，晋国的大将栾针与士鞅冲锋陷阵，栾针战死，士鞅逃了回来。栾针的哥哥栾黡非常恼火，责备士匄："都怪你儿子士鞅，我岂能饶他！"士鞅吓得逃到了秦国。从此，栾氏和范氏两大家族结下了仇恨。

对于这两大家族之间产生的难以调和的矛盾，大概晋悼公也没有设法解决。士鞅的逃离，说明六卿之间已经出现了裂痕，这对于强大的晋国来说，显然不是一个好的兆头。

与秦国打了败仗，晋悼公是恼火的，甚至迁怒于齐国。原本晋悼公就对齐国对周王室的允婚充满了猜忌，攻打秦国，齐灵公又推说路途遥远，没有派出军队。更让晋悼公生气的，是齐灵公最近又接受了王室的赐命，这不是与晋国平起平坐，要争霸权吗？

事情发生在公元前559年秋天，王室为了答谢齐灵公允婚，并且为迎娶王后做准备，派出特使刘定公再次出使齐国，将荣宠赐给齐灵公。赐命的诏书是这样写的：

> 昔伯舅大公，右我先王，股肱周室，师保万民，世胙大师，以表东海。王室之不坏，系伯舅是赖。今余命女环，兹率舅氏之典，纂乃祖考，无忝乃旧。敬之哉，无废寡人命！

翻译成现代语言，大意是："王室与齐国早就是姑表亲戚。从前伯舅姜太公辅佐我先王，捍卫王室，教养百姓，尽心竭力，尽职尽责。王室感谢老太师的功劳，将他显封东海，世代享有封爵。王室之所以没有被破坏，依靠的就是伯舅。现在寡人诏命你们，孜孜不倦地遵循舅氏的常法，继承你的祖先，不要玷污你的先人。要恭敬啊，不要轻视和废弃寡人的诏命！"

好家伙，周灵王为了强化自己向齐灵公赐命的重大意义，把几百年前的姜太公都搬了出来。齐灵公也吃这一套，恭恭敬敬地接受了赐命，由自己世袭的爵位变为正式受封的侯爵。王室与齐国各得其所，双方都比较满意。也许齐灵公受此影响，对晋国的怠慢就毫不掩饰了。

王室与齐国的密切接触，频繁交流，彻底激怒了晋悼公，从长远考虑，他不能去惹那个无用的废物周灵王，所以便找碴儿报复这个生了二心的齐国。于是，捍卫霸主地位的新一轮战争就从此拉开。

第十二回

周灵王纳后宫中闹鬼魅
王子晋辩冤一语惊宫廷

其实,让晋悼公对齐灵公生气的还有一件也不算小的事情,而且发生在齐侯接受赐命以前,哦,对了,王室赐命是秋天去的,这件事发生在同年的春夏之交。在这个时候,卫国发生了政变,卫献公逃了出来,本来应该投奔盟友晋国寻求保护,请求派兵惩治叛臣,可他却跑向了齐国,齐灵公把他保护起来。这一事件颇为有趣,值得一说。

原来,卫献公是个很荒唐的历史人物,继承君位后首先做的就是把他爹爹的小姜纳为妃子。在处理政务时,他宁可听取小人谗言,也不听取大臣们的劝告。性子又十分暴躁,薄情寡恩,对身边的乐师、宫人动不动就打,训斥起大臣来,就像怪孩子。大臣们心里愤恨极了,但他毕竟是国君,没有人敢轻易冒犯他,落下个不忠的坏名声。但是,多行不义必自毙,事物发展总是量变引起质变,大臣们反叛的这一天终于到来了。

这一天,卫献公派人约请两位大臣孙文子、宁惠子到宫中吃中午饭,这可是极其难得的,两位大臣高兴地赴约。可是直到小晌午,卫献公还是左等不来,右等不来,直到太阳西斜,两个人才打听出,原来卫献公到西郊的林子里射鸿雁去了。两个大臣饿得肚子里冒火,但仍然想着既然国君请,吃饭不吃饭是小事,也可能有政务大事商量。于是忍着怒气追到西郊树林子里去见卫献公。见到后,按说臣工施礼,君主得还礼,可卫献公不仅没有取下皮帽还礼,反而轻描淡写地说不记得请他们吃饭的事情,也没有什么事情好商量,转身又去找鸿雁射了。此情此景,让两位大臣的肺都快气炸了。

接着,孙文子的儿子孙蒯入朝请命,卫献公拉他喝酒,并要乐师唱嘲笑大臣的诗篇《巧言》的最后一章。这一章更具有讽刺和责骂的意味。那个乐师曹正是卫献公为了小姜刚刚责打过的,本来可以建议不唱这一段,可偏偏唱了,还加上了朗诵,火上浇油,为的是激怒孙蒯。孙蒯听君主挑这样的唱段训诫自己,如坐针毡,不知何时何处得罪了卫献公,非常害怕。

孙蒯回去就把这件事告诉了孙文子,并说"国君这样忌恨我们,我们的性命怕会不保,不如先下手为强。"于是,孙文子把自己的家产全部转移到了自己的食邑戚地,接着发动了叛乱。

　　孙文子带人杀进宫中,卫献公和几个身边人仓皇出逃。在跑到边境时,卫献公竟然异想天开,要跟随他的祝宗大臣回卫都向祖先报告自己是无罪逃走,这简直是让祝宗大臣去送死。他纳先君的那个小妾定姜毫不客气地抢白了他:"如果没有神灵,还需要去报告吗? 如果有神灵,就不能欺骗,有罪说自己无罪。你仔细想想,不与大臣共事却只听下人的,这是第一宗罪;先君有正卿做师保,而你却怠慢他们,这是第二宗罪;我曾经侍奉过你的父亲,而你却残暴地对待我,如同婢妾一样,这是第三宗罪;要去报告,就只说逃亡就行了,不要说自己无罪!"卫献公羞愧满面,打消了回去报告的念头,逃亡到了齐国,齐灵公把崃地借给他,让他寄住下来。

　　这消息不久便传到了晋国。晋国作为霸主,按照誓约,结盟的国家出了叛乱,应该出兵镇压或调停。可这誓约如同占筮一样,多了就不灵了,而且是对神灵的欺骗。晋悼公与诸侯间盟誓不下上百次,当时信誓旦旦,过后不符合自己利益,不便于操作的,就弃之不算了,更何况旗下的诸侯都内乱不止,当霸主的哪能管得过来? 要都去管,非累死不可。晋悼公无意在这上面做文章,就听六卿之一的行献子的建议,既然卫国立了新君卫殇公,就去安抚一下,安定一下卫国民心就行了。可是,对于齐国安置卫献公,晋悼公如鲠在喉,必须惩罚一下!于是,交代前往卫国戚地安抚的大臣士匄,找一找齐国的碴儿,警告齐国一下。

　　士匄带上一支部队,召集了鲁国的季孙宿、宋国的华阅、郑国的公孙虿、齐国公子光,还有莒国、邾国大夫在卫国的戚地与新上台的卫殇公和大臣孙林父见面,举行了祭告卫国先祖、共同盟誓的仪式。在举行仪式时,士匄以带的仪仗队装备不足的名义,向齐国借了装饰的羽毛和其他一些东西,用了以后,一直也没有归还的意思,为的就是凌辱齐国,给齐国难堪。如果齐国胆敢发牢骚或者有什么异常举动,就出兵教训齐国。齐国当时忍了下来,等晋国人一走,就准备拿晋国的铁杆盟友鲁国出气。按下不表。

　　王宫里的明争暗斗也在不停地进行着。伯舆与苟安密谋,要切断王子晋与单靖公的联系。于是,当周灵王无意间说起小王子姬晋的时候,苟安便顺着周灵王的话茬儿提醒周灵王:"大王,小王子已经七岁了,还是送到太学府读书比较合适。"周灵王一愣,问为什么。苟安说:"奴才看到单大人带小王子看了九鼎。"周灵王说:"这有什么,孩子们都应当知道九鼎的来历。"苟安说:"大王,应当这样办是不假。不过,奴才多次到学堂里看小王子的读书情况,听到单大人对小王子讲的全是为君之道,奴才觉得这不太好,小王子毕竟还未被册立为王储,开春就要迎娶新王后,何时生出小王子也未可知,所以对小王子仅仅只讲做天子的道理似乎不太合适,还是让他到太学府里去,和别的孩子一道,也学习些做臣子的道理,似乎更妥当些。"这番话是伯舆和苟安早已商量好的,被苟安讲得言之凿凿。周灵王深以为然,就下旨让王子晋到京师太学府里去读书,但要求单靖公安排护卫,保护小王子的安全。

单靖公接到旨意并未觉得意外。他请求用自己的弟弟单公子愆期做王子晋的保镖,周灵王立刻答应了。这单愆期是周灵王的贴身侍卫,也是大内侍卫的首领,个子高大威猛,一身强悍的武功,胆大心细,又如单氏家族的所有成员一样,绝对忠诚,深受周灵王信任,周灵王能让他暂离王室,可见周灵王还是疼爱这个小王子的。

单靖公把弟弟愆期叫到家里,对他一番密嘱,让他誓死保卫小王子的安全。单靖公说:"你在宫中当差也好几年了,应当知道这里面的水有多深。我要求你,王子殿下在,你在,你不在,也要保证殿下在。"单公子愆期见兄长这样严格要求,深知责任重大,凛然遵从,保证会采取一切措施,绝对不让王子晋出丝毫的闪失。

公元前558年一开春,王子晋就被送进了京师太学府。

京师太学府是天下第一高等学府,设在王城的内城以外、外城以内,坐北向南,大门与王宫大门平齐。从大门外可以看出,这里是仅次于王宫的第二个庄严肃穆之处。学府占地约有三百亩,教学区、生活区、太学博士们的住宿区,分门别类,功能设施配套,一应俱全。满院里栽满花草树木,花以牡丹为最,树以桃李居多,其余松柏竹梅,自不必提,进入其中,仿佛置身于一个植物园中。自周王朝建立以来,历代君王无论政绩如何糟糕,最可称颂的就是他们秉承了周文王、周武王和周公旦的遗训,在兴办学府、培养人才方面从来不曾吝啬,舍得投入,即使在王室处境艰难的时期,也保证有足够的资金拨付学府,保障其正常运行。可以说,中华民族尊师重教的优良传统,就是在两周时代形成的。

在王子晋进入太学府就学的这一年,孔子还没有出生(孔子生活于公元前551年—公元前479年),他老人家才是历史上创办私学的第一人,而后到了战国中前期,才有鲁国的墨翟、邹国的孟轲、宋国的庄周、赵国的荀卿、魏国的鬼谷子等办起了一批私学,传播新的思想和文化,从各个角度开启民智,培养人才。由此可以想象,王子晋所处的年代,百家争鸣、思想开放的苗头还仅仅处于萌芽阶段,远远没有形成气候。

在这个年代,太学府可以说是摇摇欲坠的东周王室的一方化外之地。这里有道德高尚的饱学之士,也有性格乖张的奇异术士。人们都在潜心地研究学问,教书育人。其中不乏学识渊博,以树人为任、助人为乐、荐贤为慰的太学博士,爱才如命,自己舍不得花销,却把束脩用来招收神童,待如己出,被人们尊称为圣贤。

王子晋进入太学府,可以说是歪打正着。按照伯舆等人的本意,是要剥夺他的优越条件,避开他与单靖公这样的贤臣接触,免得他成为争夺王位的劲敌,为二王子姬贵扫除障碍。可王子晋进入太学府这样的大环境,正是如鱼得水,不仅拓宽了知识面,而且拓宽了社会交往面,不再是孤雁单飞。一开始,他改换为士一级人物子女的服饰,博士和学子们谁也没有料到他是当今的王子,这让他觉得新鲜和自在。但人们很快就从他的保卫森严中猜出,他绝对不是一般人物,便有些敬而远之。但王子晋随和的性格和善意的微笑,很快拉近了他与学友们的距离,能够与他平等地交往。人们发现,虽然他年纪尚小,却已经掌握了大量的知识,便让他跨越式地进入了高年级学生的行列——这里的学子们不是按年龄分级的,而是根据学过并且熟练掌握知识的程度,在学业的不同层次可以跳转。王子晋夹在那么多大龄学子中间,是一个小不点儿,而他的学识、见识往往让这些大龄学生自愧不如。每当年龄大的学友背着他、抱着他玩耍时,总有壮汉过来干涉,扫别人的兴,也扫王子晋的兴。他责令单怨期及其他侍卫,不要过多地干涉他与学友的交往,干涉他的自由,这些侍卫才收敛了一些。可是,一旦发现有些危险的动作时,侍卫们仍然会毫不客气地责怪他的学友,弄得王子晋无可奈何,哭笑不得。

最让王子晋感到高兴的,是他听到了不同博士的讲授。之前,单靖公一直重点向他传授王者之道,培养他天之骄子的意识,并未过多涉及其他方面的内容,而这些博士们则能够从多角度传播思想和知识,他能够学习的知识不再是单一的,而是全方位的。礼、乐、射、御、书、数,"六艺"他都有所学习。太学府里还经常请来自诸侯列国的饱学之士讲学,语言表达上的南腔北调,也让王子晋感到新鲜有趣,他兼收并蓄,精神世界得到了更丰富的营养,世界不再只是对他打开了一扇窗,也不仅仅是打开了大门,而是更全面地向他敞开,一览无余。当人们还认为他仅仅是个七岁孩童时,早熟的他在思想上已经足以与成年人匹敌。博士、学友们称赞他,他从未自我陶醉。一个如此热爱世界、热爱生活的孩子,对知识的渴望永远不会感到满足。

一天,一个学友告诉他,那个德高望重的太学博士商楠老先生,已经派人到楚国苦县曲仁里接一个他师弟介绍的学子前来就学。据说这个学生很神奇,他母亲怀他了八十多年,生下来后须发皆白,因此叫作"老子",姓李,名聃,又名伯阳,年龄不过十二三岁,却已经通晓天文、地理,博古通今,是天下难得的奇才。因为他经常向他的老师提出一些深奥的问题,老师答不上来,才推荐他来太学府就学。商楠老师准备资助他,让他顺利地完成学业。听学友说得如此神奇,王子晋非常渴望与这个李聃结识。可是,由于宫廷里突然发生了重大变故,王子晋的这一念头没有实现,与不久之后就到此的学友李聃失之交臂。

宫中发生的变故,暂且不提,先说说此前发生的周灵王迎娶齐女仲姜做王后的事情。

周历二月下旬,单靖公作为迎亲的特使,带上官师庄羽和石宥出发了。原本按照周礼的要求,迎亲的大臣要带上两个卿士才符合礼仪。可是,王室的财政紧张,又正值春荒时节,就只能从简(若是卿士就需要另配备礼品和车马,而下层官员就不必繁文缛节)。与之前所不同的是,这次出使的不是刘定公,而是职位更高的单靖公,伯舆颇为大方地为单靖公配备了三驾马车,礼品也较上次丰盛得多。

齐灵公对这桩婚事非常重视,提前做好了充分准备。按照周礼,天子到诸侯国娶王后或者诸侯娶妻,娶到的女人出嫁时要随嫁妹妹或者侄女二人为媵人,也叫介妇。以上三人又需各配两个侄女或妹妹作为嫁娘。也就是说,事实上是一次娶到九个女人。别以为这不好办,其实除了原配一人外,其余只要同姓即可,下一辈中有年龄过小的,还可以定下以后,长大了再陪送过去。而且这种嫁法,正室夫人以外的八个女人并不是单单去做妾的,而是若姐姐死了,妹妹可以接着做正室夫人,妹妹又故,侄女们依次可以再做正室。这样做的目的,是保证女方同男方的姻亲关系不会间断。所以为正室陪嫁的媵人,是准备的接班人,而且媵人的身份同等高贵,不是丫鬟、仆女。媵人地位虽然不低,但还是得小心翼翼、恭恭敬敬地侍奉正室,等待接班的机会。

齐灵公就是按这个标准为周灵王配备的,只是在人选中费了一番功夫,自己的女儿仲姜从十四岁订婚,经过二年,也不符合"女大十八变,越变越好看"的规律,仍然丑得可以。由于起点低,只好靠浓妆艳抹的人工战胜天然。而选择做陪嫁的媵人,也得尽量找品貌低下一点的,免得自己的女儿受屈。

除了这些,齐灵公为了显示富贵,还准备了大批珍贵的嫁妆,其中让工匠专门铸的一口硕大无朋的铜鉴(东周时代一种盛水的铜制容器),要专门用一驾马车运送。周灵王向齐国求后这件事,《左传》上有明确记载,而洛阳一带的考古发掘又证实了它的真实性。《左传》上的记载见本书的附录,而这个铜鉴是在1957年修建洛阳中州渠时,在东距汉魏时代的洛阳古城遗址、金镛城外约3公里的孟津县平乐乡邙山坡上被发掘出来的,高43.5厘米,口径70.3厘米,重75公斤。并且那铜鉴上铸有五列二十六字铭文可以作为这一事件的铁证:"齐侯乍寡人子仲姜宝盂,其眉寿万年,永保其身,子子孙孙永保用之。"

扯得似乎远了,但摘取这段历史事实还是为了说明作者创作这部长篇小说时严肃的科学态度,让历史的脉络清晰起来,把我们尊贵的主人公放在真实的历史风云中去考量,以局部地(不可能是全部)还原历史的真实样貌。

　　从齐灵公对这件事的重视程度,还可以推想出王室举行婚礼的热闹程度,也可以推想出不远外的晋国人,那位雄踞天下霸主地位的晋悼公的不高兴程度。

　　可是,透过历史迷雾,我们可以看出,这桩政治婚姻没有任何感情基础,因此也注定不会有好结果。尤其是对于仲姜这个女孩子来说,是很不幸的。订婚是喜剧,婚礼是闹剧,洞房之夜之后就是悲剧。当周灵王掀开红盖头,一看这女子长得如此不堪,便悻悻地离开了洞房,仲姜则有苦无处诉,没有几年就郁郁而终。周灵王如何安葬这位王后,是隆重哀悼还是草草了事都不重要,重要的是他下旨把那件"子子孙孙永保用之"的陪嫁品作为陪葬品一同埋掉了,要不然,我们今天也不会看到。至于陪嫁的两个媵人能否成为正室,当上王后,历史上查不到记录,也没有出土文物佐证,作者不敢杜撰。但可以想到的是,对于齐灵公来说,天子老泰山的名分已经定了下来,嫁出去的闺女泼出去的水,自己鞭长莫及,管不了女儿的幸福。而到了公元前554年,齐灵公便过世了。也就是说,从嫁女到宾天,上天只给了齐灵公短短四年时间。后齐国大臣崔杼帮助公子光杀了太子牙和太子牙的养母戎子,助其继位为齐庄公。但齐庄公也仅仅执政六年时间,又被崔杼杀掉。这样混乱的齐国,肯定是谁也不会关心仲姜娘娘的死亡的。

　　王室到底藏有多少秘密,没有人能够说得清楚,也没有必要记得清楚,历史不宜细看。周灵王如何对待仲姜的内情也许只有苟安知道得最清楚,故而伯舆自然也知道得清楚。伯舆又忧又喜。一方面,他知道指望王后为王室生出王储,基本是不可能的了,可另一方面,王子晋和王子贵的竞争势不可免。王子晋到太学府里读书以后,小神童的声名传播得非常广泛,洛阳城里人尽皆知,大臣们外出到诸侯国聘问,竟然发现诸侯们也有所耳闻。当然,这证明,诸侯们并非一点儿也不关心王室里的大事。这些情报毫无疑问都会被伯舆收集起来。伯舆就想,此风不可长,是该动手的时候了。最好的办法就是将王子晋彻底除掉。但伯舆及其爪牙发现,这件事用暗杀的方法是不通的,单靖公戒备森严,根本无法下手,只有采取谋杀的方式,才有可能达到目的,这就要借助苟安的手来完成。

　　伯舆准备了一包剧毒的毒药,任何人进入口中一点儿,就足以致命。他交给苟安,让苟安亲自下手,并答应事成之后,予以重赏。

　　这苟安也不是一个蠢笨的人,他清楚地知道,此事关系重大,弄不好不仅身家性命不保,还要祸及九族,所以他想要把这一祸端转嫁出去。这最好的人选自然是唐妃叔隗。为此,苟安到湘竹宫去,屏退所有人,与唐妃进行了几次密谈。唐妃本来就是一个头脑简单、心机浅薄的女人,听了苟安的分析,为了自己和孩子的前程,当然肯豁出去干。收下这包毒药,按苟安的安排相机行事。

机会终于来了。这时已是立秋,因为郑国已经彻底地依附了晋国,王室也可以与之通好了,郑国又是王室的近邻,刘定公就在秋高气爽的日子,到郑国聘问,开展出访活动。郑简公倒是给了王室使者应有的待遇,但具体说来也不过是口惠而实不至,好听话说了不少,却不办具体的事。刘定公此行,还有向郑国索要朝贡的目的。可经过连年的战争,郑国早已贫弱不堪,再加上晋国也在向郑国索要朝贡,而各诸侯国早就认为对王室没有了进贡的义务。所以,无论刘定公怎么暗示,郑简公一直哭穷叫屈,一毛不拔,郑国的大臣们也一人一把号,各吹各的调,只说国中目前一贫如洗。眼看将要空手而返,刘定公想到了那个开明的大臣子产,此时虽然尚未当政,已在郑国国内很有威望。刘定公去拜访子产,两人谈得相当投机。刘定公心里想,这个子产将来前途不可限量。临别时,子产对刘定公讲,郑国确实正处于多事之秋,国家贫弱,目前无力对王室提供资助,但对王室是有感情的,敬请刘大人体谅。子产命下人在自己的院子里打了一袋子红枣,请刘大人带回去尝尝。

这一小袋子红枣就是刘定公出访的最大收获,本来也可以看作私人馈赠,但刘定公还是把这点红枣带回了王宫。并且不无遗憾地对周灵王说,带的少,不是郑国舍不得贡献,而是这时还不到枣儿成熟的时节。"七月十五枣红圈儿,八月十五日晒半干",刘定公在郑国时,大概枣儿还只是刚刚红圈儿。从子产那里得到的这一袋枣,是早熟品种,而且也不足熟,而是放熟的。周灵王虽然没有赞扬刘定公,但说了声:"还是子产深明大义啊!"随即命苟安将枣分别装在从南方弄来的一些精巧的竹编小簸箩里,给几个有孩子的妃子送去,让娘娘和孩子们尝尝鲜。

关于谋杀王子晋的计划,伯舆和苟安密谋了很久,拿出了好几个方案,这点红枣,立刻让苟安觉得机不可失。于是,按照他的细密筹谋,一步步地实施起来。他先叫来一个刚刚进宫没几天的小丫头,将她带到唐妃所在的湘竹宫,把这个小宫女留在外边,自己带着两个摞在一起的箩筐,像是只有一个小筐,端着红枣进了唐妃宫中,袖筒里另存了一些红枣。唐妃一见到这些鲜红的枣儿,连洗都不洗一下,抓起一个填在嘴里,吃了起来。苟安狞笑着:"娘娘,这枣儿好吃吧?"唐妃连说:"好吃,好吃。"苟安摆摆手,唐妃身边的那个宫女识趣地走开。苟安说:"娘娘都这么喜欢吃,孩子们就更喜欢吃了!"唐妃抬头看着苟安,一时不明白是什么意思。苟安阴险地做了个杀的手势,唐妃恍然大悟,浑身哆嗦了一下,勉强支撑着站起来,把红枣用茶水浸润一下,然后从怀里掏出那包毒药,摆在一方丝绢上,把枣儿倒上去,滚了一滚,又取出另一个小箩筐,装了进去。

苟安很满意地看着唐妃的动作,心里说,妇人心歹毒起来,真的十分可怕。唐妃做好这一切,抬眼看看苟安,意思是怎么办。苟安把袖筒里的枣儿倒进另一只小笋筐里,对唐妃说:"娘娘不用管了,余下的由奴才去办。"然后便把那筐沾有毒药的枣儿藏在宽大的衣衫内走了出去。走出了宫门,苟安还警惕地看了看,见没有人撞见,便叫来立在宫门远处的那个小宫女端上这筐毒枣,说是让她给纪妃娘娘送去,就说是唐妃娘娘送的,让小王子尝尝。小宫女说:"大人,我不知纪妃娘娘的住处。"苟安说:"怕什么,我带你去。"

到了储秀宫,苟安站在远处等候小宫女,小宫女进了纪妃娘娘的室内,见一小簸箩红枣已经摆放在桌子上了,不用说,这是另有太监或宫女已经送来,王子晋不在家里,纪妃说:"已经有了,怎么又送来了?"小宫女按照苟安交代的话说了一遍:"这是唐妃娘娘送来的,她说王子贵还未扎牙,不会吃,让送给王子晋吃。"纪妃想,这真是太阳打西边出来了,就对小宫女说:"回去代我谢谢唐妃娘娘。"小宫女应了一声走了出来。苟安向她招手,小宫女跟着苟安走了一阵子,来到一口早就不用的枯井旁。苟安说:"你看看这井里是啥?"小宫女伸头向井里看,苟安提起小宫女的两条腿,把她扔进了井里,小宫女都没有来得及叫一声,在深井里咕嘟咕嘟喝水,没多大一会儿就沉了下去。

再说这边纪妃正在忙碌,郏妃带着莺儿来串门子了。小姑娘一看桌上有两筐红枣,忍不住不停地向筐里看。纪妃说:"莺儿,吃吧,吃吧,你弟弟吃不完这么多。"可郏妃拉起莺儿就要走,还瞪了莺儿一眼。纪妃拿起那一筐红枣对郏妃说:"把这个带上,让莺儿吃。"郏妃并不知道自己已经有了一份儿,想到莺儿嘴馋,没有过多谦让,就收下了,端在手里对莺儿说:"还不赶快谢谢纪妃娘娘!"小莺儿乖巧地说了声:"谢谢纪妃娘娘!"母女俩就离开了储秀宫。

走在路上,莺儿抓起一把枣儿就吃,边吃边说好吃。郏妃嗔怪道:"女孩子家,这么馋嘴,回去洗洗再吃!"莺儿说:"不嘛,不嘛,干干净净的怕什么。莺儿最爱吃了,妈妈你也尝尝。"说着,拿起一颗就要往郏妃嘴里送。郏妃笑道:"好女儿,妈妈不吃,都留着给我的宝贝女儿吃!"就这样,莺儿边走边吃,到了自己的宫里时,已差不多快吃光了。

进入宫内,郏妃发现自己的桌子上也摆了一小簸箩红枣,心中的醋味这才没有了。小莺儿说:"妈妈我困。"郏妃一边打发莺儿上床睡觉,一边说:"大白天的,睡什么觉。"莺儿刚刚躺下,突然大叫:"妈妈,莺儿的肚子疼得厉害。"郏妃一听慌了神,赶紧派宫女去叫太医,又责怪莺儿道:"不让你吃那么多枣,你偏要吃,看看,吃出毛病来了吧?"

莺儿尖声哭叫起来,肚子疼得在床上打滚。等太医赶到时,莺儿已经气绝,一个鼻孔里流出乌黑的血。太医翻了翻莺儿的眼皮,低沉地说:"娘娘,瞳孔已经散开,小公主没救了,她怕是被毒死的。"

郏妃一下子傻了,呆了一会儿,放声大哭,忽然又呼天抢地地大叫着:"纪妃,你个歹毒的女人,是你毒死了我女儿啊!"说着,疯了一般地跑出屋子,跌跌撞撞地奔向储秀宫。纪妃听到有人哭闹,走出宫来,郏妃上来一把扯着纪妃,口中骂着"妖妇,还我女儿命来",对着纪妃又抓又撕。顿时,纪妃的脸上、身上被抓满了血道子。

突如其来的变故,把纪妃吓蒙了,她不明白到底发生了什么事儿。不多一时前,郏妃还是贵妇人,这时突然疯得像个母狮子,连说话的机会都不给她。纪妃边退边躲,宫女和跟上来的其他人把纪妃和郏妃拉开,郏妃依然边哭边骂,闹得"日月无光,天昏地暗"。

消息很快传到了周灵王那里,正在和周灵王商量事情的伯舆、单靖公也同周灵王一道奔到了储秀宫。周灵王一听女儿莺儿中毒身亡,又心痛又着急,怒火冲到脑门子上,语无伦次地咆哮着:"来人,快查! 一定要把凶手查出来!"

此时,王子晋已从太学府里回来,正抱着哭涕不已的母亲的胳膊,心疼得直哭,却不知道发生了什么事儿。

伯舆一面暗自叫苦,这事情弄巧成拙了,一面在心中暗骂苟安、唐妃愚笨。苟安的魂魄也吓跑了一多半,好在周灵王正在发怒,没有注意到他二人的神态变化,他与伯舆二人相互交换了一个眼色,迅速调整了心态,做出悲痛的样子。

此时,单靖公非常清醒,他意识到纪妃受到了奸人的陷害,冷静地对周灵王说:"请大王息怒,宫里就这么大,事情不难查清楚,查清楚了,再处理不迟。"

周灵王冷静下来,早有宫女搬来椅子,让周灵王坐下来。周灵王喝问:"郏妃,你说说到底怎么一回事儿!"

郏妃的嗓子已经哭哑,断断续续地说,自己带着莺儿来纪妃这里串门,纪妃送给她们一小簸箩红枣,莺儿在回去的路上边走边吃,没多大一会儿就没命了。

周灵王一听,一声断喝:"纪妃,你个贱妇,还不赶快跪下认罪。"

纪妃跪在周灵王面前,昂着头说:"大王,臣妾无罪,臣妾是遭人陷害的!"接着就把事情经过一五一十叙述了一遍。周灵王让人进屋里查看,果然还有一小筐红枣一粒未动。周灵王命令马上把唐妃带来对质。苟安应声,立即向湘竹宫跑去。

这时,唐妃已经听说了宫里的变故,身子筛了一阵子糠,正在盘算如何应对,苟安来了。唐妃一听让她到储秀宫对质,吓得六神无主,扯着苟安的袖子问:"公公,我该怎么办?"

苟安狰狞地回过头来,一字一顿地交代:"怎么办? 死不认账!"

唐妃仿佛吃了定心丸。她知道,这事情伯舆与苟安都掺和其中,肯定会保护自己，三人同心，其利断金。想到这儿，唐妃的胆子顿时壮了起来。到了现场，见到周灵王正坐着审案，仍禁不住有些胆寒，伯舆瞪了她一眼，唐妃不再害怕，跪下时向周灵王抛了一个媚眼，跪在那里，等着周灵王发问。

唐妃的这一眼，就使周灵王的声音变得柔和起来："唐妃，你是不是送了纪妃一簸箩红枣？"

唐妃眨巴眨巴迷雾一般的大眼睛，好像没听明白周灵王问的什么，反问周灵王："大王，臣妾不知道您问的是什么事儿。"

纪妃说："唐妹妹，你今天派宫女送给我了一筐红枣，说贵儿没扎牙，不会吃，让晋儿吃，请你答复大王，有没有这回事儿。"

唐妃装出傻乎乎的样子："红枣？我没有派人送什么红枣啊！你说说看，是哪个宫女？"

纪妃从来不到唐妃的宫里去，哪里能叫出宫女的名字，登时噎着，说不出话来。

唐妃得理不饶人："你说不出是谁，我也不知道是怎么一回事儿，这不是诬赖好人嘛！"

周灵王皱皱眉头，认定就是纪妃的过错，骂道："贱妇，你居然还在狡辩，给我抓起来，关进冷宫，再仔细审问。"

立刻有侍卫上来如狼似虎地拧着纪妃的胳膊，提起来就向外走。王子晋追着纪妃，哭喊着："父王，妈妈无罪，不能这样对待妈妈呀！"

唐妃娇滴滴地对周灵王说："大王，要是没有什么事儿，臣妾就回去了，贵儿还等着吃奶呢。"周灵王不耐烦地挥挥手，唐妃就如同风摆柳，扭动腰肢，回了湘竹宫。

周灵王对伯舆和单靖公说："二位爱卿，此事事关重大，把寡人都气糊涂了，如今就由你二人帮助寡人审理吧。"

单靖公刚应下周灵王的吩咐，扭身一看，王子晋正在追逐着母亲哭喊，打个箭步拉住了王子晋："王子殿下，赶快回来，你放心，事情会有弄清楚的时候，不会冤枉好人的。"然后，单靖公向周灵王请示，"大王，臣还有一些问题要问纪妃，能否先别把她带走？"

周灵王知道单靖公历来稳重，办事周到，就点点头，让人把纪妃拉了回来。

王子晋站在宫门口，怒目圆睁，盯着周灵王。周灵王感到这孩子的目光像利刃一样穿了过来。只见王子晋思考了一下，跨步进了室内，端着桌子上的那一小筐红枣出来，大口大口地吃了起来，众人都惊呆了，不知道王子晋这么做是干什么。宫女赶紧上前去夺枣筐，王子晋推开她，一直把十几颗红枣吃完，把小簸箩甩了很远，大步走到周灵王跟前，跪下，叩了个头说："父王，你既然不相信母亲无罪,晋儿已经把红枣吃完了,就死给你看吧。"

周灵王气急败坏地说:"你这孩子,怎么能这样? 这枣儿有毒啊!"

众人这时才明白王子晋的意思,都意外地张大了嘴巴。

伯舆冷冷地提醒周灵王:"大王,不妨事的,小王子吃的这些枣肯定无毒。"

伯舆说罢,周灵王才放了心,低头训斥王子晋:"吓寡人一跳,你这孩子懂什么,起来!"

单靖公也来到跟前,拉着王子晋,要他起来。王子晋挣扎着,义正词严地尖声叫道:"父王,您好糊涂,晋儿这样做,是想让您明白,莺儿姐姐是替晋儿死的呀!"

第十三回

小王子为救母不避生死
贼伯舆谋大逆颠倒黑白

王子晋那声"莺儿姐姐是替晋儿而死的呀",振聋发聩,震动了所有人的心。大家都明白其中的含义,周灵王再糊涂,也听出了王子晋的弦外之音,不再那么恼怒。就连郏妃也似乎明白了其中的隐情,哭号声顿时小了许多。单靖公安慰郏妃说:"人死不能复生,请娘娘节哀顺变,回到您的宫里去。大王和臣等会细细审验,一定会找出凶手的。"然后安排人搀扶着几乎痴傻了的郏妃离开。

单靖公向周灵王进言说:"这件事情发生得太蹊跷了,传出去将是宫中的丑闻,请大王移驾室内,我等会配合大王抓紧审理,尽快找出元凶首恶,为死去的小公主报仇。"

周灵王听从了单靖公的建议,立即由室外移到了室内,只留下伯舆、单靖公,还有卫士、太监若干,其余无关的人统统散去。

周灵王命纪妃和储秀宫里的宫女跪下,王子晋也来到母亲身边陪同跪下,案子继续从红枣的来历审起。

周灵王问纪妃:"贱妇,你说,从你这里端出的毒枣到底是从哪里来的?"

纪妃:"臣妾已经向大王禀过,那是唐妃娘娘打发宫女送来的。"

周灵王:"既是唐妃的宫女送来的,你应该说得出是哪个宫女,可你为什么说不出来?"

纪妃:"臣妾只认得在我宫中当过差的宫女,那个宫女不是从我宫中调过去的,臣妾怎么可能叫出她的名字啊!"

周灵王顿时语塞,无法下问。单靖公说:"纪妃娘娘,这好办,如果把唐妃娘娘宫里的宫女全部叫出来,你和你宫里的宫女能够认出来吗?"

纪妃肯定地回答:"能。"那宫女也点点头,表示能认出来。

周灵王问:"苟安,唐妃宫里有几个宫女?"

苟安躬身回答:"回大王,一共有八个。"

周灵王下旨:"去,把唐妃宫中的宫女全部叫来,让她们辨认。"

苟安得令而去。伯舆恨恨地望着这个不男不女的家伙,心里说,看你怎么收场。

不多一时,唐妃宫里的八个宫女全部到了。纪妃和储秀宫里的那个宫女起身一个个仔细辨认,最后却都摇了摇头,说没有那个送枣的宫女,伯舆悬着的心才放下来。周灵王挥手让这些宫女退下。

伯舆阴险地笑道:"大王,纪妃娘娘把罪责推到唐妃娘娘那里,用心何其毒也!纪妃娘娘,我问你,你还有什么话可说?"

纪妃浑身发抖,哭泣得肩膀耸动,一句话也说不出来,哽咽了一阵子,才低声叫道:"大王,臣妾真的冤枉啊!"

周灵王站了起来,踢了纪妃一脚,纪妃仰面倒去。王子晋忙去拉妈妈,也被带倒了,还是单靖公伸手把王子晋拉了起来。

周灵王气哼哼地骂道:"你个贱妇,寡人想不到你竟是一个心肠歹毒的女人,寡人恨不能一刀劈了你!"

王子晋跪在周灵王面前,仰起头问:"父王,您能不能听晋儿说几句话?"

周灵王斥责道:"小孩子懂什么!这里没有你说话的地方!"

单靖公道:"大王,王子殿下虽然小,但很有见识,他能够分辨是非,还是让他说一下吧!"

周灵王哼了一声,算是同意。王子晋朗声问道:"请问父王,您打算册立莺儿姐姐为太子吗?"

周灵王愠怒地斥责王子晋:"胡说,你莺儿姐姐是个女孩子,怎能册立太子!"

王子晋立即再叩一次头:"父王训斥晋儿训斥得太对了,晋儿有一事相求,请父王恩准!"

周灵王恨恨地说:"寡人知道你乞求寡人做什么,告诉你,你母亲毒死寡人的女儿,犯下滔天大罪,罪不容诛,死有余辜,想让寡人下旨赦免她的罪过,绝不可能!"

王子晋冷笑一声:"父王,你太小瞧你的孩子了!晋儿知道自己救不了妈妈,没有奢望你放过我可怜、无罪的妈妈!晋儿只求父王让晋儿与妈妈一同受死!"

周灵王已经被王子晋搅糊涂了:"你这孩子,越说越混账了。谁的罪谁承担,轮不到你去受死!"

几乎同时,纪妃也尖叫:"晋儿,你不用这样,妈妈该死,要杀要剐随你父王的便,可你不能死啊!"

王子晋痛哭失声:"妈妈,你好不明白,真正该死的,其实是晋儿啊!再说,你若蒙冤受难而死,晋儿岂能独自一人苟活在这个世上!"王子晋又转向周灵王,"父王,晋儿情愿一死。请父王想想,我妈妈毒死莺儿姐姐,能够得到什么好处?妈妈若被父王赐死,那才真是冤死的。晋儿才是奸人们的眼中钉、肉中刺,你应该赐孩儿一死,这宫中才能太平啊!"

周灵王这才明白,王子晋说的是反话,他无法排除王子晋的话的合理性。仔细想想,纪妃毒死一个小公主,的确得不到任何好处。王子晋的意思很明白,那些毒枣是冲着他来的,结果阴差阳错地让莺儿吃了,这才是合理的解释。

在这一过程中,心情分外激动的是单靖公,他没有看错,在关键时刻,王子晋表现出的大智大勇、不亢不卑,是何等非凡的胆略,何等卓越的见识!要知道,他还是个年仅七岁的孩子呀!从一句话切中要害,到正话反说,思路如此清晰,讲话有理有节,具有驳不倒的力量!尤其是大义凛然,要求与母亲一同赴死,以此辩冤,是何等超凡的勇气。这本来不是发出赞叹的场合和时刻,可单靖公仍然在心底里发出由衷的赞叹:这位小王子真不简单啊!周王室有了这样的继承人,何愁大业不能复兴!想到这里,单靖公冲着周灵王跪下,说道:"大王,王子殿下讲的,的确有道理。像这样一个少年,能把问题说得如此透彻,对问题的本质洞若观火,臣甚为叹服!真乃是王室之大幸!臣以为,关键在于那筐红枣到底是谁送的,为什么别的妃子只有一筐,而纪妃娘娘这里却多出一份儿,只要查清这一点,便能揭开此案的谜底!"

周灵王问苟安:"苟安你说,寡人的旨意本来就是有孩子的嫔妃一人一份儿,可纪妃这里的双份儿红枣是怎么回事?"

苟安吓了一跳,但很快便镇定下来,辩解道:"奴才也是不明所以。奴才确实是给每位娘娘只送了一份儿,没有例外照顾。再说,请大王圣断,那多出来的一份儿,按纪妃娘娘说的,是一个宫女送来的,不是太监啊。"

周灵王没有了主意。伯舆心想,这事情不能再这样查下去了,必须当机立断。于是,他跪下禀道,"大王,臣以为红枣的来历不明,的确值得一查。可臣觉得问题显然不在这里,王子殿下的说法,听上去振振有词,其实是在狡辩,是用暗示发案的动机是太子之争,转移大王和臣等追查毒死小公主的凶手的视线。天王春秋正盛,王后新娶,几个小王子年幼,臣深信大王在近期内断无册立太子之念。所谓有人为争太子之位,有意害死王子殿下,纯属主观臆断,危言耸听!臣以为此事另有隐情,这一秘密看来臣不得不说了。纪妃她确有害死公主莺儿的动机!"

周灵王听了这番话,非常惊讶:"啊!伯舆呀,你怎么见得是纪妃有意害死莺儿的?"

伯舆表情沉重,慢慢说道:"大王,臣多年来,心底一直藏着一个重大疑问,因涉及王室丑闻,从来没有敢在任何场合流露过。即使到了现在,臣也不愿意在此当众揭露出来,真让臣实在为难啊!"伯舆说到这里,竟然声音哽咽,提起衣袖,擦拭眼泪。

周灵王见伯舆如此动情,知道必定事关重大,左右观望一下,当即表示:"伯舆,你是寡人的股肱大臣,不必顾忌什么,这里也没有外人,但说无妨。即使说错了,寡人也恕你无罪!"

伯舆要的就是周灵王这句话,当即磕了三个响头,昂然说道:"大王,臣谢大王不罪之恩!纪妃与邾妃同为女人,相互交往也多,臣怀疑,邾妃她一定掌握了纪妃的重大秘密,纪妃害怕秘密泄露,才向邾妃母女下手,这才是她的真实动机!"

伯舆此言一出,周灵王耸然动容,在场的人也暗自心惊。单靖公知道这伯舆必定要陷害纪妃,却只能按下怒火,听他如何信口雌黄。

周灵王见伯舆望着他不再说话,就催促伯舆道:"说下去!"

伯舆说:"大王,王子殿下左一个父王,右一个父王,叫得如此亲热,让臣觉得如同剐心一般的疼啊!臣早就怀疑,这个所谓的王子根本不是大王的亲生儿子!"

在场的人全都惊呆了,谁也没有料到,伯舆说的竟是这么一个意思。周灵王怒喝:"伯舆放肆,胡说什么!"

伯舆未被周灵王的斥责吓到,继续用不容置疑的语气说道:"请大王相信,臣并没有胡说。大王,你记不记得纪妃娘娘是何时进宫的?"

周灵王愠怒道:"寡人怎么不记得,她是在七月入宫的。"

伯舆说:"这就对了,那是在八年前的七月。听宫人说,当时正是盛夏,酷热难当,大王有没有临幸纪妃娘娘姑且不论,关键是小王子出生的日期有些微妙!"

周灵王回想一下:"晋儿在次年的三月三日出生的,这又能证明什么?!"

伯舆说:"大王可以算一算,从头年七月到次年三月,仅仅只有七个多月时间,小王子就降生了。人人皆知,十月怀胎,一朝分娩,这小王子在娘肚子里只有七个月时间,不是很值得怀疑吗?"

周灵王听了这话,一肚子狐疑:"伯舆,按你这么说,在寡人临幸她以前,她已经怀上野种了?"

伯舆连连磕头:"大王,臣无论如何也不敢那么妄说,臣只是猜测而已!"

一向从容不迫的单靖公震怒了:"大王,臣以为伯舆他胡说八道,恶意中伤,是在挑拨王子殿下与大王的父子关系,用心太险恶歹毒了!王子殿下天资聪颖,非常人可及!臣观察殿下的相貌、举止、言谈,与大王无疑,怎能这样无端猜疑！王子殿下确属早产，民间亦有'七成八不成'的说法，怎能见得纪妃生的不是王子？请大王无论如何也不要相信伯舆的信口开河！"

在这一段时间里，纪妃连气带急，已经昏倒在地上，宫女太监紧急施救，王子晋又哭又喊，纪妃才幽幽地还过魂来。周灵王气得脸色铁青，大叫一声："把这个贱妇和这个野种拉出去，给寡人剐了，以解寡人心头之恨！"

单靖公跪在周灵王面前，把头都磕出血来："大王，万万不能这样啊！臣以身家性命担保，殿下肯定是你的儿子，事情还没有真相大白，杀人容易，后悔药难吃啊！"

此时纪妃缓慢地挣扎着站了起来，拉起王子晋，从容镇定地说："单大人，您不必再劝这个无情无义的大王了，臣妾以处子之身献给了这个薄情寡恩的男人，到头来却被伯舆诬陷，看来伯舆大人是要借大王之手，将我们母子置于死地。伯姐的父亲失国，一家人死于非命，只有我只身一人逃了出来，早就把这黑暗的世道看透了，死不足惜。罢罢罢，君子斗不过小人，单大人不必再为我们母子抗争了。走，晋儿，咱娘儿俩前往极乐世界去，你怕不怕？"

王子晋也从容不迫地说："妈妈，晋儿本来就恳求父王赐死，向他证明妈妈的冤枉，没有料到，这个人竟然诬陷晋儿不是父王的儿子！但晋儿肯定是您的孩子！晋儿能与母亲同奔黄泉，到了地下再孝敬您！"

除了周灵王和伯舆，所有人都为这场面流下了眼泪。单靖公大叫："娘娘，殿下，即使去死，也要证明自己的清白！"又转向周灵王："大王，臣恳请大王透露一下自己的隐私！"

单靖公与晋儿母子的义正词严，不得不使周灵王有所冷静，也意识到自己过于感情用事，故而说道："单公啊，到了这时候，寡人已经没有脸面了，还有什么隐私可言？你问吧，寡人都会告诉你的！"

单靖公道："大王，臣知道宫中的规矩，每当大王临幸一个妃嫔，当值太监都有记录。臣恳请大王唤来当值太监，对娘娘委身大王时是不是处子之身之事做一证明，事情就会真相大白了！"

周灵王也一拍脑袋："是啊！苟安快去，将当值太监唤来！"

苟安匆匆离去，周灵王也开始坐不住了，又像过去那样焦躁地在宫里走来走去。他觉得伯舆说的是真的，又最不愿意是真的，心里矛盾得厉害。而伯舆更是忐忑不安，刚才纪妃说他是小人时，他气得脸一阵青一阵白，恨不得一脚踢死这对母子，可有周灵王在，他不便于发作，只能恨在心里。苟安前去叫当值太监，让他心神不定，自己太小看了单靖公，在这个问题上，根本没有防范，他真害怕苟安再把事情办砸了，办不了纪妃母子的死罪，自己今后的日子肯定不好过。

时间仿佛凝固了，储秀宫里静得瘆人，所有人的呼吸都清晰可闻。约莫过了两炷香工夫,苟安才满头大汗地匆匆赶回,进了宫内,冲着周灵王跪下。周灵王迫不及待地问:"怎么只你一人回来了,当值太监呢?"

苟安连连磕头,声音哆哆嗦嗦地道:"禀大王,当值太监畏罪自杀了!"

周灵王大惊失色:"啊,怎么一回事儿?"

苟安回答:"奴才赶到敬事房时没找到他,又到住室去找,也不在。奴才问其他太监,都说没有见到他,又回到敬事房,才见到这小子自杀身亡了。奴才怕大王着急,才急忙赶回来禀报!"

周灵王气急败坏,连连跺脚:"苟安啊,你这个狗奴才,你就是这样为寡人办差的!多一筐红枣,来历不明,你说不清楚,让你去寻当值太监,你又寻了个畏罪自杀,你为寡人办了两个无头公案啊!"

苟安连连扇自己的耳光:"奴才有罪,奴才该死,请大王从严惩处!"

伯舆松了一口气,暗自庆幸自己与苟安的阴谋,终于没有败露,大概可以被遮掩过去了。单靖公则彻底看清楚了这两个奸人的丑恶表演,但没有证据,还不到揭露他们的时候,当务之急是保护好王子晋母子,再徐图查清事实真相。打定了主意,单靖公向周灵王奏请道:"大王,今天这案情,看来已经没有办法再审下去了。臣以为应该先去安抚邾妃娘娘,让小公主入土为安,其余事情稍后处理,方为上策!"

伯舆也陈奏道:"大王,为小公主办理后事,确有必要。但臣以为当务之急是处死纪妃母子,不仅是为了给小公主报仇雪恨,更是为了保证王室的血统纯正。这才是应该首先办的,当断不断,必受其乱,请大王做出决断!"

单靖公火了,一改平日不与伯舆争锋的作风,说道:"伯舆大人,事情还没有查清楚,凭什么说王子殿下不是王室血统? 大王刚刚失去一个女儿,你又要让大王再失去一个儿子,你良心安在,于心何忍? 大王,王子殿下已经七岁了,你们父子舐犊之情,尽人皆知,怎能割舍得下? 臣以为伯舆包藏祸心,离间天子骨肉,唯恐天下不乱,必须严加惩处!"

王子晋也跪下,一点儿也不惧怕伯舆那瞪着自己的恶狠狠的眼睛,深情地说:"父王啊! 晋儿对于自己是否是您的儿子、有何关系,弄不明白,但父王就是晋儿的父王,晋儿只认这一个父王,难道您真的忍心把我和妈妈赶尽杀绝不成?"

王子晋这几句情深意切的话,让周灵王怔住了。他既认为伯舆对自己是忠心耿耿的,又不忍心承认这件事的真实性。在子嗣血统问题上,先祖均有遗训,马虎不得,自己当然也恨戴了绿帽子,可单靖公讲的也不无道理,在未证实王子晋不是自己的亲生儿子之前,的确不能莽撞。说心里话,周灵王是很喜爱这个儿子的,他也已经注意到,一个七岁多一点的孩子,在今天这般惊涛骇浪中有如此卓越的表现，让自己都自愧不如。像这样聪明优秀的孩子哪里去找？若自己一时糊涂，处死孩子后又最终证明晋儿的纯正血统，就后悔莫及了。想到此，周灵王出了一身冷汗，不仅对王子晋母子有了些歉意，也有些后悔。可他依然犹豫不决，不知道该怎么处理这么复杂的局面。周灵王向二位大臣道："你们看，事情弄到这一步，该怎么处理才好？"

伯舆知道，周灵王一时下不了狠心处死母子二人，自己如果执意坚持很可能适得其反，于是自找台阶道："大王，单公攻击臣的话，也是一片忠心，臣不予计较。臣本来以为，处死纪妃母子，是最好的办法，可以永绝后患。可既然单公一直认为不可操之过急，臣也表示同意。但眼下这一切，均由他们母子引起，没有个说法，也无法给郏妃和死去的小公主及其他知情人一个明确的交代。臣以为应先把他们母子押进大牢，再为之审理。"

单靖公反驳道："大王，臣以为这样做不妥。将妃子打进冷宫，也并不是打入大牢。而将一个未能证明身份的王子打入大牢，自古至今，未尝有闻。此事若传扬出去，王室名声将受到极大损害。再说，不可否认，今日的案件，实在像是冲着纪妃母子而来，应当细细审查，万万不可草率！"

此时的周灵王显然偏向了单靖公一方，问道："依你之见，该如何办？"

单靖公狠狠心，从策略上考虑，说道："以臣愚见，先把他们母子贬为庶民，交给臣，由臣安排人看管起来，保全他们的性命，才是正确的处理方式，请大王恩准。"

伯舆立刻反对："大王，臣同意把他们母子贬为庶民，但是交由单公独自安排，恐有偏袒之嫌，臣认为不可！"听了这话，周灵王沉吟不语。

单靖公再一次冲着伯舆发火道："伯舆大人，你怎能这样污蔑单某?！单某本来就是管辖刑狱的，审理案件是本官的职权。既然得不到大王和伯舆大人的信任，请大王下旨，将臣也一同贬为庶民，臣实在受不了这窝囊气！"

周灵王此时已经彻底冷静了下来，说道："二位不要争了，寡人即刻下旨，贬纪妃及其儿子为庶民，由单公派人，就在宫中监禁起来，保证其衣食无缺。其他事情，待寡人与母后相商以后，再做定论。"

众人见周灵王做出了决策，都松了一口气。周灵王道："单公，你留下继续处理这件事情，寡人与伯舆去看看小公主。"说毕，周灵王竟然悲从中来，潸然泪下。纪妃和王子晋谢过周灵王不杀之恩，也陪同周灵王号啕大哭。在场的人无不动容，涕不成声。

周灵王带一部分人一窝蜂地走后，储秀宫马上清静了下来，纪妃母子仍然在抱头痛哭，纪妃说："晋儿啊，母亲命苦，也害了你呀！"

王子晋说："妈妈你不要这样说，晋儿恨自己生在帝王之家。这些年来，晋儿和妈妈相依为命,父王他有那么多女人,几时与我们同享过天伦之乐?妈妈放心,晋儿无意竞争什么太子之位。晋儿已经懂事了,志存高远却也淡泊名利,晋儿要做妈妈的好儿子!"

单靖公也垂下眼泪,颤声说道:"娘娘,殿下,你们娘儿俩如此通透,单某也不需要再劝你们什么了。我就是想问问,你们对今后如何打算?"

王子晋搬来凳子,请单靖公坐下,单靖公说什么也不坐。王子晋说:"师父,请您不要再顾虑宫中的规矩,如果不是您老人家拼命搭救,此时已经没有我妈妈和晋儿了。您若不坐,弟子给您跪下!"话说到这份儿上,单靖公只好坐下。

纪妃止住哭泣:"单大人,晋儿说得对,我与晋儿现在已是庶民,不是什么娘娘和殿下了,而且这两条性命也是您保下来的。今后何去何从,我们听您的安排!"

单靖公沉思了一下,向王子晋道:"殿下,您还记不记得我让你做的那个策论?"

王子晋说:"弟子愚钝,已经不记得了。"

单靖公说:"你是这样写的,'天所崇之子孙,或在畎亩,由欲乱民也;畎亩之人,或在社稷,由欲靖民也。无有异焉!'"

王子晋说:"想起来了,弟子是这样写的,也一直是这样想的。"

单靖公说:"是啊,老夫当时看后,就觉得大为惊奇。这是对当今天下大势的概括,也是超乎前人的见解。老夫想对你讲,当一个庶民怕什么!天之降大任于你,什么力量也挡不住。我请求大王将你们母子贬为平民,只是保护你们的权宜之计。公道自在人心,能贬下去也能够再册立起来!在老夫的心目中,你母亲永远是娘娘,你永远是最尊贵的王子!单某作为执政大臣,保护你们母子的生命安全责无旁贷,你们只管安心,下面的一切都由我安排!"

说完,单靖公站起来,要做具体的安排。

王子晋叫道:"师父,弟子想去看莺儿姐姐,跟她告个别。"

单靖公拦阻道:"殿下,你不能去。你到那里,只能是火上浇油,于事无补。还是安心待在家里别动,我安排人为你们做饭吃。"

王子晋点点头,搀扶着妈妈坐下。

单靖公一边安排人为他们母子做饭,一边把自己的弟弟单公子愆期叫来,千叮咛万嘱咐让他立刻召集二十名得力卫士前来,以防不虞之变,单愆期凛然遵从。

单靖公将一切安排妥当以后,正要稍事休息,一个太监匆匆前来,向单靖公一揖:"单大人,太后请您去见驾。"

单靖公心中一喜,立刻意识到事情有了重大转机,对太监说:"请速回太后,说我马上就到。"

再说一个时辰前,周灵王带一干人去了邶妃的宫里,邶妃已经哭得昏了过去,太医们正在照看。周灵王见到小公主莺儿的尸体,也大恸不止。小公主的眼睛微微睁开,仿佛还不甘心离开这个世界。这个小姑娘虽然不似燕儿、观香和旦儿那样爱到周灵王怀里撒娇,互相争怀,可也是温柔、腼腆、娇羞可爱的,已经九岁多了,活脱脱一个美人坯子。周灵王回想着这孩子的音容笑貌,抚摸着小公主冰冷的脸庞,再拉着僵硬的小手,眼泪止不住扑簌簌地流了下来,叫道:"好孩子,你咋能舍得抛下父王而去呀?"

没有人敢来劝周灵王节哀。等周灵王哭了片刻,伯舆才来到周灵王跟前劝道:"请大王节哀,哭伤了身子,是社稷的不幸啊!"

此时,邶妃也已经醒来,边哭泣边哑声劝解周灵王:"大王啊,臣妾后悔莫及啊!请大王别再伤心了,孩子升天去了,请大王治臣妾的罪,臣妾愿为女儿陪葬!"

周灵王将邶妃搀了起来,道:"邶妃呀,寡人并没有怪罪于你,天有不测风云,人有旦夕祸福,孩子是被人毒害的呀!此仇不报,寡人枉为天子!"

伯舆急忙煽风点火:"邶妃娘娘,小公主是纪妃害死的,大王一定会为小公主报仇的!"

不料邶妃冷冷地说了一声:"不劳伯舆大人操心了。大王,臣妾此时心如明镜,我的孩子不一定是纪妃有意害死的,生死由命,富贵在天,莺儿她已经走了,就不必再害他人了!"

只听身后一个苍老的声音插话:"邶妃丫头,好一个深明大义的孩子,老身没有看错你!"

周灵王与邶妃一惊,回头一看,只见老太后拄着龙头拐杖,正颤巍巍地站在他们身后。几人不约而同地反身跪下,向太后叩头。老太后过了六十大寿以后,身体已大不如从前,可今天却抱病来了。

周灵王惭愧地说:"母后,惊扰你老人家了,孩儿有愧呀。"

太后道:"王宫里出了这么大的事,闹得沸反盈天,老身怎能坐视不管!生生死死,我见的多了。邶妃啊,孩子命短,是她自己不成人,怪不得别人!一切都是注定的,就让她去吧,你们母子一场,为孩子盛殓,让她入土为安,及早托生去吧!但愿她不要再托生在我们这帝王之家!"

周灵王与邶妃道:"谨遵母后教诲!"

太后走到小公主的尸体跟前,将孩子的眼睛一抹,小公主微睁的眼闭上了。太后说:"好孩子,奶奶知道你想看奶奶最后一眼!你一路好走吧,奶奶不久也会跟你前去的!"说完,也忍不住流下了眼泪。身边的宫女赶紧递上绢布,让老人擦泪。

太后强忍着悲伤，吩咐道："心儿，你不必在这里了，伯舆、苟安你们帮助郏妃料理莺儿的后事，心儿你跟母后到慈宁宫去，母后有话要对你说。"

周灵王立起身来，揉揉跪麻了的膝盖，只身跟着太后和宫女去了慈宁宫。路上，太后又命人也将单靖公叫来。

第十四回

老太后居深宫明察秋毫
单靖公撑大局力挽狂澜

周灵王跟着太后的小轿,徒步到了慈宁宫。进了宫内,搀扶太后坐下,就闻到浓烈的檀木香味儿,定睛一看,只见那面墙壁上挂着一条绛红的布帘子,布帘子下,摆了香案,三支粗大的香烛正在燃烧,升腾的青烟,好像一缕缕冤魂,诉说着人间的悲苦。

太后吩咐宫女把帘子拉开,对周灵王说:"心儿,你到跟前去看看,母后供的都是哪些人吧。"

周灵王好生奇怪,难道母亲敬的不是列祖列宗? 他立即向前一看,只见那个神龛里面自上而下,摆着一排排自己或认识或不认识的人的名字,有男有女。最下面的中间位置,赫然已经挂上了刚刚死去的小公主姬莺儿的名字,边沿上有一个新牌,似乎是那个自杀的当值太监的名字。看到这些,周灵王不禁惊呆了,问太后道:"母后,你敬他们干什么?"

太后道:"这些人都是母后进宫后,能记下来的所有冤死的鬼魂。有几个还是生前处心积虑地陷害过咱们母子的仇人。母后为了你这个天子平安,更为了大周王朝的社稷永固,天天敬香叩拜他们。你能理解母后的这番苦心吗? 心儿啊,母后已经听说,你今天差一点儿又为母后的这个神龛再增添两个冤魂啊!"

听太后这么说,周灵王脊背发紧,脸上冒冷汗,正要回答太后,单靖公已经赶到,跪在地上:"臣前来见驾,请太后、大王安。"

太后:"单公请起,老身心中不安,还请什么安啊!"

太后示意宫女摆上草垫,单靖公道:"谢太后、大王。"而后双膝跪在草垫子上坐下。

太后开始发话:"心儿啊,母后的身体大不如从前,可能要不久于人世,去见你的父王了。可今天宫里闹出这么大祸事儿来,差一点儿伤害四条人命(太后还不知道有一个小宫女冤死枯井),母后觉得宫里又开始闹鬼魅了,我岂能坐视不管? 所以,特意请单公过来,只咱们三个人合计合计该怎么处理。单公你一向老成持重,今天一定要畅所欲言,不要有任何顾虑,好吗?"

单靖公扑身在地,施了一礼道:"臣深谢太后、大王信任,自当肝脑涂地,报效王室!"

太后:"单公不必再行大礼,老身深知你忠心耿耿,尽职尽责,没有那么多花花肠子。心儿,你们说说,今天发生这么多事情,到底是怎么一回事儿。"

周灵王把小公主莺儿误食毒枣而死以后的事情,详细地讲了一遍。太后一直耐心地听着,等周灵王说完后,问单靖公:"单公啊,你有什么补充没有?"

单靖公道:"禀太后,大王已经说得很详细了,臣没有什么可补充的。只是事发突然,臣还没有想出好主意,做好善后工作。"

太后长叹一声:"单公啊,你说没有好主意,其实是有好主意,有定见的。老身活了这么大年纪,什么事情还看不透?除了你竭力保护纪妃母子,也亏了晋儿那孩子机灵大气,你的这个昏头昏脑的天子,差一点儿铸成大错啊!"

周灵王听了母亲如此批评,心里不以为然,问道:"请母后明示,孩子错在什么地方?"

太后说:"你别以为我在单公面前会给你留面子。你错就错在偏听偏信偏爱这'三偏'上面。晋儿说,莺儿是替他而死,已经说出了事情的真相,点透了发生惨案的实质,可你就是不醒悟,不愿往这上面思考,不去查找毒枣的来源,不想想红枣多出一筐是谁在捣鬼,却按照伯舆的猜想,否认晋儿是你的亲生儿子,还差一点儿将他们母子处死!我问你,那个当值太监真的是畏罪自杀吗?在老身看来,那是杀人灭口!是在搅浑水,是有人要把事情弄成无头公案!老身听说后,已立即派人把敬事房封了,免得贼人篡改记录,再做手脚。似这样明摆的事情,你都看不出来,你这个天子也当得真够糊涂了!"

听了太后的话,周灵王的脑子才开了窍,对太后道:"母后教训得极是,可是怎样处理才好?儿子拿不定主意啊!"

太后再叹息一声:"心儿、单公你们听着,老身没有孙子时,天天盼着有孙子,可有了这四个孙子,却整天提心吊胆的。你娶了齐国的仲姜做王后,却没有一点儿疼爱,这已在宫里宫外传遍了。如此这般,王后怎能为你生出太子来?如今太子之争已现端倪了。晋儿为什么求你赐死?这孩子别看年纪小,看事情却很明白!我告诉你,母后认定,晋儿就是你的骨血,再也不要怀疑,那纪妃也是一个贤德的好女人,才能与单公一道,教育得晋儿这么优秀!"

周灵王道:"母后的意思是要孩儿立晋儿为太子?"

太后道:"老身正是这个意思!"

周灵王道:"可孩儿已经把他们母子贬为庶民了,君无戏言,不宜更改啊!"

太后白了他一眼:"你以为母后不知你心中的小九九?你能贬他们,也就能立他们！不过，这事不必操之过急，必须找出真凶，把事态稳定下来，过一段时间再说。母后并不指望那个齐女为你生一个名正言顺的太子，而且看中了晋儿能成大器，能够复兴社稷。这一点今天同着单公，母后一定要向你讲明白，当然天下是你的天下，最终还要你自己定夺！单公啊，老身这样说，你同意吗？"

单靖公激动地道："太后英明，洞见千秋，大王圣明，天朝福载。臣完全同意太后的主张。非是因为臣作为王子殿下的太傅对他偏爱，而是因为殿下他确有成德，聪明博达，温恭敦敏，是一个面南称王的好材料，臣敬请大王三思而断。再说，王子殿下上半年在太学府读书，已得神童称号，声名远播，各路诸侯也刮目相看，适时地册立太子，天公地道，人心所向，到了那时，也可以遏止这王储之争了。"

太后听了连连点头，问周灵王："心儿，母后和单公已经表明了态度，你意下如何啊？"

周灵王仍然在踌躇着，见太后这样问，欠身回答："母后的教导和单公的谏言，儿臣能听得进去，可眼下怎么收场，何时册立太子合适，还需要斟酌啊！"

太后道："说得也是。这样吧，心儿身为天子，遇到这样大的风波，还是不要亲自出头露面的好。单公管刑狱断案，可以名正言顺地将案子接过来审理。心儿，你看这样行不行？"

周灵王道："儿臣听母后的，单公你有什么想法，请讲。"

单靖公胸有成竹地说："以臣愚见，此案中三个人最关键，一是伯舆大人，二是太监总管苟安，三是唐妃娘娘。但伯舆的权位在我之上，并且他可能只是幕后策划，很难抓到真凭实据，不宜于请大王动他，以免打草惊蛇。唐妃生的小王子姬贵，还在哺乳期，并且毕竟是大王爱妾，臣也以为不可苛责。当务之急，是严格控制太监苟安，以查出案情的来龙去脉，不知大王是否恩准？"

周灵王听单靖公分析得头头是道，也知道母后让他退避，是对他的爱护，自己也已经被案子的事态搅糊涂了，乐得拔手。而单靖公不主张立即拿下伯舆和唐妃，也让周灵王松了一口气。只是这苟安整天在身边晃来晃去，有些舍不得。转念一想，舍不得也得舍。于是，当即表示同意。

太后道："单公剖析得如此妥当，心儿你下午到朝堂上立即下旨吧，让单公全权办理，任何人不得干预，以此来镇一镇那些围绕这几个王子、企图勾结朋党的无良臣子，宫里就会太平一些！"

周灵王道："儿臣遵从母后旨意，马上安排。单公，这样行吗？"

单靖公道："臣谢太后、大王信任。不过，臣还有一事相求，请太后、大王恩准！"

太后示意周灵王，周灵王问："有什么要求？你尽管说。"

单靖公说:"审理此案,宜速不宜迟,免得再生枝节。可是,纪妃母子的安全,臣仍然深感担忧。在这宫中,臣一时还弄不清何人是伯舆和苟安勾结的同伙,倘若有人狗急跳墙,就可能置他们母子于死地。臣打算将他们母子移出宫去,正好利用大王已把他们母子贬为庶民的机会,找个安全的地方把他们母子保护起来,不知太后、大王能否同意?"

周灵王说:"单公思虑周全,一切悉听尊便。"

太后也立即表态:"心儿,你这样信任单公,赋予他有主动权就是了,老身没有话要说。不过,三天不见晋儿,我这心里就发慌,临行之前,你得让晋儿来这里跟老身见上一面!"

单靖公道:"臣遵旨。"

单靖公离开慈宁宫后,站在外边舒了一口气,仿佛天也高了,地也阔了,阴霾消失了,心情格外舒畅。他着实感激这位身居深宫却能明察秋毫的老太后,如果不是老人家亲自出面,局面真的不好收拾,特别是对他如此信赖,更让单靖公感动。要是指望时而昏聩、时而清醒的周灵王,事情办得岂止是一团糟,怕会是乱七八糟。尤其是太后同着他的面明确了王子晋就是王室血脉,并且基本上指定了王子晋作为王储。王子晋因祸得福,向太子之位大大地迈进了一步,单公十分满意。他知道,周灵王的最大长处,就是孝顺,太后的旨意,他是会认真考虑的,单靖公对这场宫廷争斗充满了必胜的信心,他深信,正义必将战胜邪恶,一切见不得阳光的卑劣行径,终究会失败,会遭到报应的。

通过这场激烈的交锋,单靖公更加对王子晋刮目相看了。一个才七岁的孩子,能在惊涛骇浪中,从容镇定,在大是大非面前表现出的大智大勇,令所有人动容。在关键时刻,他挺身而出,语惊宫廷,起到了遏止周灵王狂悖的作用。他已经对王室里的权力争斗、尔虞我诈有了充分的认识和心理准备,如此高的素质,治理天下,必定是一位英明的君主。他竟然会用正话反说的方式,要求周灵王赐死,把周灵王逼到了墙角,让周灵王不得不冷静下来。在伯舆诬陷他为假王子时,他又能据理力争,说出不管周灵王认不认他是亲生儿子,自己只认他是唯一的父王这样的话,并责问周灵王是否真的"忍心将他们母子赶尽杀绝"。当周灵王下旨要杀他们母子时,他脸不变色心不跳,情愿与母亲同赴黄泉!此种风骨,让多少成年人汗颜。单靖公回想起这些,不由感叹,这个小王子实在了不得,了不得啊!单靖公决心宁死也要忠心地护卫这一未来明主,让他继承周王朝的大业。

就这样,单靖公边走边想心事,不知不觉回到了储秀宫。见弟弟已经把卫士调齐,就把单愆期叫到跟前,下令带十名卫士,立即抓捕太监苟安。单公子愆期说:"这苟安是宫中的太监总管,又是周灵王身边红得发紫的人物,拘捕他恐怕不好下手。"单靖公摘下一个腰牌,递给弟弟,说,"去吧,带上这个,如果拒捕,就地正法。记住,要快!"单靖公这样安排,真正的用意就是怕周灵王中途变卦,再下旨赦免这个家伙。

单愆期知道此事关系重大,得了兄长轻易不会动用的腰牌,就知道兄长的决心已下,顿时胆壮气豪,带上十名卫士,便往郑妃的住处奔跑。到了以后,单愆期命令卫士在外边等候,自己只身进去传唤苟安。宫里边由伯舆指挥,众人正有条不紊地忙碌着,为小公主莺儿办理丧事。

单愆期走到苟安身边,悄悄地对苟安说:"苟总管,外边有人要见你,请你出去一趟。"

苟安转身一看,是重甲在身的侍卫长单公子愆期,心里顿时发毛,脸色变得煞白,但见这位侍卫长面无表情,也不知什么人要见他,只得期期艾艾地跟着单愆期走了出去。出了大门,单愆期喝令侍卫们:"赶快把这贼子给我拿下!"说时迟,那时快,立刻有两名卫士上前拧住了苟安的胳膊,旋即在他的两条腿弯踢了一下,苟安不由自主地跪了下来,另两个卫士拿着绳索,麻利地把苟安捆了个老头看瓜的姿势,拖起来就走。

正在迷糊中的苟安突然意识到自己完了,情急中,冲着屋里大喊一声:"伯舆大人救我!"

室内,伯舆正在纳闷,苟安这个狗奴才怎么不打招呼就溜出去了?听见苟安的公鸭嗓尖利的喊叫,急忙奔了出来,其他人不知道发生了什么事儿,也一窝蜂地走了出来,见到院外的情景,一个个吓得目瞪口呆。

伯舆一看卫士扯住苟安,跟跟跄跄地边走边挣扎,大喝一声:"站住!"单愆期见伯舆追了出来,只得示意停了下来。

伯舆开口便骂:"你们这些狗奴才,怎敢大胆闯宫,抓捕太监总管,吃了豹子胆了?还不赶快放人!"

单愆期当然知道,这个人的权势比自己兄长大,是一人之下万人之上的角色,自己惹不起,即使拿出兄长的腰牌也不顶用。急中生智,单愆期冷冷地对伯舆说:"伯舆大人,实在对不起,恕小的不能从命,小的是奉旨办差!"

伯舆一听,暗暗叫苦,他心里说,肯定不是糊涂天王突然清醒了,一定是太后从中插了一杠子,这个老太太把周灵王叫走,就是一个明显的信号。

伯舆正在思考,那苟安叫道:"大人,请速去请大王,他不会让人抓捕一个忠心耿耿的奴才!"

伯舆略一思考,回应道:"苟安,你放心去吧,一切由本官安排,会让你满意的!"

苟安此时已经绝望,一步一回头地盯着伯舆,那复杂的目光,令伯舆不寒而栗。

苟安走后，伯舆安排其他人继续干活儿，自己三步并成两步走，去了慈宁宫，看到太后和周灵王正在小声交谈着，不敢贸然进去。踌躇了一下，想到事不宜迟，就顾不上礼仪了，横下一条心，进去冲太后、周灵王跪下，口称："臣伯舆给太后、大王请安！"

太后开口道："哦，是伯舆呀，起来吧！"

周灵王也说："伯舆，太后让你起来，你就起来说话吧！"

伯舆从太后与周灵王的话音里听出没有恶意，心下稍安，起身问道："太后、大王，臣等正在郏妃娘娘的宫中为小公主料理丧事，太监总管苟安忙上忙下，一刻也离不了，却突然被宫中的侍卫抓走了。请问这可是太后、大王的旨意？"

太后示意周灵王回答，周灵王干咳了两声才说："这个，这个，抓捕苟安，的确是寡人的旨意。"

伯舆有点儿急，忘记了君臣礼仪，一反从来顺毛捋的习惯，提高了声音，带有威胁意味地说道："臣请问大王，这样做到底是为了什么？难道要搅乱宫闱不成？"

周灵王哪里听到过伯舆说这种刺耳的话，一时非常反感，说话也就不似平时："伯舆呀，宫闱里的事情，是你一个外臣能插手的吗？"

伯舆一听周灵王这么问，立刻意识到自己着急上火，一时唐突了，奴才本性立马显现出来，跪下连连磕头："臣知罪，臣知罪，臣错了！臣问的意思是，不知道是何原因让大王下旨抓了苟安？"

周灵王缓和了口气："告诉你吧伯舆，那筐毒枣不明来历和当值太监突然自杀，这两宗无头公案都与苟安有关，你不觉得可疑吗？难道抓他不应该吗？"

周灵王这一问，伯舆没了话说，叩下头去说："是臣忙昏了头，见苟安突然被抓，多心了。臣恳请大王宽恕！"

太后和颜悦色地说："伯舆呀，你的这个大王，经常对老身夸你，说你干练有才，忠心为国，老身深感欣慰。今日之事，人命关天，查不清楚，老身寝食难安啊！现在看来，这个苟安在其中没有起到好作用，有很多可疑之处。你不必为他说情了，安心办你的差去吧！"

伯舆头上冒着汗珠子，脊背也湿了，说了声"多谢太后、大王"，躬身退了出来，一路上思索，苦无良计。他知道，单靖公这个人很不好对付，铁面无私，刚正不阿，酷刑之下，如果苟安这个奴才撑不住，把自己牵连进去，可又有什么办法？单靖公这一次，一定会跟自己过不去了！罢罢罢，听天由命吧！万万想不到，自己认为万无一失的计策，本以为可以毒死姬晋，却料误毒了一个小公主，真是偷鸡不成蚀把米，搬着石头砸了自己的脚。这次即使能够脱开干系，从此以后，自己在朝中将如履薄冰，日子不好过了。转念一想，事情还远非这么简单，这样一来，自己是彻底将王子晋母子得罪了，他们一定会对自己恨得要命。王子晋不死，自己才真的永无宁日。想到此，伯舆暗下决心，等躲过这次风头，一定要再寻找机会，除掉这个祸患。

伯舆走后，周灵王也向母后辞别。母后跟他讲了前朝出现的两次王子们为争王位而引起的叛乱，一个是王子颓，一个是王子带，虽然都没有得逞，但是使王室的元气大伤，让诸侯列国看了笑话，王室的威望一落千丈。东迁洛阳的周平王，更加不是一帆风顺的，在位时曾经出现过二王并立的现象。申国和晋国立了周平王姬宜臼，而虢国国君却又拥立了一个携王，后来晋文侯费了好大劲儿才将携王的势力剿灭。王室不和外人欺呀！这些血迹斑斑的历史教训绝不能在本朝上演。

太后说："心儿啊，你以为你登基为王就顺利吗？在你确立为太子之前，宫里也存在着几个王子的明争暗斗，惊心动魄。要不是你生出来就长有胡子，被相士称为异相，最终战胜了那几个王子，你哪里会有今天。要警惕呀！"

母后的教诲让周灵王一下子清醒了许多，犹如醍醐灌顶。他领悟出了这天发生的事情的严肃性和复杂性。由此可见，这个浑浑噩噩的天子，若没有母后经常耳提面命，不知能做出多少荒唐可笑的事情。王子晋是不是王室血脉，当然重要，可这只能等待单靖公审理出结果后才能定论。母后一直认为王子晋就是他的孩子，但也没有绝对坚持。母后嘱咐他，单靖公才是一个可用的大才，一定要委以重任，发挥他股肱大臣的作用。母后还告诫他，别以为阿谀奉承就是忠诚，那伯舆根本不是一个善类。"你要小心，别疏于防备。"母后说，"单靖公把一切都规划好了，现在对于伯舆，哦，还有唐妃，你别不高兴，都要先稳住，在他们的狐狸尾巴没有露出来之前，一切都不宜操之过急，单靖公的策略是正确的。"

周灵王对于母后对伯舆和唐妃的看法，有点儿不以为然，但还是点头称是，说："孩儿记下了。"

再说下到大牢里的苟安，开始的前五天，单靖公根本没有理他，只是对单愆期交代，让他吃好喝好，防止他轻生自裁，也要防止别的大臣杀人灭口。单靖公没有明说别的大臣是何人，单愆期也没问，但心知肚明。单家世代忠良，是王室公认的事实。

既然大家对他不闻不问，苟安也不打算自杀。他还有着侥幸心理，盼望着周灵王或者伯舆救他。因此，打定主意，无论如何审讯，也要顽抗下去。主意已定，反而胡吃闷睡。过了三天以后，见到外边仍无救他的迹象，心理才起了微妙的变化，回想起自己的所作所为，没有一件不是死罪，甚至要灭九族都有可能，不禁浑身哆嗦，牙齿打战，又回忆起伯舆的表态，"一切由本官安排，会让你满意的"，才略觉安慰。反正自己横竖都是一刀，对伯舆这个大奸臣必须保住，至少让家人有个靠山，不至于蒙受灭族之难。至于唐妃，尽管当时自己有让她共担风险的念头，但她毕竟是周灵王最宠爱的妃子，说不定会在枕边吹风，为自己开脱罪责，如果不保她，自己只能是死得更快，所以也不打算咬上她。当然，他也提防着伯舆派人来杀人灭口，蝼蚁尚且偷生，能够多活一天就是一天，说不定周灵王会念着自己伺候他多年的好处，开恩赦免也是有可能的。心存妄想之后，这家伙表现得相当从容镇定，一点儿也没有惊慌失措的样子。

审讯开始后，苟安便大包大揽，把罪名全部承担了下来，单靖公出于政治需要也无意把打击面扩大化，就把苟安的供述整理后禀报了周灵王。

首先是作案动机。他以为周灵王从来不待见纪妃，而最宠爱唐妃，这两位娘娘各生一个王子，将来难免有太子之争，自己曾经虐待过纪妃，一旦王子晋坐上王位，自己就可能有杀身之祸，所以要及早动手，以绝后患，同时为唐妃立功，所以甘冒风险，伺机作案。这一作案动机，尽管不够充实，也能说得过去。

其次是作案手段。他说是自己弄到的毒药，借助刘定公从郑国带回的红枣，抹了之后，又物色一个刚入宫的小丫头，以唐妃的名义送去。然后把这丫头骗到花园里的一口枯井处，推了下去，不料想毒枣却被小公主误食了。而那个丫头的尸体从枯井中打捞出来后，太后又专门摆上了一个灵牌。

正当事情差一点儿让王子晋搅黄的时候，伯舆大人揭露了王子晋不是王室血脉的秘密，而自己就想把伯舆大人的怀疑坐实，以达到自己陷害纪妃母子的目的。可那个当值太监一口咬定，王子晋就是周灵王的亲生儿子，他让这小太监交出物证，打算销毁，可这个小太监至死不交，说王室规矩，不到册立太子时，任何人不得验看，必须是天王亲自开封。由于时间紧迫，苟安即使能够打开封箱，也不一定能认出哪一块是纪妃见红的垫物，于是顿生杀机，将这个小太监勒死，又伪造了畏罪自杀的假现场，才匆忙回去禀报。

古人在政治斗争方面，一点儿也不逊于现代人。尽管单靖公觉得这里面矛盾突出、疑点重重，但听上去这些供述尚能自圆其说，出于策略考虑，单靖公不打算深追细查，以防止打击面扩大，败坏王室声誉。但这家伙在不到一天的时间内，误杀了小公主莺儿，又连杀一名宫女、一名太监，罪大恶极，十恶不赦。于是，报请周灵王同意，给了苟安五马分尸、满门抄斩的惩处。可怜这个奴才，到死也不知道，他用自己性命保全了伯舆和唐妃，可到底没有一个人为其说情。

由于措施得力，抓捕及时，苟安没有来得及销毁当值太监保存的信物和记录，待单靖公陪同周灵王验看后，真相大白。这个糊涂天子追悔莫及，他立即要将贬纪妃母子为庶民的旨意废除，重新恢复他们的名誉和地位。单靖公反而劝阻了他，并且建议秘而不宣。这不仅仅是为了顾全周灵王作为天子，金口玉言、不能反复无常的面子，而且是为了磨炼王子晋的需要，正好借此机会，让其走向民间，体察民情，接上地气，使这位小王子经过磨砺，成为社稷的栋梁之材。周灵王深信单靖公的这个安排是周密的，又是母后主张的，就同意了单靖公的意见。

其实，单靖公这样安排，还有没有明说的理由，周灵王没有考虑到，太后却理解了。那就是王后还没有生儿育女，日后的变数仍然很大。同时，纪妃母子同伯舆和唐妃的矛盾已经公开化了，势同水火，已经没有了调和的余地。如果当即为纪妃母子平反昭雪，打草惊蛇，势必引起伯舆和唐妃的恐慌，倘若这二人狗急跳墙，纪妃母子的性命将时刻受到威胁，不如当作一悬案暂存，扑朔迷离，也许能为纪妃母子创造一个安全的环境。

就在此案开审的第一天，单靖公已将纪妃母子从宫中转移到了自己家里，严密地保护起来。单靖公就自己的设想，征求了纪妃和王子晋的意见，母子俩均同意离开京师这个是非之地，一切听从单靖公的安排。单靖公派单愆期带人外出考察了一番，最后选定伏牛山腹地的一个偏僻的地方，作为他们母子的安身之所，然后在一个夜晚，神不知鬼不觉地送走了纪妃母子。

在案子审结后，由周灵王在朝会上下旨，将纪妃母子流放民间。单靖公借助这一旨意，在一个秋高气爽的日子里，派出一辆密封的马车，穿过洛阳城东部城垣，向天室山的方向驶去，故布疑阵，麻痹那个四处打听纪妃母子下落、居心叵测的伯舆及其同党。

即使周灵王下旨流放了纪妃母子，伯舆也高兴不起来，他做贼心虚，一直怀疑单靖公做了手脚。纪妃母子出宫后，伯舆立即让手下人到处打听，可到底没有找到母子二人的藏身之处。在这场你死我活的宫廷斗争中，伯舆显然是一个失败者，他真切地了解到了小王子姬晋人格魅力的强大以及单靖公这个对手的可怕。可他不甘心失败，决心无论如何也要置纪妃母子于死地，不然，自己就永无宁日。于是，他派出鹰犬搜索这母子二人的踪迹，必欲除之而后快。

第十五回

深山中避难箫声醉鸟兽
火海前脱险浮丘救母子

　　王子晋母子走后,周灵王一直闷闷不乐。宫里发生的这一场大变故,把生活的秩序都搅乱了。天下事对于周灵王来说,可以了犹未了,不了了之,但家务事就不能再不了了之了。已经被证实是亲生儿子的王子晋被单靖公安置到一个安全的地方,算是生离,而小公主莺儿殒命,却是死别。生离与死别都是令人悲苦的,现在要让这个时而清醒时而糊涂的周天子快乐起来,显然是不可能的。周灵王在这一段时间里,每天夜不能寐,在脑海里,两个孩子的影像不断交替显现,莺儿腼腆、温顺、秀气、安静,生就是一个女孩儿,可如今说没就没了;而小王子晋对周灵王产生的心灵震荡更强烈。这孩子不仅聪明、伶俐、活泼可爱,最难能可贵的是,会坐在他的怀抱里,问父王为什么长了一脸大胡子,自己长大后也会是这样吗?周灵王又想起他带着王子晋到谷水在王宫西边拐弯出处形成的那片湖泽里观鹤的情景,孩子是那么的欢快,白鹤在孩子身边跳跃、鸣叫,卫士们害怕伤了小王子,驱赶走了鹤群,孩子满脸泪痕,很不高兴。还想起母后六十大寿庆典上,王子晋为母后吹起了洞箫,那箫声吹得婉转悠扬,受到宫廷乐师们交口称赞……这一切都不过是一个智力超群的儿童能够表现出来的智能,可近来发生的大事,最让周灵王震撼,这孩子岂止能用一个智力超常的儿童来看待,他在生死面前表现出来的从容镇定、临危不惧,在论辩是非中表现出的语言表达能力、斗智斗勇的智慧,更是万人所不能企及的。周灵王一想到这些,就懊悔不已,整日以酒消愁,醉生梦死,身边的人也没有人胆敢阻拦他。

　　单靖公当然不会告诉周灵王,他把纪妃母子送到的具体地方,他怕周灵王酒后失言,把机密泄露出去。好在周灵王也不曾过问,这正是单靖公为人谨慎之处。这种预防不是没有道理的,果然在一次伯舆陪同周灵王喝酒时,伯舆以关心的口气说:"王子晋既是王室正宗血统,就应该召回来。要不然,臣派人给他们母子送些给养,免得他们在乡下太吃苦,大王能否告诉臣他们在哪里?"周灵王说:"寡人也不知道啊,也好,省得心烦,让上天保佑他们母子平安吧。"伯舆听周灵王这样说,就立即止住了话头。

位于王畿西南方向的伏牛山中,有一个自然形成的隘口,地势十分险要,虽然没有重兵把守,但警备力量也是充实的。领军的百夫长尹夷是单靖公的亲信,所以这地方是单靖公最信得过的地方。在纪妃母子尚未到达之前,单靖公的一道密令已经传了下来,说是一名仙姑由一个仙童做伴,要来此闭关修炼,为天朝、社稷祈福,此事关系十分重大,必须严密封锁消息,不得走漏半点儿风声,对仙姑和仙童也必须严加保护,在他们的住处布岗加哨,以免惊扰他们。尹夷凛然遵从这一密令,待单愆期派来的十名警卫将纪妃母子送到后,一切都已经准备就绪。

在悄悄离开单府前,单靖公与纪妃母子已经秘密议定,让他们隐姓埋名,将自己的真实身份彻底隐藏起来,纪妃化名绛珠夫人,王子晋化名公子乔,以时下流行的道姑、道童的身份到一个山寨落脚。这个安排,纪妃当然理解其深意。王子晋虽然经历了宫中的这场风波后仿佛一下子长大了,但毕竟脱不了孩子气,听说要到大山里去,心里充满了好奇和激动,欢呼雀跃,仿佛要到深山寻宝,参加重大探险活动一样。单靖公慈爱地拍了拍王子晋的脑瓜,说:"王子殿下,不,公子乔啊,深山与深宫是两码事儿,你们娘儿俩养尊处优已经习惯了,到了那里一切全不似宫中有人供给、有人伺候那么方便,你要做好吃苦受难的准备啊!"王子晋说:"请师父放心,有妈妈在,晋儿什么苦都不怕,可我能带上洞箫吗?"单靖公忍着笑,郑重地摇摇头说:"不行,在深山里你吹奏给虎豹听啊?"王子晋一脸失望,喃喃地说:"弟子还想引来凤凰哩。"一直不多言语的纪妃扑哧笑了,说道:"傻孩子,你师父逗你呢。"王子晋高兴得一蹦好高。

母子二人被卫士送到伏牛山口,打过尖后,没有怎么停留,就朝他们的安身之处行进。

百夫长尹夷带了四名卫士护卫着纪妃母子进山,他们都脱下戎装,换上便服,跨上腰刀,背上箭囊,完全是猎人打扮。纪妃母子骑了一匹温顺的马,行走比较稳健,自然也较缓慢。尹夷骑一匹快马始终走走停停,不离他们母子左右,前边两匹快马负责探路,后边两个卫士负责断后,警惕地观察着有没有可疑人跟踪。

刚刚入山时,道路比较宽阔,过了一个隘口后,道路变窄,崎岖蜿蜒,时而攀登陡坡,时而溜下深崖,时而翻越山头,时而跨过溪流。时值刚过立秋,暑气未退,霜月未至,气候仍然燠热,但深山里却分外凉爽,漫山遍野,草木葳蕤,青枝绿叶,野花丛生,伴着虫叫鸟鸣,一派生机。王子晋长这么大,何曾见到过这样美好的景致,高兴得像到了天堂一般,眼睛都不够用了。见到路边的野果,一定要下马摘一些,经过潺潺的流水,也要跳下马去,到溪流里蹚一蹚,又惊呼看到了水中的游鱼、螃蟹。大人们不忍拂他的意，只要他想停下来，就让他逗留一阵子。就这样，走走停停，眼看太阳西斜到山顶，就要落山了，尹夷叫一声："公子乔，你要在这山里住下来，好多的美景有你看的！太阳落，狼下坡，赶快走吧！"纪妃也催他，王子晋才依依不舍地从山洞的大石头上跳了下来。

当彤红的晚霞在西方天际抹上重彩之时，一行人终于赶到了纪妃母子落脚的山寨。这里是山里很少见的开阔地，周围环山形如盆地。背山向水的坡地上散居着十几户人家，大多以狩猎为生。猎户们的房舍都比较简陋，多是用石片砌成的居室，还有几户干脆靠山坡挖了窑洞，穴居在此。而尹夷这些官军为纪妃母子准备的是一所木屋，应当说，在当时的历史条件下，尽管漫山遍野都是苍苍莽莽的原始森林，有的是木材，但缺乏伐木工具和搬运的劳力，能为纪妃母子盖起这所木屋，确实费了不少气力。室内，一个很大的火塘边上摆有陶制的鬲、镶，也有盛放食物的篚，虽然没有了青铜器，但所用器皿准备得相当齐全、周到。

他们这一行人到达住处以后，早已雇用好的一个民妇已为他们备好了可口的饭食，主食是粟米粥，熬得浓稠，散发着清香，副食是山外难得尝到的野味，有焖得稀烂的草鹿肉，还有一只烤黄羊，油焦光亮，撒上盐卤，香味扑鼻。除了纪妃一路颠簸，胃口不佳，只喝了一些粟米粥外，王子晋与尹夷将军及四个卫士都是大快朵颐，吃得酣畅淋漓。王子晋觉得自己从未吃过如此美味的食物，也没有尝试过这种不拘礼节的吃法。

深山里的夜来得较早，太阳落山不久，天空就由朦胧的黛色转为满天星斗，尹夷带上卫士就宿在临近的小屋里，轮流值更，不仅是为了防止坏人偷袭，也是为了防止猛兽滋扰。四个卫士悄悄议论，这位绛珠夫人，这么高贵，如同仙子下凡，令人不敢仰视；而那个公子乔，虽然稚气未脱，眉宇间却显得英气勃勃，也绝对不是凡夫俗子。这几个人反复议论，他们想不通，这母子二人到这深山老林里修仙炼道，到底是为了什么。最后尹夷制止住了他们的议论，告诫他们，关于公子乔和绛珠夫人的身份，任何场合、任何时间，都不得瞎议论，违令者斩！四名卫士见官长这么严厉，一个个闭口，忠实地履行着自己的职责。入夜，民妇把木屋打扫了一遍，也不讲什么礼节，用生硬的山里人的腔调，叮嘱纪妃母子把门闩好就离开了。

纪妃知道这女仆说的什么意思，在这人迹罕至之地，正是狼虫虎豹出没的地方。她小心地把门闩好，又找来两根木棍在门闩下斜顶着，才略觉放心。此时，吃饱喝足的王子晋已经睡眼惺忪，纪妃把儿子抱到床榻上，孩子很快睡熟了。纪妃心里说，到底是孩子啊，没心没肺的。

山风呼啸着，穿过木墙的缝隙，吹着尖利的哨音。火塘里的火种由红变暗，纪妃吹熄了身旁的油灯，屋子里一片黑暗。纪妃的思绪就伴着风声，还有不时裹进来的一两声瘆人的、不知是什么鸟兽的嚎叫声,一层层晕染开来。短短的几天光景,她和自己的孩子在滚油锅里翻滚,在刀尖下逃命,整个世界都倒了个儿,就像一场噩梦,还没有醒来。从那个金玉其外、败絮其中,看似平静却激流涌动的王宫里逃了出来,又到了这个虎狼出没、狐奔蛇窜,风景绚丽却危机四伏的深山老林。她不知道命运会将他们母子如何摆布,带向何方。她深深地理解单靖公的良苦用心,唯其如此,才能让他们母子脱困去厄,绝处逢生。她哀叹自己的命运多舛,不能给孩子安全保障;她又庆幸自己又一次死里逃生,由衷地感谢天地的造化和眷顾。想到这里,她脑海里电光石火地蹦出了可敬的浮丘哥哥,也不知他如今漂泊于何处,身在何方? 知道不知道他们母子遭到如此巨大的变故? 人在最困难无助的时候,才会思念最亲的人,最需要精神慰藉。纪妃的眼前,一会儿是一个英姿勃勃、武功高强的青年道人,一会儿又是一个老态龙钟、慈眉善目的圣贤仙翁,两个形象不停地重合、分离、分离、重合,不住地叠映在纪妃的脑海里,终于,纪妃在思念中坠入了梦乡。

这个寨子叫"鸡脚寨",因其所处的山峦主峰粗大而高耸,就像一只雄鸡的腿部,下延的几条山岭酷似鸡爪而得名。说是寨子,也没有什么寨垣,只有在野兽经常出没之处,或堆砌巨石为阵,或开挖陷阱为防,或竖立木桩为阻,简陋却实用。鸡脚寨是一个原始部落,部落里只有十几户人家,没有阶级之分,部落的酋长是一个古铜色皮肤、浑身青筋、个子不高却如一根木桩的壮年男人,名叫"黑拔山魈",在山民中享有崇高的威望。

因为官兵提前来此有过训示,翌日一早,当山民们各家各户炊烟消散后,黑拔山魈站在山坡前的一块巨石上,打了一声呼哨,山民男女老少数十人向木屋拥来。猎人打扮的尹夷将军向这个酋长做了一个手势,酋长乐哈哈地前来向尹夷半屈一条腿,施上一礼。尹夷用当地方言向酋长叽里咕噜讲了一阵子,酋长转身向山民们转述了尹夷的训示,山民们一阵类似惊叫的欢呼,一齐跪倒在地,向纪妃母子顶礼膜拜,那种虔诚就如同见到了天神。此情此景,让纪妃和王子晋惊呆了。尹夷向他们解释,这是山民们在用最隆重的礼节欢迎他们的到来,他们称绛珠夫人为伟大的圣母、公子乔为天帝儿子,祈求他们保佑山民们平安、丰裕,山民们的纯朴、善良令纪妃和王子晋大为感动,禁不住热泪盈眶。

礼毕,众人站立起来,依旧庄严肃穆,就连人群中散立在大人中间的七八个赤身裸体的少年儿童,也都瞪着黝黑的眼珠儿,望着纪妃母子,好奇而羞涩,安安稳稳,规规矩矩。

酋长做了一个手势,只见一个须发斑白的老者牵着一头洁白的山羊来到人群前面,另有两名男青年和一个年轻女孩子,向酋长献上了一段白亮亮的兽骨,女孩子退下后,两个男青年用木杵奋力在纪妃母子与酋长站立的部位中间的软土上,挖出了一个大坑,酋长用嘴亲吻了兽骨,然后对着这块骨头,大声地说了一些什么话,也是让山民们听的。尹夷告诉纪妃和王子晋,这是酋长正在对天地和山神发誓,要全力地保护圣母、圣童,绝不使他们受到侵扰和伤害。王子晋已经看出,这是山民们在进行神圣的盟誓活动。山民们没有文化,自然不会写字,但酋长发完誓后,仍然用腰刀在兽骨上刻上了几个简单而古怪的符号。那老者挥刀宰杀了小白羊,鲜红的血流了出来,一个山民托着一个陶瓮,接了满满一瓮。山民将羊血捧给酋长,酋长黑拔山魁饮了一大口,嘴角流着血又递给那个山民,山民托着陶瓮,走到人群中间,用松枝蘸着羊血给众人每人嘴上抹上一点。老山民把白羊放入坑中,酋长把那块刻有符号的兽骨放在白羊身上,两个年轻人再用木耒把土封上去,全部封好后,用脚把土踩实。尹夷代表纪妃母子向酋长称谢,酋长乐哈哈地挥挥手,让山民散去,山民们一步一回首,仍然用新奇的目光注视着纪妃和王子晋。

人们散去后,尹夷和酋长带纪妃母子,绕过木屋,上了后山。在不远的一面缓坡上,建起了一个平台,不知是山民还是驻军,已经为纪妃搭好了一个石砌的祭天香坛,供他们母子敬香祭拜之用。至此,纪妃松了一口气,彻底明白了单靖公的良苦用心,即在这里为他们母子建起一个庇护所,又让他们祈祷神灵,请神灵保佑他们母子平安,否极泰来。当然,单靖公还另有深意,他要让纪妃这位圣洁的母亲,用母爱祈求上天,为自己的儿子消灾祈福,登上天子之位,振兴王室,造福苍生。

在之后的日子里,纪妃的虔诚不亚于山民们,她坚持每天早晨起来,沐浴更衣,盥洗干净,在红彤彤的太阳刚爬上山头的时候,到这个祭坛前焚香礼拜,她要用她的诚心感动上天,为自己的孩子健康成长寻求保护。

王子晋则不需要天天追随母亲前去敬香,而是按照母亲的要求,在黄道吉日才去祭拜。王子晋的虔诚不亚于母亲,只是没有那么多的祈求,完全出于对上天、对大自然的痴迷和热爱。

母子二人在同山民的接触中,首先熟悉的是那位勤恳的女仆。尹夷留下两名卫士贴身保护王子晋母子,另外两名则在山下巡查。王子晋母子在山上的给养由山下的卫士提供。每隔两天,山下的卫士便会携带给养前来,并将山上的卫士轮替下去。可女仆就没有这样规律性的时间间隔,她会不时地带来一些野味和山野菜,为他们调节饮食。很快,他们和女仆就相处得像一家人一样,非常融洽。其他留守在家的妇孺也会来这个木屋,把她们认为最好的食品送来,这份儿厚道和纯朴,让母子俩时时地感动着,他们得到了在王宫里没有领略过的人间真情,不知不觉已融入山民之中。

王子晋与小伙伴们的交往也经历了一个磨合的过程。当山民们到山上狩猎时,留在寨子里的妇孺也有不少劳作任务。几个小男孩帮助妈妈干完活儿后,不听妈妈的吆喝或责骂,结伴来到木屋前。王子晋看到他们到来,非常高兴,奔跑着到他们跟前,还没有打上招呼,这些孩子就躲躲闪闪,四散开来,躲在树后张望。王子晋忽然意识到,这些小伙伴并没有把他视为同类。于是,王子晋就拿出士兵们为他做的玩具引逗他们。一开始他们仍然不肯近前,经历几次躲闪后,他们就渐渐地向王子晋靠拢了,成了王子晋的玩伴。王子晋跟着他们学会了山民们的方言土语,他发现,自己背诵的诗文已经相当简约,可山民们的方言更为简捷明快,往往是一个音节就有多种含义。可以认为,豫西山区的这一语言习惯,一直保持到了当代,比如他们斥责别人,要人到一边去或者滚开,只用一个字——蹶!以至于相声大师侯宝林先生当年总结全国各地的方言特点时,说河南话最省略,"谁、我、抓、尿",四个字就是夜里起来小便的人与另一个人的全部对话,其实这种表达方式,正是上古遗风。学会方言土语的王子晋,与山民们的交流就方便多了,有时还充当妈妈与山民交流的翻译。王子晋成了山民孩子们的领袖。孩子们的心灵是相通的,山民的孩子也是心灵手巧,会做一些玩具,还会邀请王子晋参加他们的游戏,所以,王子晋比妈妈更早地与山民们打成了一片。

到了夜晚,王子晋都会把自己的见闻讲给妈妈听。他告诉妈妈,这些村民看似木讷、愚笨,其实都很聪明,他们会将山里猎到的野猪崽、野羊崽,或者是野牛崽驯养成家畜。王子晋兴奋地对妈妈说:"驯养野生动物,可好玩啦,山民大叔会把野猪崽的几颗尖利的牙齿拔掉,小野猪崽疼得直尖叫,可它的野性也去掉不少,然后圈在圈里,渐渐磨它们的性子,这些小野猪就渐渐地去掉了攻击的野性。"纪妃故作惊奇地问:"晋儿,你说的是真的?"王子晋肯定地回答:"妈妈,千真万确,我亲眼看到的。"纪妃把孩子紧紧搂在怀里,动情地说:"孩子,你长见识了!"

王子晋和一群小朋友混熟了以后,活动的范围也越来越大。他与小朋友一道,上树捉知了,下河摸鱼、抓螃蟹,开心得很,有时出去一天,弄得像个泥猴子。纪妃从来不责怪,只是让他洗澡,给他洗衣服,也教导他,要养成良好的习惯。

在和小朋友的玩耍中,他发现有的孩子会用竹叶或树叶吹出响亮的口哨,这让王子晋很感兴趣,他也把自己的洞箫带出来,吹给小伙伴们听。他在树林子里吹,在山洞溪流里吹,在悬崖峭壁前吹,他的箫音总让这群孩子入迷,从开始的惊叫到安静地聆听。有些时候,小朋友散去了,王子晋仍然坐在光滑的河石上,面对着树林、竹园,面对着飞瀑流泉,面对着远山近峦,忘情地吹着。他把从乐师那里学到的乐谱吹得滚瓜烂熟以后,就随着自己不断变化的情感,用箫声倾诉自己对大自然、对生活醇醇的爱。慢慢的,他不再吹奏那些已经定型了的乐曲,而是用音乐抒发自己的心曲,吹着吹着,他仿佛置身于一个空灵的世界里,天空霞光万道,五彩云霓编织成斑斓的画卷。漫山遍野的松树,在微风的吹拂下,发出低沉的韵律,翠竹叶片沙沙作响,像用和声为王子晋伴奏,又像在为王子晋奏出的美妙乐章起舞。王子晋尽情地吹着,陶然于天地间,陶醉在乐曲中,那些没有走远的小伙伴们受到乐声感染,回头过来,看见王子晋身边跳跃着山鸡、松鼠,好似起舞,竹枝上落了不少画眉、山雀、黄莺,甚至百灵鸟也停止了歌唱,聆听着王子晋吹奏出的美妙音乐。孩子们回到家里,把他们见到的这种奇景讲给他们的父母,山民们更把王子晋母子当作仙人。

王子晋在用自己的心灵来观察这个世界,用自己的音乐来感知这个世界,在鸡脚寨这个封闭的小天地里,不停地汲取知识,增长本领。

他由衷地敬佩这里的山民,也对他们简陋低劣的生产方式感到惋惜。他观察了山民们的活动规律,发现他们早出晚归,所获却甚少。他们的捕猎工具大多是木棒,仅有少数几个人才配有刀、叉、剑、戟,效率十分低下,并且碰上猛兽时,还会有生命危险。

有一天,王子晋与小伙伴们在寨子里玩耍,突然见酋长带着一群猎人,从山坳里背回一个受伤的年轻人,这个年轻猎人的一只手臂已经被野兽咬掉,断臂上糊着一层捣碎的药草,血是止住了,可这个猎人的小腿骨骨折,走不了路,他们才把他背了回来。

王子晋和两个小伙伴围了过来,因为他在场,这些大人们没有呵斥他们,让他们"蹶!"这群猎人把伤者平放在地上,由酋长麻利地为他治疗。青年猎人脸色苍白,却坚强地忍着剧痛,不哼一声。酋长从伤者的手臂断开处揭开那团不知究竟由什么制成的止血剂,血水立刻汩汩地往外流。酋长从已经准备好的药袋里,取出一个拳头大小的孢囊,撕开灰白色的包皮,一股黑雾飞了出来。酋长撕下一块黑黝黝的孢囊,按在青年猎手的伤口处,鲜血立刻止住了。酋长又托起青年猎手的那一条伤腿,查看伤势,这一托,青年猎手忍不住呻吟起来,可见骨折之处痛得厉害。酋长找到骨折处之后,从药袋里取出一段细细的兽骨,放在石臼里咣咣当当地捣碎,几乎成为粉状,然后用清水和成糊状,敷在青年腿部的伤处,青年猎手很快止住了呻吟,可见止痛效果特别的好。酋长取来一块兽皮,撕成两片,分别把伤者的胳膊和腿的伤处包扎起来,众人这才松了一口气。

隔了两天,王子晋又与小伙伴们到寨子里一块空地上玩耍,看到受伤的那个青年猎手,空着一只袖筒,正在用一只手臂练习投掷。那条腿仿佛根本没有受过伤,虽不是健步如飞,却看不出跛的迹象,王子晋大为惊奇,简直不相信自己的眼睛。

又过了一天,王子晋趁着酋长在家,专程登门拜访,酋长对他的到来分外惊喜。王子晋有礼貌地问:"酋长伯伯,那天你为猎人大哥哥疗伤,用的什么药呀?那么快就治好了?"

酋长哈哈地笑了:"怎么啦,小仙童,你想知道什么呀?"

王子晋说:"我想知道你用的什么药。这要是在战场上,能救治多少伤员啊!"

酋长说:"哪有那么神奇,都是我们山里人琢磨出来的土办法,用不到战场上的。"

王子晋执拗地说:"那也请您告诉我!"

酋长说:"好吧。"说着,从墙上取下那个药袋子,里面装满了各种各样的药品,有好多种植物的根茎、叶、花、果等,也有一些兽类、鸟类的骨骼、粪便,还有一些山上的化石,等等。酋长每拿起一样,就对王子晋讲治什么病用,王子晋似懂非懂,但还是一一记了下来。他特别好奇的仍是那个青年猎人的伤为什么好得那么快。酋长从药袋里拣出那个菌块,问王子晋:"小仙童,你吃过蘑菇没有?"

王子晋老老实实地回答:"吃过,还是邻居大婶从山里采来送给我们的,可好吃啦。"

酋长告诉他,这种菌,跟你吃的蘑菇差不多,都是生长在潮湿的树林里或在草丛里,开始时像一粒豆子,在温热的气候里,过了几天就会长得如拳头大小,有的更大些。撕开这个球状的菌体,里边乳白色的菌肉长成了以后,采起来,晒干,就变黑了。撕开表皮,里边就会向外喷发黑色的种子,飘落到哪里,哪里就又会长出新的菌株来。这东西的止血效果特别好,正在喷流的血液碰上它,很快就凝固了。

王子晋连连点头,表示明白了,接着又问:"那您用一段什么动物的骨头捣碎,糊在了那个大哥哥的伤腿上啊?"

酋长微笑着,夸奖王子晋问得好。他又从药袋子里取出一小块兽骨,看上去是一段小动物的腿骨,因为这段骨骼的一端还有一些长有黄褐色的毛发的小爪子。酋长说:"这是山里很少见的一种小动物,叫黄猸,就像狸猫那么大小,又叫黄猸狸,它的骨头磨碎治疗骨折,效果特别神奇,敷在伤处,到夜深人静时,能够听到伤者的骨头处,会发出咯吱咯吱长骨头的声音。"

王子晋听了,兴奋地说:"太神奇了,怪不得大哥哥好得那么快。"停了一下,不无遗憾地说,"我要是也有这种药,那该多好啊!遇上有人受伤,也给人家治疗。"

酋长用赞赏的目光看着王子晋:"小仙童,你真是好心肠。你真的想要这种药?"

王子晋郑重地点点头。

酋长把那个菌和这段黄猛狸骨头用一张兽皮包好,递给王子晋:"小仙童,请你把这两件礼物收好,这是我们山里人的独门秘方,一般不告诉人,更不会轻易送人的。对你,是个例外!"

王子晋接过这个珍贵的礼物,深深地向酋长鞠了一躬。酋长虽不懂这种礼节,但也理解这是非常感谢的意思,含笑点头,更认为这个孩子不同凡人,就是个小仙童。

转眼已过了三个多月,山里的树叶由绿变红,由红变黄,风一吹,树叶落满山林山谷。小鸟也停止了歌唱,忙着到避风向阳的山坳里筑巢,山沟里的溪流也开始由高歌变为低吟,飞瀑很少见了,各条在山谷顶端形成的流泉,仍然汇聚在一起,淙淙地流淌着。山民们更加忙碌了,因为这时的猎物最为肥美,猎到了的禽兽被留下来,寨子里的老人、妇女把这些猎物分割成条状,挂起来,风干,准备过冬时食用。兽皮则被他们从山沟里挖出来的芒硝浸润起来,鞣制成皮革,制作成过冬的衣物。善良大方的山民们还把他们鞣制的最好的皮革,送给纪妃母子。皮革多得用不完,纪妃把这些散发着腥膻味的兽皮挂在木屋里,反而让人感觉小木屋非常温馨。

几个月来,充足的山野肉食的营养,加上每天山上山下奔跑跳跃,王子晋的个头长高了一大截,身体也强壮起来,他向小伙伴们学会了打草饲养家畜,学会了打柴,认识了许多动植物。山民们对他们的友善是无处不在的,他们为娘儿俩开始准备越冬的木柴,今天你背来一捆,明天我背来一捆,还没有入冬,小木屋的院内外,到处都堆满了柴火。

一天晚上,母子二人躺在床榻上,听着山风吹动小木屋的响声,都睡不着觉。王子晋突然说:"妈妈,晋儿觉得自己长大了!"

纪妃欣慰地笑笑:"是吗?你在妈妈的眼中,永远是小孩子,可妈妈也盼着你快快长大。"

王子晋说:"妈妈,不管能不能再回到京都,我都不想再进王宫了,我愿意在这深山里住一辈子!"

纪妃说:"为什么呀?"

王子晋说:"这里与王宫相比,简直是两个天下。王宫里阴森森的,可这里天高地阔,处处有真情,有温暖,这里的山民是多么的好啊,晋儿舍不得离开他们!"

纪妃沉思着,她想,孩子真的是长大了,他在为自己的前途和命运考虑了。孩子说的这些话,纪妃深有同感,可她清楚地知道,他们母子还没有能力,也没有资格混迹于深山老林,顽强地生存在这个特殊的环境里。他们眼下之所以能在这里生存,是因为背后有一个强大的力量支撑着,若离开了这个支撑,孤苦伶仃的母子俩连浮萍也算不上。眼下的场景是真实的,有时却显得虚幻,晋儿设想的生活道路,是根本不可能实现的。而且,她也不忍心让孩子一肚子学问白白浪费在这荒山野岭之中,她也同单靖公一样,对儿子寄有很大的希望。她相信,以晋儿的聪明才智,一定能做出一番伟业。想到此,她觉得,应该让晋儿多了解一些事情了,就轻轻地呼唤着:"晋儿,晋儿,你睡着了吗?"

王子晋闷声闷气地回答:"没有,妈妈,晋儿听着呢。"

纪妃问:"晋儿,你想念你的父王吗?"

王子晋说:"也想也不想,他有那么多的女人,不会想念晋儿的!"

纪妃幽幽地说:"也许吧。不过,妈妈想,他应该是想念晋儿的。你可还记得,那个叫伯舆的大臣说你不是你父王的亲生儿子的那件事儿?"

王子晋气愤地坐了起来:"怎么不记得? 他胡说八道! 晋儿就是父王和妈妈的孩子! 晋儿知道他的野心,他是与那个唐妃娘娘合伙,要置妈妈和晋儿于死地,好为贵儿弟弟争得太子之位!"

纪妃把王子晋拉过来,揽在怀里,母子贴在一起,把被子裹紧,抵御着夜寒:"晋儿,你说得对,你就是你父王和妈妈的亲生儿子。可伯舆他血口喷人,玷污了妈妈的清白啊!"

王子晋说:"妈妈,你的清白是谁也玷污不了的! 晋儿和妈妈都是清白的人!"王子晋沉默了一会儿,忽然问道,"妈妈,那个老贼说的乔装打扮进宫的仙翁,是怎么一回事儿啊?"

纪妃叹口气:"晋儿,妈妈正要告诉你,他是妈妈的义兄,哦,你应该称为舅舅的,他是救过妈妈和你的命的大恩人啊!"

王子晋哦了一声,似乎明白了:"妈妈,您给晋儿讲讲这位舅舅的故事吧!"

纪妃正要开始讲述,突然听到了轻轻的敲门声。纪妃心里一惊,轻呼:"谁?"

敲门声并不太大,但很急促。纪妃迅速穿好衣服,王子晋也开始穿衣。纪妃轻轻地下床,朝门前走去,王子晋顺手抄起一根一直被母亲放在床头的防身的棍子,跟随在妈妈身后。

纪妃贴着门,又厉声喝问:"谁,干什么?"

门外传来一声呼唤:"妲儿,我是你的浮丘哥哥!"

纪妃又惊又喜,对王子晋说:"晋儿,说人不离百步,是你的仙翁舅舅来了!"说着,拉开门闩,浮丘公就闪身进来了。

纪妃要到火塘边引火点灯,浮丘公制止住了她:"妹妹,千万不要点灯,也不要多说话,摸黑儿把细软、衣服整理好,能不带的就不带,咱们得赶快离开这里!"

纪妃惊问:"浮丘哥哥,为什么这样紧急?"

浮丘公说:"有人马上要纵火烧死你们,不敢再耽误了!"

纪妃越发心惊,低声叫道:"晋儿,听你舅舅的,我们马上走。"

纪妃摸索着收拾东西,王子晋在这突如其来的变故面前,仍然表现得相当从容镇定,他用小木棍拨了拨火塘里的暗火,室内明亮了很多,火光照亮了浮丘公坚毅的面孔,王子晋竟然觉得似曾相识,却记不起在哪里见到过。

待纪妃把细软包好,浮丘公一手扯着他们一人,深一脚浅一脚地走出了寨子。浮丘公似乎早已探好了道路,在黑暗中穿行,三人觉得毫无障碍。大约走了一个时辰,他们走到了一个小山包的最高处,回身一看,只见那个小木屋已经起火,接着,寨子到处起火,隐隐约约传来大人小孩的哭喊声。大火在山风中猛烈燃烧,风助火势,火助风威,顷刻间,大火映红了半边天际。

看到此情此景,纪妃和王子晋心惊肉跳,瑟瑟发抖。纪妃叫道:"晋儿,你浮丘舅舅又一次救了咱们娘儿俩啊!"

浮丘公冷静地注目着火光,良久,才回过身来,对纪妃母子说:"好险,总算又度过一劫,娘娘、王子殿下,咱们走!"

才走了几步,王子晋突然叫道:"妈妈,我的箫带了没有?"

纪妃一想:坏了,匆忙之中把孩子挂在墙上的洞箫忘记拿了。王子晋一听,要回去找,浮丘公一把拉住他:"殿下,这么大火,回去也找不到了。你放心,我再给你弄一个更好的洞箫送你。"

第十六回

缑山敞怀抱容纳母与子
纪妃施大爱照料爷和孙

浮丘公的易容术再一次发挥了作用。他把纪妃打扮成一个青年公子,自己本来就是一个道士,王子晋就由仙童成了道童。一行人出了深山,雇了一辆马车,绕过洛阳城,来到嵩山西北麓五舍开外的缑氏山前边的靠山屯,寻了一处民居住了下来。

一路上,三个人都没有来得及说什么,乘上马车更不方便说,就各自想着心事。浮丘公想,真的好险,要不是自己窃听到了伯舆的家臣瑕禽一伙的毒计,自己也绝不会贸然去救他们母子。刚一见面,纪妃一句"晋儿,听你舅舅的!"让浮丘公觉得突然,但马上一想,自己早已把伯妲认作妹妹,让小王子这样称呼自己,最贴切不过了。纪妃想,浮丘哥哥注定是自己的恩人和亲人,他总能在最关键的时刻出现在自己面前,使自己逢凶化吉,遇难成祥。王子晋则被这一幕吓坏了,那烧红天际的大火,就像一场噩梦挥之不去。他紧闭着双唇,恨透了要置他们于死地的奸党坏人,悲愤地想念着自己的小伙伴,还有纯朴善良的山民大爷大叔大婶们,也不知他们现在怎么样了,能不能死里逃生,脑海里一直停留着大山里那一片圣洁的净土,怀念那个山弯弯里的一草一木。坐在晃悠悠的马车上,他时而惊恐地睁大眼睛,望一望开阔而苍茫的田野;时而昏昏欲睡,却睡不熟,不大一会儿,就会惊恐地醒来。

在靠山屯那个农家小院里安顿下来以后,纪妃拉着浮丘公在屋子里正中坐下,郑重地叫了王子晋:"晋儿,来,咱们母子给舅舅跪下,叩谢他再一次的救命大恩!"王子晋顺从地跪下,对着浮丘公叩拜,浮丘公一开始不知道纪妃让他坐下干什么,一见是这么一回事儿,连说:"使不得,使不得!"拉他们母子起来,可纪妃执拗地坚持要拜完,浮丘公只得由他们母子这样做。

一场大礼之后,纪妃坐在矮凳子上,对浮丘公说:"浮丘哥哥,你的大仁大义、大恩大德,我们母子粉身碎骨也难相报! 此时此刻,我们娘儿俩彻底摆脱了官府控制,再也不是什么纪妃娘娘、王子殿下和什么道姑、道童了,彻底成了民妇和庶民小儿,你就是我们唯一的亲人。妹妹不解的是,这么多年了,你一直杳无音信,怎么会知道我们母子蒙了难,难道你真的是上天派来保佑我们的吗?"

浮丘公听了这话,眼睛湿润,心潮澎湃,向纪妃母子说出了事情的原委。

浮丘公讲,那次乔装进宫,实属迫不得已。在万分紧急、刻不容缓的情势下,浮丘公说服了王叔陈生,冒着欺君之罪,冒着杀头的危险,冒犯王室规矩,深入到王宫大内,为纪妃治病催乳,拯救了小王子的性命。浮丘公深知,自己的药及红枣猪蹄汤非常灵验,一定能够药到病除,所以看到已经初见成效后不敢在宫里停留,赶紧离开了是非之地。为了不给王叔陈生和自己惹下麻烦,再加上自己素有漂泊江湖、云游四海之志,就毅然决然地离开了洛阳,到各地的名山去寻访道友,修仙练功。他穿过伏牛山脉,翻过老界岭,一路向南,到了武当山,遇到了另一个志同道合的道友容成子,二人都对天下纷乱,诸侯争战不休,王室衰微不振有着共同的认识,都自感入世不易,不如避世,以实现"君子独善其身",故而决定结伴出游。他们去过黄山、天目山、天台山、雁荡山,又折转向东北,去了崂山。每到一处,就和当地道友、道众坐而论道,谈天说地,研讨玄之又玄、无上玄妙的不二法门,推演吐纳之术,练习强身健体的武功,冶炼长生不老的仙丹妙药,从中体悟通天大道,切磋琢磨救治乱世、普济苍生的良策。一路上大开眼界,功力大增。浮丘公记得自己师父的赠言"忽闻海上有仙山,山在虚无缥缈间",并因自己的名字为"海山"而得名"浮丘",一直渴望见到那个海上仙山蓬莱仙岛,因此就与容成子相商,暂住崂山,一边修行,一边寻找机会,乘桴浮于海,寻觅蓬莱仙岛,升腾到修仙炼道之最高境界。

一天,他和容成子在烟雨苍茫中登临崂山主峰,放眼望去,只见山下这方大海远处,海天一线的界面上,忽然出现了一座山峦。那山峦稍微有点儿飘忽不定,可山上的琼楼玉宇却清晰可见,仿佛伸手可触。而且楼宇之间,人影憧憧,俱是载歌载舞之姿,在青云缭绕中,可以看到一处高台,似乎还有人手执拂尘,盘坐在高台之上,向下方万千道众讲经说法……浮丘公和容成子见到这番奇景,自己也仿佛置身在仙境中,乐得手舞足蹈,忘情忘形。待这难得一见的海市蜃楼消失后,他们的心灵受到了极大震撼,当下相约,无论如何也要及早动身,去寻觅仙人居住之处。

可是,下得山来,浮丘公突然觉得心惊肉跳,不能自已,潜意识里觉得一定是纪妃母子遇到了大难。于是,辞别道友容成子,只身火速返回了洛阳王都。

让王子晋和纪妃感到非常神奇的是,浮丘公说他见到海市蜃楼的那个日子,正是伯舆诬陷他们母子的日子,而他心惊胆战的那一刻,也正是周灵王愤怒之极要杀他们母子的那一瞬间。

就这样,浮丘公只身返回洛阳,开始寻找纪妃母子的下落。

当他得知纪妃母子被流放到民间后,也同样搞不清单靖公把他们母子安排的具体位置。浮丘公判断,伯舆及其同党必定也在寻找纪妃母子的下落。他打听到,自从纪妃母子从宫中搬出后,伯舆的家臣瑕禽就出了京师,带着十几个伯舆豢养的打手和鸡鸣狗盗之徒,到单靖公故布疑阵的嵩山一带搜寻,浮丘公决定暗中追踪他们,顺藤摸瓜。就这样,一明一暗,或者说一暗而另一支更暗的人马同时为了同一个目标,苦苦寻了一个多月,他们谁也没有找到任何线索。当然,在这一过程中,瑕禽一伙的行动全在浮丘公的掌握之中,浮丘公也摸透了他们的行动规律,以逸待劳地进行着搜索和跟踪行动。

最后,瑕禽一伙把目标锁定在了伏牛山中,浮丘公也悄然追踪而至。在这几个家伙寻找得近乎绝望时,竟然在鸡脚寨发现了目标。浮丘公也欣喜地看到了小王子和纪妃。双方都把目标锁定在了那个小木屋里,因另有卫士把守,这几个家伙不敢贸然动手,他们密议趁月黑风高放火烧死他们母子,可这阴谋偏偏让浮丘公听到了。于是,浮丘公抢先一步把他们母子救了出来。

纪妃和王子晋听浮丘公叙述完这一切,都泪流满面。纪妃喃喃自语:"浮丘哥哥,你为了我们母子,吃了多少苦,受了多少罪啊!"

浮丘公说:"妹子,再不要说这样的话。能把你们母子从火海中救出来,是你们福大命大造化大,吉人自有天相,天不该灭,谁也灭不了。哥哥赶上了,也正是为兄的一大快事,了却了一桩心愿。磨难对于王子殿下来说,是一笔无法挣到的人生财富,舅舅诚望殿下珍重、珍视这段苦难的经历,磨砺成治世兴邦、敬德保民的栋梁之材!"

王子晋觉得自己长大了,他对浮丘公请求道:"舅舅,晋儿已经把功名利禄看淡了,不愿成什么栋梁之材,晋儿请求舅舅带晋儿修仙炼道,不知舅舅意下如何?"

浮丘公说:"修仙炼道,不是谁心血来潮想炼就炼的,一切随缘。晋儿,你是一位小王子,兼负治理天下的重任,不到万不得已,舅舅是不同意你遁世学道的。将你们母子安排到这里,是因为伯舆的爪牙已多次搜索过这个地方,他们再也想不到你们竟然住在这里。等你们安顿好以后,舅舅还有好多的事情要做。你就按照你的太傅单靖公的教诲,在这里深入民间,体察民情吧。暂时不要与任何人联系,舅舅相信单公最终会找到你们的。这里有一个缑山邑,舅舅到那里为你们采购些生活用品后,将离开一段时间。等到适当的时日,我还会再来看望你们的!"

浮丘公说到做到,他去了山后的缑山邑(今偃师市府店镇附近),采购了很多物品,足够他们母子生活方便,衣食无缺。遗憾的是,他没有能够为王子晋买来一支洞箫,不过却意外地发现了一捧竹笙,高价购回。王子晋得了这竹笙,略试音阶,格外响亮,非常欢喜,连连向浮丘公道谢,浮丘公这才放心地离去。

再说单靖公接到尹夷将军的加急禀报,说鸡脚寨起了大火,两名卫士被烧死,寨子里的山民死伤过半,纪妃母子下落不明,一下子跌坐在地,半天说不出话,连痛骂这群蠢物的气力都没有了。转而想到他们母子仅仅是下落不明,又萌生一线希望,立即命人备了快马,一路狂奔,亲自到现场查看,发现果然如同尹夷所说,因而既心存侥幸,又顿生疑团。下严令让将士们在周边地区查找,有了消息,立即上报。

单靖公回到京师,怀着沉痛的心情向周灵王做了奏报。周灵王急得直跺脚,要下旨立即抓捕伯舆,满门抄斩。单靖公劝阻了周灵王,因为还未找到任何真凭实据,不宜采取行动,应当外松内紧,边查找纪妃母子的下落,边侦查案情。周灵王知道单靖公多谋善断,就把这一切交给他全权处理,命他务必找到纪妃母子下落,接回宫来。

单靖公通过认真思考,形成了清晰的思路。首先他认为纪妃母子不可能走得太远,说不定仍然流落在大山深处,假如这样的话,将危险万分,不要说山里到处都有大虫猛兽出没,就是在原始森林里转悠,也会迷失方向,找不到道路,有被困死、饿死的危险。他向伏牛山一带派去了众多兵力,以鸡脚寨为圆心,向周边方圆百里的范围内搜索,每天都派驿马到京都报告消息。可十几天过去了,纪妃母子的行踪连个线索都没有,这几乎让单靖公陷入绝望和深深的自责当中。不过,他也想到纪妃母子能在大火前出去,绝不可能是得到了神明的启示,很大可能是他们母子有高人搭救,他们事先得到消息,才在慌乱中急促上路的。如果这样的话,最大的可能是他们已经逃离了深山,甚至有可能逃到其他诸侯国去。逃到诸侯国容易得到消息,可如果仍在京畿范围内就比较麻烦,兴师动众地寻找一个妇女和儿童,将引起政局动荡。因此,只能够暗中访查。于是,单靖公重新做出了部署,召集心腹,面授机宜,开始了暗访活动。

话分两头,据史书记载,公元前558年七月,出现了日食。也就是王子晋在深山隐居的时候,野心勃勃的晋悼公,正在策划攻打不听话的齐国及其附属国邾国、莒国,这三个国家其实都是与晋国结盟的国家,可在萧鱼定霸不久就有了分裂倾向,所以晋悼公要兴兵教训他们。谁知人算不如天算,还未行动,晋悼公就得了重病,勉强撑到入冬,便一命呜呼了,享年仅二十九岁,接任他的是他才十二三岁的儿子晋平公。晋悼公的夫人是杞国公主,虽然没有垂帘听政,但因晋平公年纪幼小,晋悼公夫人曾一度很有影响力,特别是对待杞国这个产生"忧天倾"人物的母邦,在资助上慷慨大方。

晋悼公的暴毙,使天下形势悄然发生了变化。特别是王室,从周灵王到文武百官,无不幸灾乐祸,当作喜事来庆贺。压在周灵王心头上的大石头骤然消失,周灵王高兴地喝得酩酊大醉,心情格外舒畅,再也不害怕这个结有私人恩怨的仇家了。

外部矛盾缓和,内部纷争就会加剧。伯輿失去了苟安这个内应,一时不容易建立起和宫中的秘密联系,就把全部精力放在追踪王子晋上。当瑕禽放火没有烧死纪妃母子的消息被证实后,他担心周灵王察觉出了他的阴谋,一度收敛了一阵子,但后来发现周灵王没有动他,单靖公也没有弹劾他,他又来了劲儿。但他猜测,必定是单靖公又把纪妃母子藏到了深山里的另外地方,准备派人去山里查找,但已经入冬,大雪封山,在人迹罕至的地方漫无目标地搜索,徒劳无益,于是又决定到开春以后再布置新的行动。

王子晋母子从深山到这个慢坡丘陵地带,生活质量一下子降了下来,女仆没有了,一切事情都要靠自己动手。但这些并未影响到母子俩轻松愉快的心情,尤其是身边没有了无处不在的卫士保护,反而让他们觉得轻松,无拘无束。妈妈告诉晋儿,咱们娘儿俩彻底成为平民了,王子晋说:"妈妈放心,晋儿觉得做一个平民心里更踏实一些。"

靠山屯是一个不太大的村落,住有二十多户人家,都是自食其力的平民百姓。他们既耕种有官家的井田,也开垦有私田,緱山邑里的贵族老爷涂山氏管理这块地方,但很少到这里来。这个贵族老爷很富有,奴仆上百,家丁成队,骡马成群。每到收获的季节,涂山氏老爷的管家才会带上家丁前来收租。所以平时这个小村落很平静,几乎无人打扰。

王子晋失去了洞箫,又迷上了竹笙,他很快掌握了竹笙的吹奏方法,渐渐地摸索出了吹奏技巧。最令他兴奋的是,他发现,与洞箫相比,他更喜欢竹笙。在他看来,洞箫的声音低沉幽远,可以抒发藏在心灵深处无法用语言表达的情感,如诉如泣,绵柔悠长,最适合独自一人吹奏,孤芳自赏。特别是人到了成年以后,情感复杂了,吹奏起反映内心起伏的曲子,更能使人沉醉。但是,洞箫的乐音是单调的,一个洞眼只能发出一种乐音,而竹笙则不同,不仅可以吹奏出五音七级,还可以双手配合,吹奏出和声,产生混响和共鸣的效果。竹笙的声音也比洞箫响亮数倍,最能体现欢快的心情。小孩子家没有那么多沉重的思想负担,即使出现一朵阴云,也会很快消散。王子晋来到这里,没有了深宫的沉郁,没有了深山的闭塞,眼前的天地一望无垠,眼界敞亮,心胸开阔,这竹笙的功能,最能反映他此时的心理活动,所以,这个心理明亮的少年,由衷地喜欢上了用竹笙吹奏乐曲。

人们都知道演奏家们演奏的乐曲美妙动听,却从来不会去想,他们为了练好演奏,付出了多少辛劳和汗水。应该说,所有演奏家在最初的习练阶段,无论乐器多么高级,也不可能演奏出动听的乐曲。所以,王子晋刚开始学习吹笙时,自己也觉得噪音刺耳。为了不让妈妈被这噪音吵到，他每天一早爬起来，登上缑氏山，在山顶上苦练。天气越来越寒冷，他的脸蛋、手指冻得通红，也遏制不住他练习的兴趣和热情，而且越是这样，他越发用功。演奏技巧不断提高的同时，意志也锻炼得非常坚强。

没有多久，王子晋在山顶吹笙时，就吹出了悠扬动听的乐曲。这些曲子为他带来了一群小伙伴，这些与王子晋年龄相仿的孩子，都是在山上放羊、放牛的娃娃，贫苦的日子逼迫他们过早地参与劳动，没有受教育的资本和条件。但孩子们的天真烂漫是相通的，他们很快就同王子晋交上了朋友，王子晋融入他们的群体之后，也成了他们中不可或缺的一员。他们在一块儿玩藏猫猫、打木拐等游戏，玩得非常开心。这些孩子们还七嘴八舌地对王子晋讲一些村里发生的新鲜事儿，王子晋回到家里，拣有趣的讲给妈妈听。就这样，他们渐渐地了解到不少当地的风土人情及生活方式。

我们千万不要用蒙昧蛮荒来看待那个时代的古人。事实上，那时人们的表现欲，一点儿也不比现代热播的《星光大道》《挑战不可能》中的选手逊色，同样非常强烈。我们可以从《左传》的记载中看出这一点。诸侯之间，诸侯与卿士、贵族之间，并不都是吃吃喝喝，吹吹拍拍，相聚一起还有附庸风雅的习惯，并且这种现象很普遍。比如诸侯带着自己的随员参加会盟，不仅欣赏音乐，品评优劣，而且有好多时候，达官贵人们为了显示学问，体现自己邦国的品位，还相互赋诗，你来一段，我和一首，各呈才情。《左传》中有一段记述：晋国的士匄接待鲁国的季武子，士匄赋了一首《黍苗》，季武子听了后，叩首上拜说："小国仰望大国，好像各种谷物仰望润泽的雨水啊！"立即赋了一首《六月》来唱和。

上有所好，下必甚焉，古今一理。不过，到了下层，毕竟水平有限，赋诗这种高雅的方式就流行不起来。当时，流行的是一种叫作"五称三穷"的游戏。就是诸侯之间或卿士们在一起斗智相互提问，相互诘难。输赢的规则是，一方提出五个问题，答对三个为赢，否则就输了。这些提问千奇百怪，往往让对方摸不着头脑而瞠目结舌。这种智力角逐式的游戏，可以想象，必定会传到民间，就连小孩子也乐此不疲。王子晋后来用"五称三穷"战胜晋国大臣师旷和叔向，除了他自身修养和表达能力非同凡响外，在乡间经常与小朋友做这一类"五称三穷"游戏，也是有裨益的。小伙伴们在一起时，可以根据村里发生的事情和一些生活小常识，大家你提我猜，既锻炼了思考应变能力，也练习耍嘴皮子，锻炼口才。

王子晋最大的苦恼，是这里不可能找到书读。在那个时代，书籍是极其珍贵的奢侈品，仅仅垄断在宫廷和官宦家里。那时的书籍是用牛皮绳子串起来的竹片、木板制成的，所谓"学富五车"这一成语，指的是能读到五车书，就是了不起的大知识分子，其实那五车书的文字容量，印制成现代的书籍，也不过寥寥数本而已，如果存在电脑里，零点几GB的容量都用不完。在这个小小的村落里，怎么可能让求知欲望强烈的王子晋找出书读？没有办法，纪妃就带他背诵已经学过的经卷。那些书籍，王子晋记得十分牢固，能够一字不差地背诵下来。母亲又为他制作了一个沙盘，让他在上面默写下来。王子晋回忆起与小伙伴们在一起做的"五称三穷"游戏，忽发奇想，将自己学过的知识，编成一个个小问题，让母亲提问，自己回答，数百条提问，他都练习得对答如流。而且通过这些设问和解答，他原来一些不明白的文字精髓，竟然差不多都给破解了，从而使他的知识得到了巩固和深化。

小乡村里忽然来了这么一对母子，令村民们感到好奇。乡民们厚道、纯朴、善良的本性很快就显露出来。与王子晋投缘的那些孩子的家长，天天都有人带着孩子到纪妃这里表示亲近，而且都不空手，带上新采摘的蔬菜或者鸡子、鸭蛋、干菜、粟米、面粉，应有尽有，还有的干脆带来制作好的面饼等食物。纪妃除了严守他们的身份秘密外，也和这些乡民大嫂、姐妹们拉拉家常，相互之间没多久就熟悉起来了。乡村民妇见纪妃态度和蔼，平易近人，都很感动，她们对这对母子那么有学问，王子晋年纪不大，却会吹一口动听的竹笙，既惊奇又崇敬，视他们为仙人下凡。有些妇女试探着提出，想让自己的孩子也跟着他们学习认字，没有想到，纪妃爽快地答应了，令这些家长千恩万谢，感激不尽。

就这样，入冬以后，田里也没有什么要紧的农活儿，几个孩子就被送到纪妃家里来读书认字，就像办起了一所私塾学堂。孩子们的家长，本来是冲着纪妃来的，可真正向孩子们传授知识的，倒是王子晋。这些孩子中，有聪明的，也有笨拙的，但学得都很认真。外面漫天大雪，小屋里热气腾腾。村里有一个姓石的老汉，是一个木工，他最支持孩子们读书，专门刨制了一大捆木片，又用松枝烧出的烟黑制作成墨汁，专程送到这里来，供王子晋写在木片上，教孩子们诵读。

一天，石老汉又送来一批书写工具，还带来了一个小姑娘，带着十分抱歉的口吻，吞吞吐吐对纪妃说："乔儿他妈，有一件事相求，可我实在开不了口啊！"

纪妃说："石大爷，咱们都不是外人，有什么事情尽管说。"

石大爷说："这个小女孩是我的孙女，她父亲战死了，母亲也因病死了，就我们爷孙两个相依为命。这些日子，她天天缠着我，要跟着您家乔儿读书写字。一个女孩子，学这些能有什么用？可我被缠得没办法，只好将她带来了。请您看看，能不能开恩让她在这里认一认字？"

小姑娘扑通跪下，连连叩头："请大娘开恩！"

纪妃赶紧把小女孩拉起来，看看这个有一双清澈明亮大眼睛的女孩，想着她没有爹娘，竟然联想到了自己，鼻子有些发酸，说道："放心吧，石大爷，就让她在这里学吧,你看我也是个女人,不是也识字吗? 女孩子只要肯学,同样能够学会的! 石大爷,这女孩儿岁了?"

石大爷说:"七岁了。不过,还算懂事,做饭、洗衣样样都会。"

纪妃想,这孩子比晋儿小一岁,可家务活儿都会做,真是穷人的孩子早当家呀。

王子晋也被此情此景感动了,眼里闪着泪光,央求纪妃:"妈妈,收下这个小妹妹吧!"

纪妃说:"傻孩子,妈妈不是已经答应了嘛!"

石大爷喜得胡子乱颤:"孙女,还不赶快叩头谢恩!"

小姑娘又要叩头,王子晋一把扯住小姑娘的手将她拉了起来:"小妹妹,不用这样,妈妈已经答应了,你要跟着哥哥我好好学,好吗?"

小姑娘羞怯地点点头:"好!"

其他几个孩子欢呼起来。

纪妃问:"石大爷,小孙女叫什么名字啊?"

石大爷被问住了:"穷人家的孩子,别说是女孩,就是男孩子也没有个正经名字,我就喊她小妮蛋儿,既然您同意收下她了,麻烦您给她取个名字吧!"

石大爷说的,王子晋心里很明白,除了他要好的那个小伙伴叫桓良外,其余几个孩子,名字都是随便起的。有狗蛋、田头、桑林,另一个雅一点的才叫无伤。而村里的女孩子,要不就没有名字,要不干脆就叫妮子、小囡、姐姐等。

纪妃也一时想不出一个好名字,正在思索着,王子晋抢着说:"妈妈,小妹妹柔顺、清丽,柔顺清丽曰婉,不如就叫婉儿吧!"

纪妃仔细端详了一下小姑娘,果然如同王子晋所评价的,当即答应道:"好,好,就依你,让小姑娘叫婉儿吧!"

石大爷喃喃地说:"石婉儿,石婉儿,多好听的名字,我孙女有名字了! 婉儿啊,还不赶快道谢!"石婉儿还要屈身行礼,被纪妃拦住了:"别谢了,婉儿,要谢得谢你小哥哥呀!"

石婉儿漂亮的大眼睛瞟了王子晋一眼,立即垂下眼帘,小声说:"谢谢小哥哥!"

夜里,纪妃坐在油灯下,将自己的一件衣服改制成石婉儿的小衣服。第二天石婉儿来后,纪妃为她换上了新装,又给她梳了小辫子,经过这一打扮,小姑娘焕然一新,纪妃暗暗惊叹,好一个小美人坯子! 心中暗想,晋儿的眼光果然不差,打心眼里喜欢上了这个石婉儿,就像对待晋儿一样,将这个女孩子呵护起来。王子晋与石婉儿经常手牵手,不是在自己家里,就是到石大爷家。

一天,王子晋提出要和婉儿换地方睡,让婉儿陪伴妈妈,自己要去石大爷家里睡觉。纪妃很奇怪,王子晋告诉妈妈,他要听石大爷讲古,石大爷也乐呵呵地接纳了他。也就是从这天起,石大爷为他打开了另一扇窗,让他真正地了解到民间的疾苦,彻底放下了王子的架子,真正融入到了劳苦大众之中。

王子晋对母亲说他要听石大爷讲古,其实,石大爷哪里会讲什么古?但石大爷也对王子晋讲了许多民间听来的新鲜事儿。跟着石大爷,他才真正懂了什么是春种秋收。石大爷除了做木工活儿外,自己也种了一些地,还要做农活儿,在王子晋的央求下,石大爷也带他到地里干活儿。刚开始,王子晋的兴致很高,干劲很大,但干不了多大一会儿,他就累坏了,手也磨红了,不想再干活儿,石大爷当然不会勉强他。他看到那么多的农夫不声不响地在地里干活儿,几个小朋友在家里也顶半个劳力用,小妹妹石婉儿帮助妈妈做起家务来井井有条,心里就很惭愧,看来空有一肚子学问,其实真的毫无用处。从而体会出,农夫们并不如他想象的那么容易,他们其实非常辛苦,每一粒粮食都是他们的汗珠子在地里摔成八瓣拼出来的。在深山里,他知道猎人们是怎样冒着生命危险狩猎的,在这里,他知道了农夫们是怎样在土里刨食吃。而他们这些王公贵族们,大腹便便,养尊处优,住最好的房舍,吃最好的饭食,却十指不沾泥,根本不创造一点儿财富。念及此,王子晋就有了气力,还要干下去,石大爷又赞赏又心疼地制止了他:"小公子,累坏你了,大爷我没法向你妈妈交代呀!"

收获的季节到了,农夫们收割、打场、播种,每天都是起早贪黑,王子晋更加明白了他们是多么的辛苦,并且深深地同情他们。然而更残酷的现象出现以后,才让这一个八岁多点的孩子对社会的认识更深了一层。

当农夫们将地里的庄稼收获完毕,缑氏山邑里的贵族老爷涂山氏就派管家带上家丁,赶着马车来农户家里收租。王子晋跟着石大爷,亲眼看到了这些富人是怎样盘剥和压榨穷人的,他知道了井田是十里抽八,私田是见十抽六。而且是还没有种上庄稼就定下的,不管农户有没有收成,一点儿也不能少交,如果抗拒,动辄打骂,甚至抓走坐牢。农民一年的辛苦就这样被白白地榨取走了。看到这些揪心的情景,王子晋心里充满了对穷人的同情和对富人的愤恨,可他才八岁多,什么也为穷人做不了。他愤愤地想起了曾经背诵过的诗篇《伐檀》。

……不稼不穑,胡取禾三百廛兮?不狩不猎,胡瞻尔庭有县貆兮?
彼君子兮,不素餐兮!……

到了第二年的秋末收租期间,王子晋母子又遇上了大麻烦。

第十七回

弄笙救鹤啸咏洞天福地
恃强凌弱浩叹坎险蹇难

转眼过了一年有余,王子晋的个子蹿了一头,身体也越来越壮实。他好像完全忘记了自己是一个小王子,与村子里的孩子没有了明显的区别,他熟悉了村上每一个家庭,到了谁家都受到欢迎,和年龄相仿的小朋友结下了深厚的友谊。尤其是与石大爷、石婉儿如同一家人,母亲包揽了他们四个人的缝补浆洗,后来,农忙时连吃饭都一同搭伙,不分彼此。石婉儿从小失去爹娘,从纪妃这里得到了醇醇的母爱,睡梦中都带着笑意。小姑娘出落得越来越水灵,既聪明又勤快,不读书时就帮助纪妃干活儿,一刻也不闲着,成了纪妃的帮手。王子晋则经常跟着石大爷到田里去,干一些力所能及的农活儿。有时,他则和其他小朋友一起打柴,帮助他们放牧,不仅不觉得辛苦,还很满足于这样的生活,从心里生出自食其力的骄傲和自豪。

王子晋几乎天天早上都要到缑氏山上去练习吹笙,他对这座不太高大的土山情有独钟,经过一年多的时间,他早已熟悉了山上的一草一木,仿佛自己生就是这座山的主宰。那时的缑氏山远比现在高大、雄伟、浑厚、壮观,长满了青松翠柏。山顶上的大树苍劲古朴,铁干虬枝,更将这座山装点得仿佛龙脉凤栖之处。石大爷告诉过王子晋,传说中这座山是王母娘娘修仙炼道羽化升天的地方,这让王子晋更觉得这座山具有仙气、灵气,幽静而神秘。每当他来此吹笙的时候,心里想的就是吹给王母娘娘听的,虔诚又执着,那动听的乐曲就显得特别的空灵、美妙。他就会沉浸在祥云缭绕、鹤舞凤鸣的境界里,心旷神怡,无忧无我,如醉如痴,飘飘欲仙。

有时,他吹够一个段落,就会在林间徜徉,吟咏诗章,透过这些韵律优美的文字,他体味着每一首诗的意境和所表达的思想。有些诗篇,描述的是祖先们的干事创业,向他展示了先辈们气吞山河、所向披靡的英姿雄风,让他顿觉心潮涌动,热血沸腾,暗自挥动拳头,下定决心,对自己的未来心驰神往,立誓长大后要做一个顶天立地的人,干一番惊天动地、前无古人、后无来者的事业;有些诗篇,描写了祖先们的南征北战、东讨西伐,让他觉得战争是多么的残酷,征人西去,家人盼归,生离死别,疆场苦斗,血流漂杵,残阳如血,百姓流离颠沛,生灵涂炭,人自相食,又让他生出对这个肮脏丑恶的世界的憎恶。他渴望生活在朗朗乾坤、众生平等、没有人与人相互欺侮、没有人剥削人压迫人、人人有饭吃有衣穿的太平世界里。可是,在当今天下,这种太平世界是不存在的。石大爷告诉他,曾经在缑氏邑里的贵族老爷,死了以后,不仅要用车、马陪葬,还要用奴婢殉葬,这让王子晋非常震惊,因为王室已经不这样做了,所以他从小还没有听说过这样恐怖的事情。他问石大爷,这些贵族们现在还是这样作威作福吗? 石大爷说,现在不用活人了,而是用泥土做成一种俑人,烧制后代替活人陪葬。王子晋气愤地说,这同样是殉葬的陋习阴魂不散,搞不好就会死灰复燃。心里想,如果自己掌了权,一定要废止这种陋习。数年以后,孔子也痛恨用俑人陪葬的陋习,曾经诅咒这种现象设立者说:"始作俑者,其无后乎!"恨不能让这样的人断子绝孙。由此可见,王子晋的爱民情怀与孔子的"仁者爱人"在心灵上是互通的。

人们都说,少年不知愁滋味。可早熟的王子晋早已从自己经历过的灾难中,很深刻地尝到了愁的滋味。到了缑氏山靠山屯这个新天地里,这一切愁苦都暂时地消散了,不料想,又有一种新的说不上是愁不是愁的滋味,不知不觉地袭进了这位王子的心头。

他原来在吟咏那首《关雎》诗时,一直懵懵懂懂,根本不解其中表达的是什么意思,现在却觉得"关关雎鸠,在河之洲,窈窕淑女,君子好逑"的意境非常美妙。尤其在读出"窈窕淑女"这一句时,他总是往漂亮可爱的婉儿妹妹那里联想,心跳就会加速,脸也觉得发烫。他责怪自己,怎么能这样想呢? 可越是制止自己不去想,越忍不住去想,甚至想得厉害,把自己也想象成那个好逑的君子。回到家里,瞥一眼石婉儿,心里就有了异样的感觉。从这个现象上看,王子晋真的开始长大了。少男少女萌动出爱的嫩芽儿,标志着身体发育趋向成熟。他有点儿不想见到石婉儿,却又特别喜欢和婉儿待在一起。现在王子晋回到家里见到婉儿妹妹时,那种青梅竹马、两小无猜的自在状态渐渐消退了,他不再与婉儿拉手,若即若离中含有些许羞涩。

婉儿仿佛不曾察觉晋儿哥哥这些微妙的心理变化。王子晋和纪妃教给她的文化知识,她一点就过,成绩慢慢地远远超过了桓良、无伤等几个男孩子。她对王子晋这个小哥哥崇拜到了痴迷的地步,尤其喜欢听晋哥哥吹笙。王子晋只要在家里吹笙,婉儿就端个木墩儿,坐在王子晋对面,双手捧着腮帮子,仰着脸,两只眼睛扑闪扑闪地盯着晋哥哥,沉浸在优美动听的乐声中。在这种时候,王子晋就吹奏得特别动情,与在缑氏山林中的吹奏有着不同的感受,吹出的也是不同的韵调,既是"嘤其鸣矣,求其友声",又不全是,而是不自觉地向这个妹妹倾诉着爱恋。这爱恋是那么的纯真，那么的无邪，就像金子一般闪闪发光，又像叮叮咚咚的泉水，流入石婉儿的心田，沟通了两颗鲜嫩纯洁的心灵。

纪妃对待婉儿也是疼爱有加的。晋儿越来越不肯跟妈妈睡了，这一特权就全部让给了石婉儿。往往到了深夜，纪妃干完了缝缝补补的针线活儿，总忍不住端着灯台，照着小姑娘的面庞再端详一阵子。小姑娘的睫毛很长，闭着双目就像在细弯的双眉下又画了两道弧线。白里透红的小脸上，有一对俏丽的小酒窝，那樱桃似的小嘴唇翕动一下，这对小酒窝就蹦了出来，让纪妃越看越爱看。

看着看着，婉儿忽然自言自语："妈妈，妈妈。"纪妃不敢再看，熄了灯，脱了衣上床，刚一躺下，小姑娘的双臂就搂住了她。她知道已经惊醒了孩子，就问："婉儿，你直叫妈妈，是不是想你的妈妈啦?"婉儿似醒未醒，含含糊糊地说："您就是婉儿的妈妈!"纪妃无声地笑了，这笑中含有甜蜜的味道，叹口气说："傻孩子，我怎么会是你的妈妈呀!"婉儿已经醒了，更加紧紧地搂抱住纪妃，身子紧紧地贴在一起："妈妈，婉儿就要叫你妈妈!"纪妃好生感动，泪水不自觉地留了下来，心里想，多么可怜又多么可爱的孩子，也紧紧地拥抱住婉儿："婉儿，我的好女儿，你爱叫妈妈就叫吧!"婉儿亲了纪妃一口，一声连一声地叫："妈妈，妈妈……"纪妃也一口一个"哎"地答应着，好久，这母女二人才幸福地睡去。

一天早上，王子晋在缑氏山上练习吹笙后，看见远远近近的晨雾已经消散，火红的太阳从太室山和少室山相连的山垭口里升了起来，意识到已经到了吃早饭的时候，再不回去，妈妈和婉儿就要等急了，石大爷也会从田里回来吃饭。于是，王子晋就蹦蹦跳跳地迈着欢快的步子下山，一路沉浸在自己吹奏出的乐曲意境中。走到山脚下那片很大的湖泽边时，王子晋忽然听到一声尖细而又凄厉的幼鹤鸣叫，就循着声音的方向寻去，拨开一片芦苇丛，只见湿地上躺着一只小白鹤，见到他的到来，叫得更加凄惨。王子晋轻轻地把小白鹤抱起来，仔细一看，原来这只小白鹤的一条腿蜷曲着，另一条腿已经断了，半截腿耷拉着。小白鹤似乎疼痛难忍，不住地鸣叫。王子晋小心翼翼地把小白鹤抱在怀里，赶快向家里走，他要抓紧救治这个可怜的小家伙。

到了家里，妈妈看见他抱着一只小白鹤，就嗔怪他："你这个小祖宗，忘了吃饭啦? 正要让婉儿去喊你呢，怎么把一只小白鹤抱回来了? 小白鹤的妈妈能不着急啊?"

婉儿也说："哥哥，快把小白鹤放下，我给你端饭去。"

"妈妈，快，快把酋长伯伯送给我的那个兽骨找出来。"王子晋急促地说给妈妈听，"这只小白鹤的腿骨受伤了!"

纪妃和婉儿吓了一跳，纪妃赶紧翻箱倒柜地寻找药材，幸好带出来了，赶紧拿过来。王子晋把小白鹤交给婉儿抱住，自己像酋长那样把黄猛狸的腿骨截下一段,捣碎、研磨成粉,做成药膏,糊在了小白鹤的受伤处,包扎好后,又取了两块小竹片,把小白鹤的伤腿固定了起来。由于这种药膏特别能止痛,敷上以后,小白鹤就不再鸣叫了。婉儿又为小白鹤抱来一堆干草,让小白鹤卧在上边,还特意取来一些粥,倒在一块石片儿上,让小白鹤吃。小白鹤卧在那儿,对这种食物连看也不看一眼。王子晋用手指剜了一点,掰开小白鹤的嘴,塞了进去,小白鹤咂巴咂巴,咽了下去。王子晋高兴地大叫:"妈妈,婉儿,它吃粥了!"这小白鹤可能是饿坏了,不吃则已,吃了起来,就把粥饭啄了个一干二净。

忙活了这么久,一家人才想起还没有吃饭。王子晋问道:"爷爷呢?"纪妃说:"爷爷提前吃了些,干活儿去了!"婉儿去把凉了的饭菜再热一下,王子晋看着小白鹤卧在地上,微闭眼睛,心里非常快活。

吃过饭,一群小伙伴也闻讯赶来了。大家围着小白鹤,七嘴八舌地讨论它最喜欢吃什么,有的说吃蚱蜢,吃蟋蟀,有的说仙鹤经常在水泽处,它应该吃水草、小鱼、虾米。王子晋像一个小将军一样,当下把小伙伴分成几拨,有的去捉虫子,有的去捞草根,有的去摸鱼捉虾。孩子们得令,立即行动,呼呼啦啦跑了出去,没有过多久,就陆陆续续地带回了战利品。果然,小白鹤只吃小鱼小虾,对蚱蜢、蟋蟀不屑一顾。孩子们把那些虫子收拾干净,让纪妃给他们炒熟,大家吃了一顿美味。

第二天一早,小白鹤就挣扎着站了起来。王子晋特别高兴,他知道,这个小白鹤的伤腿治好了。为了安全起见,他没有为小白鹤解下夹板,为的是让它的伤处再长得牢固一些。之后的几天里,他除了读书,就是寸步不离地照顾小白鹤。婉儿说:"哥哥,你给小白鹤起个名字吧。"几个小伙伴也这样要求,王子晋仔细地端详了小白鹤,发现它头顶上的羽毛特别长,就给小白鹤取了名字叫"凤头",叫上两天后,这小白鹤好像听懂了,只要喊一声"凤头",它就会望着叫它的人,伸着脖子叫上一声。

到了第四天早上,王子晋把凤头腿上的两块竹片去掉,凤头仿佛要向王子晋证明,自己完全好了,在院子里来回跳跃,甚至用那条伤腿独立起来,再用嘴弹弹身上洁白的羽毛,两只翅膀左右伸展开来,显得舒展大方,姿态优美。王子晋高兴地捧起竹笙吹起了欢快的乐曲,凤头开始一愣,很快就仿佛听懂了,随着乐曲的节奏跳跃起来,婉儿高兴地鼓掌,纪妃含笑说:"晋儿,你又多了一个知音啦!"

正在这时候,小伙伴们赶来,向王子晋报告说,山下的湖泽里飞来两只大白鹤,已经三天了,一直在那片湖泽上空盘旋、鸣叫,有时落在芦苇丛中寻找,八成是凤头的爹娘找它来了。

纪妃一听急了:"晋儿,凤头的腿伤已经好了,赶紧把它送回去吧!"

王子晋心中老大不忍："妈妈,凤头太可爱了,咱把它养着吧!"

纪妃说："孩子,你想想看,要是你丢了,妈妈急不急呀?"

王子晋愣住了。纪妃又说："孩子,小白鹤是候鸟,天气渐渐地冷了,它要跟着它的爹娘飞到南方暖和的地方去,在咱们这里,它受不了严寒,说不定活不下去,你忍心让它在家里受冻啊!"

王子晋想通了："好吧,妈妈,晋儿这就把它送回去!"

王子晋、石婉儿和小伙伴抱起凤头,向那片湖泽走去。到了那儿时,两只大白鹤直冲王子晋飞扑下来,像是极度愤怒,要拼命似的。王子晋吓了一跳,赶紧把凤头放在地上,小白鹤凤头一蹦一跳地跑到了两只大白鹤身边,三只白鹤交颈亲热、鸣叫,像是在诉说离别之苦和相聚的欢乐。那只母鹤用嘴叼叼小白鹤伤腿处那个疙瘩,冲着王子晋大声鸣叫,像是表示感谢。没有多大一会儿,一群白鹤飞来,它们围着孩子们跳跃,就像在群舞。然后,领头的白鹤一声长鸣,这群白鹤全部升空。凤头的爹娘和凤头又围绕孩子们盘旋了三周,然后一飞冲天,与白鹤群一起向南方飞去。

石婉儿看得出神,被王子晋刮了一下鼻子才回过神来："晋哥哥,凤头太有灵性了,也不知道它还会不会再飞回来!"

王子晋十分有把握地说："一定会飞回来的!"

长大了的王子晋深深地爱上了缑氏山,爱上了这个靠山屯,爱上了这里的一草一木,他眷恋着这块土地。

就在王子晋母子从深山到缑氏山这一年多时间里,天下和京师里又发生了不少值得一说的事情。

曾经叱咤风云的晋悼公死了以后,历史的车轮照样前进。但是,原来诸侯间的平衡已经被打破,而新的平衡还没有建立起来。年幼的晋平公继承了霸主的位置,却没有霸主的权威,晋国对诸侯国的控制力明显减弱。当晋平公安葬了晋悼公以后,就改穿了吉服,马上到溴梁宴请鲁、齐、郑、卫等国国君,准备再次盟誓。这时齐国却出现了杂音,离心倾向越来越严重,另两个小国家邾国和莒国不仅同齐国联合伐鲁,还向楚国示好,偷偷地联络,这一切,晋国都知道了。晋平公下令逮捕了邾宣公、莒犁比公,破坏了齐、邾、莒小集团,也激怒了齐灵公。齐国就用老办法,攻打鲁国,在鲁国的土地上发泄私愤,向晋国示威。鲁国当然不是齐国的对手,只能伸长脖子等待西北方的晋国派兵救援,却左等不到,右等不来,只好派穆叔到晋国去聘问,请求出兵,这时的晋国只说漂亮话,以种种理由搪塞鲁国,就是不肯出兵,鲁国公室大感失望。

对于天下的纷争,周王室仍然插不进去手,只能听之任之。周灵王的宝座暂时消除了威胁,但内部却不会风平浪静。王子晋母子一直没有下落,是王室中最揪心的事件。

在不到一年的时间里，单靖公的头发差不多全白了。他派出军队，在深山里搜索，鸡脚寨大难不死的猎人也全力配合，又动员了方圆百里以内的猎人，悬以重赏，哪怕找到王子晋母子身上的一块布片，也算搜索工作有了进展。然而遗憾的是，众人穷尽努力，也没有王子晋母子的半点儿影踪，另外，暗中访察的效果也不令人满意，官员们陆续归来，报告的消息，仍然是毫无进展。

时间一天天过去，单靖公陷入了深深的焦虑之中，于是，决定听天由命，开始把自己的主要精力放在施政上。说是施政，也不过是同伯舆为首的黑恶势力做斗争。单靖公并不像王叔陈生那样愚蠢，公开站出来，同伯舆叫板，而是站在维护王室权威的立场上，有理有利有节地与伯舆进行较量。

伯舆这个人，越来越不像话了。在王宫内部，他又收买了宫中的太监，与唐妃叔隗建立起了联系。在处理朝政上，他利用周灵王倦怠政务的懒惰习性，竭力撺掇周灵王耽于安乐，终日酗酒嬉戏。那段时间，王宫迁建到一个叫"郏"的地方，已经摆上了日程。在新王宫建设中，齐国出力最大，贡献了不少的财帛。刘定公、苌弘等大臣游说各诸侯国，要他们贡献修筑新城的资材，虽然效果不太明显，也征集到了一定的竹木材料，但距离正式开工还远远不够。伯舆为了讨得周灵王的欢心，心生一计，怂恿周灵王用这批物资在王宫东南角建了一个百丈高台，名曰"昆昭台"，登临其上，放眼望去，洛阳全城尽收眼底。可把周灵王乐坏了，经常带着妃嫔、太监、宫女、乐师拾级而上，在上边宴饮取乐，仿佛陶然在仙境之中。

由于周灵王依然信任着这个奸佞之臣，单靖公的实力还不足以与伯舆抗衡，伯舆就处于独霸朝纲的地位。上帝要使其灭亡，必先令其疯狂。这伯舆在朝中专横跋扈，不可一世，在王室以外，不断掠夺其他公族的良田，霸占臣工的妻女，草菅人命，利欲熏心。他的所作所为，早已引起了卿士大夫们的不满，"六司"官员中，除了卖身投靠伯舆的不良臣子和他沆瀣一气外，其余正直的臣子也都慑于伯舆的淫威，敢怒不敢言，邪气压倒正气，王室被伯舆等人搅得一片黑暗。

王室的继承人之争，仍然是从伯舆、单靖公到其余臣工之间明争暗斗的焦点。王子晋久不现身，伯舆也渐渐放下心来。他认为唐妃所生的王子贵当然就是太子的第一人选，也多次试着向周灵王进谏，及早册立太子贵。但唯独在这件事情上，周灵王还算清醒，从不轻易表态，伯舆笃定自己握有胜算，并不表现出特别着急。他没有料到，另两位王子的后台，也在开始同他暗中较劲儿。

我们很难判断，周灵王建昆昭台，乐意上昆昭台，是否仅仅只为了一时玩乐。在作者看来，周灵王在昆昭台上瞭望，一定还有他思念王子晋的成分，他也许想在昆昭台上看到儿子王子晋突然出现在自己的视野当中。这是一种潜意识，是不可遏止的父子血肉亲情。

再说伯舆，正应了多行不义必自毙这句话。在平时，他清楚地知道，自己恶贯满盈，仇家众多，所以防范严密。然而百密必有一疏，他终于走到了生命的尽头。

就在王子晋母子避居靠山屯的第二年，五月的一天，正是农夫收获小麦的大忙时节，伯舆带上一群士子，前呼后拥地到首阳山打猎。伯舆在一座山谷里发现了一只野羊，他自恃勇力，喝令跟随的卫士止步，自己张弓射箭，没有射中，却弄惊了这只野羊。野羊带着伤奔跑，伯舆策马追赶，追啊追，追过一道山梁，又追过一条深涧，眼看就要追上了，却突然被一支飞箭射中，一头栽倒在马下，等卫士、家丁赶到时，伯舆已经气绝身亡。

一个股肱大臣惨死，对周灵王及王室来说自然是一件大事。周灵王很是伤心。他召集文武百官宣布这一消息时，心情沉重，正准备下旨对伯舆进行隆重悼念时，不料百官兴高采烈，额手相庆。周灵王刚要斥责众臣工，单靖公率先开口，要求立即清算伯舆的罪行，诸多官员一致拥护单靖公的进谏。这让周灵王大感意外，因为这其中很多人都是伯舆的忠实追随者，结果是他们最积极地声讨伯舆的贪腐、暴戾。众口铄金，周灵王这才明白，原来自己言听计从的大臣竟是一个奸佞，在下面一点儿威信都没有。他想象着伯舆生前必定是狐假虎威，打心底冒出一股冷气，看来自己早已坐在了火山口上了。于是，立即批准单靖公从严查办。

单靖公早有准备，因此出手迅猛，很快安排以单愍期为首的护卫军抓捕伯舆的家臣、同党。首先拿下的，正是那个家臣瑕禽。经过审讯，瑕禽供出来伯舆如何勾结太监总管和唐妃叔隗，企图害死王子晋，后嫁祸纪妃的罪行。当单靖公在朝堂上将这一沉案的真相公开，为纪妃母子正式平反昭雪之时，群臣义愤填膺，纷纷上表要求处死妖姬唐妃。周灵王当然不忍心这样做，以王子贵年幼的理由加以否决。不料身在后宫的唐妃已经得到消息，心惊肉跳，她知道伯舆死了，支撑没了，自己罪孽深重，周灵王绝不会宽恕她，惊恐之下，用一条白绫套在脖子上，自缢身亡。周灵王知道，伯舆有罪，自己也犯了众怒，所以对唐妃的死没有表现出过分的悲伤，只是对于已经快两岁的小王子贵觉得很不好办。他想到郱妃失去了女儿，又向来贤惠，就下旨让郱妃抚养小贵儿，完全没有考虑到郱妃与唐妃是不共戴天的仇敌关系。好在自小公主莺儿死后，周灵王给了郱妃较多的安慰，郱妃只能把苦痛咽在肚子里，领了周灵王这个有点儿混账的旨意。

单靖公查抄了伯舆的田产、房产等一切财产，一丝一毫也不曾侵占，全部上交给了王室。伯舆名下的巨额财富，令周灵王大吃一惊，对伯舆的态度这才真心从惋惜转为愤恨,下旨将伯舆的一门九族,全部处斩。可怜伯舆家族权倾朝野,却落下了个如此下场。

伯舆家族的覆灭,对于周王室来说,是一桩幸事,但对于诸侯各国,却没有什么影响,所以《春秋》《左传》未予记载。单靖公在这一场斗争中,显示出了思考缜密、处事果决的才能,由于他公道正派,忠于王室,周灵王正式任命他为首辅大臣,主持朝政,这是单氏历代公卿辅佐王室过程中的又一次惊心动魄的胜利。

单靖公主政后,周王室才出现了政治清明的局面,他特别萦怀的,仍然是寻找王子晋母子的下落,在平定伯舆及其残余势力告一段落之后,他以王室名义发布诏告,悬赏查找纪妃母子下落,这是一次半公开性质的查找,范围只在王畿之内。

那个时候,通信是十分落后的,如果现在上网用微信、微博发出信息,也许不到一天,就能找出他们母子的下落,可在那时,就非常缓慢。伯舆是五月死亡的,办案用了三四个月,诏告传到王畿内各邑,又差不多用了一个月,就这样,拖拖拉拉地过了几个月,王子晋母子的生活又遭遇了重大变化,母子二人差一点儿沦为奴隶。

这时,已经到了深秋时节,缑山邑的贵族老爷涂山氏亲自带着管家、家丁来到靠山屯收取这个年度的最后一次租谷,同时下达劳役任务。

王子晋再一次目睹到了贵族对农民阶层的残酷盘剥。这年秋季,雨水特别多,而谷子、黍菽都是耐旱作物,可以想象,在这样的气候条件下,收成是多么的糟糕。缑氏山山脚下的坡地上,收成只有往年的一半,而更多的涝洼地基本绝收,涂山氏老爷根本不考虑这些,无论农户怎么苦苦哀求,该怎么收仍怎么收,种植井田的农户不但颗粒不存,还欠下了债务,对于入不敷出的农户,涂山氏老爷有的是办法,凡是交不够租子的农户,其家中的壮劳力就会被押解到缑山邑,在贵族老爷的作坊里做苦工抵债。石大爷的五亩薄地都不是井田,一年的收成全部都被涂山氏老爷收走了,土屋里只剩下一些谷糠、黍壳。

看着一季的收成说没就没了,王子晋和石婉儿十分心疼。石大爷对这样的事情已经习惯了,表情漠然,王子晋却充满愤怒地看着这些如狼似虎的家丁,还有强盗一样的贵族老爷和管家,眼睛里喷出仇恨的怒火,石婉儿抱着爷爷的胳膊哭泣。

涂山氏老爷觉察到王子晋愤怒的目光是那么的尖利,扭头问管家:"管家,这两个孩子都是这老头家的?"

管家向涂山氏老爷禀报:"老爷,据小人所知,这小女孩是这个老头的孙女,那个小子是寄宿在这个屯子里的一个小寡妇的儿子。"

一听小寡妇,涂山氏贵族来了劲儿:"什么,来多久了?我怎么不知道?"

管家说:"来了大约有一年了,小人也是在这里征收夏粮时才知道的,想着没什么事,也就没有向老爷禀报!"

涂山氏老爷责怪管家:"多了一户人家,你不禀报,差一点儿让他们漏网,走,去看看!"

涂山氏老爷和管家、家丁一窝蜂地向王子晋家的方向走去。石大爷觉得不对劲儿,对王子晋说:"小少爷,赶快回家,和你母亲找地方躲一躲,我去叫乡亲们,救你们母子!"

王子晋马上撒开脚丫子,抄近路向家里跑去。

王子晋进了院子,见妈妈正在喂鸡子,扯起妈妈的袖子:"妈妈,坏人来了,咱们快跑!"

可是,已经晚了,涂山氏一行人,把他堵在了家门口,管家狰狞地笑着:"你这个小兔崽子,跑得挺快的!"

纪妃把王子晋藏在身后,施了一礼:"请问这位大人,你们找我们母子何事?"

管家冷笑着:"你知道你们住的这个地盘是谁的采邑吗?告诉你,这是涂山氏贵族老爷家的世袭领地!你们住在这个地方这么久了,既不报官,又不向老爷纳贡,你觉得合适吗?"

纪妃不卑不亢地答道:"这位大人,此言差矣!不错,这里是你家老爷的采邑,可它在王畿范围内,是王室的天下,在你们的食邑内,你们可以食井田、食自耕的私田,却没有哪条律令连住户也收取贡品的,我们母子寄寓此地,向你们致谢还不行吗?"

就在纪妃向管家回话的当儿,涂山氏贵族目不转睛地盯着纪妃看,一下子看呆了。管家一看主子这个神态,立刻明白了老爷的心思,就附在涂山氏贵族耳边说:"老爷,你看这个小娘子长得多俊!要是把她纳为你的姨太太,是她天大的福气,你看怎么样?"听管家这么一说,涂山氏贵族才回过神来,一把推开管家,跨前一步:"这位夫人,好口才嘛!老爷我看你们孤儿寡母,住在这穷乡僻壤里,实在受罪,不如听老爷我的话,安置在我的府上,保你母子吃喝不愁,穿戴无忧,岂不更好?"

纪妃当然知道他这是黄鼠狼给鸡拜年,没安好心。正要答话,王子晋说:"妈妈,我们不去!"纪妃揽住王子晋说:"孩子,我们当然不能去!"转身对涂山氏贵族说,"多谢老爷美意!我们母子住在这里,衣食并不缺乏,就不麻烦您老人家了!"

涂山氏被纪妃这种态度激怒了,恶狠狠地说:"你这个不识抬举的小妇人,告诉你,多少人巴结老爷我还巴结不上。老爷我实话对你讲,今天就是看上你了,要你做妾,遵从的话,你的孩子老爷我当小少爷一样对他,不遵从的话,哼!你们娘儿俩就到我府上当奴隶!"

纪妃气得浑身发抖,愤怒地斥责这个不要脸的老家伙:"嗬,嗬,我们母子死里逃生,也不止一次了,难道还怕你说大话不成? 我劝你及早收心,别来打搅我们母子的平安日子,不然的话,你的下场是可悲的!"

纪妃说出的这番话,也是她一生中最具抗争力量的话。可涂山氏贵族根本听不懂这话里有话,向管家递了一个眼色,管家大喝一声:"别跟这个不识相的女人耍嘴皮子,来人,把他们母子带走!"

几个家丁冲了过来,拧着了他们母子的胳膊,就向门外拖。刚出大门,乡亲们已经赶来,包围了他们,高呼:"不许带走他们!"

石大爷上前,跪在涂山氏贵族面前:"老爷,请您开恩,千万不要带走他们母子,放他们一条生路吧!"

涂山氏贵族见这么多人围了上来,恼羞成怒:"反了,反了,给我打,把这些刁民赶开!"

家丁们有的挥舞棍棒,有的挥舞鞭子,劈头盖脸地向乡民打来,有的乡民扬起胳膊,抵挡棍棒和鞭子,已经被打得头破血流、浑身是伤,也有的乡民奋不顾身地冲进来,抢纪妃母子。正在混战得不可开交时,只听有人一声断喝:"住手!"

双方一愣,停了下来,只见一个道人,手执拂尘,分开众人,走了过来。

浮丘公没有费多大气力,用拂尘轻轻一拨,扭着纪妃母子的家丁就松了手,踉踉跄跄地回退几步,众人已经看出,这个道人的武功特别高强,浮丘公顺手把纪妃母子拉到了身边。

涂山氏贵族气急败坏:"哪里来的杂毛妖道,胆敢干涉老爷的事务!"

浮丘公微微含笑:"这位老爷不必动怒。是你做得太过分了! 朗朗乾坤,光天化日,哪家的王法允许你公开抢人? 我劝你看在贫道的面子上,把人留下,赶快回去才是正理!"

涂山氏贵族也看出浮丘公不好惹:"不过是孤儿寡母,你一个道人,不要多管这些闲事!"

浮丘公冷笑一声:"常言道,路见不平,拔刀相助,更何况他们是贫道的义妹和外甥,我岂能容你们撒野! 我告诉你,他们既不是孤儿,也不是寡母,你欺负不得,不要在太岁头上动土,免得死无葬身之地!"

涂山氏贵族色厉内荏:"说什么大话,吓得了人吗? 你能说出他们的身份吗? 为什么住在老爷我的采邑里?"

161

浮丘公说:"说出他们的身份吓死你!这是绝密,岂是你这类虫豸一般的小人物能知道的?滚吧!"

涂山氏贵族听了这话,也不知是真是假,但他也看出了纪妃和王子晋看似平民,却气度不凡,并且受到乡民们的围堵,众怒难犯,就不敢再继续耍横了,只好自己找台阶下,悻悻地说了句:"你这个妖道,尽说些骗人的鬼话!等老爷我查明了,再差人来拿他们不迟!"

第十八回

王储酬壮志挥手别嵩岳
母子铭心迹乘辇返王官

涂山氏贵族一伙人走后，乡亲们围拢过来，石婉儿抱着纪妃的胳膊，连声问："妈妈，妈妈，吓死婉儿了，您痛吗？"

纪妃安慰婉儿："好孩子，别怕，妈妈不痛。"

浮丘公顾不得再说别的，焦急地对纪妃说："妹子，看来你们母子不能在这里住了！此地不可久留，马上收拾东西跟我走！"

纪妃也顾不得向乡亲们说什么感激话了，立即和王子晋、石婉儿回到室内收拾东西。乡亲们围着浮丘公，有的说："多亏你来了，要不他们就会遭大难了！"有的说："道爷，你真了不得，我们还没有看出门道，你就把那些狗仗人势的家丁打跑了！"

石大爷问："这位道长，您要把他们母子带到哪里去呀？"

浮丘公说："大爷，带他们到哪里，是不能告诉你们的，知道的多了，对你们没有好处。反正请你们相信，是带他们到安全的地方去！"

有人好奇地问："道长，他们母子到底是什么身份啊？"

浮丘公说："他们和大家一样，都是平民，我那样对歹人说，是吓唬他们的！"

众人纷纷说："道长啊，你能不能不让他们走？他们太好了，我们舍不得，请您放心，我们会全力保护他们母子的！"

浮丘公说："谢谢乡亲们了！可你们赤手空拳，是保护不了他们娘儿俩的！咱们当老百姓的，斗不过小人，斗不过官府，也斗不过自己的命运。他们娘儿俩也不会忍心给乡亲们带来祸端的。请你们相信，有朝一日，他们还会回来看望大家的！"

室内，纪妃已经把要带走的东西全部收拾好了。她从脖子里取下一直戴着的玉佩，挂在婉儿的脖子上，颤声说："好女儿，妈妈和哥哥要走了，这是妈妈的宝贝，留给你，想念妈妈和哥哥时，你就拿出来看看，我们一定有再相见的那一天的！"

两个孩子都很惊诧,王子晋问:"妈妈,你怎么不带婉儿走啊?"

石婉儿咬着嘴唇,憋了半天,哇的一声大哭起来:"妈妈,你不要婉儿了?"

纪妃抱住婉儿,泣不成声:"婉儿,妈妈也舍不得丢下你不管,可是真的不能带上你,那会有更大的麻烦!再说,你爷爷年纪大了,需要照顾,你一定要留下来!"

王子晋也抱住纪妃的胳膊央求:"妈妈,带上婉儿妹妹吧!"

纪妃刚刚安抚了婉儿,见王子晋这个样子,只得嗔怪他:"晋儿,你怎么这样不懂事?你以为妈妈舍得丢下婉儿不管吗?你仔细想想,咱们娘儿俩这两年过的啥日子?不是遭到追杀,就是受人欺负,东躲西藏,有能力保护婉儿吗?带上她岂不害了她?"

王子晋听明白了,还不放心:"好吧,那,婉儿以后怎么办啊?"

纪妃坚定地说:"晋儿,等你长大了,有本事了,再来这里把婉儿接走,这块玉佩,就是将来的信物,你可要记好了!"

王子晋这才对石婉儿说:"妹妹,哥哥一定会来接你的!"

纪妃带着两个孩子走出大门,向乡亲们施礼:"多谢乡亲们对我们娘儿俩的照顾!再见了,乡亲们!"

纪妃把婉儿交给石大爷:"石大爷,婉儿闹着也要跟我们走,可我们实在不能带上她!你们爷孙俩好好过日子,有朝一日,我们还会再来的!"

石大爷老泪纵横,拉过死死抱住纪妃的胳膊、哭成泪人儿的婉儿:"婉儿啊,让你妈妈和哥哥走吧!多好的人啊!真舍不得让你们走啊!"

浮丘公领着纪妃母子在前边走,乡亲们依依不舍地送了又送,已经远远地离开了靠山屯,浮丘公、纪妃和王子晋拦住他们,说什么也不让乡亲们再送了,众人只得留步。

浮丘公对两个人说:"好了,咱们走吧!"王子晋回头看看,石婉儿跺着脚,石大爷拽住她,她挣扎着,哭叫着,那凄厉的声音穿透原野,刺破时空,一直在王子晋的耳朵里回荡。

浮丘公把他们母子带到了天室山的太室山,在一个住着几户人家的半山腰里寻了一处石屋,暂时安顿了下来。

就在浮丘公带上他们母子走后不久,涂山氏贵族就带了一百多号武士、家丁赶到了靠山屯,一听说他们已经离去,火冒三丈,立即抓了几个乡民拷问他们的下落,乡亲们守口如瓶,连他们出走的方向都不肯指,半天过去了,涂山氏一伙人什么也没问出来。管家向贵族老爷建议,还是报官吧,官府的兵丁一出面,他们母子插翅也难逃。涂山氏贵族虽然懊恼之极,也没有办法,只好听了管家的话,请求官军来捉拿他们。

这一年的夏天,雨水特别多,过了秋分,反而干旱起来。现在已经到了深秋,由于干燥,气候显得很温暖,一点儿也感受不到寒意,太室山进入了最迷人的季节。到了这里后住的前一段日子,浮丘公带着王子晋游历了各个山头,浮丘公给他指看了大禹开山治水的地方、启母破石生子的奇石、周武王封禅嵩山的遗址,还有周公旦相土测量出的天地的中心位置,让王子晋觉得这座大山雄伟、神奇。他想,这里与他住过的伏牛山鸡脚寨一带有很大的不同。那里封闭深幽,这里开放疏朗。站在峻极峰上,视野开阔,大好河山,无限壮美,一览无余,尽收眼底。山上有的地方,怪石嶙峋,犹如斧劈刀切;更多的地方被森林覆盖,犹如万顷波涛;满山红叶,在山风的吹动下,时而沙沙细语,时而万马奔腾。徜徉在其中,王子晋的豪情顿生,吹起他心爱的竹笙,乐曲中带有一股激昂向上的精神力量。

王子晋身上的稚气不知不觉地脱去了不少。是啊,一个八九岁的少年,经历了一连串的远远不是一般的少年儿童能够承担得了的惨痛遭遇,逼着他尽快地成熟起来。几天来,他回到住处,常常来到离家里不远处的一块巨石上,陷入深沉的思索中,他已经开始思考人生的意义,思考自己来到这个世界上,到底能做些什么。

的确,这一年多的时光,王子晋像做了一场噩梦。在王宫里,他差一点儿被毒死、杀死,那种恐怖的场面历历在目。从王宫里逃离出来以后,仍然逃不脱恶人的追杀,那场大火没有烧死他们母子,却烧死了卫士,烧死了那么多纯朴善良的山民。死里逃生后,来到缑氏山下,本来可以过一段平安日子,却又遭遇了黑心贵族,差一点儿把他们抓走为奴。如果不是浮丘舅舅两次出手相救,妈妈和自己也许已经不在这个世界上了。王子晋想,人生为什么有这么多的磨难?自己生在普天之下第一的天王之家,难道是投错胎了吗?

王子晋最庆幸的是,他真正了解到了下层民众的生活状态。深山里的猎人们整天冒着生命危险,同野兽搏斗,无异于虎口拔牙,在刀尖上过日子,还常常食不果腹,衣不遮体。缑氏山下的乡民们,糠菜半年粮,吃的是粗食,出的是牛力,忍受着沉重的压迫和剥削。而那些上层人士,什么也不干,却享受着奢华的生活,在他背诵的诗中,有一首《瞻卬》,诗中说:"人有土田,女反有之;人有民人,女覆夺之;此宜无罪,女反收之;彼宜有罪,女覆说之。"这个诗篇的意思是说,上层统治者,强取豪夺,把越来越多的土地集中在他们手中,失去土地的民众,沦为奴隶,而那些上层人士,道貌岸然,以君子自居,什么也不干,他们的仓库,堆满了粮食,屋子里挂满了干肉。这些情形,在王子晋小时候背诵诗篇时,根本不可能理解其中的意思,现在通过同猎人和农夫的共同生活,彻底地理解了。他不能理解的是,这世道为什么这么不公平!他自己从王子到公子,再从公子到平民，身份一层层下降，一次次跌落，让王子晋小小的年纪，比那些大腹便便的"君子"更了解下层人民的悲苦，更加充满同情，更想改变这种状况，因为他感同身受，曾经与他们同呼吸共命运过。

这一次浮丘公破例和纪妃母子在一起多待了几天，他除了安置好母子的生活，就是带着王子晋到各个山头游历，他问王子晋："还想跟舅舅修仙炼道吗？"王子晋摇摇头说："不想了。"浮丘公问："为什么？"王子晋说，他看到山民和乡民太苦了，各级官员和贵族从来不关心他们的疾苦。他要改变这种状况，为百姓撑腰做主。浮丘公对王子晋的回答非常满意，直夸他说得好。浮丘公说："小王子，就算你将来没有实现你伟大的抱负、远大的理想，你能这么看世界，这么想将来，舅舅我打心眼里为你高兴！"浮丘公和王子晋站在山巅上，浮丘公指着山下广袤无垠的山川对王子晋说："小王子，你真的是长大了，舅舅称你为小王子，就是让你不要忘了你是当今天王的儿子，这山上山下一望无际的大地、山川、河流、原野，论说都是王朝的天下，所有的民众，都是王室的子民。人民盼望着有明君出现，政治清明，他们才能过上安居乐业的生活，才能创造更多的物质财富。舅舅我之所以遁世，是因为我没有资格、没有条件，也没有机会和能力掌管天下，而你却具备所有的条件。这就是舅舅不主张你修仙炼道的原因。我告诉你，那个要害你们的大臣伯舆在五月底就已经暴亡了，王室清算了他的罪行，抓捕了他的党羽，灭了他的九族，这场王室的小地震经历了三个多月才平息下去。我猜测，王室有可能正在寻找你们的下落，你和你妈妈的出头之日很快就要到了，但舅舅不想过早地暴露你们的行踪，王室越急于寻找你们，你的希望也越大。带你到这里来，正是为了冷静地观察王室的动静，他们如果找到你们，你就有机会干一番大事业了！"王子晋敬佩地看着这位身在江湖却心在庙堂的长者，原来一直是在观察王室对他们母子的真实态度，争取一个好的结果。他心里有说不出的一阵阵感动，向浮丘公表示了决心，如果上天予之，自己就当仁不让，做一个英明的君主，决不辜负祖宗先辈创下的大业，决不辜负天下苍生的期盼！

浮丘公对王子晋的这番话，并没有对纪妃讲。他虽然已经意识到纪妃母子的命运可能发生重大转折，但是他终究不能确定事情的发展变化是向好还是向差，他同纪妃母子打了招呼，自己就下山了，他要到京都去打探消息，了却自己帮助纪妃母子过上正常生活的心愿。

浮丘公走了以后的日子里，王子晋的心情再也平静不下来，他焦急地等待着从京师里传来的消息，连吹笙也暂时停止了。他站在住处附近的那块巨石上（后人称为太子石），向山下眺望，望着山下的驰道，希望看到有官军的身影。有时，他又眺望缑氏山的方向，心里呼唤着亲爱的婉儿。

时值深秋,秋庄稼已经收获完毕,越冬的小麦播种后,也长出了新的嫩芽,拱出了地面。这个时候,正是土豪收租、官府征税已毕,还没有分派徭役的空档时期,嵩山脚下方圆数十里的农夫趁这些相对松散的日子,拥到了山里,有人狩猎,有人采挖山药、葛根等能够食用的植物根茎来补贴生活,也有人是为了采挖(摘)山上的药材,还有不少人仅仅是为了打柴。有不少赶山的人会在王子晋母子的住处驻足,纪妃就烧些开水、热汤,方便他们吃干粮,稍事小憩。这些过路人非常感激,常常要把他们采到的山野菜、药材等山货分给他们一些,纪妃都一一婉言谢绝。一次,有一个老人,年迈体弱,饿昏在山间的羊肠小道上,恰好被王子晋看见了,赶紧叫来妈妈施救,他们端来黍米糊糊,灌了下去,老人才苏醒过来。这些善举,感动了好多人,这些人一传十,十传百,很快在山下的乡间传开,很多人都知道,山里有母子二人,好心地对待赶山的人,有着神仙一般的好心肠。

　　当浮丘公和王子晋猜测和求证王室对他们母子的态度时,其实是误解了王室。单靖公急于找到他们二位的焦急心情,一点儿也不亚于王子晋,这么久失联,只能用命运安排、阴差阳错来解释。

　　就在纪妃与王子晋离开缑氏山靠山屯后大约半个月光景,由于涂山氏贵族报官,说有一对可疑的母子躲在缑氏山中。其时地方官员尚未接到王室的昭告文书,所以并未予以重视,还是单靖公派出的访察官员在官府流连时,偶尔听人说闲话得知这一情况,立刻如获至宝,星夜兼程,赶回京师,向单靖公禀报。单靖公大喜过望,当即安排单公子愆期带上队伍,由这个访察官员带路,奔赴缑氏山靠山屯搭救纪妃母子。随后,单靖公赶到王宫,向周灵王做了奏报,周灵王同样大喜,下旨单靖公无论想什么办法,也要火速将小王子和纪妃接回王宫,单靖公遵旨照办。自这一刻起,周灵王天天站在昆昭台上,不停地向东方瞭望,那种急切心情可见一斑。

　　事情进展得并不顺利。单愆期将军带领的护卫队赶到靠山屯后,自然是扑了个空。于是,单愆期召集乡民询问母子二人的情况和下落,确定了是纪妃母子无疑。可在问及去向时,因为单愆期将军严令不准暴露纪妃与王子晋的身份,反而误了大事,村民们仍然以为这些官兵与涂山氏老爷一样,也是来抓捕这两个善良的母子的,没有人开口说出真情。单将军从村民们的态度中猜测到,村民们隐瞒实情皆在保护纪妃母子,于是才透露出母子二人是京城里的大户人家,为了避难才逃到这里,现在家里大难已经过去,他们是来接母子回家时,村民们仍然认为是圈套,不肯说出实情。

　　单将军再苦口婆心,也不能让村民相信,不禁动了肝火。把几个村民吊起来暴打拷问,逼他们说出母子去向,一个村民被逼急了,骂:你们这些狗官,一个个都是狼心狗肺，涂山氏老爷要逼人家做小老婆，你们却来要人家的性命，别说真的不知道，就是知道也不会告诉你们，要杀要剐随你们的便！单将军听出了隐情，立即下令放了村民，问清了涂山氏贵族把人逼走的细节。单愆期听完村民的叙述后，立刻怒火中烧。这还得了，一个王室妃子差点儿让这个禽兽不如的不良贵族糟蹋了！立即派兵到缑氏邑把涂山氏贵族抓来。村民这才相信，这些官兵不是来害纪妃母子的，这才说出了石大爷和他孙女石婉儿也许会知道底细。

单将军把石大爷和小姑娘石婉儿请来，和颜悦色地说明他们是来解救纪妃母子的，请老人家放心，而且事不宜迟，防止夜多梦长，免得纪妃母子二人被贼人所害。石大爷已经知道这些官兵是好人，就告诉单将军，是一个道人把她们母子在万分紧急的情况下救走了，具体去了什么地方，他们确实不知道。问起小姑娘石婉儿，石婉儿说，她梦见晋哥哥坐在一块大青石上吹笙，身旁有一群白鹤围绕晋哥哥起舞。这个说法让单将军哭笑不得，仔细一想，又觉得提醒了自己。

那个时代，人们敬天地之神，把龙作为图腾，所谓的儒家、法家，以及墨家、老庄都还没有兴起，佛教也是在古印度刚刚兴起的宗教，自然传不到神州，而道派人物自夏、商均有出现，只是还未形成完整的思想体系，也没有正式形成宗教流派。但是，没有道教，不等于没有道家，有不少人士，出于对自然、人生的痴迷和敬畏，早已开始研究自然的规律和养生的学说，这的确是中华民族最早出现的土生土长的宗教信仰萌芽。一些有志于这方面研究的古老学者，早已对所谓的"道"即自然规律进行着不懈的探索，他们中的志同道合者，就聚在名山大川里切磋研讨，自称"道人"。到了老子、庄子，这些道人们的研究集之大成，渐渐加入宗教色彩，到东汉时期才被皇帝认可，成为正式的一门宗教。

单公子愆期正是从这爷孙两人的说法中，推测出纪妃母子一定是去了嵩山一带，因为在那里，才有道家聚散修炼。这些道人要借助嵩岳天地之中的位置，吸纳天地之灵气，寻觅登临仙界的最佳路径。

单将军也看得出来，纪妃母子在这一带，深得人心，因此人们才肯舍命保护他们。为了避免犯同样的错误，他决定派出便衣军士前去访察，有了消息，立即带队前去接应。

派出的人走后，单将军审讯了涂山氏贵族，这老家伙对自己所犯的罪行全部招认下来。涂山氏贵族到了此时才真的知道了纪妃母子的来头太大了，跪在地上向单将军磕头求饶。单将军道："像你这样猪狗不如的东西，什么人都敢欺负，一定是一个典型的鱼肉百姓、欺压乡里的恶霸，饶了你，天下就没有王法了！"单将军又将那个知情不报、贻误救人的地方官员也抓了起来，一同押回京师，再依律定罪。前去嵩山侦察的便衣很快带回了消息，他们刚到嵩山脚下向百姓询问，竟然有不少人知道纪妃母子的住处，于是留下人找到他们，暗中保护起来,另派人快马加鞭回来报信儿。自此,单将军心中的巨石落了地,立即带队开拔,奔向嵩山。

当单公子愆期率领御林军将士齐刷刷地跪在纪妃母子前面行大礼时,纪妃又惊又喜,简直不相信眼前的情景是真的,王子晋却冷静地说:"妈妈,这一天终于到来了!"

纪妃喜极而泣,招呼将士们起来,王子晋也搬来石屋里仅有的一个木墩子,请单将军坐。单愆期哪里敢坐,立在母子身旁,大手一挥,几十名军士迅速散开,布下了岗哨。周围的山间小路和林间,有不少村民路过,惊奇地看到了这一幕,不知道发生了什么事。

单愆期将军道:"纪妃娘娘,王子殿下,臣等有罪,一直寻找不到你们,让你们颠沛流离,吃了大苦了。大王十分担心,责成我哥哥寻找你们。整整一年多了,才在这里终于见到你们了。末将的使命就是请你们马上起驾回宫,今天的安排是先到嵩阳邑去,请娘娘、殿下沐浴更衣,稍事休息,明天我们赶赴京都!"

纪妃道:"单将军,请你们稍候,我要跟晋儿商量一下再说!"

单将军道:"好!"立即指挥部下退出一段距离,肃立恭候。

纪妃坐下,问王子晋:"晋儿,今儿的事情你是否有预感啊?"

王子晋郑重地点点头。

纪妃说:"你高兴不高兴?"

王子晋说:"高兴。"

纪妃说:"可妈妈高兴不起来呀!不到这一天盼着这一天,盼着这一天又害怕这一天。你想知道为什么吗?"

王子晋没有料到母亲的心情这么沉重:"妈妈,你说说吧,孩儿听着呢。"

纪妃:"晋儿啊,妈妈已经过惯了这样的生活,实在不愿意再往王宫那火坑里跳了。在这里,妈妈的心灵是自由的,不同那些心怀奸诈的人打交道,用不着提心吊胆,防不胜防了。晋儿啊,你能理解妈妈吗?"

王子晋一惊,跪在纪妃面前:"妈妈,孩儿理解,也很有同感。难道……"王子晋抬头直视母亲的眼睛,"难道妈妈不打算回宫了?"

纪妃摇摇头:"不是的,妈妈是想告诉你,你的年纪虽小,志向很大,妈妈支持你!但你的年龄还小,妈妈必须跟着你回去,不然是不放心的。妈妈是要你也有心理准备,迎接你的不一定全是鲜花,有可能是一条荆棘丛生的路。"

王子晋说:"妈妈,您真是晋儿的好妈妈!晋儿永远离不开您!晋儿今生今世,也报答不完妈妈的恩情。妈妈是晋儿的依赖,晋儿常常想,如果不是太后奶奶经常提醒父王,糊涂的父王不知能干出多少傻事!妈妈,你的晋儿要干一番大事业,要为贫苦民众办事,就需要妈妈为晋儿撑腰,经常耳提面命,免得晋儿走上岔路！"

纪妃把王子晋拉起来，紧紧地揽在怀里："唉！我的晋儿真的是长大了！好了，咱们走吧！"

王子晋正要和母亲启程，忽然想到一件事儿，又对妈妈说："妈妈，舅舅又去打探消息了，还没有回来，我们这么匆匆忙忙地走了，连个招呼也不打，不太合适啊！"

纪妃怔了一下，想不到孩子这么细心，想了想说："晋儿，还是算了吧，你舅舅是个来无影去无踪的人，他经常要飞，不会停留在一个地方，他只要知道咱们母子平安地走了，就会放心的。再说，你想啊，你舅舅也不会愿意出现在官军面前，给我们带来不必要的麻烦，即使回了王宫，我们也不必告诉任何人你舅舅多次救了我们，人心险恶，不得不防啊！妈妈说的话，你懂吗？"

王子晋点点头："妈妈，我明白了，还是不告别的好。我们任何时候也不要暴露舅舅的行踪，您放心好了。"说了这些，王子晋又扭捏地说，"妈妈，晋儿还有一个想法。"

纪妃好生奇怪："晋儿，你小小年纪，怎么婆婆妈妈起来了？有话就说吧！"

王子晋鼓足勇气，仰着脸对纪妃说："妈妈，路过缑氏山时，我们把婉儿也带走吧！"

纪妃笑了："我当是什么事儿，原来是想把婉儿也接走。妈妈也正想告诉你，这事情眼下还是不行的。妈妈知道，你喜欢婉儿，妈妈也疼爱她。可我们把她带走了，她爷爷怎么办？再说，咱们现在回王宫，自己的前途和命运到底是个什么样子，也难以把握。说不定好事没有办成，反倒害了她！这样吧，还是我在靠山屯就对你讲的，等你长大了，能够当家做主了，再把她们爷孙都接走，岂不更好吗？"

王子晋想想："好吧，就按妈妈说的办！"

单公子愆期看到母子的计议已定，前来禀报："娘娘、殿下，山下的车辇已经备好，请娘娘、殿下起驾！"

纪妃和王子晋回首看看他们住过的石屋，抬头望望雄伟壮丽的嵩山，禁不住再一次流下了热泪。王子晋向着大山挥挥手，喃喃自语："别了，天室山，我还会再来的！"

就在王子晋和妈妈在石屋前商议的时候，浮丘公已经回到了山上，正在附近的一处山林中，眺望着这里的一切。但他知道，这一对母子的厄运已经过去了，他没有必要过去告诉他们这个迟来的好消息了，更没有必要过去打扰他们。浮丘公像完成了一项重大使命，眼睛不自觉有点儿发潮，望着他们母子在御林军的护卫下乘马下山，一直盯到看不见他们的身影为止。

第十九回

纪伯妲重大义抚养姬贵
王子晋慕贤才结识李聃

　　单愆期将军不愧在王宫里效劳多年，又深得单氏家族历代公卿为官之道的家教真传，办起差来忠诚、干练、敏捷。自从接到纪妃母子，一直到返回王宫，所有安排都做得滴水不漏，细微周到。

　　后来，王子晋在重返嵩山的时候，还清楚地记得，他们母子从平民一下子回归到娘娘、殿下的地位，被隆重地接回京师的那些细节。那天他们下山后，到了嵩阳大邑，立即由在此食邑的宗人提供了殷勤、周到的服侍。脱下平民装束，换上簇新的宫廷盛装，母子俩竟觉得一时难以适应，膳食也是大鱼大肉，格外丰盛，与在缑氏山及嵩山的生活相比，恍若隔世。特别是在保卫方面，更是万分周密，岗哨林立，不是相关的下人，绝对不得近身。这也从另一个侧面反映出，这些卫士，自从王子晋和纪妃在伏牛深山里失踪以后，四处寻觅，的确让他们吃了不少苦头，再也不敢麻痹大意了。

　　第二天上午，王子晋与母亲用完早膳，单将军就恭请他们起驾。临时制备的车辇，用两匹黄骠马拉住，彰显出王室的气魄，车顶安装了橘黄色的遮阳帐幕，车座也包得松软、宽敞，坐上去非常舒适。

　　临上车前，王子晋再次回首望了望天室山的美景。心境骤然发生巨变的小王子，被眼前的壮美景观深深地陶醉了，油然生出一种挺立天地之间，仿佛展翅高翔的感觉。单将军与两名卫士肃立在他的身旁，没有人敢打搅他观山的雅兴，也体会不出他此刻的心境。还是母亲轻轻地呼唤他，才把他从思绪中拉了回来。单将军将他拦腰一抱，放在了车辇上。

　　前面，我们曾经提到涂山氏贵族让管家报告"官府"，这是作者杜撰的一个细节。考证起来，在那个时代，除了楚国把灭了的小国设立为县，晋国也有卿士将自己抢占的地盘设立为县，有了官府的雏形外，王畿之内，还是分封制。东周王室已经经历了十一代君王，每个君王的妃嫔，都生了不少孩子，都要分得一份儿食邑。虽然王室内部争斗，相互倾轧，杀戮掉不少支系，但这个占有统治地位的姬氏种姓,人口仍然不断增长。王畿范围本来就不大,除留足王室之用的地方外,其余的地盘,分封来,分封去,总有分封不下的那一天。但不要紧,我们用不着就此现象为王室发愁。在王畿这块土地上,无非是大宗划成小宗,小宗相互兼并,有些王族的子孙发达了,就会另有一些王族的子孙沦为平民、士子,枝枝蔓蔓,越来越远,血统仍然鲜红,然而血脉亲情早就逐渐淡化,形同陌路了。一个个经济实体就是一个个政治实体,相对于王室来说,这些大宗、小宗,与其他种姓一样,都是王室的臣民,一点儿也不比别人地位优越。更何况那个时代,除了王室继承人的种姓是固定的姬姓外,其他支系都因封地、官职、职业等关系,设立新的姓氏,不再用最初的姓氏。久而久之,就演变成了乱姓同居的局面。

论述这些,无非是说,在王子晋生活的那个年代里,大约还未曾有"官府"这种体制,所有的统治方式,仍然是父系氏族的遗存。但也并不是说,这种宗族体系就没有层层节制的统治方式,而恰恰也有与社会发展、生产关系和生产力相适应的管理机制。

这不,在王子晋母子返回京都的途中,由于单将军的妥善安排,这种管理体制就发挥了作用。沿途所到之处,都有当地类似官府的组织,官员身份的贵族、卿士跪接、迎送。一路上还收了不少食物、衣物、珍玩敬献,一个比一个巴结。虽然耽误了一些行程,但让王子晋感到兴奋。与昨日以往相比,真是冰火两重天啊!单公子惢期也陶然自得,因为这样摆排场,既体现了王室地位依然显赫,也让这位小王子和纪妃娘娘看到了自己的办事能力。

经过三天行程,距离京师还有一舍之地时,从王室里派来的銮驾已经在这里恭候了。这个地方北望邙山,山如舞龙,南邻伊水,水似彩练。驰道就在岸边,河水湍湍,岸柳依依。当他们母子的马车出现在单靖公的视野中时,前来迎接的官员们一片欢腾,雅乐响起,以单靖公为首的所有官员,跪在车辇前面齐声高吟:"臣等恭候纪妃娘娘、王子殿下还都!"一连三拜后,纪妃与小王子晋才被单将军等人搀下马车。纪妃和王子晋微笑着请单公和其余王公大臣平身。

单靖公趋步向前,禀报说:"是大王派我们专程来迎接你们母子返回王宫的。"

王子晋高兴地问:"父王他想念晋儿吗?"

单靖公笑道:"想啊!怎么会不想?这几天啊,你父王每天都到昆昭台上去,看他的宝贝儿子回来没有。"

王子晋忽然问:"单子,什么是昆昭台?"

单靖公突然被王子晋这么一问,一时很不好回答,他怎么能解释那是周灵王为自己搭建的饮宴游乐的场所,为了不扫王子晋的兴,想了一下回答说:"大王为了看到你们,盼望你们早日归来,搭了一个百丈高台,天天上去祈祷瞭望,才把你们盼回来了啊!"

王子晋到底还是有孩子气,立刻兴奋起来:"百丈高台,那晋儿也要上去瞭望,看看有没有站在嵩山上看得远。"

王子晋的稚气惹得单靖公笑了起来,纪妃见儿子这么高兴,心中的愁云不知不觉消散了。

单靖公请娘娘、殿下换乘正式銮驾,鸣奏鼓乐,向王城进发。

回到王宫,母子二人都有久违了的感觉。新任太监总管牛录,也是一个人精,最会看主子的眼色行事,当单靖公把母子二人送进后宫,这牛录就寸步不离,周到伺候。

后宫的一切还是那么熟悉,没有什么变化,母子二人却不知道该去哪里合适,站在一个仪门前,不由得停住了脚步,牛录趋前一步,躬身禀道:"娘娘、殿下,请你们仍然回到储秀宫安歇,那里的一切都安顿好了。不过……"这太监顿了顿,看着纪妃和王子晋的脸色,纪妃示意他说下去,牛录接着说,"不过,大王和太后想你们想坏了,一直在等着你们见驾!娘娘你看,是先回寝宫还是先拜见他们?"

纪妃本来想回宫梳洗一下,却又念及太后和周灵王急切见到王子晋的心情,就没有正面回答牛录,反问王子晋:"晋儿,你看呢?"

王子晋思索了一下:"妈妈,既是这样,我们还是先去拜见父王和奶奶吧,免得他们等急了。"

纪妃说:"好吧,前面带路。"

先去见周灵王,纪妃的心里有些忐忑,腿脚发软,扯着王子晋的那只手心里沁出汗来,主要是不知道要说什么,但见王子晋这么懂事,又这么高兴,心里坦然了许多。

周灵王确实急于见到他们母子,当然,他最急于见到的是晋儿。对于纪妃他是愧疚的,但两个人从来没有多少话好说,这次也想不出有什么话头。

此时的周灵王料想到他们回到宫后,一定会先来见他,所以在养心殿走来走去,焦躁之情,溢于言表。宫女和太监肃立一边,大气都不敢出,听到门外的宫女跪迎纪妃娘娘和王子殿下,紧接着囊囊的脚步声,就像敲打着周灵王的心脏。

宫外,牛录的公鸭嗓音传了过来:"纪妃娘娘、王子殿下前来见驾!"周灵王几乎要打个箭步出去迎接,但还是按捺着激动的心情端坐了下来,表情突然变得非常矜持。

纪妃与王子晋进了宫内,望望神情庄重的周灵王,立即跪下叩首道:"臣妾

（儿臣）拜见大王（父王）！"

周灵王到底憋不住了，一连声说道："快快起来，快快起来，赐座！"

宫女们立刻搬来椅子，让母子二人坐了下来，周灵王却说："晋儿过来，让父王好好看看你！"王子晋起身，走向周灵王。周灵王一把将王子晋拉过去，揽在怀里："晋儿，父王好想你啊！你小子吃苦了，来人，拿酒来！"

听到这样吩咐，宫女和太监忍不住偷偷地乐，父子见面，二话没说，竟会这样安排，可既然大王这么下旨，他们也就赶紧忙而不乱地把已经准备好的酒菜端了上来。

纪妃也是一怔，接着哧地笑了，忽然觉得这个满脸大胡子的男人，也有这么率真的性情，倒有几分可爱之处，第一次觉得也是蛮亲切的。

王子晋抬眼看看周灵王那布满红丝的眼睛，知道这位嗜酒如命的父王刚喝过酒。于是说道："父王，晋儿知道你高兴，可还是少饮酒为好，要爱惜自己的身体啊！"

周灵王说道："好孩子，这酒不是父王自己要喝的，是父王要同晋儿一起喝的！"

王子晋急忙说："父王，晋儿不会喝酒。再说，按照周礼的礼法规定，晋儿也不到饮酒的年龄啊！"

周灵王粗鲁地说："什么狗屁周礼，不管它，父王今儿高兴，寡人的晋儿长大了，你一定要陪父王饮几爵！"

周灵王不由分说，把宫女斟好的酒端了两爵，相互碰了一下，自己把一爵酒一饮而尽，另一爵酒送到王子晋的嘴边："晋儿，是男子汉你就把它饮下去。"

见父王高兴成这个样子，母亲也用鼓励的眼光望着他，王子晋就壮了壮胆子，嘬着小口饮了下去。这又苦又辣的黄色浆汁子，一下子让王子晋难受得愁眉苦脸，脑袋晕乎乎的。

周灵王见状，得意地哈哈大笑："臭小子，好喝吧？"又转身和颜悦色地对纪妃说，"纪妃呀，太后也急于见到你们，你带着晋儿赶快去吧，回头，寡人重重有赏！"

纪妃虽只得了这一句话，心里也泛出一阵感动。这样的见面，让纪妃和王子晋都觉得非常意外，又觉得特别温馨，周灵王半醉半醒的样子，既让人哭笑不得，又体会出浓浓的亲情。

出了养心殿，早有两乘小轿在宫门外伺候。王子晋说："妈妈，咱们一连乘了几天辇，还是走走吧，不必再乘轿子了。"

纪妃说："好吧，咱们徒步去看你奶奶！"

那牛录趋前几步，给母子二人跪下："娘娘、殿下，这是大王特意下旨让奴才安排的,怕你们这几天赶路太辛苦了。娘娘,这里离慈宁宫还有不短的路程,请你们还是坐吧,免得大王责怪奴才不会办事!"

纪妃和王子晋各乘了轿子,开始奔向慈宁宫。小轿子又快又稳,不多一时就到了。牛录通禀以后,母子二人进了宫内,只见老太后斜躺在卧榻上,二人赶紧跪下,向太后请安。

太后的声音虚弱得很,果断地吩咐宫女把母子二人搀起来,让他们到自己身边。王子晋跳上床榻,在里边依偎着太后坐下,纪妃则靠在太后外侧,斜依在老人身边。

太后少气无力地伸出双臂,一边揽着一个笑道:"母后我终于又见到我的儿媳和孙儿了,可把母后想坏了!"

纪妃历来感激这位老太后,视她老人家为自己的母亲。见老人家这么疼爱自己和晋儿,流下泪来:"母后,伯姐与晋儿也十分想念您啊!一年多没有见面了,没想到您的身子骨这么虚弱。"

太后说:"不妨事的。我呀,自从那年过了六十大寿,这身子骨不是这里出毛病,就是那里出毛病。见到你们,这病就好了一大半。"太后拍拍纪妃的手,"孩子啊,你们在外边可吃大苦了!"

纪妃说:"母后,没有什么,只是想着也不知道啥时候是个头儿,害怕今生今世再也见不到您老人家了!"一边说着,一边又是垂下泪来。

太后挪挪身子,宫女赶紧把枕头再垫高一些,让太后坐舒服点儿:"是呀,我也是在梦里常常见到你们母子,可一直没有你们的消息,可把我急坏了!"太后又拉过王子晋,"啧啧,我孙子又长高了,也比以前壮实了,看来你们在外边也没有受太大的委屈。唉,只要你们能够回来,我就放心了。"

王子晋贴着太后:"奶奶,孙子也经常梦到您老人家,孙子回来了,您会很快好起来的!"

太后腾出右手,在王子晋的脸上、胳膊上摸了个遍:"是啊,见到了孙子,奶奶什么病也没有了。"

纪妃暗暗想起,她曾经问过浮丘公还有没有那种益母膏。浮丘公说:"师父就熬了那么一罐,自己原本也打算熬制一些,可一来药未配齐,二来常在外出游,没有工夫熬制。"纪妃这时在心里说,要是还有那种药,让老太太服下去强身健体,祛病除灾,该有多好啊,可是,却没有那种药了。转念一想,即使有,也没法拿出来。唉,世上的事情,从来不是十全十美的,更何况一些心中的秘密是永远不能够拿出来示人的。

太后和孙子唠唠叨叨地说了好大一阵子话。纪妃只顾走神,也没有听他们说了些什么。只见太后又转向她:"孩子,唐妃不在了,你听说没有?"

纪妃心中一惊："啊？她这么年轻,怎么忽然不在了？"

太后说："要说呀,母后我经常说她是一个小妖精,缠着了你们的天王,心肠也歹毒。可是她不在了,我又有点儿过意不去了,撇下一个贵儿,好可怜啊!"

王子晋说："奶奶,您说得太对了,有妈的孩子是个宝,没妈的孩子像根草!"

太后说："我孙子说得太好了!这个小贵子,现在让郑妃带住,这都是我儿子的馊主意。郑妃因为唐妃投毒害死莺儿那事儿,已经把唐妃看成了仇敌,让她管贵儿,能有好吗？"

纪妃不知道太后对她说这些有什么用意,随口答言说："母亲有罪,算不到孩子头上,那贵儿有什么过错？郑妃她是个善良的人,不会跟贵儿过不去的。"

太后说："难得你这么想,可我听说,郑妃虽说遵从了你们天王的旨意,把孩儿抱了过去,可她一直不待见这个孩子,并且自己又有了身孕。这几天我一直在想这事儿,放心不下啊!"

纪妃这才听出了母后的弦外之音,但她不想给自己惹是生非,添麻烦,就不再多言。

太后是何等精明之人,见纪妃不接自己的话茬儿,就知道她已经听懂了自己的意思,就不妨摊开说了,话说得既亲切,又恳切："姐儿啊,母后有一句话,不知当讲不当讲？"

纪妃忙说："母后,有什么话您只管说,姐儿听着呢。"

太后缓缓说道："晋儿、贵儿,都是我的孙子,手心手背都是肉。十个指头伸出来有长有短,可咬着哪个都是疼的。我琢磨了好多天了,就盼着你回来。母后没有看错,你是一个贤德的好女人。母后打算把贵儿托付给你照管,你看行吗？"

纪妃没有料到太后会单刀直入,要把小王子姬贵托付给自己。太后的话一出口,纪妃就为难了,不同意不行,可又不愿意同意,踌躇了一阵子,见太后热切地看着自己,顺势下床,跪了下来："母后,姐儿以为不妥。贵儿既然已被郑妃姐姐收养了,再让她移交给姐儿,有夺人之美之嫌,此事在臣妾看来,万万不可呀!"

太后不高兴了："姐儿,这有什么不可？老身我不会再让郑妃糟践贵儿了。那样对孩子太不公平了。脸面是小,孩子事大。你放心,有老身做主,谅她不敢说什么。再说,她已经有了身孕,生出孩子,无论是男是女,都是她自己的骨肉,也分不出心来善待贵儿了。这样办,对她反而有利!唉,都怪你的这个粗心的天王,把事情办砸了。姐儿啊!老身这是托孤负重,对你特别信任,你不要再推辞了,算老身求你了!"

话说到这份儿上,算把纪妃逼到了墙角,可纪妃仍然心有不甘,只好硬着头皮说了："母后这么信任姐儿，姐儿自然应该万难不辞！可姐儿想，为何不能把贵儿交给奶娘抚养啊？"

太后听纪妃的话里态度已经松动，就耐心地向纪妃解释道："姐儿啊！奶娘不是母亲，也不可能把她纳入妃嫔，等贵儿长大了，孩子会觉得名不正，言不顺，低人一等。趁他还年幼不懂事，托付给一个可靠的人做母亲，孩子的心灵里就不会留下创伤。母后就看中了你，只有你才能把贵儿养育好！"

在太后与纪妃交流的过程中，王子晋一直认真听着，没有插话，他心里说，在靠山屯，石大爷把婉儿带来，妈妈二话没说，慷慨地接受了婉儿，可今天是怎么了？他想不通，他想劝劝妈妈，见纪妃沉吟不语，就接过奶奶的话头："妈妈，你听奶奶的话，把贵儿弟弟领过来吧，晋儿喜欢有个弟弟做伴，晋儿教弟弟读书识字。"

太后把王子晋搂在怀里，亲了一口说："这才是我的好孙子，太懂事了！姐儿，你如果实在不愿领养贵儿，牛不喝水不能强按头，母后再勉强你，就过分苛求你了，平身吧！"

纪妃重重地磕下头去："母后，我的娘亲！您老人家这么信赖姐儿，姐儿还有什么话说！只要不伤害到邦妃姐姐的感情，姐儿遵从母后的旨意就是了！反正晋儿已经长大了，照料抚育贵儿，姐儿责无旁贷，会尽心尽力，就像对待晋儿一样对待贵儿的，请母后放心吧！"

太后听了这话，笑逐颜开："母后就知道我的姐儿是深明事理之人，不会辜负母后的一片心的。想那唐妃九泉之下，也会承情感恩！你呀，算得上以德报怨，大义感天！你也许不知道，齐国来的那个公主患了绝症，也许没有多少日子了！我这个天王儿子和那些怂恿他向齐国求娶王后的大臣们，造孽呀！"话说完，竟掉下眼泪。

纪妃听出太后话里有话，那意思十分明显，却没有感到惊喜，安慰太后说："母后，生死祸福由天注定。姐儿不管这些，一定会养好晋儿和贵儿的！当母亲的，不图孩子成龙变虎，只求他们一生平安！有您老人家和大王的信任，姐儿就知足了！"

太后欣慰地说道："母后本来就知道姐儿有一个平和的心态，母后把希望寄托在你身上，就是要让大周江山、姬姓王朝不能断送在不肖子孙手里，你明白母后的意思吗？"

纪妃点头："姐儿明白！"

太后道："事情就这么办吧。我会对心儿交代，让他妥善安排的。你们娘儿俩旅途劳累，回去休息吧。晋儿还要到太学府去读书。孙子啊，你要为你的祖宗争气啊！"

王子晋说:"请奶奶放心,晋儿一定不辜负您老人家的期望,学好本领,干一番大事业!"

太后和纪妃对视一下,两个人都欣慰地笑了。

过了许多天,王子晋突然对纪妃说:"妈妈,回宫这么久了,谁也没有问过咱们在外漂泊是在哪里。"纪妃也觉得好生奇怪,不过,反正他们母子已经平安回来了,其他一切都不重要了。

令纪妃奇怪的是,郏妃把王子贵像个小包袱一样甩给了她,这孩子也许以为又见到母亲了,他已经两岁多了,说话也很伶俐,见到纪妃,张口就叫"妈妈",扑到了纪妃的怀里,而对收养了他几个月的郏妃仿佛没有一点儿亲情。其实,郏妃也没有怎么亏待过这个孩子。郏妃对纪妃说,一想到是这个孩子的妈妈害死了自己的女儿,心里就堵得慌,纪妃表示理解。小王子贵过来了,经历了一场大的变故,宫中的人们看到大王和大臣们隆重地接回了纪妃娘娘和小王子,是很不寻常的,再也不敢怠慢他们母子了,这日子就过得顺溜起来。

过罢新年,王子晋仍然以公子乔的身份进入太学府继续读书。年龄增长了,领悟能力显著增强了,心事也重了。他时时回忆起在深山里,在缑氏山一带还有嵩山里的日子,怀念那些可敬可爱的猎户、农夫,怀念小朋友桓良、无伤、田头等人,尤其是思念石婉儿和石大爷。他把这些思念藏在心里头,相信自己再长大点儿,就可以禀告父王,把婉儿和石大爷接进宫里来。

在前面,作者曾经交代过,在太学府里,学子们并不是按年龄分级的,而是根据自己的学业水平,可以跳跃到各个学段就读。王子晋就跳过了好几个层次。论个子,他是个小不点儿,但在学业的精进上,他算得上鹤立鸡群,没有人能够超越他。而且人们从他的警卫人员猜测出他的来头很大,更没有人敢欺负他。他以敦厚、诚恳的态度,和许多学友建立了深厚的友谊。

王子晋重新入学以后,原来熟悉的同窗学友依然在,大家对他的归来非常热情。王子晋突然想起,几个学友曾告诉他,有一个姓李名聃,字伯阳,又名李耳,人称老子的少年贤才,被接来就读,学府里名气很大的商楠老师资助和教导这个人,心中一直渴慕结识,就问学友们,那个李聃来了没有。学友们告诉他:"这个人在你走后不久就到了,而且所有学府里按部就班传授的知识已经不能满足他的需求了,他现在以半工半读的方式,独自深造。不懂的东西直接和学府里的大师们单独研讨,"学友说,"这个人实在了不得,让人难以望其项背呀!"学友们越是赞赏这个李聃,就越是激起了王子晋急于一见的迫切心情。

别看太学府只有方寸之地,要寻找一个人并非易事。王子晋本来可以用自己的身份找到这样一个令人敬佩的学长,共同探讨学问,只要对警卫人员说一声,应当易如反掌,可他决不能那样做。他认为大家都是学子,人格上是平等的,居高临下,会伤人家自尊心的。因此,他决定以偶然相遇的方式,以一个学弟的身份与之相见。

功夫不亏有心人。这一天,王子晋与那个同窗好友在林荫道上散步,学友忽然停下,扯了王子晋一把:"公子乔,你看,那边过来的那个头发全白的年轻人,就是老子!"王子晋大喜过望:"走,去会会他!"学友说:"这个学兄的性格古怪,轻易不与人交往,喜欢自己沉思默想,最烦别人打扰他。我害怕碰钉子,招没趣,要去,还是你自己去吧!"王子晋说:"好吧,我不相信这样的大才子,会倨傲无礼!"

不料正在低着头一边走一边沉思的老子仿佛没有看见王子晋,径直向前走,眼看就要撞上,王子晋只得躲避,老子旁若无人地继续向前走,王子晋怎肯失去这个机会,冲着老子的后背叫了一声:"李聃学兄,请留步!"

这一声呼唤,仿佛把老子从梦中唤醒,他呆了一下,转过身来:"这位学友,是你在叫我吗?"

王子晋再次拱手行礼:"是啊! 打扰学兄了,请问你是从楚国苦县曲仁里来的伯阳学兄吗?"

老子惊奇地问:"你怎么知道我呀?"

王子晋说:"久闻学兄大名,只是一直无缘相见,今日谋面,实在幸会!"

老子微微一笑:"公子何许人也? 缘何急于见到李耳这个穷小子?"

王子晋说:"在下公子乔,京都人士,时常听说学兄才高八斗,学富五车,谋求一见,敬请指教一二。"

老子面带讥讽,不屑地说:"学友此言差矣! 李耳见尊兄衣着光鲜,定是富家子弟,而李耳乃寒门学子,布衣粗食,寄寓商楠大师门下求学,实在不敢高攀啊!"说罢,就要离去。

王子晋非常尴尬,羞得满面通红,但不忍心放弃机会,与这个渴慕已久的才子擦肩而过,抢前一步说:"啊哈,常听说学兄胸有韬略,腹有良谋,大智若愚,虚怀若谷,你这样将我拒之千里,看来学弟是高攀不上了。"

见王子晋这么谦虚,彬彬有礼,老子这才收敛了讥讽的笑容,正色道:"尊兄欲见李耳,仅仅是为了切磋学问吗?"

王子晋也神色庄重地说:"是啊! 公子乔慕尊兄之大才,渴求一见,已非一日。说什么布衣粗食,在公子乔看来,您才是国之重器! 满腹经纶,足以经邦济世。据我所知,尊兄长我六岁,已经成年了,难道不打算为国效力吗?"

老子做一手势,请王子晋在就近的一个石墩子上坐下,自己也坐上了另一个石墩子,缓缓说道:"尊兄过奖了,李耳前来求学,并非为了谋求官职,只要衣食无忧,唯愿一生钻研学问而已。"

王子晋顿感意外："仅仅为了做学问，那不是太屈才了吗？"

老子的回答顿时愤激起来："我大周天朝，已经开国六百多年了。自周平王东迁以来，天下越来越乱，已呈大争之世的趋势。李耳左思右想，此种乱局皆因诸侯们不以天道行事，不仁义，贪婪无度所致。这天下千孔百疮，唯有灭人欲，存天道，摈弃以万物及百姓为刍狗的恶俗，清静无为，方能天下大治。可这些主张必须形成一系统理论，使天下当政者接受实施才能造福苍生啊！"

王子晋钦佩地望着老子："伯阳兄，听了您的高论，公子乔深感莫测高深，相见恨晚。据我所知，尊兄半工半读，肯定有负光阴。人生苦短，浪费可惜。如果就这样长期下去，它不影响您潜心思考、研究学问呀？"

老子也相当诚实地回答："尊兄有所不知，李耳对学问的探讨是孜孜不倦的，就如空气和水，须臾不能离开，岂肯浪费光阴，蹉跎岁月？无奈转学之前，原来的师子已经不能传授知识，李耳要穷索理原，老师才力荐李耳至京师负笈苦读。算起来，来太学府也已经年余了，学府内的大师们也以为李耳学有所成，没有典籍可供阅读了。再说，寄人篱下，身无长物，衣来伸手，饭来张口，大恩难报，终究不是长法。因而才决定自食其力，延续学业。可又苦于无书可读，欲回家乡，又舍不得离此地，如果远离这里的学术氛围，才思也将枯竭，正在进退两难啊！"

王子晋问："难道太学府里的博士不肯施教了吗？"

老子老老实实地回答："眼下博士们确实对李耳穷索道之本原，不能做出解答了，他们不仅对那些先贤未传、古籍未载的知识不敢妄言，而且对探究学问、标新立异也没有胆量啊！大师们治学如此严谨，让李耳深表遗憾啊！"

王子晋也觉得可惜："这样看来，太学府里博士们的教习早已不能满足尊兄了！难道天下真的没有书籍可读？"

老子说："这学问、学习两个词汇，甚为奇妙。问者，疑也，欲学深学透，必须靠向更高水平的人去问；习者，重复也，必须反复参详已学过的知识，温故而知新，反复思考。读尽天下书，方能格物致理。李耳的志向就在于研透天下大道。商楠先生教导我说，站在巨人的肩膀上，方能再向上攀登。他向我透露，王宫里有一个守藏室，只有那个地方，才是集天下之文，收天下之书的宝库，所存书籍，汗牛充栋，无所不有。可李耳哪里有本事到守藏室饱览书籍的福气？只能暗自想想罢了！"

王子晋脱口而出："这有何难？我能帮你办到！"

老子又惊又喜："真的？"随即眼里的亮光暗了下来，"如果难办，就不给尊兄添麻烦了！"

王子晋有点儿后悔，差一点儿说漏了嘴，连忙解释说："是这样的，家父与守藏室管事的大夫私交甚好,只要你同意,就让你去帮助整理、管理书籍,提供你的膳食、住宿,让你随意读书,想来是不难办到的!"

老子一把抓住王子晋的手,不再斯文客气:"你这个小兄弟,若能为李耳办到此事,实乃李耳三生有幸,太谢谢您了!"

王子晋谦虚地说:"不用客气,只要学兄不嫌弃,以后学弟会经常找你请教,切磋学问的。"

第二十回

王子老子细研天下大事
国母慈母思虑儿郎前程

王子晋平生办的第一件大事，就是利用自己的身份和地位，为老子谋到了守藏室的职务。他没有通过周灵王，而是把自己的想法讲给单靖公听，请太傅帮忙安排。这一件事，又让单靖公激动了一阵子，他对小王子小小年纪，就知道广纳天下人才，尽全力帮助人才大加赞赏。单靖公很快做了安排，亲自去见守藏史，要送一个年轻学子来帮助他操置业务。守藏史是一个七十多岁的老头，四十多年来，整天埋在故书堆里，收集整理那些竹木典籍，正发愁无人接班，得知有人有志于来此做学问，不但欢迎，而且惊喜。于是，单靖公让王子晋转告老子，让他来坐班当差，并且专门给守藏室多拨了一份儿钱粮，让手下人为这个有学问的年轻人准备了充分的食宿条件。

将老子安置好后的第二天，王子晋就到守藏室来看望老子。那时老子还不知道王子晋究竟是何身份，再次向王子晋表示感谢。二人推心置腹，畅谈学问，各抒己见，无所不谈。老子对这个不足十岁的少年的学识如此渊博，深为叹服，而王子晋也对老子学问的博大精深，出口成箴，十分钦佩，二人英雄惜英雄，惺惺惜惺惺，大有相见恨晚之感，俨然是一对志同道合的密友。

通过交谈，王子晋了解到了老子的身世。李聃出生时，传说他母亲已怀了八十多年，由于他出生晚，父母已是老来得子，又因他白发白须，故世人皆呼"老子"。老子聪慧异常，静思好学，自幼就对国家兴亡、战争成败、祭祀占卜、观象测星之事有着浓厚的兴趣，小小年纪就师从于浮丘公的师父，是殷商时期大名鼎鼎的大夫商容的徒弟。老子长到十三岁时，常常对师父发问一些天地、万物、鬼神、君王、民生、战争等方面的问题，总问得师父张口结舌，答不出来。而他自己上观日月星辰，下看天地万物，视物而思，触物而类，冥思苦想，对自己一时不能想通的问题，达到了暑不知热、寒不知冷、雨不知湿、风不觉吹、饭不知味、夜不能寐的境界，人称"学痴"。

王子晋走后，老子百思不得其解，一个小小少年，怎能有如此巨大的神通？

只是一句话,就给自己安排了如此好的学习和工作条件。于是,老子带着疑问请教守藏史。收藏史虽然老眼昏花,心里却非常清楚,他告诉老子:"小子,你交上好运了,这个少年不是别人,而是当今天子周灵王的儿子,哪里是什么公子乔,他是王子晋!"

得知这一情况,老子惊呆了,思考了一阵子,倔脾气上来,卷起铺盖就要走人。守藏史拦住他,狠狠批评了他一顿。老人家说:"人家王子殿下好心好意,为你谋得这个职务,又不图你报答,这情义多么深厚!你自己凭学问吃饭,算不得嗟来之食!守藏室是干什么的?告诉你,这里对于天朝的国宝,只收藏,不对外开放,多少人想一探究竟而不可。你的志向是做学问,天下再没有守藏室这么丰富的收藏,在这个贤士如云的周都,谁不想来这里拜读如海的典籍,而你算最有幸的一个了。原以为你是一个明白事理的人,却这么迂腐,意气用事,实乃大谬不然也!"守藏室典史的一顿奚落,让老子满面羞愧,没了脾气。再想想看看,那数百架陈列典籍的库房,琳琅满目,尽是宝中之宝,实在离不开这浩如烟海的竹、木书籍,想要与这些典籍相伴一生。

当王子晋第二次来守藏室看望老子时,老子纳头便拜,口称:"臣李聃叩见王子殿下!"

王子晋急忙把老子搀了起来:"伯阳兄,你千万不要这样。你若以君臣见礼,咱们之间就生分了。论年龄,你长我几岁,我应尊你为兄;论学识,你博览群书,我应尊你为师啊!"

听了这话,老子的心里滚烫,非常感动,感慨地说:"王子殿下,真可谓上善若水啊!"

从此以后,老子视守藏室为家,埋头读书,如饥似渴,博览泛观,渐臻佳境,通礼乐之源,明道德之旨。三年后,老守藏史退休,老子接任,将天文、地理、人伦、文物、典章分类整理得井井有条,而他自己也融会贯通,过目成诵,自得其乐,成为天下第一绝学之士,很快名闻遐迩,声播海内。数年以后,孔子前来拜访,受益匪浅,称其为人中之龙,又数年后,老子出函谷关,著五千言《道德经》;数百年后,道教尊奉其为鼻祖;两千年后,老子被尊为世界名人。

王子晋与老子交上朋友之后,经常到守藏室去,与老子切磋学术问题,相互交流,相互启发。老子提出的道与德的关系,让王子晋颇为受益。老子多次向王子晋阐述水的德行,他说君王应当像水那样,利于民而不争,讲仁德,讲孚信,讲善政,任贤使能,使民有时。对于老子讲的道理,如"民之饥,以其上食税之多""民不畏死,奈何以死惧之",王子晋联想起自己与母亲在深山中的鸡脚寨,在缑氏山里的靠山屯,在嵩山,与山民们的交往,结合实践经验,摆脱了空洞的说教,一下子就心领神会,对老子的"民为邦本,本固邦宁"的理论和理念,有了深刻的理解。

当然，王子晋对于老子的一些观点，比如"为靖天下，君王应清静无为而治"不大赞同。王子晋认为，如若无为，哪得而治？尽管老子反复阐述自己的"无为"学说，实际上是"无为无不为"，王子晋仍然与老子有争议，因为他要有为，而且是大有作为。

有时，王子晋觉得，老子的某些观点，与道人浮丘舅舅的说法类似，但老子的理论更深刻，更切中问题的核心，论述也更精辟、透彻。可浮丘舅舅的观点更朴实、更自然、更人性化，他鼓励王子晋入世，有所作为，让王子晋觉得更亲切，更符合自己的心迹。

后来，王子晋干脆请来单靖公和苌弘共同参加讨论。这些研讨和争论，不仅丰富、完善了老子的世界观，更使王子晋的思想境界登临了新的高度。在以后的两年多里，王子晋与老子建立了深厚的友谊，他们最初研讨的课题，主要是哲理及学术，比如对《易经》的理解、运用，对天象的观测，历法的制定，对礼所要求的社会层次分布的意义，对乐影响人们心灵的奇妙……越研讨，越觉得有滋味，后来渐渐地研讨起对时政的认识。

他们共同认识到，王室到了当下，的确是一直在走下坡路。从大的方面讲，王朝最初建立起的一整套管理体制，也就是封土建疆的模式，已经分崩离析，逐渐失效。从西周到东周，天下大势已发生了颠覆性的变化。在周王朝的早期，王室具有强大的向心力、影响力和号召力，诸侯要定期对王室朝聘、纳贡，大车小辇供输京师，非常壮观，有哪个小诸侯胆敢藐视王室，就会被削去爵位，褫夺食邑。那才真正是一统天下，"普天之下，莫非王土"，而率土之滨，只是王臣。可到了东周，由宗法道德形成的凝聚力渐行衰退，王室与诸侯的实力此消彼长，大诸侯国做大，任意扩充军事实力，以武力吞并小诸侯国，千方百计地扩大自己的领地，把封国据为己有，王室的统治势力越来越弱化，维系王朝的井田制、分封制、宗法体系和礼乐制度这四大支柱，遭到了严重的破坏。

说到井田制，王子晋特别感慨，深有感触。他曾背诵《甫田》，诗中的"无田甫田，维莠骄骄""无田甫田，维莠桀桀"，背得滚瓜烂熟，却不理解其中的意思。后来到了乡下，看见那些"甫田"，也就是"公田"，或者说是"井田"，由于赋税不合理，奴隶主不重视（因为他们分不到利益），农夫也不愿下力气种植，因为不合算。人们把劳力投入到私田上，以致"公田不治"，蔓草丛生，王子晋这才对这首诗有了深刻的理解。因为所有人都是为了利益而行动的，这是不以人的意志为转移的客观规律。

至于分封制，也已经名存实亡。天子已经没有资源可以用来犒赏功臣或亲属，也没有权力和能力收回曾经分封出去的土地；诸侯及士大夫早已习惯了世卿世禄,所谓的请命、赐命毫无实际意义,连形式也不再保留。随着血缘关系渐行渐远,靠亲情维系统治完全失效,最后只剩下了赤裸裸的等级统治;礼的变革更让人吃惊,"臣弑其君者有之,子弑其父者有之",为了权力,即便是父兄之间,也相互杀戮,血雨腥风,此起彼伏。

究竟如何治理这乱世? 老子的主张是清静无为,可这只是老子一个人,或者是持有这种观点的一部分人的一厢情愿,没有一个诸侯会这样想,肯这样做。王子晋则苦苦思索,他既认为老子的主张并非治世良药,却又想不出办法解决这些社会矛盾。但他从文武成康那四代先王施政时提出的"敬德保民"中,找到了统治者应当遵循的施政纲领。他常常想,从天下大势来看,王室已不可能统治所有的诸侯方国,倘若自己执政,那就要在王畿这个王室管辖的区域内,坚守"敬德保民"的施政方略,徐图发展,恢复王室应有的权力,发挥王室的作用。

虽然我们没有必要让一个小小年纪的王子,背这么沉重的思想包袱。可存在决定意识,他正是因为自己是个王子,从小受到单靖公的培养教育,以天下为己任,有着远大的理想和抱负,才不得不想这些问题,研讨这些复杂的社会课题。不然的话,再早熟的少年儿童也不会关心天下兴亡的大事。

不过,少年的生活毕竟是天真烂漫的。虽然他与老子在一起时,不知不觉地像个小大人,一身书卷气,沉浸在学海之中,在知识的海洋里漫游,奋力在书山上攀登,可一旦回到宫里,依然是一个稚气未脱、活泼可爱的童子。

只要王子晋回到储秀宫,这里就成了孩子们的乐园,王子晋这个大哥哥是宫里孩子们的领袖。王子贵和王子佞夫很淘气,不是把院子里的花枝折断,就是把花盆打烂,爬高上低,活泼好动,可纪妃对他们从来不恶声恶气地责怪。燕儿姐姐带着观香、秀儿等小公主,也常常来和这几个男孩子在一起玩。王子晋把从乡下学来的游戏改造成适合宫里玩的方式,教大家一起玩耍。孩子们最喜欢的就是听王子晋吹箫吹笙。但在吹箫时,几个男孩听不懂,在一旁吵吵闹闹,这时,王子晋便拿出笙来吹,既可以压倒他们的吵闹声,男孩子们也会随着节奏蹦蹦跳跳。女孩子们到底是沉静的,特别是观香这个小妹妹,尤其喜欢听哥哥吹笙。别的孩子听的只是热闹,可小观香听出了异样的感觉。一次她听后对王子晋说:"晋哥哥,你吹起笙来,我听着像凤凰的叫声。"王子晋很惊讶地问:"观香妹妹,你见过凤凰啊?"观香说:"没有。""那你怎么知道是凤凰的叫声?"观香肯定地说:"反正我听到的就是凤凰的叫声。"

小公主观香是个聪明伶俐的小女孩,那眉眼,那一对俏皮的小酒窝儿,都酷似石婉儿。王子晋只要一看到观香,就情不自禁地想起石婉儿。一晃两年过去了,王子晋对石婉儿的思念不仅没有变淡,反而越来越浓烈。婉儿的一颦一笑,时刻在王子晋的脑海里浮现。自从他托单靖公把老子安排的事情办成后,他就清楚地知道了自己说话的分量,一个王子要下人办一件事情,没有不尽力的。他曾多次设想,让单将军派人把石大爷和婉儿接回来,但他一想到妈妈的嘱咐,就打消了这个念头。因为他考虑到,在乡下的那一段不堪回首的经历,应当暂时尘封起来,秘不告人,以免给妈妈和自己带来意外的伤害。他从自己亲身经历的人情冷暖、世态炎凉中,已经过早地意识到人间万象的曲折复杂,许多事情不能以自己的意志为转移,即使手中的权力再大,也不能随心所欲地办自己想办的事情。但他一直在等待那个能够把婉儿接回来的时机。

除了思念婉儿和乡下的小朋友们,王子晋还经常想到他救治过的小白鹤凤头,甚至做梦的时候,小白鹤凤头的样子,常常和婉儿幻化在一起,小白鹤凤头就是婉儿,而婉儿回眸一笑,就变成了小白鹤凤头。王子晋不无遗憾地想,婉儿妹妹一定能够找到,而小白鹤凤头却永远不可能再见到了。

奇迹正是发生在人们的意料之外。父王曾经带他去看白鹤的那个小翠湖,每到夏秋季节,就会有一群群白鹤到这里栖息、觅食、周转,只要白鹤群来临,王子晋就要去观看,有时是独自一个人去,有时是带着弟弟妹妹们去,孩子们都喜欢看鹤,而王子晋更想在鹤群中看到凤头的影子。

这天下午,王子晋带着四个弟弟妹妹来到谷水河边。此时已经入秋了,汛期已过,曾经奔腾咆哮的谷水河变得娴静温顺,河水清且涟漪。蓝蓝的天上飘浮着白云,映在波光粼粼的水面上,结队的小鱼儿忽而向前,忽而向后游动,队形转换瞬间,鱼肚一翻,闪着银光,把白云的投影搅乱。孩子们欢快极了,在光滑的卵石滩里,在浅浅的流水边上,跳跃欢叫。侍卫和宫女们一边调笑,一边注视着孩子们,不时发出呼喊声,防止他们跌倒或跳进水中。

小姑娘观香跳到王子晋跟前,扯了一把望着水面出神的小哥哥:"晋哥哥,你看,那边有白鹤!"

王子晋顺着观香小手指的方向,果然看到有两只白鹤,站在水边,伸长脖子,好像将捕食到的小鱼咽了下去,然后又伸出一条腿,做出金鸡独立的姿势,两只翅膀展开,优雅亮翅。王子晋忽然动念:"观香,走,跟哥哥到翠湖去,看那里有多少白鹤。"

两个孩子撇下其他孩子,蹦蹦跳跳地向西北方向走,到那个宫墙边上的翠湖去,因为有一段路程,王子晋就把竹笙挂在脖子上,弯腰背起观香,颠颠地跑了起来,颠得观香在哥哥的背上咯咯直笑。跟随王子晋和观香的两个宫女也紧跟了过来。

走过一片沙棘,穿过一片竹林,王子晋和观香就来到了翠湖。湖边的浅水处,那些迎风摇曳的芦苇已经抽出了白花花的顶穗,芦苇下边临近水泽的空地上,果然有十几只白鹤在悠闲地散落着,有的在湖边散步,有的把脖子伸在翅膀下边小憩,有的扑棱棱地飞起,飞到不远处就落下来,东张西望地寻找食物。

王子晋把观香放下来,蹑手蹑脚地向鹤群靠拢,后边的两个宫女呼唤他们,王子晋向后做了一个嘘的表情,两个宫女立刻停止了大呼小叫,也轻手轻脚地走过来,站在不远处,不再近前。白鹤已经听到了人声,但它们并不害怕,不以为意,一点儿也没有受到惊扰后的慌乱。

观香说:"晋哥哥,你吹笙吧,白鹤肯定爱听!"

王子晋捧起笙来,一声长鸣,白鹤们仿佛受到了惊动,一个个腾空飞了起来,飞了丈把高,扑闪着翅膀,向音乐声处张望。只有一只比其他白鹤大得多的大白鹤,没有飞起,出神地望着王子晋和观香。

随着悠扬的乐曲送入空中,鹤群被吸引过来,形成一个圆圈儿,围着王子晋和观香,伴着乐曲的节奏,舞动着身姿,虽然不是经过训练那样整齐划一,却各具特色,一个比一个高雅、雍容。小观香拍手叫好,王子晋一边吹,一边看着那领头的大白鹤。那白鹤仍然呆呆地望着他没有动。

突然,那只大白鹤腾空飞起,直落到了王子晋对面的空地上,伸出脖子啊啊地鸣叫。王子晋定睛一看,那只大白鹤的头顶上有一绺羽毛高耸,再看那长长的细腿上,有一条腿的正中间有一个小疙瘩。王子晋停止吹奏,呼唤一声:"凤头!"顺手将竹笙递给观香,向凤头奔去。那凤头也冲着王子晋跳跃过来。王子晋一把搂住它,喃喃自语:"凤头,是你吗? 真的是你吗? 可把我想坏了!"凤头把长颈弯成半圆形,紧紧地环绕着王子晋的脖子,表现出极度的亲热。王子晋流着激动的眼泪,亲吻着凤头洁白的羽毛:"凤头,凤头,我们终于又见面了!"

两个宫女也奔了过来,把观香抱了起来,看着王子晋与一只大白鹤亲热,却不知是什么原因,但无不感到惊喜。王子晋问凤头:"凤头,你见过婉儿姐姐吗?"凤头不会回答。王子晋又问:"凤头,你不走了,好吗?"凤头依然不会回答。就这样,王子晋和凤头亲热了好久,说了许多对凤头的思念之情,终于松开了手。凤头继续在王子晋的两个胳肢窝内反复亲热,又用尖尖的嘴唇叼叼王子晋的衣服,啊啊地叫着,呼唤着鹤群,仿佛告诉它们,这就是我的救命恩人!

王子晋又从观香手里把竹笙接了过来,忘情地对着鹤群吹奏起来,乐声中充满着思念和爱恋。凤头带着鹤群再一次翩翩起舞。过了一会儿,凤头长鸣一声,众白鹤腾空而起,绕着王子晋等人飞了三匝,然后凤头便带着鹤群,排成长阵,向着高天,向着远方飞去。

王子晋、观香和两个宫女盯着鹤群,眼睛一下都不敢眨,直到看不见了鹤影,还呆呆地向着远方凝望。

回到宫里,王子晋兴冲冲地把见到凤头的消息告诉了母亲,纪妃也格外地惊喜:"晋儿,你说的都是真的?"王子晋不高兴了:"当然是真的呀! 晋儿什么时候骗过您？不信您问她们！"陪同王子晋的宫女也证实了王子晋的说法。纪妃激动地说："哦，凤头长大了，凤头成为领头的白鹤了！晋儿，它太有灵性了，它还记得你！"

是啊！凤头长大了，王子晋也长大了，每当看到晋儿和几个小王子像水葱一样渐渐长大，纪妃的心里既高兴又揪心，充满了忧虑。晋儿是她的亲生骨肉，从襁褓中一直到现在的十多岁，一天也没有离开过她。作为母亲，她最大的盼望就是儿子能像一个平民的孩子一样，平平安安地长大、娶妻、生子，过安安稳稳的日子。可晋儿他毕竟不是平民的孩子，他是一个王子，而且是他这一代东周王朝的头生孩子，他本来应该是太子，是王储，是王位的当然继承人，可到目前，他却还不是，他与其他王子拥有平等的地位。纪妃常常为自己有这样一个智慧超群、见识过人的儿子骄傲，也为儿子远大的理想和志向而激动，在晋儿身上，她看到了一种不平凡的气质和雄心，他完全是一个合格的王室传承者。她也知道，单靖公为了把晋儿培养成周灵王的接班人，做出了不懈的努力，也对晋儿寄予了很大的希望。可她还知道，在没有被那个满脸胡须的"髭王"册立为太子之前，这一切期望都是泡影。一旦所有的王子长大，或者还有新的王子出生，追逐王位将导致王子们之间的激烈竞争，甚至是血腥的厮杀。或许在当下，凡是生有王子的妃子都有与自己同样的心态，巴望着自己的孩子坐上王位，一统天下。在王位的角逐中，任何一个母亲和王子，都是当仁不让的。

每当想到这些，纪妃的心里就非常沮丧，她甚至把晋儿没有被册立为太子，归咎于自己不讨周灵王喜爱。可这又有什么办法呢？尽管自己也从这个粗枝大叶的大王身上看出不少可爱之处，但打死自己也不会去邀宠献媚的呀！

纪妃还有一块心病。只有她自己知道，晋儿有天生的痼疾，是因为早产自小就落下的，那就是王子晋的心脏功能异于正常人。儿子的一举一动，一呼一吸，一言一行，只有做母亲的最清楚，儿子所有的光鲜背后，就隐藏着这一个重大秘密。在孩子还小的时候，经常会出现呼吸紧张、颜面潮红的毛病，往往憋了好大一会儿，才能恢复正常。后来，随着晋儿渐渐长大，这症状少发多了，但仍然会在某些时候突然出现。即使现在，每当深夜，纪妃都要轻轻地坐在晋儿的床榻上，倾听着晋儿的呼吸，偶尔发生一次类似梦魇的情形，纪妃就感到揪心一般的痛。有好几次，她都想把晋儿的状况讲给太后，但每次话到嘴边都咽了回去。因为她知道，这件事情稍有不慎，就会给儿子带来更大的伤害，导致他难以实现自己宏大的抱负，陷入彻底的绝望之中。

难啊！难！纪妃常常哀叹，这太子之位，一天定不下来，在王室这个是非窝里，就是惹事的根苗。如果对自己的孩子不抱期望，与世无争，倒也没有什么，但晋儿那么优秀，那么想成就一番大业，做母亲的只能毫不保留地支持。纪妃没有什么好办法,只有天天祈祷,乞求上天保佑。纪妃的心灵在呼唤,纪妃的心在滴血。

纪妃仅仅是忧虑,而单靖公不仅忧虑,也在筹划之中。但王族的事情,也不是他单靖公能够说了算的,这里面风云诡谲,变数很大,太子之位,究竟花落谁家,目前还是个谜。

单靖公认真研究了形势。朝廷中原来的王叔陈生与伯舆的政见之争,其中一部分原因也是因为他们各自选送的妃子生下小王子后,将有太子之争的缘故。而且这种竞争,在王叔陈生败北之后也未消失。那场误毒死小公主莺儿的宫斗已经使这种竞争表面化了。伯舆及其同党的覆灭,使王子晋恢复了原有的地位,可周灵王迟迟不表态,不做决断,就使这个争斗仍继续上演着。单靖公知道,齐国来的仲姜王后肯定没戏,可另一个妃子生的王子侫夫却已经构成了威胁。

弟弟单愆期曾经告诉过单靖公一件事,单靖公至今记忆犹新。那是在周灵王三年时,这年秋天,儋季突然病逝,在停枢期间,单愆期发现儋季的儿子儋括站在大宸殿外边的走廊上,眼露凶光,一点儿不带悲哀的样子,四处张望,求见周灵王。单愆期觉得很反常,进到宫里把儋括的凶相报告了周灵王,说这个儋括大声叹气,一定是想要来夺权!请示周灵王,要不要自己先下手杀了儋括。周灵王轻描淡写地说:"他一个小孩子懂什么!"不但接见了儋括,而且把儋季的爵位封给了儋括,让他承袭了父亲的官职。

从这件事情上看,单靖公觉得儋括这个人在周灵王心里占有一定的位置,并且是直系王族,在一定程度上,讲话的分量不亚于单靖公这个老臣。所以,单靖公也不得不防备节外生枝。他想起了莺儿公主出事的那天,太后把大王和自己叫去,已经基本明确了王子晋是王储人选,可也未把话说死。太后风烛残年,一旦走了,周灵王不认账,那真是什么办法也没有了。因此,单靖公决定加快步伐办好这件事情。

再说那个可怜的王后仲姜,自从嫁到王室,没过过一天好日子。父兄远在齐国,无人来关心她,他们关心的只是争夺霸主地位。仲姜欲哭无泪,积郁成不治之症,到了公元前554年开春,一命呜呼。而且死的也不是时候,正好是晋国联合鲁、卫、宋、郑等国攻打齐国的时候,都没有个娘家人前来吊唁。

仲姜的病殁,看似不过是正常的事件,但仍然激起了王室内一阵子动荡。关于一场太子之位的争斗,已经在暗中酝酿发酵。

第二十一回

王子晋太子大宸殿听政
琴声抒心声靠山屯寻芳

仲姜之死,在王室内外没有一点儿哀伤的气氛。周灵王下旨,把仲姜的灵柩暂时厝置起来,派出使者到齐国报丧。月余后,出使的大臣阴里不但没有把齐国前来奔丧吊唁的使臣请来,还向周灵王及大臣们报告了一个惊人的消息,说齐灵公病重,齐国正处在动乱之中。

齐灵王的这场大病,是吃了败仗,受到惊吓,急火攻心所得。由于这一事变严重影响了天下的格局,也对王室产生影响,所以不得不细说一下。

自从晋悼公驾薨以后,十四国同盟就开始解体,齐国攻打鲁国,卫国攻打曹国,其他诸侯国也摩擦不断。眼看诸侯同盟即将分崩离析,晋国感受到了空前严重的信任危机,霸主的地位摇摇欲坠,几个大臣合议,不得不出手了。他们专拣软柿子捏,派出军队到了卫国,以卫国攻打了曹国,霸主主持公道的名义,逮捕了卫国的卿士石买和孙蒯,把晋国不久前亲手扶植起来的卫殇公吓得要死,为曹国出了一口气。然后,又召集鲁、宋、卫、郑、曹、滕、薛、杞等国的国君,在鲁国的济水相见,重温了过去的盟誓,做出决定,以讨伐叛逆的名义,一起攻打齐国。

以晋军为主力的联合国军队是在上年的十一月出兵的。齐灵公得知消息,亲自率领齐军到平阴这个地方抵御,在平阴城外挖了一里多长、一丈多深的壕沟据守。齐国出名的勇士、阉人夙沙卫建议,由于联合国军队势头很猛,最好的战术是只守不攻。可齐灵公不听,贸然派兵越过城壕迎敌,结果战死了许多齐国将士。齐灵公害怕了,登上巫山观看晋军的阵势。晋国用计,故布疑阵,让齐灵公上当。他们在正面战场上,用大旗做前导,布满战车,做出进攻的架势,而战车后边,用少数战车拖住树枝,搞得尘土飞扬,貌似千军万马。并且在正面战场的两侧,没有军队的地方,也树起不少大旗,让齐灵公看到晋国的士兵不计其数,那庞大的军阵,让齐灵公胆战心惊,连夜带上军队逃出了平阴。

晋国乘胜追击,接连拿下了齐国的京兹、邿地、秦周,把齐国军队打得落花流水。齐灵公吓破了胆，丢下军队，亲自驾车，准备逃到郵棠去。太子牙和大将郭荣拦住了齐灵公，劝告说："诸侯的军队快速且勇敢，深入我国国境，只是为了掠夺财物，他们不会恋战，很快就会撤退。主公您害怕什么？况且主公不能撤走，您是军队的主心骨，您一撤走，就会失去大众，军心涣散，请您一定要挺着!"齐灵公不听，打马就要向前冲，太子牙火了，抽出剑砍断了马缰，齐灵公才没有只身逃脱。果然，晋国及其他国的军队抢掠一番就撤走了。

受到这么大的惊吓，齐灵公回到临淄，就一病不起，药石俱投，毫无起色。

齐国的内乱，正是因为齐灵公病笃时儿子们争夺君位而引起的。

说来话长。齐灵公早年娶了一个妻子，叫颜懿姬，成婚多年无子，陪嫁的媵人也是颜懿姬的侄女叫鬷声姬，却生了个儿子，就是前面说的公子光，齐灵公立了公子光为太子。但齐灵公还有不少姬妾，其中有一个叫戎子，有一个叫仲子。戎子最受齐灵公宠爱，也没有生育，倒是仲子生了个儿子，叫公子牙。仲子并不受宠爱，但工于心计，把公子牙当作义子托付给了戎子，戎子也视公子牙为己出。眼看公子牙已经长大，戎子就缠着齐灵公废长立幼，齐灵公就废了公子光，立了太子牙。这公子光在国际上已很有影响，齐灵公怕他生事，派他到远离其他国家的东海处守边，这就埋下了动乱的种子。

齐灵公临死前，最与公子光交厚的大臣崔杼把公子光偷偷接了回来。齐灵公刚咽气，公子光就发动政变，把戎子杀死，陈尸在朝廷上，又追杀了逃走的公子牙。公子光登基，就是齐庄公。

齐庄公新立，根本不会把仲姜放在心上，所以仲姜之死，各方面反应平淡是不奇怪的。王室内王公大臣都知道，周灵王不会将仲姜的陪送媵人再立为王后。王后位置空缺了，就得有人填补，接着又会引起一系列反应，比如册立太子问题，就必须配套，反过来，如果确立了王储，王储的母亲可以顺理成章为后。大臣们都在观望，看周灵王有啥动作，可周灵王仿佛从未考虑过这个问题，大臣们也很奇怪，没有人奏本动议册立王后、太子的问题。

朝中这种万马齐喑的情形，让单靖公觉得不正常。他分析其中的原因，就是大臣们看不透朝中的迷局，从接回纪妃母子的隆重程度来看，臣工们觉得这对母子入主正宫、东宫无疑，可两年多过去了，并没有实施。因为仲姜这位王后的存在，也属常理，但仲姜一死，太子和王后的议立是一根藤上的两个瓜，就应当摆上议事日程，却依然毫无动静，看来王子晋和纪妃并不占优势，而且当下还不是重新立后的问题，而是由太子之位牵连着立后的问题。太子当然是从王子中选择，能晋升为太子的王子，母以子贵，就成为当然的王后了。王子晋迟迟未被册立太子，其他三位王子均有机会，按道理说，王子晋虽为庶出，却为长子，长子最有资格，应优先选为王储。可周礼还有一条规定加以限制，相对显贵的妃子才有立后的资格，纪妃不是其中的佼佼者。除了单靖公是王子晋的太傅，其余三位王子也各有太傅，没有一个太傅不希望自己的弟子成为太子。在这种形势下，一旦有人挑头动议立太子之事，朝廷中肯定众说纷纭，莫衷一是，甚至吵成一锅粥，太傅们手中各有相应的底牌，也有自己的软肋。在揣摸不透上意的时候，大臣们装聋作哑就不奇怪了。

这一天，单靖公单独谒见周灵王，单刀直入地进谏，必须抓紧把册立王子晋的事情定下来，免得朝廷上下，物议沸腾，人心不安。

单靖公没有料到这个常常对自己言听计从的糊涂天子态度却暧昧起来，撮着牙花子，哼唧了半天才说："单公啊，寡人知道了，这事儿以后再议吧。"

单靖公急了："大王，这件事情可是在他们母子下乡避难前，太后、大王和臣一同定下来的呀！"

周灵王不高兴了，板着脸说："怎么？单公你要以太后的旨意来压寡人呀？"

单靖公吓了一跳："大王息怒，臣不敢。不过，太子的议立历来是朝中大事，事关全局，眼看几个小王子都在长大，如果主次不明，君臣不定，臣工无所遵循，容易生变，会酿出同室操戈的祸端，请大王三思！"

周灵王仍然不肯表态，推托说："单公啊，你说的意思寡人都明白。眼下看来，也没有那么严重，容寡人再斟酌斟酌吧。"

单靖公见不是话头，说不出个所以然来，只得快快不快地退了出来。

单靖公想，周灵王不肯明确态度，事实上态度已是明确。他并不打算将王子晋立为太子，这里面的关窍，或者说，本来是顺理成章的事情却办不下来，毛病究竟出在哪里？单靖公始终想不明白。多年来，单靖公深知王子晋德才兼备，从社稷考虑，这才是一个中兴之主。单靖公决定维护这位小王子，这片赤诚，可以面对苍天。如果不立王子晋，而立其他王子，势必造成政治动荡。所以，单靖公认为，这一关必须闯过去，不然的话，自己多年的心血算白费了。但是，怎样才能使这个目标成为现实？单靖公苦苦思索，忽然想到了太后，只有太后，才能迫使周灵王就范。于是，单靖公去求见老太后赵姜。

太后已年近七十，身子骨大不如前，越来越虚弱，已经足不出户了。对于单靖公的求见，老人家显得非常高兴，单靖公叩拜后，立即令宫女赐座，单靖公直言不讳地陈述了自己向周灵王谏奏尽快册立太子，大王不肯表态的情况。

太后说："单公啊，你是外臣，不可能了解宫中的内情。老身告诉你吧，将我的宝贝孙子晋儿立为太子，本不是难事，可要同时立纪妃为后，就卡壳了。你们的大王对晋儿是舐犊情深，但对纪妃却缺乏夫妻之情啊！"

单靖公恍然大悟，原来船是在这里湾着。不由得叹息了一阵子，潸然泪下，俯下身子，再拜太后："老人家，您既然如此清楚，这事情不好办了。大王与纪妃娘娘不和,臣无能为力啊!"

太后说:"单公请起,老身知道你的一片忠心。为了社稷的长久之计,老身也看出晋儿是个好苗子。这大周天下,除了交付给他,再无优等人选。虽然我那糊涂儿子与纪妃长期只有夫妻之名,没有夫妻之实,可晋儿毕竟是他们的亲生骨肉,这太子和王后是立定了!这纪妃呀,真是一个贤德的女子,老身将那妖媚子唐妃生的贵儿托付给她,就是对她的考验和检验。你看她对待仇人的儿子,不存一点儿芥蒂,疼爱有加。这是一个深明大义的女人啊!让纪妃母仪天下,再合适不过了!单公啊,你不必担忧,老身出马就是了,当断不断,必受其乱,老身是明白的!"

单靖公咚咚地给太后磕了几个响头:"太后圣明,臣铭感五内,天下幸甚,社稷幸甚啊!"

说话间,到了公元前 553 年,周历的三月初三,正是王子晋十二周岁生日。太后让周灵王在宫中设宴,亲自为王子晋庆祝。散席后,太后让周灵王留下,母子二人商议了好长时间。周灵王到底是个孝子,同时也深知纪妃的贤德,认可了立纪妃为王后。太后又命人把纪妃叫来,同着周灵王的面讲了"男女媾精,万物乃生,夫妻和谐,鸾凤和鸣,王强后贤,天下太平"的道理。这类训话,也只有母子之间、婆媳之间才能进行,特别是那些只能从太后嘴里说出来的私房话,听得纪妃脸红心跳,向太后坦承自己过去年少不懂事,没有伺候好大王;而周灵王也向母亲责怪自己亏待了纪妃,自己其实也是很喜欢纪妃的。从此以后,两个人的心结打开了,周灵王与纪妃相处和谐,另有一番旖旎风光,不在话下。

接下来,在朝会上,周灵王正式宣布册立纪妃为王后,王子晋为太子,并要求太子晋自即日起,入朝听政。这一年的春祭,增加了这一项内容,搞得更加隆重。朝廷上下,人心大安。当然,也有几个大臣颇感失望,但他们也知道,事情本来就应该是这一结局。至于周灵王百年以后,到底会是怎么样,那只有另做打算,等待时机了。

那个倒霉蛋前王后齐女仲姜,被远远地埋在了邙山坡上(今孟津县平乐乡),齐灵公送的那个铸有铭文的铜鉴(水缸),做了仲姜的陪葬品,成为这个不幸女子在王室苦难生涯的历史见证。

王子晋入主东宫,从此称为太子晋。纪妃本来也应当移驾到王后宫里去,可她不愿意离开住习惯了的宫殿,这很好办,王后的旨意,管事的太监是不敢不遵从的,只需将宫殿改变称呼,增设与王后配套的服务项目就行了。

闲置多年的东宫有了新主子,修葺一新。警卫和宫女的配备,仅次于周灵王,内部的陈设完全按照太子晋的要求办,简单、朴实、实用,除了书籍、宝剑外,最重要的,就是太子晋一直带在身边的笙、箫,另配有一架古琴。

居移位,养怡体。在这个东宫里,太子晋很快适应了自己的角色。离开了母亲,他觉得自己真正成了一个男子汉,也意识到了自己肩负的重大责任。生活起居自然有细致周到的照顾,没有什么不方便之处,可他毕竟还是一个大孩子,对母亲依恋的习惯,一时得不到补偿。因此,入主东宫的第一个年头,他回到母亲身边的时间甚至比待在东宫的时间还要长一点。不单是请安,尽孝道,更多的是从母亲那里汲取力量。开始临朝的日子里,他回到王后宫里,就向母亲讲述他听到的新鲜事儿。可是,不管他对母后讲什么,一旦有了疑问,王后总是笑而不答,让他自己琢磨去。王子晋很奇怪母亲的这种态度,他问母后,为什么不对晋儿讲些什么呀?王后笑笑说:"去问问你的祖母老太后吧,她老人家会给你答案的。"

对于母后要他经常去看望太后,太子晋是遵从的。他知道,太后奶奶是多么地疼爱他。带着母后留给他的疑问,太子晋去了太后宫中,伏在太后身边,向老祖母请教。太后告诉他,你母后做得对,王朝的规矩是后妃不得干政,所以你母后只能听你说却不能表态。太子晋说:"奶奶,晋儿知道,晋儿能够做这个太子,是祖母您全力支持的呀!"太后笑了,说:"你这个小孙子啊,什么也瞒不了你,可你不要忘了,祖母再支持,没有你父王下旨,也是无用的!一个君王,他的话就是金口玉言,就是诏命,就是只能执行不能违抗的旨意。孙子啊,你要记住,等你做了天王,无论做什么事,说出的每一句话,都要认真斟酌,都有千斤分量,臣工们才凛然遵从。你明白吗?"太子晋表示:"孙儿明白了,做了君王,每句话都不是闹着玩的!"

在母后和太后身边,王子晋是个永远也长不大的孩子,可到了朝堂上,太子晋则俨然是一个成熟了的小大人。他曾问周灵王:"父王,孩儿参与听政,能做些什么?"周灵王说:"你只管听,用心记,什么也不用做。"他还问过单靖公:"太傅,在朝堂上听政,真的什么也不用做吗?"单靖公说:"是的,现在就是听、记,反复思考,对于正确与否,做出自己的判断,但是暂时不要表达自己的见解,到了一定的时候,会让你独立做出决断的!"太子晋深刻理解了父王的要求和太傅的教导,身体力行,表现得特别出色,很快受到了全体臣子的刮目相看。

第一次上朝,他坐王位几案的左侧,听取臣工们的奏报,自带了空白的竹简,将每个臣工陈奏的要点记下来,此举使臣工们大为惊奇,上表陈述不得不认真严谨起来,再也不敢马马虎虎,信口开河。下朝后,臣工们议论纷纷,王朝元老们更是啧啧称赞,说这个太子不简单啊,一边听,一边看着你,又能记下来,哪有一点儿孩子气?周简王、周灵王做太子时别说记了,听着听着就烦了,浑身不自在,如坐针毡,简直是在活受罪。大臣们众口一词的评价,首次为太子晋赢得了好口碑。

诸侯们的不朝,对于王室来说,没有多少天下大事可以共商。晋悼公已经死了,与晋国相处,也没有了以往剑拔弩张的气氛,周灵王的精神压力不存在了,但王室所得的贡奉并没有因此得到改善,庞大的开支是王室最为头疼的事情。王畿内常常出现奴隶叛逃、井田被侵占、盗贼猖獗、公族之间纠纷等现象,这些大事小事,都是些扯不断理还乱的糟心事儿。刚刚册立太子的一段时间,周灵王不时地耐着性子,开了几次朝会,起到了为太子引路的作用。渐渐地,周灵王那散漫、慵懒、怠政、贪杯、淫泆的毛病占了上风,就不耐烦上朝议政了,索性把朝政交给太子主持,由单靖公和其他大臣共同处理。这样一来,太子的地位就突显出来了,虽然没有明确太子晋有监国的权力和责任,但事实上,太子之位已经成为王权的象征。这样的局面持续一年多以后,以单靖公为首的大臣们,就开始对一些朝政问题,征询太子晋的意见。太子晋已经熟悉了朝中的各项事务,分析、判断及拿出的处理意见往往与大臣们不谋而合,代父王草拟的诏书,周灵王看都不看就予以批准。自此以后,混乱的朝政清明起来,年纪轻轻的太子晋在朝政中不是独当一面,而是起到了中流砥柱的作用。朝野上下开始传颂太子仁德的故事,说他大有"周公吐哺,天下归心"的风范。

我们无法判定太子晋都做出了哪些政绩,但他曾经流落民间,接了地气是毋庸置疑的。因此,他对民情、民需、民愿与民怨肯定是了解的,至少他为了调动劳动者的生产积极性,在调整赋税上做出过不少努力。特别是解决"井田荒芜"问题,鲁国已经实行了"初税亩",取消了公田与私田的税赋不平等现象,太子晋在王畿范围内也借鉴实施。他是推行德政的,从参与听政,习练朝政,学习治国之术,锤炼治国之志,担当起治国的重任,到与大臣协商处理政务,谋划治国方略,配合天子决策,最后出言如鼎,大得人心,无不显示出他卓越的政治素质和施政水平。

太子晋的迅速成长,离不开单靖公的培养、教育。在朝中,单靖公有意让太子晋尽可能多地发表他的独立见解,手把手地把他培养成一个优秀君主的接班人。而太子晋以他的博学、敦敏、谦虚、谨慎、多谋善断而逐步地走向成熟。苌弘、老子等年轻臣子也是他依靠的对象,他们经常在一起讨论天下大事,研讨天下兴亡的道理。有这样一批优秀人才围绕在他的周围,产生的新风、新气,自然给朝野带来了新的活力、新的希望。一个少年英才的形象不亚于晋悼公当初回晋国执政引起的震撼。甚至作为天子的继承人,影响的范围更宽广,声名传播得更远、更迅捷,这在诸侯各国激起了阵阵涟漪。

可想而知,太子地位的确立,为王子晋的理想和抱负的实现,提供了广阔的舞台。权力是把双刃剑,各种负面效应也一定在侵蚀着这个显赫的少年。吹捧和赞颂如同香风迷雾般强劲地吹,巴结谄媚、趋炎附势的人也会接踵而至。各种礼品源源不断,小到手工制作的精美的蛐蛐笼子,中到香甜可口的食品佳肴,大到珍玩玉器,甚至美女都会有臣工及商贾大佬进献。历史是不会记载这些东西的,但从人们敬奉王子晋为仙人(仙人必定是圣洁的),可以想见王子晋成为太子晋以后,对此保持了高度警惕,始终保持了清正廉洁的形象。

朝政之余,太子晋的精力几乎全部倾注于他酷爱的音乐之中。在东宫里,他用那张古琴宣泄自己的情感。在他看来,管箫最适合于深山幽静之处吹奏,可以寄托无尽的遐想,穿越时空的沉吟。因为管箫的声音低回、婉转、悠远、绵长,和着轻风竹影摇曳,伴随山泉珍珠叮咚,引人进入一种忘我的精神境界。而竹笙声音嘹亮、悠扬,节奏明快,最适合于在山坡、林间、湖畔、漫地里吹奏,敞开心胸,放歌林间,与蝉叫鸟啼共鸣,与山风林啸合奏。而这把古琴,则最合适于在深宅大院里、宫闱深庭处弹拨,放松绷紧的心弦,十指在琴弦上律动,时紧时缓,时疏时密,将心潮的起伏、幽情的思虑,表现得淋漓尽致。太子晋是一个特别有乐感的人,勤学苦练加上名师指点,已经把洞箫吹得龙吟深渊,竹笙吹得凤鸣高山,古琴弹得潮涌浪卷。

这一日,太子晋上朝已毕,用过膳食,盥洗一番,让宫女们焚上檀香,太子晋盘坐在那张古琴旁,静下心来,拨了几个长音,就进入了忘我的境界。那琴声如同珠落玉盘,叮叮咚咚,从东宫飞了出来,绕着宫殿跳动,回响不绝。过了一会儿又如泣如诉,抒发着太子晋悲天悯人的情怀。毫无疑问,太子晋的整个身心已经沉浸在乐曲之中。

正在这时,宫女们听到东宫门外一阵喧哗,一个宫女急忙跑出去制止,原来是观香等一群小妹妹和小弟弟闻声而来,宫女小声劝告他们:"公主、殿下,太子正在弹琴,请你们不要聒噪,打扰太子,到别的地方玩去吧。"

这些王子、公主哪里肯听一个小宫女的,也不讲什么礼节,小公主观香大声喊道:"我们要见晋哥哥。"其他孩子也一同起哄:"我们要见晋哥哥。"

小宫女对这些王子、公主毫无办法,只听宫中的琴声戛然而止,太子晋朗声说道:"让他们进来吧!"

孩子们一窝蜂似的进了东宫,围着太子晋吵吵闹闹,宫女们急忙端来糕点水果,招待他们,这些孩子哪会稀罕这些? 有的顺手抓起来就吃,有的理也不理,小观香则攀着太子晋的脖子撒娇:"晋哥哥,观香好久没有听到您吹笙了,您就给观香吹一个吧。"

太子晋被这一群弟弟、妹妹逗乐了:"好,好,我给你们吹笙,你们可得老老实实地坐下来听啊。"

宫女赶紧把竹笙取下,拂拭干净,递给了太子晋,一群小家伙团团围着他,坐了下来,叽叽喳喳说个不停。

太子晋捧起竹笙,试了试音,场面立即静了下来。太子晋吹奏起乐曲,孩子们听得兴高采烈,喜不自胜,没有多久就坐不住了。太子晋停了一下,对这些骚动不安的孩子们说:"这样吧,哥哥吹笙,你们跟着跳舞好不好?"

孩子们都说:"好!"一哄而起,王子晋吹起欢快的乐曲,孩子们跟着节奏,蹦蹦跳跳,宫女们拍着手,打着节拍,东宫里一片欢声笑语。

孩子们散去后,小观香依依不舍,眼睛里闪着泪花:"晋哥哥,观香还能再来听您吹笙吗?"太子晋为观香擦擦泪珠儿:"傻妹妹,当然能啊。"小观香噘着嘴儿:"这里的侍卫说哥哥忙的是天下大事,不让观香来打扰哥哥。"王子晋想想:"这样吧观香,等哥哥有了空,专门派人邀请你们,你看行吗?"小观香笑了:"太好了,晋哥哥,我等着。"

送走了弟弟妹妹们,王子晋突然想起了婉儿,心情再也平静不下来。他已经十四岁了,一别四五年,连个音讯都没有,太子晋对婉儿的思念日益加深,终于忍不住了。

太子晋去见母后,把自己的心事讲给母亲听,王后愁容满面:"晋儿啊,母后何尝不想念这孩子,可是,怎么办才好呢?"

太子晋说:"母后,孩儿这一生如若没有她,就茶饭不思,夜不安寝,请母后恩准晋儿开始找她!"

王后见太子晋这么执着,也下了决心:"好吧,我同你父王讲讲。把一个民女带进宫里来,非同小可,还是慎重点为好。"

王后再见到周灵王时,怀着忐忑不安的心情,对周灵王讲了她在乡下时,收养了一个民女,与晋儿特别有感情,现在已经长大了,自己和晋儿都想把她接回来,就看大王同不同意了。

周灵王:"一个民女,值得吗?"

王后:"这个孩子聪明、善良、贤惠、漂亮,的确招人喜爱啊!"

王后原以为周灵王肯定不会答应,谁知周灵王竟然说:"寡人相信你的眼光,晋儿明年就十五岁了,该举行成年礼了,如果他这么喜欢,纳为太子妃不就得了,多一个太子妃没什么要紧的。"

王后没有料到,他们母子认为多么难的问题,就这样轻而易举地解决了。王后非常高兴,当即叫来太子晋,母子俩高兴得直流热泪。太子晋表示,马上出发,到缑氏山去,把婉儿和石大爷接到宫里来。

太子晋回到东宫,一刻不停,让身边的卫队备马,为了不暴露身份,惊扰百姓,太子晋一行人全部着便装,快速起程。

一行五人快马加鞭,太子晋仍然嫌走得太慢,四个卫士哪里敢怠慢,一个个策马狂奔,唯恐太子责骂。一路上,太子晋想象着婉儿见了他,应该会是什么样子呢？是像小蝴蝶一样扑来，还是含羞带怯，不敢近前？太子晋心里泛着甜丝丝的感觉，脸上泛着笑意。

他们赶到靠山屯时，已是中午时分，乡民们正三三两两聚在屯子里的大树下用饭，见到这五个人下马，非常惊奇。定睛一看，曹大叔惊呼："这不是公子乔吗？"人们马上围拢上来，欢呼着："公子乔回来了。"

消息很快传遍全屯。人们沸腾了，纷纷来到大树下。太子晋向众乡亲施礼问候，人们备感亲切，围着太子晋，问长问短。太子晋看到了儿时的伙伴桓良、无伤、田头、桑林、狗蛋，一个个和他们热烈拥抱，个个弄得都是一脸泪花。他们又相互击打着，一个个要求太子晋到自己家里去，赶紧为他们几个人做饭吃。太子晋谢绝了他们，带着卫士向石大爷家的方向走。桓良喊道："公子乔，石大爷和婉儿早已不在屯子里了。"

太子晋一愣，转过身来："桓良，你说什么？ 他们不在村里？ 他们到哪里去了？"

桓良和几个朋友七嘴八舌地告诉他，两年前，因为他们曾听找你们的那些官军说过，你们母子是洛阳城里的大户人家，就拼命地攒了几年盘缠，觉得攒够了，婉儿就缠着她爷爷去洛阳城，我们还以为已经找到你们了呢。

尽管大家都这么说，太子晋仍然梦游一般地来到石大爷家，这个他曾经住过的地方，那两间草房早已塌架，卧在地上，看来真的好久没有住过人了。

太子晋像着魔一般地自言自语："他们走了？ 他们去洛阳了？ 他们怎么没去找我呢？"说着说着，热泪滚滚，哽咽得说不出话来。

领头的卫士来到太子晋身边，小声劝他："大人，既然他们去了京城，咱们回去再找吧！"

朋友们也围了上来，请他到家里去，盘桓几日，再回京城去找。太子晋哪里还听得进去，心里一直在想，怎么会这样？ 盼了多年，竟是这样的结果，太令人伤感了，更加恨不得一步回到洛阳城里，搜尽城里的大街小巷、各个角落，怎么着也要把婉儿和爷爷找到！

想到这里，太子晋泪中含笑，坚决辞别了朋友们的挽留，答应找到婉儿和爷爷之后再来看望大家，然后招呼卫士上马，怏怏不乐地离开了靠山屯。

出了村子，太子晋放慢速度，缓步而行，心里泛起悲哀、失望、沮丧等复杂的混合的情绪。走着走着，心中只剩下了忧虑。婉儿和爷爷已经到京都两年了，却始终没有他们的踪影，难道是出了意外？ 这是他再也不敢往下想的局面，心里一下子揪成了团儿。

不知不觉，走到了缑氏山前，太子晋驻马，命令卫士们在山下等着他，独自一人漫步上山，穿过丛林，走上坡道，一切都还是那么熟悉。他心中分外感叹，山依旧而人非了。上到山顶的那片平坦的开阔地,王子晋转了一个圈儿,深情地俯瞰了远山近水,最后上到那块凸起的巨石上,双手捧成喇叭状,向着洛阳城的方向高声呼唤:

"婉儿,你在哪里?"

第二十二回

王室振作晋廷七嘴八舌
叔向叹服东宫五称之穷

　　回到宫里,太子晋将寻找婉儿未遇的情况禀报给母后,娘儿俩的心情都非常沉重,共同猜测他们爷孙二人的下落。王后说:"这孩子已经到京都两年多了,怎么一直没有音讯? 我给婉儿的那个玉佩,也不知道她带着没有,那可是见到我们的信物啊! 难道他们就没有来王宫找过?"王子晋说:"关键是那时我们并没有透露真实身份,他们也许根本想不到我们会在王宫里。不过,我还是要安排人在宫门处盘查。"王后又说:"你父王也交代,何时找到了他们,要及时向他禀报,我看你父王也很关注呢。"太子晋表示:"母后放心,就是把京师翻个底朝天,也要把他们找到。"王后说:"好吧,你下功夫找吧。唉,母后这几天,几次都梦见婉儿睡在我的身边,母后等着你的好消息吧。"

　　太子晋让单惄期将军把这两年多来凡把守过宫门的军士全部集中起来,逐个盘问,有没有一个女孩和一个老人前来寻亲找人? 军士们反复回忆,类似的情况是有的,各诸侯国失国失位的国君、卿士、贵族,到王宫来报告或者请求帮忙的,并不少见,甚至拿出历代天王赏赐的玉器、国玺都有,唯独没有见到一个民女和民夫来过的。这地方,老百姓哪有胆子敢接近啊!

　　看来这条线索已经被掐断了。单惄期将军表示:"太子殿下,末将将派出人员,在京都范围内,把各个角落都搜查一遍,只要有类似的少女和老人的,立即禀报您前去相认。"太子晋说:"必须这么办,你们抓紧办!"

　　于是,单将军四路发兵,让军士们走街串巷,到处打听,军士们陆陆续续也报上来几起疑似爷孙两个的线索,禀报给太子晋,但无论前去相认或听情况,却都不是他们。一次又一次地落空让他失望了。

　　几个月过去,眼看入冬,小婉儿和石大爷仍然没有找到,太子晋终日焦虑,近乎绝望。王后那里也天天祈祷,求上天保佑婉儿爷孙两个平安,早日与自己和儿子团聚。

　　眼看到了年下,太子晋咬咬牙,狠狠心,决定下令不再寻找的时候,一个卫士飞速回宫禀报："在东市区一个街道上,有一个女孩自卖自身,安葬爷爷,不知这是不是太子殿下要寻找的人? 请殿下赶快去辨认!"

太子晋问:"你们留下人看守没有?"

卫士说:"留下了,暂时不允许任何人买这个女孩子,就等殿下前去看后再说。"

太子晋心急如焚,立即跨上马和卫士火速奔去。

天气比较寒冷,所以街上的行人并不多,太子晋和卫士打马狂奔,少量的行人听到急促的喊声和马蹄声,急忙闪避。即使这样,太子晋依然嫌马儿太慢,穿过几条大街,拐过十多个巷口,他们终于赶到一个菜市街口,只见许多人围观,里三层外三层的,密密麻麻。太子晋与卫士下马,卫士说:"殿下,他们就在里边,有两个弟兄在那里守着她呢!"

卫士高喊:"闪开! 闪开!"带着太子晋分开众人,进入圈内。只见一个披头散发的姑娘跪伏在地,头上插着草标,凄惨地哭泣着。顺街风吹得衣衫单薄的姑娘瑟瑟发抖,身后,有一条破棉絮盖着死者,两只光光的瘦脚露在外面。人们小声议论着:"可怜啊,可怜!"也有几个好心人在姑娘的面前丢下几个布币,转身一边叹息,一边离去。

太子晋走到跟前,颤声说道:"姑娘,请你直起身子,让我看看你。"

那姑娘小声啜泣着,以为来了买主,缓缓地直起了身子,但满头乌发仍然遮着面孔。太子晋正要分开姑娘的头发察看,猛然瞥见这姑娘雪白的脖颈上,悬挂着一个吊坠,他一下子就认出来这是母后当年留给婉儿的玉佩。扑通一声,太子晋跪在姑娘面前,抓住姑娘冰凉的双手,惊喜地呼唤:"婉儿,婉儿,晋哥哥可找到你了!"

姑娘甩开一头乱糟糟的头发,露出了脸蛋儿,两只空洞的眼睛看了看太子晋,突然发出亮光:"晋哥哥,是你吗?"

太子晋腾出一只手,分开婉儿的头发,肯定地说:"婉儿,我是你的晋哥哥,哥哥找你找得好苦啊!"

婉儿扑到太子晋的怀里,放声大哭,嘶哑地哭喊着:"晋哥哥,婉儿以为今生今世再也见不到你了啊!"

太子晋也陪着婉儿流泪。两个年轻人拥抱着哭了一阵子,周围的人无不动容。太子晋把婉儿轻轻推开,脱下自己的外套,为婉儿披上,问婉儿:"爷爷儿时殁的?"

婉儿哽咽着说:"爷爷死了两天了,婉儿实在没有办法,只好卖掉自己,为爷爷下葬了。"

太子晋想起在靠山屯的那些日子,他跟爷爷睡在那个草屋里,石大爷是多么地关爱他,给他讲故事,带他去干活儿,领他赶集市。石大爷常常牵住他的手,是多么的和蔼、慈祥,不是亲人胜似亲人,太子晋心中不禁再次大恸不已,伏在石大爷身上放声大哭。倒是婉儿拉着他,劝他说:"晋哥哥,不要哭了,当心哭坏了身子。爷爷临终前嘱咐我,一定要找到妈妈和晋哥哥。你已经来了,爷爷他就能放心地去了。"

卫士也过来劝解:"殿下,请您和这位姑娘回去吧,老人家的后事我们会处理得让殿下您满意的。"

正在这时,单将军带着卫队也赶到了,驱散了围观的人群,分派了任务,另外安排卫士将太子晋和婉儿送回了宫里。

王后宫里,王后与婉儿相见,悲喜交加,自不必说。婉儿已经成了大姑娘,梳洗更衣后,宛如出水芙蓉,光彩照人。

太子晋和王后从婉儿的陈述中,知道了他们爷孙两个的悲惨遭遇。原来,数年来,石婉儿一直缠着石大爷到京都来寻找妈妈和晋哥哥,石大爷一直不同意,劝说孙女别痴心妄想,一个贫民与官家的差距太大了,别说不容易找到,就是找到了,人家也不一定认咱们这样的穷人。可婉儿却不这样认为,她一直觉得晋哥哥和妈妈在想着她。石大爷拗不过她,又觉得自己已经年迈,实在无力管教这个可怜的小孙女了。回想起纪妃和那个小公子,都是天下第一等的好人,也许不至于不认他们,就同意了孙女的苦苦哀求,带上几年来积攒的几个小钱,满怀希望地走上了寻亲之路。

乡下人不知道洛阳城到底有多大。到了京都才发现,要找到纪妃母子,简直比登天还难。他们只知道纪妃母子来自大户人家,却万万没有想到来自王宫。因此,他们就在所有的大院处寻觅。每到一处,就会被呵斥出来,有些贵族大院,还放出狗来咬他们。很快,带的盘缠花光了,他们又没有什么谋生门路,石大爷想回靠山屯,婉儿说什么也不走。于是,只好靠乞讨过日子。夜里,他们在桥洞里住过,在破庙里住过,饥一顿饱一顿地边讨饭边打听。前不久,石大爷病倒了,离开了人世,婉儿万念俱灰之时,想不到喜从天降,晋哥哥找到了她。

周灵王见到石婉儿,也惊叹这个民女是少见的俊俏,非常满意。他们又带婉儿见了太后,太后已经不能起床,但还是伸手摸摸石婉儿的粉脸,让王后好好教她宫中的礼仪规矩,把一个小家碧玉培养成大家闺秀,使其脱胎换骨,成为一个合格的太子妃,等来年太子晋举行成人礼时,同时为他们完婚。老太后嘱咐王后的话,王后一一应承下来,知道太后对这孩子很满意。婉儿在一旁听着,羞得小脸上飞出了红霞。

单靖公安排人安葬了石大爷,出殡的那天,王后、太子晋和婉儿都参加了石大爷的葬礼,亲自为一个农夫老人送葬,这在京都传为佳话。

就在这两年中,天下形势的变化是,晋国发生了内乱,自顾不暇。当齐庄公坐稳齐国的君位以后,和他父亲齐灵公一样,不买晋国的账,又开始攻打鲁国,鲁国向晋国求援,晋国不但没有出兵,反而派出代表跟齐国讲和,这让鲁国、宋国和郑国都深感失望。

晋国的内部矛盾主要是范氏与栾氏两大公族之间的矛盾。范氏家族灭了栾氏家族,其中栾盈在借道王畿、逃向楚国这件事情上,太子晋的处理体现了高超的政治智慧,受到了诸侯列国的重视和赞誉。

那是在公元前552年,也就是太子晋十三岁那年的秋天,守卫王宫的军士到宫内报称,晋国的大臣栾盈求见,正好周灵王、太子晋、单靖公、刘定公、甘悼公等人在大宸殿议政。听了卫士的报告,周灵王问:"是不是晋侯派他来王室聘问的?"卫士答道:"不是,只有他一个人来求见,未带符节。"周灵王皱皱眉头,不耐烦地说:"让他滚吧,寡人没空见他们,这些背叛王室的小人!"周灵王这样说栾盈,显然是记起了当年栾盈的爷爷栾书来王室把晋周接走奉为国君,他父亲栾黡陈兵王畿边上耀武扬威的往事。

卫士正要离开,太子晋叫道:"且慢!"然后立起身向周灵王进谏道,"父王,儿臣以为,凡来到王室的诸侯与卿士,我们都应当接待,并以礼相待。只有放下架子,诸侯才乐意到京都来聘问,请父王明断。"

周灵王说:"嗯,太子是这样看的?"

太子晋说:"儿臣是这样想的。"

周灵王说:"既然太子想见他,见见也无妨,那就传栾盈来见。"

栾盈来到大宸殿,只见他形容憔悴,衣衫褴褛,让周灵王、太子晋及大臣们好生奇怪。栾盈叩拜天王及太子后,哭诉了前来宫廷的原委。

原来,晋国有八大公族,分别是栾氏、范氏、羊舌氏、中行氏、荀氏、赵氏、韩氏和令狐氏。在晋厉公那个时代,八大公族并不得势,另有一支郤氏当政。栾氏的领头人物是栾书,很有谋略,晋厉公暴虐多疑,亲近郤氏,打击八大公族。栾书便用计使晋厉公与郤氏交恶,让他怀疑郤氏有与远在王室的晋周勾结,图谋反叛。晋厉公果然中计,灭了郤氏一族。失去郤氏护卫的晋厉公遭到栾书囚禁,栾书联合荀氏杀了晋厉公身边的亲信,遂又弑了晋厉公,然后派出荀罃、士鲂到成周(王室)把晋周接回晋国执政,就是晋悼公。

晋悼公重用八大公族,特别是重用栾书,还有范氏的士匄(范宣子),平衡了八大公族的利益关系,才恢复了晋文公重耳建成的霸业。而这几大公族被晋悼公整饬得相当团结,争相立功,一心为公,不谋私利。可是,等到晋平公接班之后,这个平衡局面就被打破了,情况发生了急剧的变化。

其实,这个分裂的苗头,在晋悼公活着的时候就已经出现了。前面已经说过，在晋悼公发动的列国攻打秦国的那场战役中，栾书的儿子栾黡，栾黡的弟弟叫栾针，范宣子的儿子叫士鞅，栾黡还是范宣子的女婿。在战斗中，栾针战死，而士鞅却回了晋国，栾黡把弟弟的死迁怒于范宣子身上，逼得士鞅逃到秦国。从此，栾、范两大公族结仇。

栾黡死后，其儿子栾盈接替他做了本公族的大夫，这时范宣子正受晋平公重用，范宣子就设法打压栾氏公族，首先就是对付栾盈。栾盈的母亲其实就是范宣子的女儿祁（原为范祁，嫁给栾黡后称为栾祁）。在栾黡死后，耐不住寂寞，与家臣州宾私通，州宾几乎侵占了栾家的全部家产。栾祁与州宾的奸情已经暴露，她害怕儿子栾盈惩罚，回到娘家向范宣子哭诉，诬陷自己的儿子栾盈要叛乱，范宣子就赶走了栾盈，又杀了栾盈的同党十多人。同时，还囚禁了与栾盈有勾结嫌疑的叔向等人，自此，栾氏一族遭到了毁灭性的打击，也牵连了羊舌氏一族。好在，叔向后来被救了出来。

栾盈向周灵王等人讲了这个过程后，伏在地上，泣不成声，说自己就要到楚国去避难，路过成周，在王畿的边境上，携带的财物被天王的军士扣押，请求天王开恩发还他的财物。

周灵王听完，不禁冷笑道："栾盈啊，你口口声声要讨要你的财物，可你不要忘记了，王畿被你父亲栾黡侵占的土地多了，远的不说，几年前，掠夺走的声就、复与两地城邑怎么办？"

栾盈一听这话，头叩得要渗出血来，申诉道："我的爷爷栾书曾经为王室效力，天子也施予了恩惠，可我的父亲又得罪了王室。如果大王只念过，不念功，那栾盈就无处可逃了，只好仍然回到晋国等死了！"言毕，号啕大哭。

大臣们见周灵王是这个态度，同时也痛恨栾黡在世时听从晋悼公的命令，多次带兵向王室示威，侵犯王室，咄咄逼人。一个个认为这栾盈是罪有应得，没有人肯替栾盈说情。

这时，只见太子晋站了起来，向周灵王再次进谏道："父王，儿臣进言，我皇皇天朝，能够容纳天下所有的臣民，广施恩泽，方显出天子的博大胸怀。栾盈的父亲栾黡的错误，罪不至于追加到他的儿子头上。我们更不能落井下石，让天下人寒心。再说，就栾盈那些许私人财物，也抵偿不了王室历年来的损失。返还王室的损失，是守土的晋侯的责任！儿臣以为，还是宽恕栾盈为好。"

周灵王觉得儿子讲得有理，站得高，看得远一些，就问其他臣子："太子讲的，你们意下如何？"

大臣们觉得太子讲得入情入理，正在交头接耳，见周灵王问，一致表示，太子讲得好，请大王定夺。

周灵王满心高兴，心里说这孩子的确不错，当即下旨："这件事情就按太子的意思办,具体操作由太子全权处理!"

太子晋让司徒甘悼公安排人将扣押的财物全部归还栾盈,并且像对待宾客一样,把栾盈送出辕辕关,让他投奔楚国而去。

对于这件外交事件的处理,如此大度,如此得体,没有人不佩服太子晋的英明善谋。一传十,十传百,渐渐地传出了王畿,传到了诸侯各国,太子晋受到了一片赞扬。

这个消息当然也传到了晋国。晋国人虽然赶跑了栾盈,但对于太子晋的做法还是肯定的,称得上至德至仁,通情达理,合乎周礼。那个时候,叔向已经被晋平公、范宣子无罪释放,做了晋国的行人,负责外交事务,他在晋国的朝会上,把这件事情讲得绘声绘色。

叔向说:"这个太子晋将是王室的一个明君,就像当年先君晋悼公回晋后的成就一样会引人注目,重振王室。我们绝对不可轻视。周灵王提出索要复与、声就两邑,也是一个信号,不如及早归还王室,免得天下诸侯们戳我们的脊梁骨。"

晋平公对于叔向的建议没有明确的态度,但显然倾向叔向的观点,范宣子及其他大臣众说纷纭,莫衷一是。有一个大臣说:"叔向大人未免言过其实,太子晋不过才十三四岁,哪有那么大的能量?我晋国居于霸主地位,有着协管王室的职责,难道还害怕一个小孩子吗?"

叔向冷笑着反驳道:"山高不遮太阳,王室到底是天下其主,哪怕是名义上的。大家千万不要看不起年轻人,我们先君,就是在十四岁时回来即位,现在的晋君也不过十四五岁,你怎能这样说话?"

那个大臣被驳得满脸通红,抬眼看看年轻的晋平公,哑口无言。

这场廷争发生在公元前551年冬季,晋平公正在委决不下时,王室派使者送来了一封文诰,说是明年三月,将为太子举行成人大礼,请诸侯们早做准备,届时莅临盛典。晋平公当即决定,让叔向届时到王室一探虚实,并且苦笑一下说:"你们七嘴八舌,把寡人的头都吵大了。至于王室的新任太子有何才能,也不过是传言而已,经过一年多才传到我晋国宫廷,也不知经过了多少口头上的艺术加工。让叔向大人跑一趟吧,明为聘问祝贺,实际观察一下动态,看情况是否属实,再做定夺。"

公元前550年三月,太子晋正式举行加冠、大婚典礼。

"男子幼娶必冠,女子幼嫁必笄。"作为王室的法定继承人,太子晋十五岁就举行成年之礼,似乎有点儿早。因为一般说来,圣王之法,男需满二十岁,女需满十五岁,才是合适的年龄。其实也不尽然,比如以前就发生过一件事,那是太子晋不满两周岁的时候,也就是公元前564年十二月,晋悼公率领大军进攻郑国,鲁襄公也率领鲁国的军队参与了这场战役。晋悼公班师回朝时,鲁襄公和随员季武子为晋悼公送别,一直送到黄河边上。此举得到晋悼公的欢心,于是,在黄河边设宴,招待他们。席间,晋悼公问起鲁襄公的年龄,鲁襄公以为晋悼公嫌自己年纪小,瞧不起自己,吓得不敢回答。季武子代答说:"我们寡君十二岁了。"晋悼公算了一下:"哦,十二岁了。十二岁为一终(十二属相是一个循环),比如寡人,十五岁就生孩子了,你也可以举行成人礼了。这样吧,寡人为你主持成人之礼,你看怎样?"

鲁襄公受宠若惊,连连点头答应。

晋悼公问季武子:"你们鲁国最讲究周礼,大夫,你去准备为鲁侯举行冠礼的用具吧!"

季武子有点儿为难:"崇高的晋公啊,寡君冠礼,需要在宗庙里举行,以裸享的礼节为序,用钟磬的音乐表示节度。咱们现在在这黄河滩上,哪里去置办这些呀?"

晋悼公的霸道劲上来了,用不容置疑的口气说:"寡人说能办就能办!这样吧,送寡人过了黄河,到卫国去,借卫国的宗庙一用,不就行了吗。"

鲁襄公和季武子只得照办。到了卫国,草草地为鲁襄公办了成人之礼。

举这个例子无非是说明,礼法是死的,人是活的,在举行成人礼的年龄上,完全可以变通处理,不必拘泥。太子晋十五周岁举行成人、成婚大典是完全可以的。同时历史的记载可证明晋悼公这个人是专横的、霸道的。

为太子晋和石婉儿举行成人、成婚大典,王室做了长时间的准备。当年,王子晋满月的宴会,几乎没有一个诸侯派代表参加。而这一次,为了太子的成人与新婚大典,也因霸盟的几乎解体,各诸侯国都派出使臣前来聘问、祝贺。这也充分说明,太子晋在诸侯国已经产生了不可低估的政治影响。周灵王十分高兴,大臣们也欢欣鼓舞,操办起来分外用心。

成人典礼分两处进行,一处是由王后主持,为义女石婉儿及笄,在头上插上象征成年的簪子。母女即将成为婆媳,王后对婉儿私下里交代了好多贴心话儿,石婉儿又激动,又害臊,不住地嗯嗯答应着,喜泪交加。

另一处是在庙堂里,对太子晋进行了三次成人礼。周灵王携太子晋祭祀了先祖们以后,端坐中央,由司礼大夫儋括主持,第一次奉上冠冕,为太子晋解开六岁时束起来的头发,郑重地戴上头冠,表示太子晋已是成人,所有人等必须以礼相待,连父王、母后也不例外。

第二次是授予皮弁,就是一套领兵打仗时穿的帽子和衣服,表示太子晋拥有统御军队的权力,可以在天子授权之时,调兵遣将,抵御外侮。

第三次是授太子印玺,表示太子晋从此不仅临朝听政,也有了监国执政的权力。

太子晋举行成人礼后，众人又回到大宸殿里，举行成婚大礼，石婉儿在宫外乘凤辇，吹吹打打，迎娶到王宫，与太子晋拜天地、拜高堂、交拜合卺，夫妇二人被送到东宫的洞房之中。

接下来，太子晋换上吉服，在大宸殿接见各诸侯国的使者，接受朝拜。集体拜毕，一些使者各显才情，当场赋诗，盛赞太子，盛赞大典。太子晋一一答谢，赞许有加，气氛隆重热烈。

轮到晋国使臣叔向单独进前朝贺时，叔向道："外臣叔向叩见太子殿下。臣欣闻太子殿下聪明练达，言谈机锋。乘此大喜的日子，外臣叔向斗胆用'五称三穷'之法，向太子殿下请教一二，可否？"

太子晋已经知道这叔向是晋国的使臣，历来以辩才著称，见其突然向自己发难，知道这是在考验自己的学识、见识，心里早有准备。忽然想到自己在乡下时，也同小朋友用此游戏练嘴皮子，就觉得可笑，却忍住没有大笑，微微一笑，挥挥手说："大夫请讲。"

叔向施礼谢过，问道："外臣闻，商汤文武，皆为明君，开世风之先河，创一代之伟业，请太子殿下简述一下，他们是如何治理天下的？"

太子晋脱口而出："圣贤之道，一言以蔽之，'唯敬天保民'而已。"

众人一阵轻呼，显然是称赞。叔向表示正确，又问道："当今天下，纷争不已，太子殿下以为毛病出在何处？"

这叔向出口不凡，问的都是很难用简短语言解答的大课题。太子晋思索了一下，朗声回答："大夫问得好啊，切中时弊。回答这个问题，本太子有伤众之嫌，但既然大夫这样问，就不得不直言相告。天下本天下人之天下，唯不良诸侯、卿士贪欲无度，恨不能将所有财富、山川、土地据为己有，才导致战争频频啊！"

叔向连连点头，表示认可。再问道："太子殿下，您身为王储，将继承天子之位，担当起治理天下的重任。对此，你有何打算？"

太子晋忽地站了起来，慷慨激昂地表示："本太子在太庙里已经向上天、祖宗发誓，要继承先辈遗志，以天下为己任，与群臣工、众子民匡扶社稷，唯德是举，唯礼是遵，唯仁为要，唯民为重！"太子晋略略停顿了一下，向叔向反问道，"对于本太子的这一回答，叔向大夫满意吗？"

这响亮的回答岂止叔向满意，全场立刻报以热烈的掌声。

叔向之问，太子晋均已圆满回答，按照"五称三穷"的游戏规则，当属胜利，问方即可停止发问。但叔向仍不甘心，再次发问道："谢谢太子殿下的慷慨陈词，直抒胸臆。外臣还有一个问题要向殿下请教！"

太子晋伸手做一请的姿势，叔向问："外臣能否请太子殿下透露一下你将来的执政方略？"

这本来是一个强人所难的问题，处在监国的位置上，本应回避这类话题的。但叔向咄咄逼人，又不能不答。太子晋略加思索，如实答道："对于叔向大夫这一问题，有父王在，他的执政方略儿臣遵从即是，未曾执政，即谈方略，贻笑大方。但本太子也可以告诉大夫及诸位宾朋，王宫的守藏室典史李聃先生讲过一言，本太子深受启发。他说：'治大国若烹小鲜。'小鲜烹饪，看似容易，其实很难。火候、调料掌握不好，不是夹生，就是烧煳，哪得其鲜？大夫，还有什么问题？请继续。"

叔向敬佩地望着太子晋，各诸侯国的使者对于这场唇枪舌战，无不聆听备细，又交头接耳，啧啧称奇。

见太子晋这样问，叔向连忙施礼："太子殿下，外臣叔向对您的回答非常敬佩，不再问了。"

太子晋道："好吧，本太子谢谢叔向大夫的提问。既然大夫不再提问，那么该本太子提问了。众所周知，日月经天，江河纬地，凡事均应遵循自己的道。我大周王朝开国已有六百多年的历史，由于宗法渐疏，礼乐变颓，朝纲废弛，致使诸侯攻伐不断，百年乱世，未曾有止。幸有诸侯联盟，匡扶王室，才得以绵延国祚，祭祀未绝。这一演化，在本太子看来，乃势所必然，功在当代，利在斯民。所以，本太子认为，为盟主者，应仰天朝之光，怀安邦之心，做诸侯列国之表率。可今日看来，并非本太子挑礼，只是觉得好生奇怪，本来盼望当今伯主晋侯莅会，共襄盛举，这才是伯主应尽的本分，合乎诸侯会盟誓言之精神。本太子的要求并不过分，可是，实在令人失望的是，晋侯作为大宗伯，又离王室相对较近，却未来朝觐。叔向大夫，能说明其原因吗？"

叔向冷不防地受到太子晋这样提问，一时语塞："这个，这个……"

太子晋不等他想好如何回答，继续发问："按照周礼，诸侯与王室，负有定期朝觐的义务，请问叔向大夫，晋侯这些年来，是如何做的？"

对于这一提问，叔向更加不好回答，摇了摇头。

太子晋连珠炮似的继续发问："礼法所定，不容篡改。诸侯及辅政卿士，均应向王室请命，受王室赐命才可配享爵禄，请问叔向大夫，您是晋国的尊贵使臣，可你是以什么爵位来参加大典啊？"

这一棒子，简直把叔向打蒙了，叔向犹如芒刺在背，面红耳赤，进也不是，退也不是，呆呆地立着。太子晋义正词严，所问之话尽管伤众，但也没有人敢于站出来反驳。

太子晋威严地扫视全场，盯着每一个来宾，巡视其表情，各国使臣局促不安，一个个低着头一言不发，大殿里喘息之声可闻。

太子晋忽然爆发出一阵大笑，笑得几乎流出眼泪，各国使臣仰起头来，迷惑不解，不知太子晋为什么突然大笑。

太子晋朗声说道："三个问题，叔向大夫均未做出回答，就游戏而言，叔向大夫输了，大夫可以退下了。但这三个问题，也是当今天下之形势，逼得本太子不得不发问。叔向大夫无法解答，想必诸位嘉宾也无法回答。现在，本太子做出回答。当今之世，礼坏乐崩，不可埋怨大家，王室也有推卸不掉的责任。今日盛举，诸位衔命而来，来的都是贵宾，岂能扫大家的兴！本太子已与父王商定，所有来宾，将按照家世、贡献、现任职责，由王室给予正式赐命，使大家名正言顺。诸位同意不同意呀？"

太子晋此言一出，全场愣着了，来宾们简直不敢相信自己的耳朵。他们正羞得无地自容，突然如同天上掉下了馅饼，猛然醒悟，喜出望外，一阵欢呼，全体跪下，山呼："太子殿下千岁！千岁！千千岁！"

洞房之夜，两个小人和衣躺在锦绣被中，就像儿时那样，面对面地看着，他俩觉得这红绡帐里，氤氲着幸福。太子晋抚摸着婉儿俏丽的脸庞，喉头哽咽："婉儿，晋哥哥不是在做梦吧？"

石婉儿紧紧地攀着太子晋的脖子："晋哥哥，不是梦，我是你朝思暮想的婉儿啊！"

两个大孩子，你说说，我说说，诉不完的衷肠，说不尽的情话。他俩共同回忆起在靠山屯时的那些趣事儿，回忆起村里的小伙伴，回忆起淳朴善良的乡亲们，回忆起山乡里男耕女织的辛苦劳作，回忆起石大爷给太子晋讲的那些在太学府里根本听不到的乡村野事儿，回忆起涂山氏老爷的管家征收租谷时凶神恶煞的样子，回忆起太子晋与母亲离开靠山屯时，石婉儿跺着脚，跳着哭泣……

就这样，两个大孩子说说、笑笑、哭哭、亲亲，不知不觉，天色微明，太子晋一骨碌爬起来，说是要上朝和大臣们议政。石婉儿也赶紧起来，为自己的小丈夫穿衣束带，并柔声道："晋哥哥，婉儿妹妹要一生一世服侍你。给你穿衣，给你做饭，给你生孩子，好吗？"

太子晋笑了，伸手刮了一下婉儿的鼻子："婉儿，你说得太好了！我就向往像山村里那样的夫妻生活，可是不行啊，在这里，连你都有人伺候的呀！"

婉儿执拗地说："我不管，反正至少每天为你更衣，都是婉儿的活儿，不许别人插手！"

太子晋说："好好，一切都听婉儿的。"

穿戴完毕，太子晋忽然记起，大婚的三天里，自己根本不用上朝，就决定读书、习武，婉儿一直陪伴着他，寸步不离。婉儿说："晋哥哥是天下人的，是百姓的,婉儿一切都听晋哥哥的。"

到了夜里,小两口依然和衣而卧,又聊起了无尽的知心话。眼看夜班深更,婉儿羞怯地说:"晋哥哥,你想不想让婉儿给你生娃娃呀?"

太子晋说:"你生呗,能生多少生多少,生一大群才好呢!"

婉儿沉默了,想不到那么聪明的晋哥哥,却在这方面什么也不懂,鼻子一酸,抽泣起来。太子晋慌了,摇晃着婉儿:"婉儿,婉儿,你怎么啦?晋哥哥哪里不好,惹你生气了?"

婉儿轻轻地把太子晋的手推开,抱怨起来:"你,你这个样子,让婉儿怎么给你生孩子啊?"

太子晋亲了婉儿一口:"婉儿,你说,只要能让你生孩子,让哥哥怎么办都行。"

婉儿扭捏起来,害羞地一下子拱到了太子晋的怀里,好久才附在太子晋的耳边,把母后告诉的秘诀讲给了晋哥哥。

两个孩子试探着,摸索着,终于幸福地交融在了一起。

就这样,新婚之夜的第二天晚上,幸福之神为他们打开了大门。小孩子贪嘴儿,过了一会儿,就再来一次,越来越默契、和谐。到了最后一次,太子晋忽然觉得一阵子心慌气短,大汗淋漓,轰然倒在婉儿身上,吓慌了婉儿,连声问:"晋哥哥,你这是怎么啦?你太累了,歇歇吧。"

太子晋过了好久才说出话来:"婉儿,没事儿了,哥哥的老毛病犯了,过一阵子就好了。"

第二十三回

直抒胸臆儿臣智胜盲臣
暗生嫌隙天子怒废太子

晋国大夫叔向的此次成周之行，虽然个人获得了周天子的赐命，名正言顺地成为晋侯麾下的卿士，可总觉得灰头土脸的。他从试探太子晋的才情、性情的角度，倒是没有辜负使命，可一向被晋国人当作形象大使，辩才高超、口若悬河的行人大夫，却在太子晋那里败得这么惨，就大失面子，在诸侯各国的使臣面前，自觉矮了半截。

回到晋廷，以忠诚老实著称的大臣叔向，一点儿也没有隐瞒自己与太子晋对话"五称三穷"的惨败，而是对这个未来天王赞不绝口，称他完全可以与先君晋悼公相提并论。晋平公和已经铲除了栾氏乱党、坐上晋廷辅政大臣第一把交椅的范宣子，都非常震惊，不禁对王室存了敬畏之念。

叔向向晋平公进谏道："君上，这太子晋太了不起了，气度恢宏，胸有大志，出口成章，一言九鼎，臣不得不佩服这个年轻的王储。臣为了用'五称三穷'的对话与之交流，打了半个多月腹稿，自以为他一个少年，不会有那么高远的见识，谁知他的回答，大大出乎了微臣的预料。而他对臣提出的问题，正是指责我晋廷的不王之处，尽与祖宗礼法所悖，这就站在了道义上的最高端，批得臣张口结舌，无言以对啊！由此看来，臣仍建议，把复与、声就两处尽快归还于王室，不然的话，等到他继承了王位，将会惩罚我国啊！"

叔向的建言，晋平公深以为然，众大臣也无疑义。正当晋平公准备派叔向再赴京都与王室谈判之际，盲人乐师，也是朝政大臣之一的师旷提出了相反的意见。他说："臣师旷以为此事不必操之过急。一次辩论失败，没有什么大不了的，还不能看到这位太子的理想和志向，臣愿去成周，朝觐王室，与之详谈，他若再次胜了，臣回来向君上禀报，再商量归还城池的事也不迟。"

晋平公及范宣子见师旷这么讲，知道这个足智多谋的盲臣一定有好办法，况且不想失去那些已经获得的利益，就派师旷再到成周朝觐。

太子晋与晋使叔向在"五称三穷"中取胜，又对所有使臣有赐命之举，站在了伦理、道义上的高地,有理有利有节,极大地震撼了各路诸侯。在这一历史阶段,诸侯之间相互争战,已经疲惫不堪。他们之所以依附于晋悼公,究其原因,正是王室不振,弱小诸侯需要一个强大的力量做靠山,寻求一定程度上的庇护和公平、正义,宁可忍受繁重的"保护费"勒索,也要图苟安一时,免遭灭国危险,这本来就是无可厚非的。太子晋这一场论辩,彰显了王室仍有着号召力和凝聚力,诸侯各国毕竟无人胆敢挑战王室的权威,王室还残存有一定的向心力和威慑力。再说,太子晋首先应对的是晋国大臣,敢于拿霸主开刀,让诸侯们看到,晋平公远不如晋悼公,霸主的地位正在晃动。因此,这场辩论以后,诸侯列国对王室的各种朝觐开始呈现活跃的苗头。

此次师旷朝觐,自然是有备而来,备有重礼,言辞谦卑,受到了周灵王的亲切接见。师旷提出要求,请周灵王准许自己谒见太子殿下,表达拥戴和仰慕之情。周灵王虽说对这个盲臣的用词觉得不顺耳,皱了皱眉头,但还是答应了。然后下旨让太子晋接待晋国来的客卿师旷。

在东宫会客厅里,太子晋接见了师旷。

太子晋虽然不曾与师旷谋过面,但也深知其人其事。这个人比老子大一岁,即生于公元前572年,比太子晋年长七岁,自幼酷爱音乐,聪明过人。但生性好动,少年时代到卫国跟着卫国的宫廷乐师高扬学琴,为使自己戒除狂躁,静心学乐,竟狠心用艾草之烟熏瞎双目,可见此人有多大的毅力和勇气。自此以后,他发愤苦练,以精通音律而举世闻名,双耳辨音能力极为罕见,成为一流的宫廷乐师。又因为他博闻强记,博古通今,满腹经纶,且能言善辩,政治才能不亚于音乐才能。再加上禀性刚烈,正道直行,娴于辞令,便在众多乐师中脱颖而出。后深受晋平公赏识,受聘于晋国宫廷,成为晋平公的得力助手。因此,太子晋也很仰慕和敬重这位盲臣。但太子晋也已经料到,由于晋使叔向"五称三穷"失利,这师旷来者不善,肯定要与自己交锋,免不了一场唇枪舌战。但太子晋丝毫没有怯懦,依然沉稳大气、成竹在胸。

二人见面,免不了一番寒暄之后,师旷单刀直入,说明来意:"外臣师旷听闻叔向大夫讲,说太子殿下才志高尚,堪比泰山,宏论犹如江河,不胜仰慕之至。晚上睡不着觉,白天坐立不安,渴求一见太子殿下,因而不避山高路远,特来与太子殿下会谈,增长见识啊!"

太子晋觉得师旷的这个开场白非常好笑,本是来斗法的,却先灌一阵子迷魂汤,于是谦卑地回答道:"我听说大师您要来,非常高兴又有点儿害怕,请大师原谅我年纪幼小,讲话语无伦次,有失礼之处,切勿苛责。请问大师,还做'五称三穷'吗?"

师旷赶紧摆手:"不必不必,外臣只是想与太子殿下探讨一些道理,当然会有提问,不敏不敬之处,也敬请殿下见谅!"

太子晋微微一笑,声音如同和风细雨:"大师远道而来,有什么想法,请放开地讲,我将知无不言,言无不尽。"

师旷施了一礼,表示感谢。清了清嗓子,拉开了闲话:"外臣已听说殿下虚怀若谷,犹如周朝古代的君王,年纪虽小,成绩很大,而且没有骄横轻慢之态。外臣听殿下这般坦诚,深以为然。我从晋都新田来到洛阳王城,跑了这么远的路,一点儿疲劳也没有了。"

太子晋见他仍给自己戴高帽子,接过话茬儿说:"是啊,古代的君王,行为谨慎,尊重人才,广纳贤士,备足食粮,不设关卡,接纳八方来客。只有这样,老百姓才会喜欢他,拥戴他,相互扶老携幼,前往投奔,不管多远,也会像飞蛾向往光明,欢欣聚集。他们也正是我的楷模呀!"

师旷连连称赞:"殿下讲得太好了! 是啊,古代君王的行为的确可堪效法,殿下能以他们为楷模,是天下的幸事,生民的仰望啊! 可是请问殿下,自舜以降都有哪些君王具有广博的道德啊?"

太子晋莞尔一笑,知道师旷的提问终于开始了,似这样的问题,也正是他自童年至今经常思考的大问题,所以不假思索地回答:"大师之问,是晋之常有所思的课题,在我看来,舜的伟大就像高天。在他执政期间,远近归附,人民受到他的关怀,享受他施予的仁爱。所以,舜可以称之为'天'。再说禹,他应为'圣',因为他为了治理水患,三过家门而不入,劳苦而不居功自傲,施舍而不索取,凡事都要考虑是否光明正大,所以,禹堪称'圣',恰如其分。到了周文王,则可称之为'仁',他老人家的处事原则是谦和大度,三分天下占有两分,仍然敬重殷商之君。被困羑里城中,忍辱负重,创立经天纬地的《易经》,也不曾抗命,竭力服侍商朝。有了天下,却离开了人世,未尝有非分之想,这不是'仁'又是什么? 至于周武王,那是一个义薄云天的大人物,他带兵攻打朝歌,逼那个独夫民贼殷商纣王自焚而死,使天下人从暴政中解脱出来,可以称得上大'义'啊!"

师旷听了这番宏论,盲了的眼珠也放出光彩,又道:"殿下之论,至高无上。外臣深为折服。请问殿下,就统治层次、爵位名号,譬如王、侯、君、公,您以为就尊位而言,应当怎样排列才最为合适呢?"

太子晋见师旷尽是问这些空泛的问题,似乎有点儿小儿科。心中暗笑,却也正色地回答道:"呵呵,这应当从人生来说起,豪杰也有小出身,英雄莫问出处。人们最看重的就是男孩子,称其为'胄子',胄子成人以后,能理事做官了,可称之为'士'。士能带领众人耕战创业,才可称之为'伯'。而伯立德、立言,教化百姓,称之为'公'。为公以后,必然声名鹊起,与天道共存,方可封'侯'拜相。而成侯的君子,形成群体,在群体中产生领袖人物,这人物就为'君王'。君主有大德,政通人和,敬上爱下,可以称得上'予一人',予一人再进一个层次,敬奉上天,恩德遍被四海,可以成为'天子',天子拯民于水火,声名远播四面八方,可以称为'天王'。天王四海咸服,九州安定,众口称颂,万国来朝,就可以升之为'帝'了!大师,我之愚见,你意下如何?"

师旷击节称赞,肃然起敬:"想不到殿下的思考如此深邃,总结如此精辟,外臣受益匪浅啊!像殿下这样温厚敦敏,唯德唯善,至仁至义,若不配做天子,还能有谁呢?亘古罕见呀!"

太子晋听到这些奉承话,赶紧拦着话头:"大师过奖了,本太子不敢当啊,我将以舜为效法,为人光明显赫,立标准、定律令、百业兴旺、财富均分、实现小康,那就是我的理想和奋斗目标啊!"

师旷连声说:"好啊,好啊!"

太子晋知道师旷的问话已经告一段落,不会再发问了,于是转守为攻,却从一个简单的问题问起:"大师,你为什么不停地抬脚啊?"

师旷一愣,不知道太子晋是什么意思,只好老老实实地回答:"哎哟,这宫里有点儿冷,我这脚遇冷容易抽筋,不得不活动活动,对不起,外臣失礼,打扰殿下了。"

太子晋坦然一笑:"哦,原来如此,该说对不起的是我,是我疏忽了。这样吧,请大师里边就座。"

于是,太子晋牵住师旷,进了内室,铺好座席,这是更高的礼遇,令师旷十分感动。

太子晋说:"我听闻大师精通音律,早就想向大师请教。今日幸会,请大师弹奏一曲如何?"

师旷道:"臣不揣冒昧,的确以音律为毕生之爱恋,但臣所喜欢的音乐,皆为庄敬之声。对于时下泛滥的新声,臣以为是靡靡之音、亡国之音。在这一点上,外臣与寡君晋平公多有不合。不知殿下喜欢哪种音乐?"

太子晋把瑟递给师旷,自己操古琴为之伴奏,谦和地说道:"大师愿弹什么曲子,就弹什么曲子。最好歌而咏之,我愿与你唱和。"

师旷也不谦虚,接过瑟,试调一下音律:"好瑟!外臣难得殿下如此雅兴,就弹一首《无射》吧。"

师旷端正坐姿,清清嗓子,弹拨了引子,开口唱道:

> 天子之都,如若清平康宁了,
> 远方的人,一定会纷至沓来观光。
> 太子殿下,研修仁义,声名远播,

臣扶瑟歌吟,怎敢放纵啊!

一曲歌罢,师旷敬请太子殿下放歌。太子晋说:"好吧,我也歌吟一曲,与大师唱和。"

太子晋轻拂琴弦,柔美的乐音悠扬响起,接着说道:"我来一首《峤》作为答谢吧。"说罢,轻轻地唱了起来:

都市并不繁华,但它是天下之中,
不然的话,为什么有那么多人,
从那遥远的南方,来到天子的家乡。
路途艰难,跨国越境,难道仅仅是为了观光啊?

师旷分明听出了太子晋的弦外之音,他最害怕的就是太子晋提起让晋国归还声就、复与两座城邑的问题,于是急忙站了起来:"殿下呀,盲臣请求告辞!"

太子晋说:"大师这么着急,匆匆离去,难道有什么要事要办不成?"

师旷说:"虽然人生苦短,但也来日方长。盲臣还有机会再来向殿下讨教的!"

太子晋说:"大师急于返晋,我就不多挽留了,考虑到你路途辛苦,我要赠你一辆好车、四匹良马。"

师旷正要道谢,太子晋又说:"大师不必道谢,这是本太子的一片心意。大师,你善于驾车吧?"

师旷哑然失笑:"殿下说笑了,盲臣眼睛看不见,怎能学会驾车啊?"

太子晋哈哈大笑:"是啊,开个玩笑而已。不过,我知道大师你研究过《诗经》,有一首诗说,马儿刚烈,缰绳就会柔软;反之,马儿温顺,缰绳反而需要绷紧。驾车的人啊,需要刚劲勇武,收放果断,驾车就应当是这个样子。"

师旷听得出来,太子晋是在借诗言志,讲的其实是为政之道。可他到底嫩啊,只顾讨论哲理,却忘了托自己转达讨要失地之事。正因为如此,师旷才觉得事不宜迟,早走为妙,免得太子殿下醒悟过来,提出收复失地,自己就不好回绝了。于是,师旷推辞说:"与人辩论,盲臣只凭的是耳朵,由于眼睛看不清表情,就容易理屈词穷,太子殿下,盲臣甘拜下风啊!请问殿下,您将成为天下的宗主吗?"

太子晋见自己通过斗智、战胜了这位雄辩之才,按捺不住兴奋的心情,朗声说道:"大师啊,你为何戏要我呢?从太昊(伏羲)以来,一直到尧、舜、禹,还没有一姓人两度占有天下的。我要向这样的帝王效法,怎敢得意忘形,现在虽居太子之位,但还不敢有僭越之野心,成败利钝,纯属天意啊!"

师旷站在那里,一直做着欲走的样子,正要再次告辞,太子晋突然又问:"说到这里,我差点儿忘了,大师的辨音能力,天下人无出其右,甚至能够听出来人的寿命有几何,那么,大师能否对我实话实说,告诉我的寿命长短?"

师旷急于离开,也很坦率:"殿下这样诚恳,臣只得姑妄言之了。我听您的声音,洪亮而带有汗味,猜测您必是颜面潮红的,有时呼吸急促,时断时续。恕外臣直言,殿下的确不足寿啊!"

太子晋苦笑一下,怔怔地思考了一阵子,小声地说:"不瞒大师,我猜测到自己三年内可能会到天帝那里报到。这个话你知我知,千万不要告诉其他任何人,否则会殃及你的。"

师旷不敢在王室里停留,加紧回到了晋都新田,他却没有遵循与太子晋的约定,把太子晋不会长寿的实情报告给了晋平公,当然要求保密。晋平公说:"好险!差一点儿听了叔向的话,把那两块肥肉丢掉了。既然这个英明的太子不会长寿,那就暂时不提归还两地的事情,拖过一时说一时吧。"

太子晋送走师旷后,本来斗智斗勇,取得完胜,可他一屁股蹲在床榻上,心情非常沉重。尽管太子晋也担心自己的身体不佳,可让这个盲乐师直言不讳地指出来,对太子晋来说,不啻是当头一棒,打击沉重。而太子晋说自己"三年后就会宾天",也不是一句戏言,而是不幸的预言。与婉儿合欢的那天晚上,突然犯了痼疾,使这个胸怀大志的年轻人有了心病。但他以为,有病就可以医治,并没有往夭折上想。听了师旷的言论,他知道这不是虚言,但还是难以接受。同时,对自己的疾病能否医治,彻底绝望了。

婉儿因为他要接待客人,去了母后那里,那里既是婉儿的婆家,又是婉儿的娘家。太子晋曾经告诫婉儿,千万不要告诉母后自己昏厥过的事情,免得母后担惊受怕。其实,他的交代是多余的,二人在床笫之间发生的事情,一个才刚满十四岁、脸皮吹弹可破的小女孩,怎么对妈妈也是婆婆讲? 婉儿她实在羞于出口啊!

这是太子晋生平唯一受到的最致命的打击,那些大风大浪都能闯,可自己的命运偏偏斗不过。他呆呆地坐着,脑子一片空白。自从他和婉儿尝过禁果以后,两个年轻人交颈共欢,甜蜜到了空前绝后的地步。婉儿心疼自己的小丈夫,多次劝他惜力,又不忍拂他的意,一个多月来,频繁地折腾,他已经犯了三次那样的毛病,有一次差一点儿窒息,休克了一阵子。原以为夫妻之间的浓情蜜意,可能就是这样,现在才知道,并非如此。

太子晋觉得万分沮丧。他深深地爱着婉儿,为她献出自己的生命也在所不惜。是婉儿告诉他,母后让他们行儿女之事,就是为了生孩子。他曾经觉得自己可笑得只知道喜爱婉儿,却什么也不懂,那么多圣贤书算白念了。现在看来,他已经铸成大错。岂止是错,对于心爱的婉儿来说,简直是犯罪! 倘若婉儿怀上身孕,而自己突然离她而去,该是多么痛苦的事情! 太子晋忽然觉得自己是那么地热爱生命、珍惜生命,他不能没有婉儿,不能丢下婉儿啊!

思来想去,太子晋决定,既然上天不让自己长寿,所有的苦果,打碎牙齿,自己也要咽下去,他要在有限的生命里,尽全力给婉儿幸福。他知道,婉儿不会像乡下的妇人,丈夫战死沙场,再择夫婿另嫁。他所能做的是让婉儿怀上宝宝,这既是他生命的延续,也是给婉儿留下终生的寄托和依靠,至少也会像前几年他和母后一样,相依为命,相互成为精神支柱。

想到此,太子晋的心情反倒坦然了。生活的磨砺,使太子晋的性格非常坚韧。他不仅爱婉儿,也爱天下的芸芸众生。他要在有生之年,多做事,做好事,让有限的生命放射出灿烂的火花,方不负平生之志。

主意打定,太子晋觉得,能否成为周朝的天子,已经不重要了。他要利用自己的太子身份,为社稷江山,为黎民百姓多做贡献,为此他将不惜一切代价,也要拼搏一场。无论命运如何捉弄自己,他也要向命运挑战。但这种想法只能当作绝密藏在自己心里,别说父王和臣下,即使慈母和娇妻,也不告诉他们,不能让他们为自己处在焦虑之中。

自从十三岁处理了栾盈事件以后,太子晋的治国理政才能凸显在人们面前。以后发生的一些朝中大事,太子晋不表明自己的想法则已,一说出来必定高出一筹。众臣工对这位少年太子敬畏有加。周灵王乐得清闲,朝中的大事小情放任不管,均由太子晋牵头处理,已呈现出政通人和的局面。在他未举行成人礼之前,虽未明确监国的重任,实际上已经挑起了大梁。举行成人礼之后,太子晋名正言顺地成为监国太子,周灵王赋予了他实质上的更多权力。

太子晋有一个良好的习惯,就是把诸多朝政事物尽可能让大臣们自己处理,而他则拿出三分之二的时间,深入民间,了解疾苦,倾听民众呼声,及时纠正失误,兴利除弊。这样一来,大臣们反而不敢有丝毫的懈怠,兢兢业业,夙夜在公,勤于政务。老百姓赞颂太子的呼声,如同阵阵清风,传入到王宫大内,传到了周灵王的耳朵里。开始时,周灵王为有这样一个好儿子欣喜、自豪,后来这种心情却渐渐地变了味,他有了一种被遗弃、被架空了的感觉。那些诸侯国的朝聘的确多了起来,但他们差不多都是冲着太子而来的,仿佛他这个天子不存在一样,这让周灵王有一种莫名的危机感,而且这种危机感又与当年晋悼公造成的危机感味道大不一样。那种危机是,即使王朝倾覆了,他也一直在天子之位上;而自己儿子带来的危机,则是大权旁落,是让自己坠入深渊的危机。普天下的父亲对待儿子,最庆幸的就是青出于蓝而胜于蓝,可偏偏在天子这个位置上,

217

就不是那么一回事儿了,而是权力之争,是以命相搏的生死较量,就连狼群、猴群、狮群那些动物群体里,也是这样的。因此,太子晋的声望愈隆,周灵王的危机感愈重。

朝中的个别大臣已经觉察出周灵王的心理变化了,尤其是他那个侄子儋括,更是心怀叵测,专门单独谒见周灵王,上太子晋的烂药,讲太子晋的种种不是,讲太子晋眼里完全没有父王。讲了几次,每次都加入新编的爆料,开始时给周灵王添堵,到后来给周灵王火上浇油。周灵王开始考虑太子的废立问题,但他也并非过于莽撞,而是举棋不定,左右摇摆,隐忍不发,等待时机。

心里生了嫌隙,再怎么遮掩也会有破绽的。这一段时间,从周灵王上朝的频度就可以看得出来,一下子从零上升到了最大值。议事时,对于太子晋偶尔提出的意见、建议往往不顾大臣们的反对,一概予以驳斥。即使有驳不动的,也拖住不下旨意,让底下人办不成。这让太子晋和大臣们非常郁闷,但也没有办法,因为他是太子晋的父王,是当朝的天子啊。这种僵持的局面持续了将近一个月,上上下下都觉得憋气。

七月份,从早晨起来,就闷热难当,酷暑烤人。树梢纹丝不动,一丝风也没有,只有知了还一片声响地鸣叫,更增加了燥热的气氛。庄稼地里,植物热得卷了叶子。家禽、家畜热得无处钻,狗儿趴在地上的阴凉处,伸着舌头流哈喇子。店铺里,除了扇子店开门已经脱销,差不多都关门歇业。男人与孩子们纷纷跑到谷水河和洛水河,浸在发烫的水里冲凉。最苦的是女人们,只能在闷热的屋子里脱得几乎精光,撩些水在身上,不停地摇扇子。宫里的贵妇们好过一些,把冰窖里库存的冰块取出来放在室内,虽然很快融化,但也会产生丝丝凉气,凉爽一些。更多的妃嫔和宫女却没有这种待遇,因为冰窖打开后,库存的冰不多了,太监总管说,只能保证重点供应。

正在人们热得发狂之时,过罢中午,天空突然阴霾密布,太阳躲在了厚厚的云层后边。一阵狂风吹过,刮得飞沙走石。紧接着,呼雷闪电,惊天动地,震耳欲聋,仿佛要把大地撕裂,好大的雨滴扑扑嗒嗒从天空砸了下来。一开始砸得尘土飞扬,土路立刻成了麻子脸,很快,这尘土就变为泥泞,雨却又骤停了。人们刚刚呼吸到一口带有尘土味的凉气,这雨滴又开始下落。就这样骤缓骤急,伴着惊雷巨闪,大雨滂沱,一阵紧似一阵。有经验的老年人说:"这雨下得发喘,恐怕要下几天几夜,等着吧,要遭大灾了!"

老年人的话果然应验了,这雨反复喘息了几阵子后,停止喘息,风也小多了,却直勾勾地倾盆而下。王宫里的水排泄不畅,地势低的房屋里漫进大水,没了脚踝以上。平时清且涟漪的谷水河,河水暴涨,奔腾咆哮。洛水河也是如此。特别是两河交汇处,奔腾激越的洪峰撞在一起,溅起丈把高的浪峰,惊涛很快漫过了堤岸,堤岸垮塌,洪水如同猛兽,卷着天兵的怒气,直奔王城杀来。

在险情面前,任何当政者都是坐不住的。放有大堆冰块,饮酒作乐的周灵王,在太子晋的催促下,冒雨来到大宸殿,召开紧急会议。臣工们已经赶到,相互交换着所遇到的险情,期待周灵王及太子迅速决策,投入抗洪抢险之中。

周灵王挥挥手,大臣们的议论立刻停了下来,此时,几个卫士快速赶来,向周灵王和太子晋禀报说,王城西墙,临着谷水河的那一段,已经开始垮塌。而另一处,谷水与洛水的交汇处,河水正在暴涨,有可能危及王城,情况十分紧急。卫士们的禀报,使稍显迷糊的周灵王顿时清醒起来。大臣们望着这个时而清楚、时而糊涂的天子,等待他下旨。

周灵王镇定下来,开始下令,要求司马尹言多带领御林军人马,所有臣工豢养的士子及家丁,一律到谷、洛两条河的河岸上去,加高加固堤防,严防死守,决不能让洪水危及王宫,定要保卫王城,违令者严惩不贷!

就在周灵王下旨后,太子晋叫道:"且慢! 父王,听儿臣讲讲看法!"

周灵王皱皱眉头,不耐烦地说道:"太子有什么看法快讲,免得误了抢险!"

太子晋道:"启禀父王,儿臣以为围堵的办法抗洪,不太妥当。更别说在这不停息的暴雨中,最重要的是,不仅要考虑王宫的安全,还要考虑河两岸的几千户民众,如果像鲧那样以堵法治水,必将危及民生啊!"

周灵王愠怒地说:"别扯那么远,你说该怎么办?"

太子晋说:"最好的办法,是采取聚土、疏川、降泽、陂塘的措施,顺其自然,因势利导。不如利用护城河的优势,在王宫里打出一条河道,疏导泄洪!"

周灵王火了:"纯属书生之见,王宫岂可泄洪? 不准。诸位,立刻按寡人的旨意办,只要保住王宫,就顾不了那么多了!"

太子晋冲着周灵王跪下,苦谏道:"父王,不能这样啊! 若是这样,将有几千户百姓受灾,无处可逃,人或为鱼鳖,而且数万顷良田被毁,弊大于利,王室也将失去民心啊!"

周灵王暴跳如雷:"小孩子家懂什么? 起来,休要挡道!"

太子晋上前抱着周灵王的腿:"父王,请您三思,不能这样啊,儿臣求您啦,请父王更改旨意吧!"

周灵王一脚把太子晋踢倒:"诸位臣工,别听太子胡说,时间紧迫,王宫危急,抓紧行动!"

太子晋再一次抱着周灵王:"父王,您不能一意孤行,那将铸成大错,损失无法挽回啊!"

周灵王冷笑一声,下了决心:"让寡人更改旨意,胡说八道! 寡人金口玉言,绝不更改! 山高不遮太阳,儿大不责爹娘,寡人看你小子是越来越狂妄了! 好吧,寡人现在就下旨,自此时起,废了姬晋的太子之位,贬为庶民,永不起用！你该满意了吧?"

此言一出,满殿皆惊,比外面的隆隆雷声还要震撼人心！

太子晋苦苦哀求:"父王,你可以废了晋儿,但决不能加害黎民百姓啊!"

周灵王愤怒至极,一脚把姬晋踢了个跟头,仰面倒下。

单靖公、刘定公、尹言多、甘悼公、苌弘等大臣一起跪下,为太子晋求情:"请大王息怒！太子废不得!"那儋括见众怒难犯,也随大溜跪了下去,却没有吱声。

周灵王完全丧失了理智,大声吼叫:"寡人的话就是旨意,寡人早就看不惯这个不肖之子的所作所为了！今日废了他,出了寡人满腔闷气！都起来吧,抓紧行动,保卫王宫!"

姬晋见已经无法制止周灵王的粗暴旨意,缓缓地站立起来,跺了跺脚说:"晋儿谢恩!"

随后姬晋跑出了大宸殿,趁废太子的旨意尚未传达到,回到东宫,率领那些警卫和自己的卫士,一头钻进了雨幕之中。

所幸,谷水河的洪水虽然漫过石桥,但仍然能涉水过去,姬晋带领卫士,冒险蹚了过去,到了对岸的各个街道村落,动员百姓向高地转移,连续奋战了三天三夜,那些百姓撤离了。房屋经洪水浸泡后,成片垮塌,清点一下,仅付出了很少的代价,百姓得救了！

这天下午,云彩开了个缝,一束阳光射到了大地上,三天三夜没有休息,仅饮点浑水、吃点干粮的姬晋,终于松了一口气,一头栽倒在老百姓面前泥糊糊的地上,昏迷不醒……

第二十四回

浮丘点化姬晋痛舍龙尾
猴山吹笙王子喜得凤头

数百名百姓簇拥,四名卫士抬着如泥猴一般昏迷不醒的王子晋到王宫,守门的卫士不让百姓进入宫内,立即招来怒骂和跪求。卫士们请示了管事的,因见废太子这个样子,且众怒难犯,破例允许他们跟随着王子晋进入大内,将王子晋直接抬到了王后的宫里。

正在为王子晋突然失踪几天几夜,焦虑万分的王后、婉儿,听见人声嘈杂,急忙迎了出去,怀有身孕的婉儿看到人们抬着的是不省人事的丈夫,立即扑上去伏在王子晋的身上,大放悲声,小王子贵也趴在王子晋的头边大声呼叫:"哥哥,哥哥,你怎么啦?你快醒来呀!"倒是王后比较冷静,扯起婉儿:"婉儿不要哭了,晋儿他是累坏了,你有身孕,要保重自己。"

王后立即命人做了面汤,给王子晋灌了下去,王子晋终于悠悠地睁开了眼睛,婉儿仍然蹲在丈夫的身边饮泣。

百姓们齐刷刷地跪下:"请太子妃多保重,太子他是为了救我们才累成这样的啊!"

婉儿缓缓起立,轻抚着稍稍隆起的肚子:"谢谢乡亲们,也是你们救了我的丈夫,这里已经没有什么太子妃了,只有民女婉儿。"

众人叩头:"我们不懂王室里的规矩,可太子他永远是我们百姓的榜样。太子之恩,永远难报啊!"

王后劝众人说:"诸位乡亲请回去吧,让婉儿的丈夫好好歇歇。"

民众们这才起身,一步一回头,依依不舍地望着慈祥的王后,望着这对少年夫妻,缓缓离去。

王子晋奋不顾身、带领百姓抗洪抢险的事迹,很快在王畿范围内传开,人们并未把他看成是一个太子、王子,而是把他看成了一个舍己救人的英雄。

对于太子突然被废,除了儋括等几个人外,文武百官无不惊愕,他们想不通,周灵王为什么发那么大的火气。可是,在他怒气冲冲的气头上,没有人胆敢站出来为王子晋说情。

最为震惊的当数单靖公。心想大王分明知道王子晋是最有希望的明君后主，太子被废，意味着王室从此将黯淡无光。他想不通，为什么一个政治新星，正在蒸蒸日上之时，却突然地陨落了。他为自己的得意弟子鸣不平，更为周王朝的社稷江山担忧，他要奋起抗争，让王子晋重归太子位。

当抗洪救灾告一段落之后，周灵王召开朝会。因为这场百年难遇的大灾并没有使王室、王宫、王城遭受重大损失，周灵王显得比较满意，心情较为舒畅。借此机会，单靖公开始跪奏陈情。

单靖公道："大王，王都遭受这么巨大的洪水灾害，托上天及祖宗庇佑，大王洪福齐天，总算把损失降低到最低限度。不过——"

周灵王立即打断单靖公："单公啊，寡人知道你要为废太子说情，请你闭嘴，寡人今日明确地告诉诸位臣工，有谁再为废太子开脱，定斩不赦！"

单靖公咚咚地在地上磕着响头："大王，太子他究竟有什么过错，说废就废了。臣等不服啊，请大王收回成命！"

周灵王怒目圆睁："看来单靖公你是活得不耐烦了！寡人念你是股肱大臣，屡建功勋，不忍杀你，还不给寡人退下！"

单靖公挺起脖梗："大王，臣从不怕死！请大王三思，太后她老人家是怎样嘱咐大王的，大王，切莫一意孤行啊！"

周灵王冷笑一声："好你个单靖公，又胆敢拿太后来压寡人！太后她现在身不能动，口不能言了。假如太后能够理事，也一定会同意寡人对这个不肖之子的惩处！"

单靖公仍然跪求："大王，为了社稷江山，请大王开恩，收回成命吧！"

群臣一齐跪下，异口同声："请大王收回成命！"

周灵王气得脸色发青，怒不可遏，但见群情激涌，心里说：看来自己废掉这个锋芒毕露的太子真的是做对了，不然的话，瞧这局面，要不了多久，朝中将会上演逼宫戏，我这个宝座也坐不成了。可他同样知道，群臣这么拥戴这个功高盖主的儿子，自己也众怒难犯，眼下不是逼宫又是什么？只是尚未走到极端而已。于是，自找台阶下，用平缓的语调说道："诸位请起来吧，太子废立，寡人自有定见，不必再议了，过一段时间，待寡人做出决定，会告之于众的，退朝吧。"

单靖公不知道周灵王葫芦里卖的什么药，一肚子狐疑，离开了大宸殿。

以后的一段日子里，单靖公满心焦虑。他也了解到，一些大臣活动得厉害，有单独上奏，也有联名上奏的，有推举王子佞夫的，唯独没有推荐王子贵的。单靖公知道，这些大臣是在见风使舵，王子晋是王后的儿子，王子贵是王后的养子，他们不看好王子贵，大约是以为王后的地位难保。可是，周灵王废了太子晋,却一点儿也没有废王后的迹象,这也是单靖公心存的一点儿希望。他知道,现在的大王与王后相当和谐,也许过不了多少日子,等周灵王气消了,再重新启用王子晋也未可知。想到这里,单靖公的心里好受了一些。

结果,令所有人都想不到的是,周灵王最终册立王子贵为太子。这的确是一个最好的折中方案,王后还是原来的王后。群臣甚至包括单靖公在大跌眼镜后,不得不接受了这个现实。他们所不知道的是,纪王后虽说从来不参与政事,可在晋儿的问题上,她也为儿子鸣不平,采取的方式是向周灵王提出辞去王后之位,可周灵王说什么也不答应。贵儿做了太子,也算对纪王后一个心理补偿。不过,王后的心理活动也相当微妙,做母亲的深知儿子的痼疾,当她看到晋儿在做太子的几年中日夜操劳,身子骨累得异常消瘦,也心疼自己的儿子。念及此,罢罢罢,不让晋儿做这太子也好,事业是王室的,身体是自己的,与其让儿子吃苦受累,还不如无官一身轻为好。

下了野的姬晋,虽说不当太子了,但仍然还是王子,我们还称他为王子晋。他不能再住东宫了,但他哪里也不愿去,就在王后的宫里搭了一个小床,与母后和婉儿住在一起。他想着自己的理想和抱负再无施展的舞台,一直闷闷不乐,无论母后和婉儿怎么劝解,也无济于事。他心里很清楚,自己的生命短暂,可能不久于人世,这一埋藏在心底里的秘密,更不敢向母亲和婉儿倾诉。

这一天,在母后和婉儿的催促下,王子晋不再蒙头大睡,而是来到王城外的谷水河河畔散心。怀着满腔惆怅,王子晋漫步在河堤的柳荫里,无心观赏蓝天白云,流水淙淙,忽然回忆起和老子相处的那些日子。老子的一些观点,比如清静无为,在当时听来,简直是无稽之谈。在这个喧嚣尘上的社会里,怎么可能做到清静无为?自己是个王子,想要遁世,根本是不可能的。可现在自己的境遇,竟然莫名地为清静无为提供了现实可能。自己也曾想过跟着舅舅李浮丘修仙炼道,舅舅却不主张他那样做。而如今,自己空有满腹经纶,却身无长物,体质又是这么糟糕,看来以后除了修仙炼道,强身健体以外,别无他途了。想到这里,王子晋觉得自己的心胸豁然开朗,一下子明白了自己将何去何从了。自己若在有生之年探索出一套养生祛病方法,传播开来,也不失为人生"立德、立言、立功"的追求目标。而自己若能治疗痼疾,绝处逢生,被废为庶人,岂不正是上天给予的眷顾?这老天啊,给你关上一扇门,就会给你打开一扇窗。王子晋越想越觉得有理,不觉兴奋起来,重新感受到人生的美好。心里说,要是能见到浮丘舅舅,自己一定要摈弃一切杂念,离开这肮脏的政治环境,让舅舅教导自己,进入人生的另一重境界。

王子晋在畅想之中,听到一个熟悉的声音在身后响起:"这位公子,请留步!"

王子晋一个激灵,回过头来,打量着呼唤他的人,只见这位长者挽起的发髻上,系了一条灰色的汗巾,两只眼睛炯炯有神,盯着自己,漂亮的胡须飘荡在胸前,一身素白的道袍非常整洁,裤腿扎在袜内,下边是一双木底毡靴,肩背一柄长剑,手执一柄拂尘,一副仙风道骨的样子。王子晋大喜,高声叫着:"舅舅,晋儿正想着你呢!"

　　李浮丘执着王子晋瘦骨嶙峋的双手,上下打量着王子晋:"晋儿,宫内我进不去,断定你一定会到这里来,一连等了几天,今天忽然看到一个落寞的少年公子,猜想就是你呀!"

　　听到这慈爱关切的话语,王子晋流下了激动而又委屈的眼泪,他虽然与这位舅舅相处的时间不多,但在他心目中,却远比那父王可亲可敬。

　　浮丘公说:"晋儿,这些天难为你了,你的遭遇舅舅全都知晓,不需要你再讲给我听。舅舅急于见你,就是想问问你对将来有何打算?"

　　王子晋松开与浮丘公相握的双手,远远近近地打量了一下:"舅舅,晋儿觉得这造化弄人,从王子到太子,从太子到庶民,落魄至此,能有什么打算啊?"

　　两人肩并肩,在河堤上边漫步边交谈。

　　浮丘公说:"晋儿,人生之路,千折百回,当一条道路行不通时,就有千万条道路可供选择,我说的话你明白吗?"

　　王子晋点点头:"明白,晋儿也正是这样想的。"

　　浮丘公说:"这就对了,你自幼聪明好学,志向远大,你母亲和舅舅我是知道的。也正因为你生在帝王之家,那时你想跟舅舅修仙炼道,舅舅不能答应你,舅舅实在是盼望你成为一个圣明的天子,为天下百姓所仰望,而你也的确有这样的条件、天分和资质。可是,现在看来,舅舅实际上是害了你呀。"

　　王子晋很惊诧,问道:"舅舅何出此言? 晋儿从来没有抱怨过舅舅啊!"

　　浮丘公说:"说是害你,并非是舅舅诚心害你。你已经长大了,特别是近年来,一直担当着监国理政的重任,舅舅想,你一定对天下大事,对朝廷内部,有了清醒的认识吧。"

　　王子晋若有所思:"嗯,舅舅说得对,王室一蹶不振,基本上靠诸侯施舍过日子。晋儿越来越觉得,凭自己的一己努力,根本改变不了这种现状。晋儿想从大处着眼,小处做起,整顿治理好王畿范围内的事务,却左右掣肘,举步维艰。就拿这次抗洪抢险来说吧,晋儿万万没有想到,自己爱护百姓,却因疏法治水的谏言,触怒了平时根本不爱管事的父王,晋儿实在想不通啊。"

　　浮丘公正要接过话头,王子晋却蹲了下来。

　　浮丘公忙问:"晋儿,你怎么了?"

　　王子晋喘息着,断断续续地回答:"突然觉得胸闷,心慌得很,不要紧,过一会儿就好了。"

浮丘公蹲在王子晋面前,一直等到他平静下来,把他搀了起来:"晋儿,咱们不要走了,找个地方坐下来说话。"

两个人来到河堤下一片沙滩上,各自找一块石头坐下,促膝而谈。

浮丘公心疼地望着王子晋:"晋儿,你这天生的痼疾,最近经常犯吗?"

王子晋一愣:"舅舅,你怎么知道我有天生的痼疾?"

浮丘公笑笑:"在你儿时,为你母亲催奶那次,我就已经觉察到了。后来,你母亲也藏头露尾地告诉过我,虽然没有明言,但我意识到,你偶尔会复发的。"

王子晋佩服地说:"舅舅真是火眼金睛,能够洞察一切。晋儿过去并不觉得有多么严重,只是近几个月来,犯的次数愈来愈多了。"

浮丘公感叹地说:"晋儿,你这是劳累过度啊。当初,我和你母亲就担心你这身子骨能否承担大任,但也心存侥幸,以为随着你慢慢长大,会好起来的。再说,还有宫廷御医疗治,想来不会有大碍,也就支持你回到王宫,担负天下的使命。没有料到,还没有等到你达到事业的顶峰,这毛病就缠上了你。舅舅刚才说的是害了你,本意就在于此啊。"

王子晋恍然大悟:"哦,舅舅原来说的是这个意思啊。"

浮丘公盯着王子晋的眼睛:"晋儿,我问你,还想不想君临天下啊?"

王子晋摇摇头:"舅舅,晋儿早就不想了,晋儿只想多干一些于国于民有利的事情。"

浮丘公叹息道:"这就对了。不过,当你父王把你废了以后,你仍然挺身而出,拯救百姓,舅舅就看出来了,你根本不在乎那个王位。你是不是对自己的寿命有一个基本的判断啊?"

王子晋赧然一笑:"舅舅你是怎么知道的?"

浮丘公苦笑一下:"我是从你的行为猜到的。"

王子晋道:"我从自己的身体状况判断,也许在两三年内就可能离开人世。这一想法,晋儿仅仅告诉了晋国的盲人乐师师旷大夫,是绝对不能让母后和婉儿知道的。因此,晋儿非常苦恼。晋儿盘算自己的来日无多,才想利用自己的太子地位,发奋干好政务、外交,为王室开创一个新局面。不料想,天不遂人愿,人也不遂人愿啊。"

浮丘公说:"晋儿啊,可能到现在你也不明白,你之所以被废,也正是你苦撑苦持,奋力干事,成绩斐然,声名远扬的原因造成的,从某种意义讲,你这是何苦呢?"

王子晋不太明白:"舅舅,你这是什么意思? 难道被废去太子之位,是我自己做错了吗?"

浮丘公坦率直言:"是的,舅舅就是这样认为的,而你是不自觉的。舅舅不是官场中人,不懂得官场规则,但也能从侧面意识到,你啊,只顾用自己有限的生命干事,这一点你父王他根本不会知道你的心迹。可你的成绩越大,越对自己有害,你只懂得为政之要,却不懂得为官之道啊。"

王子晋说:"舅舅,这话从何说起啊?"

浮丘公说:"晋儿啊,你应该想想,你父王为什么要贬你,说穿了,是你的功绩、群臣的拥戴,招致了你父王的忌惮,你才落得如今的下场啊!"

王子晋仍然不太明白:"舅舅,难道父王他不希望自己的儿子奋发有为吗?"

浮丘公点点头:"是这样的。按说,天下做父亲的,无不希望自己的儿女成龙成凤。可君王就不一样了,你们的父子关系,并不是单纯的父子关系,他需要他百年以后让你接班,却最害怕他正坐着的王位被你取代,你说是吗?"

王子晋已经明白了,没有料到权位之争,是这么的残酷。沉默了一阵子,才开口说:"舅舅,晋儿懂了,可是也晚了。那么,到了这一步,晋儿以后该怎么办啊?"

浮丘公道:"这正是舅舅急于见你的目的。舅舅要带你上山,修身养性,治疗痼疾。不要再留恋这个权位了,晋儿你应当明白,没有一个好身体,所谓治国平天下,只能是一句空话。"

王子晋站起来,对着浮丘公深深地鞠了一躬:"舅舅,晋儿现在就举行拜师大礼,请舅舅受草民晋儿一拜。"

浮丘公笑了,话语带有几分诙谐意味:"呵呵,好啊,晋儿啊,休说你一介平民,说到底你仍是一位王子。能度一个王子进入我的道门,也是李浮丘莫大的荣幸啊。"

两个人越说越投机。说到最后,王子晋询问浮丘公:"舅舅,你难道不想与母后见上一面?"

浮丘公摇摇头说:"不必了,太麻烦。现在你母后仍然担当着扶助幼主的重任,还是不打扰她为好。舅舅这次是专门来带你去的。"

王子晋说:"那好,晋儿马上回去,和母后与婉儿相商,然后义无反顾地随舅舅而去。"

浮丘公露出了满意的笑容,两个人都觉得有说不出来的轻松愉快,约定了再见面的时间和地点,暂时分了手。

王子晋回到宫中,把见到浮丘公的事情讲给了母后和婉儿。王后又惊又喜,告诉婉儿:"你们的这个舅舅是母后和晋儿的救命恩人。"婉儿说:"是不是当年在靠山屯把你们接走的那个道人?"王后说:"是的。"婉儿立刻流露出崇敬的神色。

王子晋告诉母后和婉儿,自己要跟随浮丘公到天室山修仙炼道,王后非常支持,婉儿却有点儿不舍。王后劝婉儿说:"他的身体如此糟糕,整天闷在宫中,无所事事,憋也把他憋坏了,让他跟着舅舅到深山里修炼,身体强壮起来,岂不更好?"婉儿说:"我并不是不同意,但我要和他一同去,我要照顾好我的丈夫。"王后说:"不行。孩子啊,你已经身怀六甲,怎么能到那荒无人烟的地方去?为了孩子,你只能暂时留下来。"王子晋也深知婉儿舍不得离开自己,也开导婉儿,让婉儿在母后的照料下,把宝宝生下来。等有了合适机会,自己再回来接她前去。话说到这份儿上,婉儿只得含着热泪答应下来,并告诫王子晋,好好地保重身体,别以他们母子为念,有空的时候,到缑氏山靠山屯去,看望一下乡亲们。王子晋把婉儿和母后的殷殷嘱咐一一记了下来,婉儿拖着渐渐笨重的身子,要为王子晋准备行李,王子晋拦住了她,告诉她说,舅舅说了,那些东西都不用,只带了竹笙、玉箫和一柄宝剑。

　　想到了此次可能是终身的最后一别,王子晋心如刀绞,但他强忍悲痛,不肯把悲伤表现在自己的亲人面前,横了横心,辞别了母后和婉儿,离开了王宫。

　　公元前549年深秋,也就是王子晋十六岁那一年,王子晋与浮丘公相携,离开了洛阳城,直奔天室山。

　　路过缑氏邑时,王子晋告诉浮丘公,他要到靠山屯去,按照婉儿的吩咐,探望一下那里的乡亲们。浮丘公说:"好吧,我先到山里准备一下,过几天再来接你。"

　　王子晋只身来到靠山屯,故地重游,分外亲切。乡亲们听说他来了,整个村子沸腾起来,人们已经知道了他的真实身份,敬仰这位同他们打成一片的王子,敬仰他是一个爱民的英雄。这家请了那家请,若是不到谁家吃一顿饭,他们就认为是看不起自己。盛情难却,王子晋在每一家都走访了一遍。晚上就住在好友桓良家里,与桓良有聊不完的话。对于乡亲们的深情厚谊,王子晋感到心里热乎乎的,他觉得,这里才是最适合自己生长的土壤。

　　乡亲们知道了王子晋此行的目的,纷纷建议说,这缑氏山就很有灵气,挽留他就在这里修炼,别去天室山了。王子晋告诉他们,自己的师父已经提前走了,过几天就来接他,大家感到非常遗憾。但他们很快想出了一个折中方案,他们要在缑氏山上建一座道观,为王子晋备用,请王子晋随时随地回到这里修炼。王子晋对这片热土,对这座不太高的山包,怀有深深的眷恋之情,他热爱这个地方,也乐意把这里当成另一个修炼之处,于是就答应了乡亲们的请求。

　　几天来,王子晋在靠山屯感受到了前所未有的轻松和快乐,心情格外舒畅。闲暇的时候,他又像当年那样,带上竹笙,信步去登缑氏山,走着羊肠小道,穿过茂密的丛林,呼吸着清新可人的空气,顺手拍打着路旁的树叶,或摘一朵小花细嗅幽香的气息，更觉得这座山宁静空灵，自己心无挂碍，身无重责，有点儿飘飘欲仙的感觉。

不知不觉来到山顶，放眼望去，那巍峨的太室山、少室山近在咫尺，四周苍茫的大地，不知养育了多少代华夏子民。如果把这里当作自己的修炼休养之处，的确得天独厚。他相信乡亲们的厚道与热忱，要不了多久，这山上即将有一所新道观，那将是非常惬意的养生之所。

王子晋心潮激荡，久久不能平静，捧起竹笙，忘情地吹奏起来，优美的乐曲声中，风儿停了，树叶也不再沙沙作响，林中的小鸟停止了歌唱。忽然，一只白鹤从远处飞来，停在了王子晋的身旁，瞪着眼睛，直勾勾地盯着王子晋。王子晋定睛一看，简直乐坏了："凤头，是你呀。"顺手把竹笙放在地上，搂抱着大白鹤凤头，相互慰藉，就像老朋友重逢，亲热得不知怎么样才好。

王子晋搂抱着凤头，喃喃自语，说起了就像对婉儿说的娓娓情话。他回忆起自己就在这座山下的湖泽里，听到了小凤头痛苦的叫声，并在芦苇丛中找到了它；回忆起为了救治凤头的伤腿，他和婉儿捣药、敷药，小朋友们为凤头寻找食物；回忆起自己按大伙的要求，为小白鹤取了个好听的名字"凤头"；回忆起凤头的伤好以后，他们送回给了凤头的爹娘，看着它们远走高飞；回忆起在王宫的翠湖边上见到了长大的凤头，已经成了鹤群的领袖。王子晋喃喃地说："自那次之后，就再也没有见过你，万万没有想到一晃几年过去了，在这里又见到你了。凤头啊凤头，我和婉儿，还有妈妈、小朋友们，是多么地喜欢你啊，多么地想念你啊……"

在王子晋对着凤头说话的时候，凤头不时嘎嘎地鸣叫几声，仿佛听懂了王子晋的话，以叫声做回应。

王子晋流着喜悦的眼泪，他相信凤头听懂了他的话："凤头啊，算起来，你已经六岁了，你的朋友我实在不想让你再去奔波了。"他指指远方的大山和此处，告诉凤头，"从此以后，我就要在那个地方和这里修仙炼道了，你也留下来，和我相伴好吗？"

白鹤凤头伸长脖子，又连叫了几声，王子晋欣喜若狂："凤头，凤头，你终于答应了，太好了！我将在我的住处为你准备好鹤舍，把你也安顿下来。"

凤头再鸣叫几声，表示答应。

王子晋捧起竹笙，为凤头演奏，凤头腾空飞起，鸣叫起来，只见天上又飞来了八只白鹤，围着王子晋，在乐曲声中翩翩起舞。王子晋简直高兴坏了，更加激动地吹着，忽然一阵胸闷，头晕目眩，脸色煞白，昏倒在地上。

在凤头的大声鸣叫中，王子晋悠悠醒来，其他白鹤已经不见了，只有凤头守候在身旁，伸长脖子，用嘴巴抚慰着王子晋，红红的眼睛里明显地呈现出焦虑的神色。

王子晋坐了起来,攀着凤头的脖子说:"凤头,吓到你了吧?别害怕,我一过分激动就这样子,今天真是太高兴了。"

远处传来了最亲密的朋友桓良的喊声,王子晋知道,这是要他回村里吃饭。王子晋站了起来,拍了拍身上的尘土,对凤头说:"凤头,咱们走。"

凤头顺从地跟着王子晋下山,见到桓良,王子晋告诉他:"这就是当年我们救治过的白鹤凤头。"桓良也非常惊喜。村里的乡亲们听说了,纷纷赶到桓良家看稀奇,无不称赞白鹤的灵性,真是仙鹤、仙品、仙姿,多少年了,还不忘救命之恩啊!

从此,王子晋和白鹤凤头形影不离,消息很快传播出去。一天,村子来了四里八乡的老百姓,人们跪拜王子晋,称他为"太子爷""活神仙",王子晋把他们搀了起来,告诉他们,自己既不是太子,也不是什么活神仙,请大家不要行此大礼。一个老人说,您不是太子,也是王子,你们母子在这里居住的时候,我们有眼无珠,和你们亲如一家,现在看来,慢待你们贵人了。我们遭了灾,是你派官兵来救我们,要不我们早就没命了,忘不了您的大恩大德啊!再说,你在京都带领百姓抗洪抢险,也早已在王畿里传遍,您是我们老百姓心目中的英雄啊!我们这里,一直传说着西王母娘娘驾鹤成仙的故事,我们都知道了,有这么一只白鹤仙鸟陪伴你,你就是活神仙啊!王子晋感动得热泪盈眶,连连对人们表示感谢。

日子就在不知不觉中过去了,浮丘公来到靠山屯,找到了王子晋,也对白鹤凤头能留下来陪伴王子晋修仙炼道暗暗称奇。

他们离开了靠山屯,乡亲们依然相送很远,千叮咛万嘱咐,要王子晋早点儿回来,过不了多久,乡亲们就会修好道观,还会在边上修一个鹤舍,让他们住得舒舒服服的。

一心向往过上平静生活、与世无争、疗养身体的青年才俊王子晋却没有料到,仍然有人盯着他,打扰他的生活。

第二十五回

忧王朝群臣盼太子归位
喜仙居姬晋登嵩山修行

进入周历八月,大地上的暑气仍然蒸腾不息,酷热未退。然而,周灵王借助与儿子在抗洪抢险决策上的争执,一怒之下废掉太子。忠心培育幼主的单靖公向天王苦谏不纳,差一点儿丢了脑袋……这一系列变故,使得朝廷不稳、政局动荡的消息像一股冷风流布于洛阳古都,散播于王畿内外,传遍了诸侯列国。虽然有不少人甚至平民百姓为太子喊冤叫屈,为其惋惜,但一点儿也起不到力挽狂澜、匡扶社稷的作用。

东周王廷一扫曾经振作政令畅通的新风新气,又回到王子晋监国辅政前的半死不活状态,大臣们的政务热情像被一棒子打蔫了一般,再无起色。反正大王消极怠政酗酒如初,他们也没有必要勤政繁忙,有的大臣甚至乐得如此,清闲自在。

在精神上受到严重打击的自然是单靖公,这位成熟的政治家,尽管平日里沉稳精明,多谋善断,但在昏聩专横、固执己见的周灵王面前,苦无良策。他对于周王朝的前途命运,深感忧虑。对于他所期盼的中兴之主能否复位,毫无把握。一夜之间,满头青丝变成华发,令同僚们惊诧不已。

在单靖公备受煎熬的同时,暗自庆幸的奸佞也大有人在,最高兴的莫过于司礼大臣儋括。这个周灵王的亲侄子,一直心怀叵测,在怂恿周灵王废掉太子的过程中,起着推波助澜的作用,目的是为了让自己选送的妃子生的小王子佞夫取代王子晋,成为新一代储君,从而谋取权势,进而谋取大位。太子终于被废,让他欣喜若狂,一场更大的阴谋正在酝酿之中。

单靖公当然心有不甘,他召刘定公、尹言多和苌弘等大臣密议,寻找破解困局的途径。刘定公建议说:"太子最强有力的支持者是老太后赵姜,请单大人不妨再求见太后,再次请太后发出懿旨,迫使周灵王收回成命。"单靖公表示:"太后她老人家已经病入膏肓,身不能动,口不能言,再也左右不了周灵王了。"刘定公说:"太后那里行不通,那就求见王后,她总不能不为自己的亲生儿子说话!"

单靖公又摇摇头说:"我何尝没有想过?可太子正因为是她的亲生儿子,她才无法站出来为儿子辩护。况且这位贤德的王后由于太子能否复位的不确定性,自己的地位也岌岌可危,再给她添麻烦,也许把事情搞得更加糟糕。"尹言多仍不多说话,到了此时才说:"这也不成,那也不行,干脆请苌弘大夫占筮决定吧。"苌弘苦笑着说:"尹大人啊,你难道不懂得,占筮无非是预测一下事物的发展走向,并不能提供可以行进的路径,我们是在商量具体的办法呀!"

几个人商量到这里,一度陷入了沉默之中。最后,还是苌弘打破了沉闷,他提示说:"单大人、刘大人、尹大人,你们有没有注意到大王他并没有废掉王后的意向?"单靖公与刘毅等人心里豁然一亮,仿佛看到了希望。是啊,册立王后,本身意味着母以子贵,这是一个问题的两个方面,既然子废而母仍立,王后还在,事情就没有走到绝路上去。周灵王暂时不肯复立太子,并不意味着永远不立太子,说不定哪一天他回心转意,再把废太子召回来,诫勉续用,则完全是有可能的,历史上不是没有这样的例子。于是,几个人决定,仍由单靖公谒见王后,将大臣们的拥戴意向转告娘娘,无论如何也要坚定信念,等待太子复位。

不管单靖公等人的如意算盘如何打,他们并没有真正了解周灵王的意图。如果说周灵王在打压王子晋,把王室刚刚振作的苗头掐死在萌芽之中,是愚蠢行为的话,那么他在维护自己的王权方面却是很聪明的。任何一个统治者,都不会容许自己的大权旁落,哪怕自己是一个碌碌无为的庸才。所以,东周王室这场变故的最大赢家,仍然是周灵王。

说来也怪,这周灵王还真的福星高照,颇有好运。他最忌惮的晋国君主、称霸一时的晋悼公英年早逝,来自晋国方面的威胁不解自除,着实让周灵王心情轻松起来。霸主软弱了,诸侯的同盟自然解体,相对于王室来说,也是好事。虽然诸侯们不拿天下共主当回事儿,拿豆包不当干粮,但王室作为最高统治者的象征,诸侯列国宗主的地位仍然存在,让那些野心家们在对王室进行挑战时,在公众舆论和礼法限制上不得不有所忌惮。更值得一提的是,近年来,晋国、楚国内忧外患,争霸的势头大为削弱,给另一个有野心复霸的齐庄公一个可乘之机,可他这个人太不争气,在齐国闹出桃色事件,与他最亲信的大臣崔杼的妻子棠姜通奸,被崔杼给杀了,在位执政不足六年时间,就做了刀下之鬼,齐国这个东海大国一时难以恢复元气。东南方向的吴国正在崛起,却远离中原,只跟楚国较量,与弱小的越国争斗,无暇顾及神州腹地,这些对于一直处在争斗旋涡里的王室来说,都大有裨益。

总的看来,历史的洪流暂时进入了低潮期,诸侯们需要喘息,民众需要休养,列国间争霸已呈强弩弱末之势,周灵王头上没有那么多乌云笼罩了,王室的周边环境也有所改善。以齐国为首,其他各国补贴的王室拆迁,在郏地建一座新的王城的工程项目,也开始运行起来。可是,好的局面并不意味着王室就有了振兴的势头,死猫推不上树,要想让慵懒成习的周灵王作为强有力的指挥协调领袖,无疑是不可能的。各项必须由天王推进的政务活动,无法正常运行,王室里仅仅靠单靖公等大臣苦撑苦持,其难度之大,可想而知。

在这样的情况下,单靖公、刘定公等大臣更加盼望王子晋能够重新执政,即使恢复不了太子之位,能够商量些事情,也会起到主心骨的作用。几个大臣商量来商量去,决定由单靖公以太傅的名义进宫谒见纪王后,慰问王子晋,试图让他暗中参政。纪王后告诉单靖公:"多谢单大人对晋儿的一贯培育,悉心教诲,但晋儿他太累了,繁重的政务把他的身体压垮了,得让他疗养一段时间,恢复体力、精力。"单靖公说:"那是自然的,能让臣见见殿下吗?"王后坦率地告诉单靖公:"单大人是晋儿的太傅,见一见自己的弟子,有什么不能? 可惜晋儿前不久跟着一位道长,到天室山修炼去了。"单靖公听到这个消息,十分震惊,跪伏在地,口称"死罪":"殿下他只身出宫,没有侍卫,出了意外将如何是好? 这都是臣的失职失责啊!"纪王后安慰单靖公:"单大人不必忧虑,不会有什么事的。晋儿这次被贬,跟过去不一样,想来不会有人再加害于他了,就让他远离这尘世的喧嚣,安稳一阵子吧。"单靖公见王后态度这么安详从容,坦然淡定,并不悲戚愁苦,也弄不清王后到底是怎么想的,一肚子狐疑,从宫中怏怏而回。

回到府上,单靖公左思右想,非常焦虑。他比王后更清楚王子晋在王室的分量和朝野的呼声。正因为如此,朝中有些大臣非常害怕王子晋东山再起,不停地猜度周灵王的意图,进献谗言,迷惑君心,妄图用与自己利益相关的小王子将王子晋取而代之。所以,王子晋的处境并非风平浪静,而是危机四伏。单靖公来不及与其他大臣相商就断然采取了对王子晋的保护措施。他把弟弟单愆期将军叫来,下达了死命令,要求单愆期立即派出大内高手,奔赴嵩山一带,一旦发现殿下的下落,务必强力保护,决不能再出现伏牛山那样的失误。同时,他告诫单愆期,因为殿下在深山修仙炼道,需要清静,前去的人员只能在暗中保护,决不能打扰他。单愆期将军领命而去。

且说那天,王子晋、浮丘公带着白鹤凤头来到了天室山。他们从天室山的太室山南坡开始登山,王子晋走不了几步,就要停下来喘息一阵子,浮丘公也不催他,就这样登上一段,便歇息片刻。凤头时而跟着他们穿越山林,时而飞上高空,活泼得就像一个小孩子。

从早晨开始,一直到太阳西斜,他们才终于到达了目的地。这里位于太室山高峰的左下侧,在高高的峰峦环抱里,突然出现了一大片相对平坦的高地。高地上已经盖起了几间草庵,掩映在周围的密林之中。浮丘公告诉王子晋,他和自己的师父原来并不在这里修炼,而是在另一条山谷之中,但他们在修炼之余,曾经踏察群山,发现了这个地方。师父仔细地观察了地形地势之后,断定这是一块风水宝地。最近,为了邀请王子晋上山修炼,浮丘公特意在这里修建了这所房舍,作为他们的道观。

王子晋一边听浮丘公的解说,一边在心中翻腾着一番感慨。他像热爱伏牛山、缑氏山一样,非常喜爱这座嵩高之山。几年前,他和母后重返王宫时,就在心里说,嵩山,我还会回来的。想不到自己竟以这样的方式重返故地,并且要长期住下来,修炼上乘功夫,疗治心疾伤痛。他依稀感到,自己对这个地方,好像早已熟悉,这里的山山岭岭、沟沟壑壑、山林巨石,都如同梦中再现。不禁暗想,自己真不应该生存在那个深宫里,他应该是大山的儿子。

望着王子晋惬意的神情,浮丘公非常欣慰。凤头也倚在王子晋的身边,长鸣一声,像是欢呼。浮丘公说:"晋儿,舅舅去山泉打些水来,咱们洗一洗,我再给你做饭吃。"王子晋惊奇地问:"怎么,这么高的山上还有泉水?"浮丘公说:"是啊,山有多高,水就有多高,没有水我们怎么能在这里生存下去呀!"王子晋问:"离这里远不远?"浮丘公说:"不远,下去一个小坡,向左一拐便是。"王子晋也要下去看看山泉,于是他们来到了山泉处。

王子晋伸头向山泉望去,只见蓝天白云,影影绰绰地倒映在水中。在清晰可见的白沙底里,有几处泉水翻涌,激起水面微波荡漾,心中暗叹大自然的鬼斧神工,能在这里造化出一汪清泉。

浮丘公打出泉水,王子晋捧起陶罐,痛饮一口,清冽甘甜,沁人心脾。然后,他又捧着陶罐,在附近的一个小石坑里倒些泉水,让凤头饮下。

浮丘公笑眯眯地问:"晋儿,这泉水好喝吗?"

王子晋非常兴奋,连连称赞:"太好了,天造地设。舅舅,这真是一个神泉啊!"

浮丘公笑了:"好!晋儿,就按你说的,称它为'神泉'。你看,我们要是在这神泉边上,开出一片荒地,种上蔬菜,就足够我们吃了,也有凤头的食物了。"

王子晋:"舅舅,就依你的,我们自己种菜吃。我在靠山屯那阵子,就是和母亲自己种菜,可有意思了。"

两个人忘记了疲劳,就站在神泉边,说了好多话。王子晋打量着山上山下,觉得此地视野开阔,令人心胸敞亮。他看到这里的山峦交错,巨石成阵,绿林遍被,苍翠欲滴。向下看去,一望无际,脚下一片云雾缭绕,透过云隙,山下的居民村落星星点点,隐约可见。一条条河流就像细丝银带,曲折蜿蜒。那大片大片的田野里,阡陌纵横,一派生机勃勃的景象。王子晋不禁发出由衷的赞叹:"这地方太美了!"

浮丘公道:"晋儿,能让你在此心情舒畅,舅舅太高兴了。看了这些,你有何感想啊？"

王子晋道："舅舅，我来这里，隐居遁世从此开始。人们常说，作为隐士，分为三类，大隐于朝，中隐于市，小隐于野。可晋儿现在悟出，隐于朝廷或隐于市井，都难以成为真正的隐士，终将为名利所累。只有在这深山老林里，才真正能够做到清心寡欲。舅舅，晋儿对你的所作所为，已由不太理解到真正理解了。你们都是最快乐的人啊，我如今也是太快乐了！"

浮丘公道："晋儿，其实我并不主张为隐而隐，那样做，说穿了，仍然不过是沽名钓誉。再说，仅仅因为政治风浪，而不是你的身体条件，舅舅也不主张你高飞远遁在这世外的。"

王子晋不理解，问道："舅舅你这样说，是不是怀疑晋儿心不够诚？"

浮丘公道："不，不，舅舅知道你是义无反顾的。可舅舅知道，你是一个胸怀大志之人，龙可以潜于渊中，但终将要飞升上天的。"

王子晋神色黯然道："晋儿暂时真的没有那种奢望了，您老人家也不必再鼓励我了。"

浮丘公见扫了王子晋的兴，赶紧收着话头："好吧，咱们回道观里去吧。"

走了几步，王子晋突然问起浮丘公："舅舅，如此美妙的地方，总得有个称呼，这山峦，这草庵，舅舅为它们取名没有？"

浮丘公止步，目光灼灼地望着王子晋："哈哈，舅舅是个粗人，正等着你这个大学问家为此地命名呢。"

一句话，激起了王子晋的兴致，他再次打量了周边环境，略一思索，就有了点子："舅舅，整个天室山，气象雍容，神采瑰丽，本来就是福地、宝地。先祖周公旦早年在此相土，将其确定为天下之中，就已令人浮想联翩，敬仰万分了。这样吧，在右边的那座最高峰，雄伟挺拔，直插霄汉，峥嵘兀立，险峻伟岸，应当命名为'峻极峰'。道观背后这座山峦，好像一面撑开的巨伞，覆盖着山前山后，就称之为'华盖峰'如何？而左边的三个山头，状如鹤头，形似鸟喙，莫如称作'三鹤峰'最为贴切。"

浮丘公连连称赞："峻极峰、华盖峰、三鹤峰，不错不错，妙哉妙哉。那你再为我们的道观也命名一下吧。"

王子晋望望坐落在绿林中的草庵，亲切之情油然而生。他又转身看看身边的白鹤凤头，顺手捋了捋凤头洁白的羽毛，凤头也仰着头望着王子晋，王子晋说："舅舅，有我可爱的凤头陪伴我们，这道观就叫'白鹤观'吧。"

浮丘公笑了："果然不错，哈哈，舅舅突然想到，如果这道观永远被我们道众们继承下去，白鹤凤头也要名垂千古了！"

第二天，王子晋就书写了一块牌子"白鹤观"，郑重地挂在了大门的门楣上。

王子晋的新生活开始了，他要在浮丘公的教导下，习练强身健体之术。两人商定，从此正式确立师徒关系，王子晋称浮丘公为"师父"，自称"弟子"，浮丘公则仍称王子晋为"晋儿"。

　　浮丘公带王子晋修炼的是行气导引术，他说，这是修道之人入门时，必须掌握的功夫。其方法是"吐故纳新，闭精固气"，是练功之人通过运气，使全身的经络运行畅通，五毒不侵，强身健体的养生术。其方法是盘腿、静坐，控制欲念，吐纳空气，自外息至内息均匀、舒缓、深长地吐纳，进入物我两忘的境界。

　　对于气的概念，浮丘公对王子晋进行了详细的讲解。他告诉王子晋，从道家来看，一切有形的、无形的物质，都可以称之为"气"，天地万物，无不以气的形态存在。而练功中的气，就是自然之气，就是空气，也被称为"外气"。外气导入体内，通过腹部下的丹田穴部位反复循环，再向周身运行，形成"真气"。真气又称精气，其中一大部分与人体吸收的水谷精微合成为营养输送全身，称为"营气"，亦即营养之气；另一部分真气保护身体免受外界邪气入侵，具有保卫作用，故而称为"卫气"。真气、营气和卫气构成了医家的"气一元论"。浮丘公深入浅出的讲解、言传身教的示范，使王子晋从理论上领悟了道家养生的实质，习练功法中思路分外明晰，效果十分明显。

　　顺便指出的是，我国传统的中医基础理论"气一元论"，就发端于原始道家的修炼。这个学术问题，本书不予阐述，敬请有兴趣的读者向中医界的专业人士讨教。

　　开始进入修炼以后，浮丘公基本上每天都陪着他，指导他修炼的方法、步骤。每进入一个新的层次，浮丘公就向他传授新的修炼法门。随着王子晋逐步掌握了调息方法，这种现场指导、传授间隔渐渐拉长，浮丘公得以脱身，到山下的嵩阳邑采购生活用品。浮丘公几次下山回来，都发现王子晋没能吃上午饭，不是他懒于下厨，而是他只顾修炼，把吃饭给忘了。甚至到了午时，白鹤凤头用嘴啄他，拉他，但不会喊他，他都不明白是怎么回事儿。浮丘公叹道："人是铁，饭是钢，不用餐怎么能行？况且在修炼的初级阶段，体力的消耗很大，需要补充饮食。这孩子，太不会照顾自己了。"于是，浮丘公从山下招收到一个道童，名叫"山根"，师徒二人干脆叫他为"小山子"，这孩子十二三岁，聪明勤快，浮丘公外出与道友相聚或对道众讲经传道时，就由小山子来照顾王子晋的饮食起居，非常得力。王子晋也非常喜欢这个孩子，教他读书认字，让他同自己一道修炼功夫。这样一来，浮丘公就开始放心地离开白鹤观，又开始了他的云游生涯。只是隔上一段儿，回来一次，指导指导徒弟。师父随心所欲，来去不定，王子晋也深知师父的脾性，只是长期不见面时，才和小山子一起念叨、思念他。

　　这一天，浮丘公外出不在白鹤观里，小山子外出打柴。已经跟小山子混熟了的凤头，也跟着小山子在外游逛。出去没有多久，小山子带凤头就回到观里，神色紧张地告诉王子晋，山上有几个人形迹可疑，总在白鹤观附近转悠。王子晋漫不经心地对小山子说："怕什么，也许是一些赶山的人。"小山子说："不会，现在秋庄稼还在收割，向官家交租才刚刚开始，徭役还没有分配下来，农人们非常忙碌，根本不会到山里来。再说，他们这些人既不打柴，又不采药，只在白鹤观附近游逛，虽然不曾接近这里，也许就是冲着这里来的。"王子晋听小山子一惊一乍的，就带上白鹤凤头和小山子出去看看，可只要一接近他们，这些人马上躲闪，隐匿起来。虽然不打照面，但王子晋还是隐隐约约地看到几个身影比较熟悉，立刻明白了是怎么一回事儿。于是对小山子说："不必介意，这些人是不会伤害我们的，只要他们不过来打扰，我们不理他们。"

白鹤观差不多位于山顶的最高处，空气格外清新，周围树木茂盛，郁郁葱葱，本身就是一个天然的氧吧。特别是在夏季，雷雨过后，那清风新气格外新鲜，吸上一口，神清气爽，耳聪目明。在这样的地方修仙炼道，真的是得天独厚，相得益彰。王子晋经过一段修炼，功夫进展神速，几个月下来，气色大有好转，身体痼疾从开始时的不时突发，到了这个阶段，基本上不再复发。

修炼有了成效之后，王子晋信心倍增，满怀喜悦。他坚持不懈，孜孜不倦，几乎达到了忘我的境界。他在室内练，林中练，大石上练，山顶上练，练得醉心，练得痴迷，练得忘忧，练得神游。

在开始尝到甜头后，王子晋向浮丘公提出，想要一些空白书简、笔墨，浮丘公立刻明白了他的意思。浮丘公说："你呀，身在世外，仍然心怀天下呀。"王子晋笑笑："师父，能把您传授的强身健体之法总结出来，传播出去，也是留给民众和后人的宝贵财富啊！"浮丘公说："这个想法太好了，师父支持你！"于是，浮丘公很快采购回来了一批书写工具，让王子晋使用。王子晋和浮丘公共同研讨，把他们修炼的方法、步骤、效果、心得记录下来，用韦（熟牛皮绳子）串联成册，日积月累，写出的竹简，排满了几个书架子。当王子晋羽化成仙以后，由小山子主持，带领新来的道人们把白鹤观这批书简，当作至宝，认真整理、简化，集成一部道法著作，称之为《王子晋导引术》。

再说白鹤凤头，每天都不离王子晋左右。就在秋风吹得满山落叶之时，白鹤观来了一群白鹤，它们是寻找凤头而来。王子晋和小山子准备了大量食物，让鹤群饱餐。这群白鹤在山上逗留了十多天，它们有时围着王子晋和小山子，在王子晋吹笙时优美地舞动，有时在凤头的带领下，飞翔在蓝天，飞到山下湖泽处觅食，但都会回到白鹤观过夜。这些白鹤，为白鹤观增色添彩，使道观成了名副其实的白鹤观。山下的百姓听说了，纷纷登山观看这少见的奇景，但他们一想靠近，在各个路口就会被卫士们拦住。这些游人只能远远地望着，兴奋地高呼:"白鹤观,白鹤观,住了一位活神仙!"

小山子对王子晋说:"大人,人们把你当成活神仙了。"王子晋说:"你也是啊。"小山子说:"我怎么会是?"王子晋说:"你跟我在一起,早已沾上仙风仙气了。"玩笑归玩笑,王子晋当然不会把自己当成神仙,他倒是很担忧,随着鹤群迁徙的日子临近,凤头也许要跟它们走,又不能拦住它,可真的舍不得它啊!

鹤群起程的那一天,白鹤凤头对王子晋一点儿留恋都没有表示,与其他白鹤一飞冲天,向南方水国飞去。王子晋和小山子非常伤心,遥望着蓝天,直到看不见鹤影为止。正当他们已经无望,准备回到白鹤观之时,远处天际开始出现一个黑点,不大一会儿,就出现了白鹤凤头的雄姿,王子晋和小山子高兴得又蹦又跳:"凤头啊凤头,你终于又回来了!"王子晋抱住凤头,感动得热泪盈眶。

冬去春来,山花烂漫,万木葱茏。数月的修炼,王子晋自觉身体强壮起来,肺活量也变大了不少。修炼之余,他和小山子带上凤头,爬山、散步,一点儿也不觉得疲劳。特别是捧住竹笙吹奏时,声音洪亮,引得凤头闻声起舞,那感觉非常美妙。偶尔,他也会想起深宫里的母后和婉儿,但这种思念随着道法的逐渐加深,越来越淡,连他自己也说不清楚到底是什么原因,竟使自己对亲情麻木起来。

又有一天,小山子从外边回到道观,看见正在修炼的王子晋全身发抖,吓了一跳,正要呼唤,王子晋却平静下来,身上冒着氤氤氲氲的雾气,又过了一阵子,雾气消散,王子晋头顶上泛出橘黄色的光芒,非常柔和,仿佛照亮了整个茅庵。小山子惊呆了,等到王子晋收了势,才把这一现象告诉了王子晋。王子晋意识到自己的修炼已经达到了大周天的层次。修炼后,浑身通泰,精神健旺,进食日益减少,体重锐减,体能却不断增大,早已不存在了气短发喘的现象,王子晋炼得更加起劲儿。小山子说:"大人啊,可惜师父没有在山上,要不他对你取得的成就,该有多高兴啊!"王子晋说:"师父这次去武当山有多日了,也不知何时才能回来。"

这一天,王子晋正在白鹤观深入练功,忽然听到小山子在观外高兴地大喊大叫:"师父回来了,师父回来了!"

王子晋草草收势,匆匆地奔了出去。

第二十六回

拜祭始祖庙访黄帝故里
探秘具茨山读岩画天书

　　浮丘公远游归来,令王子晋和小山子分外高兴,正如久别的亲人突然重逢,欣喜若狂。就连白鹤凤头也嘎嘎直叫,伸长脖子紧贴浮丘公表示亲热。

　　浮丘公看到王子晋精神饱满,精力充沛,就知道自己的这个得意弟子内息方面的功法大有精进。王子晋则将自己打通经络、气贯奇经八脉的感受一一向师父进行了禀报。小山子更是将王子晋突破练功的每个层次所表现出来的奇迹,说得神乎其神。对于这些,浮丘公十分满意。浮丘公又向王子晋传授了辟谷之法。至此,道教的内家功夫,王子晋已经全面掌握,最大的收获就是身上多年的痼疾已经化为乌有,再也不来折磨他了,原来对自己寿命的预测想起来真是可笑。想到自己是通过导引功法才获得了新生,于是更加勤勉,并决心创造一套适合大众修炼的法术,造福苍生。

　　浮丘公又向王子晋传授了一些外家功夫,主要是击剑。传授告一段落后,浮丘公告诉王子晋,他与道友容成子有约,要在近日里到泰山相聚,然后奔向崂山,乘舟楫入海,去蓬莱仙岛寻找仙山,既是完成自己师父未竟的夙愿,也是了却自己多年的心愿。王子晋知道这次离别将是长别,心中老大不忍,但也深深理解师父,尊重老人家的意愿。

　　浮丘公临行前,带王子晋去了峻极峰,进行了一次长谈、深谈。浮丘公问王子晋:"导引之术不过是道家的初步功法,而道法本身的奥妙无穷,深藏其中,还需要有所感悟,才能找出道的真谛。师父觉得,以你的勤奋、学识和睿智,肯定有了不少感悟,能否对师父讲讲?"

　　王子晋道:"师父啊,弟子不仅试图悟道,也试图破解道与德的关系。过去,弟子在王宫时,也曾就此问题与大学问家老子李聃讨论过,但不曾得出明晰的结论,近来,弟子从天地人三才展开追问,才有了较为清晰的思路。"

　　浮丘公很感兴趣,要王子晋细说给他听。王子晋说:"天法地,地法天,道法自然,道是法则,德是修养。天道无常,地道无边,人道无穷。这道理与《易经》

的'简易、不易与变易'是暗合的。所谓德,同样有三德,天德有阳光雨露,地德则孕育万物,人德应爱众亲仁。天地之大德,人只能承接,而人德则最为根本。"浮丘公充分肯定了王子晋的见解,两个人特别对于天道无常进行了讨论。王子晋说:"一般人认为天道有恒,不为纣存,不为桀亡。其实,这恒不是永远的,而是寓于无常之中的,无常就是变化,唯其无常,天变则道亦变。"浮丘公问:"你这样认为,是不是同你做太子临朝监国阶段的感悟联系了起来?"王子晋说:"是的。在施政中,我是力主变革的,只有变革,才有活力,活力的源头就在于无常之中。师父,弟子这样想,是不是过于偏激了?"

浮丘公听王子晋这么说,一时也无法应对。他看得出来,表面已经沉稳下来的王子晋,其实仍然有着一颗滚烫的心。从政与修道,本来是两码事儿,他却能从中得出全新的见解。

浮丘公想了想,忽然产生一个念头,他遥指一个方向问王子晋:"晋儿,你知道那个方向是哪个诸侯国吗?"

王子晋看了看,知道那个方向是郑国。

浮丘公说:"是的,那个就是郑国。这郑国呀,现在就发生着重大变革。而掌控这个变革的,几乎是你的同龄人,名叫子产,正在郑国执政。"王子晋望着浮丘公说:"请师父把郑国的情况详细地讲一讲。"

浮丘公就把以前知道的和近期听到的郑国的情况讲了出来。他告诉王子晋,郑国在诸侯国中曾经是一个强国、大国,特别是郑庄公在位时期,最为鼎盛。因为与王畿相邻,郑庄公也一度辅佐王室,但由于他认为周桓王不信任他,仰仗武力,最早挑战王室的权威,成为礼坏乐崩的发端。郑庄公一去世,郑国开始衰落,百年来,饱受战乱之苦。自从晋文公上台,一直同南方的强国楚国争霸,连年征战不休。郑国夹在两个大国之间,左右摇摆,动荡不安。内部权贵争权夺利,纷争不断,内忧外患,弄得国破家亡,民不聊生。

王子晋说:"师父说的情况,弟子从小就了解。在晋悼公复夺霸主期间,运用攻郑疲楚的策略,更是把郑国反复蹂躏,郑国上层惶惶不可终日,百姓苦不堪言啊。"

浮丘公说:"是这样的。自从晋悼公定霸萧鱼以后,郑国采取了向晋国一边倒的政策,外部矛盾才得以缓和,求得了暂时的安定。然而,外部矛盾减弱,内部矛盾反而加剧,前不久,爆发了子皙、伯有之乱,这不正是你说的天道无常吗?"

王子晋担心地说:"这样一来,郑国就又发生危机了,还有百姓的日子过吗?"

浮丘公:"是的,贵族阶层争权夺利,打打杀杀,必然殃及百姓。这次,师父路过郑国,得到的消息是,由于子产这个年轻人的出现,取得了执政地位,大力推行革新措施,郑国因此发生了重大变化,呈现出繁荣富强的苗头。"

王子晋急忙问:"这子产是什么人,这样厉害?"

浮丘公说:"子产啊,也是贵族出身,少有大志,却一直得不到重用,是郑国的执政卿士子皮平定了子晳、伯有之乱以后,慧眼识英才,把子产推荐给郑简公,从而让子产执政,推行新政,革除弊端,三年下来,郑国大治。"

王子晋对于子产非常感兴趣,就问浮丘公这子产到底是怎么干的,浮丘公遗憾地说,自己是一个道人,不会在这上面动心思,所以了解的并不多。只听说在子产的高效治理下,郑国现在"都鄙有章,上下有服,田有封洫,庐井有伍",完全是一派欣欣向荣的新气象了。

王子晋感到意犹未尽,对郑国发生如此巨大的变化十分神往,喃喃自语:"啊,这子产太了不起了,治理一个国家的沉疴,也像弟子同痼疾做斗争一样,得需要付出多大的努力和代价! 这子产是怎么干的,能使一个千疮百孔的国家起死回生?"

浮丘公说:"变化是不小。我虽然不知道他是怎么施政的,但听到郑国两个歌谣,很能说明问题。"

王子晋一愣:"怎么,还有歌谣?"

浮丘公告诉王子晋:"子产上台执政的第一个年头,革故鼎新,推行新政,他的力度大,阻力也强大。贵族们和百姓都表示反对,编出歌谣说,'硬逼我把好衣服收藏在家,硬把我的土地左编右查,谁要是去杀子产啊,我一定参加'! 三年后,人们服了,现在又出现了歌颂子产新政的歌谣,'我家有子弟,子产来教育开导,我家有土地,子产能让产量提高,要是子产死了,谁还能像他这样好?'"

王子晋笑了:"常言说,政声人去后,没有想到,这子产尚在台上,人们就彻底敬服了他。师父,弟子听了你这番话,忽然产生一个念头,我要去郑国拜访子产!"

浮丘公很惊讶王子晋为什么突然产生这个念头,试探地问王子晋:"怎么,又动了从政的心思了?"

王子晋急忙否认,对浮丘公解释说:"弟子已远离尘嚣,怎能会再有从政的念头? 我是想到郑国去,了解一下郑国的复兴之路,加以总结,为后人提供教益。有可能的话,也为当今的当政者们提供参考和借鉴,同时也与自己监国施政做一比较,进行反思。至于介入政坛,燮理阴阳,自己是不可能也不肯再干了。"

浮丘公狡黠地笑笑说:"晋儿,你不用掩饰和回避自己的意图,师父看得出来,你仍然心系黎民,胸怀天下啊。再说,你也是静极思动了,师父支持你去郑国,那地方有着厚重的历史,咱们的先祖黄帝就生于斯,长于斯,是我们华夏子孙的总根。你可以去祭拜始祖黄帝,这对于增进你的功力也是大有裨益的。"

王子晋央求师父一同前往郑国,浮丘公告诉他,自己与道友有约,已经没有空余时间了。但自己路过郑国时,可以向子产通报一下,相信子产会热烈欢迎你的造访的。

二人计议已定,浮丘公踏上了寻访仙山的征途。自此,再也没有在白鹤观现身。而王子晋与小山子也做好了去郑国一游的准备。

王子晋带领小山子、白鹤凤头出访郑国时,已进入了暮春天气,除了接近午时已觉炎热,其他时候都很适宜出行。由于王子晋的身体已经完全康复,徒步远行并不觉得劳累,一路上山花满山遍野,鸟语花香,田野里麦苗挺身拔节,满目油绿。不几日,他们已经深入郑国腹地,乘小舟渡过双泊河后,接近了郑国都城。都城西部是起起伏伏的丘陵地带,一孔孔窑洞在这些土山上面南而凿,星星点点散落着农户人家,沟沟坡坡上,片片农田中,农人们在田里耕作,唱着歌谣:"我有子弟,子产教诲;我有土地,子产栽培;子产亡故,谁来继位?"

听到这些歌谣,王子晋叹道:"师父之言,果然不虚,想不到这子产在郑国民众中竟有如此高的威望。"回想自己在王宫里执政监国的日子,也受到王畿内百姓的拥戴,心中就无限感慨,一个当政者,只要真心实意地为百姓谋福祉,民众就不会忘记他。

小山子扯扯王子晋的衣襟,告诉他,山上的那些侍卫人员本来一直尾随他们,现在却少了两人,并且超越了他们,走到前边去了。王子晋笑怪小山子,小小年纪神经兮兮,咸吃萝卜淡操心,管他们干什么?只管赶自己的路就是了。其实,小山子的机敏还真的是发现了问题,等到他们快接近郑国都城时,一驾马车和郑国卫队就迎接上了他们。精明强干的子产向王子晋跪拜,被王子晋止住了,说自己不过是平民百姓,布衣道人,怎能当此大礼?子产见王子晋如此随和、平易,也顿生亲切之感,仿佛神交已久。子产讲:"我尚在任职小官僚之时,殿下已经闻名遐迩,令子产分外仰慕。浮丘公路过此地,向子产通报殿下将前来聘问之时,子产就天天盼望殿下的大驾光临。还是殿下的侍卫飞奔郑国公廷,子产才知道殿下轻装简从,已临城下,因而子产未能做到远迎,请殿下多多包涵。"王子晋暗想,小山子的猜测果然不错,于是矜持地笑道:"子产大夫千万不要客气,我这是以私人身份前来,拜访的就是你,实在是不速之客。我要求大夫不能招摇,保证我悄悄地来,悄悄地去。"子产也笑道:"子产深解殿下之意,已与浮丘公商议过,就不以国宾之礼相待,按照殿下的意图,下榻寒舍,粗茶淡饭,甚为不恭,只好委屈殿下了。"王子晋说:"如此甚好,正合我意。"

子产的家自谦为寒舍,倒也并非夸张,偌大一个郑国的执政卿士,茅草房屋,家具陈设十分简陋,毫无奢华的用品,王子晋想,这也许就是子产受人爱戴的原因之一吧。望着院落中的几株枣树,忽然回忆起十年前,正是刘定公带回的这树上的红枣,被奸人利用,害死了自己的莺儿姐姐,不禁心中一寒,不堪回首。

安顿下来以后,子产征求王子晋的意见,问他想到什么地方去看看。王子晋说:"本来应该客随主便,但子产大夫既然相问,本人也打算过了,这郑都是我们的始祖轩辕黄帝的故里,是我华夏后裔的发祥地,树高千尺,根脉所在,姬晋对我们这位共同的先祖十分敬仰和缅怀,到了此地,本身就有了一种到家的感觉,有了投入父兄、母亲怀抱的感觉,姬晋想造访就从拜谒祖根开始,然后再走访郑国风情,与大夫共同探讨治国理政之法,从中获得教益。"子产说:"殿下放心,这些事情都可以从容办理。子产不但要陪同殿下拜祭祖先,还为殿下准备了一个保留项目,保证让殿下惊叹不虚此行。"王子晋笑道:"我知道郑国到处是宝,特别是在战车制造、宫廷音乐等方面有很高的技艺和很多的高人,自然是不妨一睹风采了。"子产神秘地笑笑:"此处要远超殿下的想象力,还是留有悬念吧。"王子晋不好意思再问,但在心中充满了期盼。心中暗想:子产大夫既然如此认真,一定不是故弄玄虚,必有惊人之举。

第二日,整个郑都祥云笼罩。子产陪同王子晋殿下前往始祖庙拜祭。路上,子产告诉王子晋,始祖黄帝的宗庙、明堂,不知建在何时,大约在夏朝以前就初具规模。故里的百姓对这里怀有深深的感情,尽管多次焚毁,他们马上重建起来,并且规模逐渐扩大。多少年,多少代,一直香火鼎盛,尤其是在太平年间,更有不少人不远千里,长途跋涉,前来祭拜,寻根问祖。每年的三月三日,前来敬祖的人们络绎不绝,万人来朝,盛况空前。王子晋禁不住发问:"三月三日?"子产回答:"是啊,'三月三拜祖先'已经成为习俗。"王子晋问:"为什么是三月三日啊?"子产说:"三月三日是传说中黄帝的诞辰。"王子晋脱口而出:"三月三日,这日子也恰恰是我的生日啊!"子产既惊讶又肃然起敬,叫道:"巧合巧合,可喜可贺啊!"

黄帝故里是郑都内的一大片古色古香的建筑物,高大的门楣上书写有"始祖庙"三个金黄色的篆书大字,门楼两旁插有一排黄龙旗,迎风招展,猎猎作响。从外向内看,三进院落,所有房舍都高大雄浑,给人一种庄严肃穆的感觉。

王子晋在子产的陪同下,沿着中间的甬道,向大殿行进,只见古树参天,松柏奇伟,凤尾森森,龙吟细细,树干如铜铸,枝叶如虬龙,石刻碑林、貔虎、颙屃、猛兽,遍布于花草丛中,一股发思古之幽情不禁在王子晋心中油然生起。

来到大殿,早有数名郑国官员在此肃立恭候,盲人乐师们演奏着轻柔的古乐,数名少女盛装打扮,明眸皓齿,粉面桃腮,亭亭玉立,手捧贡品、绿花、净水、柳枝,面带微笑,迎接着王子晋。少女们为王子晋和子产佩上黄绶带,用青青的柳枝蘸上铜盂中的清水,挥洒在他们身上,表示洒净。王子晋见子产为自己的祭祖活动准备得如此隆重庄严,心中十分感动。在司礼官的赞礼声中,无比虔诚地向黄帝的塑像敬香,献花,摆放贡品,默默祈祷,肃立在大殿前,叩行了大礼。

拜完始祖,王子晋感觉完成了平生最大的心愿。随后,心里一直痒痒的,等待着子产为他揭开另一个谜底。子产仿佛忘了一样,带他看了郑国的乡校,看了子产铸在大鼎上的刑书。郑国的乡校不仅是郑国教习文化、文明、礼仪之处,而且是百姓发表意见、宣泄不满的发牢骚之处。子产上台后,多少大臣建议子产予以取缔,子产不但不予取缔,反而扩大规模,定时地到乡校去,宣传自己的主张,倾听民众的心声。这一招对王子晋很有启发,他称赞子产:"这一招太漂亮了,听到民众的意见,可以避免施政失误,少走弯路。而将正确执政主张传达给民众,使人们理解追随,则能形成无比强大的力量。"他问子产:"你把刑律铸在鼎上,公之于众,有没有人反对你的做法?"子产说:"怎么没有? 自古有'刑不可知,则威不可测'的说法,害怕老百姓钻法律的空子,其实是错误的,这只能使审判者滥用职权,缺乏监督。我这样做,确实侵害贵族集团的利益,但得到了民众的拥护。刚开始实施时,不仅郑国国内的贵族们跳出来反对,扬言要惩办我,就连当年同殿下你斗过'五称三穷'的晋国大夫叔向也致函来指责我。说古代的圣王,都不公布法律,而是一事一议,由上层决定法度,防止草民争辩。你这样一来,定下的刑律让老百姓知道了,他们就会抛弃礼仪而引证法律,为一点儿蝇头小利和细枝末节争执不休,这不是要天下大乱吗? 郑国要亡了啊!"王子晋问:"你回复他了吗?"子产说:"回了,但没有过多的解释,事实胜于雄辩,这个刑书鼎铸造公之于众以后,郑国非但没有大乱,反而由大乱走向了大治,唉,走自己的路,让他们说去吧。"王子晋打心眼里佩服子产的勇气和胆略,称赞子产才是一个真正成熟并且成功的政治家。

子产为王子晋留下的悬念,终于在王子晋离开郑国的前一天解开。这一天,子产安排卫队,与王子晋一道乘马车上了具茨山。具茨山就是始祖山,黄帝早期就在这里活动,直至平定九州,号令天下。他们来到一个半山腰,停在一个平台上,翻身下马,令卫队在此等候,二人徒步上了一面山坡。

王子晋站在高坡上,顿觉这里虽然远不如嵩山极巅那样开阔,但也算登高望远。附近村落、农田尽收眼底,清晰可见。王子晋称赞这里的风景别有洞天,与天室山相比另有一番风味。子产笑道:"殿下,子产让你看的,并非远近景物,也不在高处,而是在我们身边,我们的脚下。"王子晋笑道:"子产啊,你不是开玩笑吧? 在这草丛石坡当中,难道还有轩辕黄帝的圣迹不成?"子产郑重地说:"殿下，子产并没有开玩笑。在这座具茨山中，黄帝的圣迹的确存在，但这里的圣迹远比始祖在世的年代更为古老，更加遥远啊！"王子晋诧异地望着子产，似乎不相信自己的耳朵。子产扒开一片草丛，露出一大块青石，叫道："殿下，请看！"王子晋近前反复端详，带着疑问说："哦，这块青石上面好像有一些人为的斑坑啊！"子产敬佩地说："是的，殿下一眼就看出了这石头上的奥妙。"接连扒了几块石头让王子晋看，上面均布有多种排列方式的斑坑，王子晋十分惊讶。

王子晋问道："子产大夫，这些石坑不会是附近的山民开凿的吧？"

子产摇摇头道："不是的，据山民们讲，这些石斑图案自古就存在，但到底是什么人修造的，一直是未解之谜。"

王子晋又问："除了这里，其他地方还有吗？"

子产遥指几个山坡，对王子晋肯定地回答："不仅这座山，方圆数舍的山坡上，大约有上万块这样的石刻，虽然是些石坑或者简单的连线，却都有着丰富的内涵啊！"

王子晋皱着眉头，认真地思索着："嗯，我已经看出来了，这些石块上，有的是一个大坑周围一片小坑，有的像天上的星汉分布，尤其是这块，简直就是把北斗七星搬下来了。还有的呈现菱形、圆形、多边形排列，哎呀，仅仅看了这几块，就有这么多种类的排列方式，太让人震撼了！可它们究竟代表着什么呢？"

子产道："我们也一直对这些现象进行破解，目前还没有一种完全合理的解释。"

王子晋道："应该有合理的解释，尤其是石坑的创制者，的确了不起。你们是不是已经意识到，这些图案是始祖黄帝或者是更为远古的先民所为？"

子产说："是的，我们也是这么认为的，但肯定不了他们肇始于什么年代，代表着什么意思，目的是干什么用的。所以我们郑国人把这些图案称作'岩画天书'。"

王子晋连连点头："是的是的，这些岩石上的图画，真的如同天书，它们使我突然想起了河图洛书，它们应当是一脉相承的呀！"

子产非常兴奋："殿下讲得太好了，这也是子产多年的想法，我们的先祖破译出了河图洛书，创造了传世经典《易经》，如果能够破解这些岩画天书，不知能产生多少惊天地、泣鬼神的伟大创造，那是多么令人憧憬啊！"

王子晋神往地说："子产啊，从这些岩画天书上，我仿佛看到了先民们的智慧、上古伟大的文明。我们应当下功夫破解它，即使当今破解不了，也要让后人破解。相信在破解的过程中，就能给我们不少宝贵的启示。啊，我姬晋真的是不虚此行！子产啊，怪不得你当初给我留有悬念，这里的大发现，真的是给了我一个大大的惊喜啊！在这个始祖山上，这些永留青石上的斑斑点点，不正是历史的陈迹吗？啊,太让人兴奋了!我呀,都有点儿流连忘返了!"

王子晋与子产心灵相通,爆发出一阵大笑。

除了郑国的卫队,远处从嵩山上下来的侍卫人员也半隐半现,十分警惕地望着王子晋和子产的行动,担心王子晋的安全。但他们都没有料到,王子晋此行也引起了儋括派出的密探的关注,密探把王子晋在郑国十多天的活动情报搜集了下来,火速传递到了洛阳京都。

第二十七回

皇姑洞幼公主玉女寻兄
白鹤观废太子金蝉脱壳

回到白鹤观,王子晋仍然按捺不住兴奋的心情,周游郑国十多天给他带来了太多的启迪。黄帝故里始祖庙、具茨山岩画天书历历在目,郑国人在子产的率领下意气风发、朝野同心的复兴之兆激荡着胸膛。当晚,王子晋满怀激情,认真地将自己的所见所闻,郑国的新风新气,子产的施政方式、成效成就,饱蘸笔墨,倾注在了竹简书册里。这种被诱发出来的政治热情,绝对不是王子晋在向政坛释放的信号或者是对自己重新复位的试探,而是完全出于他强烈的社会责任感。

第二天上午,王子晋例行修炼以后,让小山子把侍卫人员的首领请过来,商量点事情。小山子说:"从来没有接触过,不知道请哪个呀?"王子晋说:"你这小子,不会问问他们谁是管事的,让他来一趟?"小山子明白了:"哦,我就找那个满脸横肉、凶神恶煞的人得了。"王子晋被小山子逗笑了,挥挥手说:"快去快去!"

不大一会儿,小山子就把卫士长叫了进来,卫士长满脸涨红,行礼叩见王子晋,王子晋和颜悦色地向他道了声辛苦,请他坐下说话。这卫士长蒙王子晋突然召见,已是受宠若惊,深感荣幸了,哪里敢与一个王储、半个神仙的王子晋平起平坐,只是躬身立着:"请殿下训示。"

王子晋也不与他计较,拿出刚写好的书简,责成他送往京都,直接交到太傅单靖公手里,卫士长凛然领命,再问王子晋还有什么吩咐。

王子晋郑重地讲:"我要求你们从今日起,全部撤离。我只是一个平民百姓,完全没有让你们保护的必要。"那卫士长跪下磕头:"殿下要我们离开,恕将士们实难从命。因为单将军对我们下有死命令,要我们无论在什么时候,什么情况下,都不能离开殿下左右,誓死保卫殿下。"

王子晋见说不动他,只得报以苦笑:"呵呵,看来我是管不了你们了,职责所在无法勉强。但我近日闭关修行,每闭关一次,就需要十天半月,这期间,我需要绝对安静,你们必须与白鹤观保持一定的距离,不得靠近这里,你们能不能做到?"

卫士长凛然行礼:"末将遵命!"

卫士长走后,小山子问王子晋:"大人,你为何不让他们在这里,他们为什么又不肯走?"

王子晋说:"对你一句话说不清楚。不过,他们像膏药一样贴在这里,真是烦透了。所以我只好利用闭关的名义,让他们离得远一点儿。"

小山子猛然明白:"哦,大人,你这是在使金蝉脱壳之计!大人,你什么时候想脱身,小山子为你打配合。"

王子晋敲了一下小山子的脑袋:"你个机灵鬼。告诉你,我想过一段时间回到缑氏山靠山屯去看望一下乡亲们,顺便看看那里的道观建成没有?如果建成,就多了一个修炼之处。我要自由来去,当然不想让这些侍卫跟着,你要帮助我完成这个心愿。"

小山子拍拍胸脯:"大人放心,一切包到小山子身上,你让我怎么办,我就怎么办。是不是马上就行动?"

王子晋笑了:"你这个小伙子,真是孩子气,不用着急,咱们开始演练,迷惑他们,等他们麻痹了,再留下你看门,我独自一人悄悄下山。"

小山子:"请大人放心,保证不出纰漏。"

王子晋当然相信小山子的忠诚,但他也没有将自己的心事完全吐露。自己的身体已经康复,寿命延长没有问题了,可再让他重返政坛,是不可能了。他已经与白鹤观融为一体,把这里当成了精神家园、心灵寓所,舍不得这里的一草一木。但自己毕竟是血肉之躯,上有老,下有小,与许多人有着千丝万缕割舍不下的亲情和联系。因此,他决定到靠山屯去,与乡亲们相商,把婉儿接回靠山屯,安顿下来,过上平民生活,免得婉儿仍然在深宫里备受思念煎熬之苦。他也能流连于白鹤观和缑氏山,经常地回到亲人和朋友的身边,享受亲情、友情的欢乐和幸福。

主意打定,他开始进行了头一次闭关修炼。十多天后,那些侍卫们长时间见不到他的身影,心中发毛,顾不得王子晋的严令,闯入观里查看,看见了殿下,又受到小山子在白鹤观外严厉的训斥,从此,再也不敢过来打扰,并且对王子晋是在道观中不吃不喝,静练辟谷之术深信不疑。

再说王子晋聘问郑国的举动传到京都,它所表现出来的意义,立即引起了两种解读。单靖公收到王子晋专门写给他的书札,激动得老泪纵横,他想到的是,太子他康健了,太子他心灵复苏了,再奏请大王复立太子的时机快要成熟了。而儋括则大为震惊,他认为,狐狸藏不住尾巴,这个废太子,修仙炼道不过是个幌子,人还在,心不死,伺机复辟,东山再起才是真的。卧榻之侧岂容他人安眠？看来必须痛下杀手。

　　一日中午，王子晋正在打坐修炼，凤头突然在观外大声鸣叫。王子晋一喜，心想是不是鹤群又飞回来了。对这一群朋友可不敢怠慢，于是走出道观，却没有见到鹤群，而他和小山子顺着凤头鸣叫的方向望去，在西南面的山坡上，两个侍卫正持剑同三个黑衣人搏斗。另有两个侍卫也从白鹤观的后边，手执宝剑，飞速向正在打斗的地方奔去，那动作异常敏捷矫健，穿越山林，如履平地，武功十分高强。他俩很快赶到那面山坡上，与另外两个人将三个黑衣人围在中间，打成一团，宝剑闪着光芒，搏击有声，两剑相击，火花飞溅。没有多大工夫，把三个黑衣人打得死的死，伤的伤，两个死者倒在血泊中，一个伤者连滚带爬，穿过山垭，消失在上山的那条唯一的通道上。这四个侍卫也不追赶，把两个死者抬起来，扔进了看不见底的山谷里，清扫战场，若无其事地仍然分散在白鹤观附近游逛。

　　目睹了这一惊心动魄的打斗过程，王子晋非常惊骇，又忽然觉得有点儿好笑，这是何必呢？自己反正也不会再继承那个王位了，犯不着让这几个黑衣人来追杀自己。既然仍然还有人想把自己置于死地，单靖公派人前来保护就不是多余的了，可见自己离开了王宫，仍然还有人盯着不放。他想不明白，是哪个臣子对自己恨之入骨，必须将自己置于死地？一个废太子，怎么值得让他们当吃人的老虎来打？自己其实做一只苍蝇都不够格。后来干脆不想了，为了自己的身体康复，为了探索道的奥秘，为世人做些力所能及的贡献，受到保护也不是坏事，爱咋咋地，由它去吧。

　　第一次闭关以后，王子晋整理了修炼体会，要休整数日，带上小山子和凤头闲逛。正行走间，小山子说："大人，对面那个山坡上新修了一个道观，咱们去看看吧。"

　　王子晋也正想走远一点儿，欣然同意。他和小山子、凤头翻过了那个山垭口，顺着山间小路，越过两三道山谷，远远看见一道山梁的半山腰里，有一座石砌的道观。有了和自己意趣相投的人，自然就是朋友，王子晋恨不能一步走到那里。小山子悄悄地告诉他："大人，那几个侍卫也跟上来了。"王子晋回头看，果然有四个人也在不远处跟着他们，就对小山子说："跟就跟吧，咱们不管他。"

　　来到石庵门前，只见两棵树上扯了一根绳子，晾晒着的都是女人的衣物。王子晋有些纳闷，正欲转身回去，凤头却冲着房门鸣叫一声，惊动了庵内的人，那门呼啦开了，跳出来一个十多岁的女孩子，身着道服，身后一声呼唤："公主，慢一点儿！"又出来一个道姑。王子晋一下子愣住了，这不是小观香吗？

　　观香也瞪着眼睛盯着王子晋，大叫一声："晋哥哥！"奔了过来，扑到王子晋身上，抱着王子晋的脖子撒娇，"晋哥哥，观香想死你了。"

兄妹两个亲热起来，久久舍不得分开。那道姑也向王子晋施礼："向殿下请安。"

不容王子晋开口，观香就叽叽喳喳说个不停："晋哥哥，你怎么这么瘦啊？妹妹差一点儿不认得你了。嘿嘿，你是骑着白鹤过来的吧？观香想你想坏了，每天都梦到哥哥，你终于来了。"

白鹤也嘎嘎直叫，观香下来，问王子晋："晋哥哥，这是白鹤凤头吧？我听母后和嫂子经常说起的。"

王子晋终于有了说话的机会："是啊，它就是凤头。妹妹我问你，你怎么在这里，又怎么成为小道姑了？"

观香嘟着小嘴，装作不高兴地说："人家这不是为了找你嘛，到了这里十多天了，也见不到你的影子，不知道你在什么地方。哥哥呀，你把观香早忘到九霄云外了。"

那道姑原是宫女扮的，请王子晋、小山子进了石屋坐下，王子晋才搞清楚，小观香听说自己上山修道，也闹着她妈妈宋姬要来找晋哥哥。宋姬不答应，她就偷偷地跑了出来，被追回去以后，不吃饭不睡觉，寻死觅活的，闹得宋姬没有办法，讲给了周灵王。周灵王竟然同意了她的要求，先派人在这里修了一个石砌的道观，后人称这里为"皇姑洞"。又派出两个年长的宫女来陪伴她，这小公主摇身一变，就成了一个小道姑。

王子晋责怪她说："观香啊，你小小年纪，什么也不懂，炼什么道啊？赶快回去吧。"

观香说："不回去！我烦透了宫中死气沉沉，我向往自由自在的生活，喜欢听哥哥吹笙，我想好好炼，成了神仙，就过上无人管束的日子了。"

王子晋笑了："小孩子家懂得什么？修道也不一定能够成为神仙，那是要看造化的。"

观香说："我不管。反正哥哥你干什么，观香也干什么，观香就是要和哥哥在一起。晋哥哥，我不在这里住了，让观香搬到你那里去吧。"

听了这孩子气的话，王子晋严肃地对她说："胡闹，修炼道法，男女是不能混住的。你眼看长大了，更不能和哥哥住在一起了。"

观香的眼泪止不住地往下掉，王子晋见不得这个，连忙安慰她："妹妹，哥哥住的地方离这里不远，以后会经常来看你的。"

观香到底是个孩子，听了这个承诺，破涕为笑："谢谢晋哥哥。哎，对了，见到你只顾高兴，差一点儿忘了告诉你一件大喜事。"

王子晋一愣："什么大喜事？"

观香说："哥哥，你当爹爹了。嫂嫂生了一个白胖小子，都快八个月了，你高兴不高兴?"

王子晋怎能不高兴? 幸福感洋溢在脸上:"妹妹,为孩子取名字没有?"

观香说:"取了,是父王亲自取的,名叫宗敬,可好听啦。"

王子晋喃喃地说:"宗敬,宗敬,我和婉儿有后了。"忽然想起一件事儿,问观香,"观香啊,我问你,太后奶奶的身体还好吗?"

观香的神情黯淡下来:"哥哥,奶奶年内走了。临走时还念叨你呢。"

王子晋一听,眼泪止不住地流了下来,太后奶奶,这个最关心和疼爱自己的老人,自己没有再见上一面,说走就走了。

正在王子晋陷入对太后奶奶回忆的时候,另一个道姑打扮的宫女,提了一铜壶水,累得气喘吁吁地走了进来。见到王子晋,马上跪下就要请安,观香一把扯住了她:"别那么多礼节了,赶快为我哥哥做饭去。"两个宫女应了一声,正要去生火造炊,王子晋问:"你这水是从哪里提来的?"

宫女答道:"殿下,奴婢跑了二三里,是从山下取来的。"

王子晋皱着眉头:"哦,这道庵建在这里,是个失误,吃水太困难了!"

小山子灵机一动:"大人,我知道这上边不远处有个山泉,可水都流到山沟里了。"

王子晋一听,有了精神:"小山子,能不能把水引过来?"

小山子说:"应该能,不过得修一条水渠。"

王子晋说:"只要能,就一定得修一条来。走,带我去看看!"

观香安排一个宫女做饭,就和王子晋、小山子、另一个宫女上了后山,果然在不到五六百步处,找到了那汪清泉。水势很旺,泉眼里开锅一样向上翻动着清亮的泉水,出水口向山下流去,形成了一道小瀑布,落英缤纷,流水淙淙,飞流直下。

王子晋说:"这么好的泉水,流下去太可惜了。"

于是,领着小山子他们干了起来。这项引水工程并不太困难,小山子既有经验,干活儿又卖力,没过多长时间,顺着山脊,这条临时水渠,就开挖了出来。但引到了近处,就无法进行了。小山子说:"大人,要不要请来石匠好好修修?"

王子晋觉得,舍此没有别的办法,只是暂时还要委屈她们到上边提水。不过,找到了这个水源,总比在山下提水强,就对小山子说:"好吧,你明天下山请来石匠,把水渠好好修修,一定要让水流到她们的住处来。"

吃饭时,王子晋问观香:"就你们三个,什么也不懂,怎么修炼呀?"

观香说:"父王已经安排人为我请了师父,近几天就要到了。"

王子晋说:"如此说来,哥哥没有什么问题要问你了。你既然决心修炼,可不要半途而废啊!"

观香说："请哥哥放心，观香有决心，也有信心。哥哥，你当回师父，教教观香吧。"

对于观香的这个要求，王子晋不知道怎样回答才好。忽然想到这个聪明伶俐的小姑娘，也识了不少字，就说："观香啊，修炼不是一两句话的事情，怎么能让你马上入门？这样吧，哥哥已经把自己的修炼心得写成了书，把刚开始要修炼的内容摘抄一些给你送来，你自己看，自己揣摩，好吗？"

观香高兴地说："太好了，我要看，不懂的地方再问哥哥！"

小山子请来的石匠修的水渠，效果就是好。他们忙了几天，在青石上凿沟开渠，低的地方垫高，用石片砌成水渠，一条小河似的水渠就成功了，不仅吃水，而且洗衣、洗浴都很方便，可把小公主观香乐坏了。由于这条引水渠修得坚固，多少年后，人们还在使用它，并且穿凿附会，演绎成为王子晋和王观香通过水道传书的动人故事，甚至把"男女授受不亲"的封建礼教也扯了进去，实在离谱，也不得不佩服编故事的人有一定的想象力。对此，作者在此予以更正。

王子晋确实为观香送来了修炼的入门书籍，这倒是事实。观香有了哥哥在附近，心情安定，也很听哥哥的话。师父来后，王子晋时不时地过来指点她，观香的进步很快。修炼这种事，一旦进去，就会入迷，不可自拔，所以观香一直在嵩山修仙炼道几十年，很有造就，被当地百姓广为传颂，并在多年以后，把七十二峰中的一座山峰命名为"观香峰"，与"子晋峰"毗邻，这两座山峰同样见证了这一对兄妹在嵩山修炼过的无可争辩的历史事实。

观香带来的消息，让王子晋此后的一段日子，悲喜交加。孩子的降生，让王子晋感到幸福和兴奋，他还感谢父王为自己的儿子起了一个好听的名字——宗敬。他想，宗敬，是应该受到同祖同宗的人尊敬的，他应当成才，不负先辈们的期望。可是，他首先应当敬宗，即尊重、崇敬先辈、祖宗，先辈和祖宗们将保佑他一生平安，幸福美满。想到此，他忍不住为自己的想法感到好笑。可一旦想到奶奶的死，他的心情就很沉重。奶奶慈祥的面容，总是浮现在自己的眼前。渐渐地，他也想通了，别说自己已经修仙炼道，即使在此之前，他对自己的命运多舛和寿命的预测，已经做到了性情旷达，把生死看淡。所以他默默地祝愿奶奶的在天之灵福寿、快乐，自己从此不再陷入悲伤之中。

打那以后，他越发想尽快到缑氏山靠山屯去，把婉儿母子接出王宫的念头十分强烈。但他不敢贸然行事，他必须把这些忠诚的卫士隔离在自己的生活之外，于是他又开始实施与卫士们斗法的计策。

王子晋的第二次闭关修炼，坚持了更长的时间。那些卫士们十多天见不到他的动静，到底忍耐不住，蹑手蹑脚地进了白鹤观的院子，既不见王子晋，也不见小山子和凤头，大惊，直接推开门闯了进来，见王子晋一动不动，小山子却跳了起来,把他们轰了出去。小山子再次责备他们,说大人他闭关的时间会越来越长,你们怎能这样沉不住气,如果冲撞了大人的静修,导致走火入魔,伤了大人的性命,谁能担待得起这个责任? 这几个人没有想到事情会这么严重,只得赔着笑脸,一个劲儿地向小山子道歉,并且问小山子:"这位小哥,殿下他下次闭关需要多少时间?"小山子按照王子晋教过的话回答:"说不准,少则半个月,多则月余。"这些人听了直咋舌,从此再也不敢接近白鹤观。

王子晋见计策圆满成功,就留下小山子看门,自己和白鹤凤头一道,带上玉箫和竹笛,佩上宝剑,在一个月光皎洁的夜晚,神不知鬼不觉地离开了白鹤观,直奔缑氏山。而那几个侍卫人员,一直傻乎乎地把守在白鹤观附近,放哨警戒。

第二十八回

控鹤升仙宾天斯人去矣
功业笙歌传说万古流传

王子晋是在公元前 548 年周历六月下旬重返缑氏山的,他万万没有料到,这是他最后一次回到自己心目中的圣地,过了十几天,到了七月七日,他从此就被"成仙"了。

那天他悄悄地离开白鹤观时,只让小山子关好房门,不让他出门送行,就带上凤头上了路。大约是二更天,半轮明月高悬在天上,山上万籁俱寂。王子晋前边走着,白鹤凤头紧紧跟随,寸步不离。从白鹤观到垭口,这一段路王子晋相当熟悉,趁着月色,走得较快。过垭口时,白鹤凤头抢先走到了前头。王子晋心里说,凤头啊,你真好,要到前边探路、带路了。

过了垭口不远,是一段很陡峭的山路,差不多呈直上直下状态,那个时候,这条小道还没有修出台阶,大白天走这段路也得非常小心,更何况垭口之上的山峦挡住了朦胧的月光,这条道就更难辨了。好在有凤头的一团白影引路,王子晋就紧跟白影,小心翼翼地探索着向下行进,下了两三丈的时候,脚下踩了一块小石头,王子晋立脚不稳,打了个趔趄,伸手去抓路边的小树没有抓住,一头栽了下去,心里一惊,大叫不好,身子趴在了白鹤的背上,本能地抱住了凤头的脖子。凤头受此一击,立刻伸开双翅,止住了他们快速下滑的趋势,但他们已经处于腾空状态。凤头嘎嘎地长鸣一声,扑打着翅膀飞了起来,王子晋惊呼:"凤头,快找个地方站着,让我下来,你驮不动我的。"哪知凤头听了这话,反而更加奋力地向上飞起,王子晋吓得闭上眼睛,心脏都快要爆裂了。片刻工夫,王子晋觉得非常平稳,睁开眼睛一看,月光照着下边的树梢,明白了自己和凤头在山岭上空翱翔,也没有一点儿不适的感觉,就安心地伏在凤头背上,任凤头随意奋飞。就这样,凤头飞呀,飞呀,一直飞到了太室山和少室山相连的大垭口的一块平地上,稳稳落了下来。王子晋翻身下来,依然抱着凤头的脖子:"凤头啊,凤头,我不是在做梦吧?"凤头勉强地嘎嘎了一声,听声音就知道它相当疲劳,王子晋心疼地拍拍凤头:"凤头,你卧下歇一会儿吧。"凤头听话地卧了下来。

王子晋站起来打量着周围夜景,隐隐约约地看见左右两座大山里幽幽的轮廓,顿时意识到,他们已经飞到了两座大山之间去缑氏山的那条道路所处的山口上。这里离他差点儿摔死的地方已经差不多一舍的路程。王子晋想到前不久,观香还说他骑仙鹤,今晚果然骑上了。心里又是激动,又是感动,凤头啊,你不仅救了我,也帮了我,你还让我找到了飞的感觉。凤头啊,你真是我生死与共的好朋友啊!

等凤头歇了一阵子之后,王子晋与凤头走走停停,终于在天大亮的时候,来到了靠山屯。

听说王子晋和凤头回来了,全村人少不得又是一番欢欣鼓舞的景象。桓良见到王子晋,抱起王子晋,转了好几个大圈儿。无伤、田头他们都高兴坏了,抱怨他怎么这么长时间才回来。他们把王子晋带到了缑氏山上,指着一片新盖的房子告诉王子晋,这是去年就已为他准备好的修炼之处,王子晋向他们表示感谢。无伤说:"谢什么谢? 靠山屯从来就没有把你当外人。"

桓良、无伤、田头等人,把这个道观打扫得干干净净的,王子晋就正式在这里安顿下来。由于这里离湖泽近,王子晋就不用再为凤头准备食物了,凤头每天飞来飞去,到湖泽里吃饱了就回来陪伴王子晋。

白天的农活儿较忙,朋友们没空来陪他,到了夜晚,他们三五成群,总要来到山上和王子晋聊上一阵子再回屯里休息。王子晋诵起《鹿鸣》那首诗,"呦呦鹿鸣,食野之苹。我有嘉宾,鼓瑟吹笙。吹笙鼓簧,承筐是将",朋友们就起哄:"王子殿下,你吹笙吧,听你吹笙解乏!"王子晋就捧起竹笙吹奏,朋友们尽欢才散。

大家对凤头也特别感兴趣,把它当成了他们之中的一员。一群又一群的白鹤只要在山边湖泽落脚,凤头总是引它们上山来,和王子晋及村子里的朋友欢聚,在王子晋的竹笙乐曲中起舞。朋友们称赞凤头特有灵性,能听懂人言,更赞赏在王子晋的精心饲养下,凤头远比其他白鹤身材庞大,体格健壮,每只翅膀展开,都有一庹多长,载一个人飞升,一点儿问题也没有。王子晋几次想把凤头那天晚上驮他下山飞了三十多里地告诉朋友们,话到嘴边又咽了下去,因为当地人们流传着西王母娘娘就是在这里驾鹤升天的,那是神仙所为。王子晋不想让大家知道自己的奇遇,害怕朋友因此对自己有所误解,把他看成另类。他必须让他们相信,自己虽说是个王子,但其实和大家一样是平凡的人,一点儿也没有高出他人之处,只想和他们平等、和谐相处。

过了几日,王子晋告诉朋友们,他已经有了儿子,想把婉儿接过来,在靠山屯安家,大家又是特别兴奋,一个个摩拳擦掌,要求王子晋在搬家时,通知一声,他们都去帮忙,然后为他们开一块私田,帮助王子晋耕种。桑林说:"我们的婉儿妹妹,是从靠山屯走进王宫的,虽说当上了娘娘,可她回来以后,什么活儿都会干。可你就不同了,一个王子,下力气还真得我们帮你。"王子晋说:"好,好,我本来就离不开大家。"

就这样,十几天时间一晃就过去了。七月初四这一天,桑林匆匆赶来告诉王子晋:"有两个鬼头鬼脑的家伙,在这附近转悠,总朝你这里张望,八成不是好人,请你多加小心!"王子晋以为又是山里的保卫人员赶来了,就不以为意地对桑林说:"别理他们,没有什么。"

桑林见王子晋毫不在意,自己却不敢大意,回到村里,就对桓良、无伤他们讲了这两个人的可疑之处。桓良召集几个伙伴商议,拼上性命也要保护王子晋的安全。于是,他们分成三个小组,昼夜巡逻,也像山上那些侍卫人员一样,密切注视着山上的动静,防止发生意外。

桑林他们果然没有猜错,这几个人的确是儋括派来的杀手,他们上次在嵩山没有成功,就知道在那个地方要想刺杀王子晋很不容易,而他们也知道王子晋有可能再来缑氏山,于是就在这里设了眼线。当儋括接到眼线的密报后,立即派杀手来了缑氏山。这几个人到了以后,一直在观察地形,观察王子晋的活动规律,准备伺机下手。他们发现,每到晚上,就有几个年轻人来这里和王子晋相聚,有的甚至留在这里不走,和王子晋住在一起,就觉得有些麻烦。这几天,几个年轻人又在这附近悄悄巡逻,更让他们觉得棘手,到了后来他们发现,天即将大亮的时候,这些年轻人才有些松懈,因此决定在这个时间段下手,事不宜迟,他们决定在七月七日早晨付诸行动。

把守白鹤观的那几个侍卫是在七月六日下午才发现王子晋失踪的。十多天过去了,只有小山子出来打水、抱柴,从未见到王子晋和白鹤的身影,带队的侍卫心里发毛,他与其他几个人商量了一下,觉得宁可挨骂,也要进去看看动静心里才能踏实。于是,在傍晚时分,他们几个来到白鹤观,越看越觉得不对劲儿,推门进去,只有小山子一个人,这才慌了手脚,揪着小山子责问,小山子只得说了实话。他们恨不能揍小山子一顿,臭骂一通后火速下山,召集所有人员,披挂上马,向缑氏山进发。

七月七日这天拂晓,守候在缑氏山北坡的狗蛋正在等待其他伙伴前来换班,忽然发现有两个蒙面人探头探脑地从树林里蹿了出来。狗蛋一个激灵,困意一扫而光,打个箭步,用木杵挡住了这两个人,喝问:"干什么的?"

这两个人也不答话,挺剑便刺向狗蛋,狗蛋毫无章法地抡起木杵乱打一气,这两个人竟然得不了手。只听一个蒙面人叫道:"不要恋战,惊动了山上的那个人就坏了,快走。"

两个蒙面人撇下狗蛋,弓着腰向山顶狂奔,狗蛋一边追他们,一边大声呼喊："快来人啊,坏人上山了!"

　　这时,天色已经发亮,王子晋早早起来,正在院子外边的平场上舞剑,白鹤凤头也在王子晋的不远处,伸长脖子和翅膀,弹拨着身上的羽毛,然后绅士一般地悠闲散步。忽听到狗蛋的喊声,凤头腾空飞起,嘎嘎地大叫。王子晋觉察到情况不对,收了势转身一看,蒙面人已经来到跟前。后边,狗蛋也跌跌撞撞地追了上来,上气不接下气地喊："殿下快跑,他们是坏人,要来刺杀你!"

　　王子晋已经被两个蒙面人围住,他冷静地问道："你们是什么人,来这里干什么?"

　　一个蒙面人冷笑一声："少说废话,王子殿下,今天你的死期到了!"

　　说罢,剑光一闪,直刺王子晋咽喉。王子晋挥剑一挡,两剑相击,火星子乱飞。另一个蒙面人也挥剑向王子晋背后袭来,幸亏王子晋练过一些招数,再加上身轻如燕,身子一闪躲了过去,接着左冲右突与两个穷凶极恶的歹徒打了起来,狗蛋也跑到跟前,狂抡着木杵加入了战斗。

　　两个歹徒虽然武艺高强,但王子晋动作轻盈灵活,狗蛋拼命相搏,一时竟然伤害不到王子晋。

　　正在此时,东坡树林里又蹿出两个蒙面人,挥剑冲了过来。形势万分危急,只见凤头的叫声已经招来了八只白鹤。它们和凤头一起,扑闪着翅膀,从上而下,直袭这几个蒙面人。这几个歹人何时见过这等阵仗?被白鹤啄得只有招架之力,没有还击之功,阵脚全被打乱了,顾不上攻击王子晋,胡乱挥舞着剑与白鹤相斗。有一个蒙面歹徒被白鹤啄瞎了眼睛,疼得躺在地上直打滚。不幸的是,当王子晋躲避袭击跳上那块大青石时,一个歹徒在背面掷出了短剑,直刺王子晋的后背,王子晋受伤,打了个旋子,甩掉了背上的短剑,鲜血直流。其他歹徒在白鹤和狗蛋的攻击下,连连后退。正在这时,从南坡上来的无伤、桑林和田头也高声喊着,舞动木杵,奔了过来。

　　凤头见王子晋受伤,飞落到大青石下,伸长脖子,望着王子晋大声嘎嘎地呼唤。王子晋见伙伴到来,心情猛然放松,眼前一黑,一头栽了下来,正好落在白鹤凤头的背上,下意识地抱着凤头的脖子,醒了过来,对凤头说："凤头,我不行了,你飞走吧。"说完,正要下来,又是一阵眩晕,倒在凤头背上。凤头大声鸣叫着,两只翅膀开始舞动,地面上腾起一片土雾,凤头动弹一下身子,让王子晋趴得更稳一些,一只翅膀扫掉了王子晋脚上的练功软鞋。凤头奋力向上,离开了地面,扶摇直上,越飞越高,直冲到缑氏山的上空,朝着正西方向飞去。其他白鹤也紧紧跟着,腾空飞去。

　　看到这一奇景,所有人目瞪口呆,眼睁睁地望着凤头和鹤群越飞越高,越飞越远。

还是桑林的反应较快,扑通跪下,望着远去的王子晋、白鹤大声喊叫:"啊,大家快看啊,王子殿下成仙了!"

狗蛋、无伤和田头也跪下,欣喜若狂地大喊大叫:"王子殿下升天了,王子殿下成仙了!"

从北坡上来的那几个在白鹤观的侍卫也刚好赶到,看到白鹤驮着一个人飞走了,勒着马头,跳下马来,盯着鹤群远去的白点,跟着桑林、无伤他们,冲着西天跪了下来,一同惊呼:"殿下成仙了,殿下升天了!"

只有那几个歹徒从惊呆中回过神来,领头的那个叫着其他三个:"快跑,援军上来了!"这几个蒙面人哪里还敢在山上停留,趁着众人遥望西天之时,连滚带爬,窜入树林里逃跑了。

侍卫人员与狗蛋、桑林他们会合后,七嘴八舌地简要叙述了这个事件的发生过程,卫士长看看地面上的血迹,捡起了王子晋的那只练功鞋,连连跺脚:"来晚了,来晚了,晚了一步,没来得及和殿下见上一面,这可怎么向单大人交差啊!"

身边一个卫士提醒说:"将军,刚才我们亲眼看见,老乡们也都说太子殿下驾鹤升天了,这不是成仙又是什么?这是大好事,大喜事啊!"

卫士长想了想:"正是,殿下他修炼了这么长时间的道,是到了该成仙的时候了。可喜可贺啊!"

卫士长把无伤、狗蛋他们都叫到一起,认真商量了一番,告诉他们,让他们略去歹人袭击、王子殿下负伤的细节,只传颂王子殿下驾鹤成仙的消息,和蔼地说:"乡亲们,不让你们说这些既是为殿下好,也是为你们自己好,明白吗?"桑林、无伤和狗蛋认真地想了想,也都说:"明白了,应该是这样的!"卫士长板着脸,又恶狠狠地告诫众人:"谁也不许说出殿下受伤的消息,谁要乱说,小心被割了舌头!"众人凛然遵从卫士长的号令。

卫士长带人进了道观,将王子晋的那柄宝剑挂在墙上,只提走了那只鞋子,对无伤、狗蛋他们说:"保存好王子殿下的遗物,这只鞋子我们带走复命,我们还会回来的。"安排妥当,卫士长带队,骑上马扬长而去。

其实,凤头并没有飞多远,又折了回来,飞到靠山屯附近,见王子晋最要好的朋友桓良正在田里耕作,就落了下来。桓良见到凤头和从凤头身上滑下来的王子晋,赶紧奔到跟前,见王子晋浑身是血,吓了一跳,高声喊着:"殿下醒来,殿下醒来!"

好大一阵子,王子晋才苏醒过来,断断续续地对托着他的朋友桓良说:"我,我,遭人追杀……"说着又昏了过去。

凤头见自己的主人有救了,用嘴叼了叼桓良的衣襟,像是嘱咐,又像是感谢,然后一飞冲天,不见了踪影。

桓良立即背起王子晋,躲进一人多深的黍谷地里。仔细想想,怕被坏人看见,不敢往村里去,就把王子晋背到缑氏山脚下,那里有一孔他家用于冬藏的窑洞。桓良把王子晋放在洞里的干草上,为王子晋包扎了伤口,王子晋仍然昏迷不醒。桓良用柴草封了洞口,立即跑到家里,找到父亲,和老人家商量救治王子晋的办法。老人一听,二话没说,直接带上伤药和食物,和儿子去了窑洞。

王子晋已经苏醒过来,桓良和父亲为王子晋敷了伤药,喂了饭食,王子晋渐渐地有了气力,老人对王子晋讲:"村子里已经传遍,说你驾鹤升天了,鹤神原来就是凤头!没有料到,你大难不死,是被凤头救了,真是好人有好报啊!"

王子晋听了这个传言,咧着嘴勉强笑了一下说:"想不到凤头这么有情有义!幸亏有了它,不然我就没命了。"桓良说:"有这个传言也好,你就可以在这里安心地养伤了。"老人说:"王子啊,你是个多么好的人,为什么会有这么多要杀害你的仇人啊?"

王子晋说:"大叔,这不是仇人,是他们怕我继承大位,才要杀我的。只要我活一天,他们就不放心,会想尽办法害我。"老人说:"啧啧,想不到王廷里还有这么多事儿,孩子,你以后打算怎么办啊?"

王子晋说:"我想啊,今天这个事情是个好事儿,人们说我驾鹤升天了,就让他们说出去吧,传得越广越好,从此再也不会有人保护我,再也不会有人加害我了。大叔、桓良,如果我死了,你们就把我悄悄地埋在这山上,谁也不让知道,如果能够活下去,从此隐姓埋名,离开这一带,云游四海,三十年后,我再回来向你们正式告别。我恳求你们答应我。"

话说到这份儿上,桓良和父亲含泪答应了他,并按王子晋的要求,简单地盟誓,绝不食言。

再说靠山屯的乡亲们对于王子晋驾鹤西去的事迹津津乐道,越传越神。为了纪念这位仙人,人们决定为王子晋修一个衣冠冢。众人集资,购买了棺材,将王子晋的玉箫、竹笙和宝剑装进棺材里。出殡的这天,附近村里的男女老少都到靠山屯,加入了送葬队伍,人们庄严肃穆地为这位仙人送葬。

坟墓修好后,有人看到凤头带了一群白鹤,来到坟前,长久嘶叫,寄托哀思,然后飞天而去。这些亲眼目睹这一奇景的人无不称奇,很快又传诵到四乡八邑。

人们越传越广,越传越奇,纷纷说,这个缑氏山太神奇了,远古出了个西王母,而今又出了个活神仙,渐渐地人们又知道这个活神仙原来是一个王子,当过本朝的太子,更加崇敬,于是把山上的道观称为"太子庙",多少善男信女前来太子庙顶礼膜拜。过了一些时日,来朝拜的人越来越多,还有不少人捐献了钱帛,靠山屯的乡亲们用人们捐献的钱财到缑氏邑制作俑人的作坊里,请能工巧匠为王子晋精心制作了一尊神像,更让朝拜的人有了寄托,从此这里香火不绝。

到后来,人们只知道王子晋得道成仙了,却不知道这位仙人是羽化了还是仍然活在世上。桓良曾经放风说,王子晋三十年后还会回来,就把王子晋是否仍在人间弄得扑朔迷离。一个大活人乘鹤西去,未免留下了重重谜团。就连历史记载也出现了两种说法。一种是《逸周书》上记述这位少年贤达只活了十七年就宾天了;一种是汉代刘向著的《列仙传·王子晋》中,则说他驾鹤飞天后,依然在世,又在世上活了三十年,周游了江西、福建等地。到广东罗浮山与浮丘公会合后,又到了湖南、安徽等地的名山大川,一边修道,一边炼丹药,留下了不少遗迹和神话传说。

王子晋在缑氏山驾鹤成仙的消息,由卫士们带回京师,在王室内外产生了强烈的反响。首先是单靖公,感到非常震惊、嗟叹之余,感到自己多年的心血算白费了,所有寄托在王子晋身上的希望灰飞烟灭。他狠狠地责问卫士长:“行刺王子殿下的凶手抓到没有?”卫士长惭愧地说:“大人,我们见到飞升的奇景,只顾上叩首凝望,竟把歹人的事情忽略了,白白让他们溜走了,属下知罪,请单大人治属下失职失责之罪!”单靖公叹口气:“唉,再治你们的罪也于事无补了,你们这两年也辛苦了,下去吧。”其实,单靖公清楚地知道这几个歹人是谁指使的,王子晋升天又让这一事件成了无头公案,单靖公下决心捍卫王室,决不能让那个贼子篡权的阴谋得逞。

其次是王后和婉儿。王后根本不相信这是真的,命人传来那几个卫士,亲自询问了细节,才知道自己的孩子确实脱离凡尘,不在人世了。婉儿抱着王子晋丢下的那只鞋,哭得死去活来,王后也陪着她哭。一腔悲情宣泄以后,王后说:“婉儿,晋儿他荣登仙界,算得上修成正果了,不必过于悲伤,照顾好宗敬,是你毕生的唯一神职。”婉儿哽咽着答应了母后。她们在宫里为王子晋建了一个长生禄位,母女二人天天敬香礼拜,祈求成了仙的儿子、丈夫,保佑宗敬平安、健康成长。王子贵已十多岁了,已经懂事,他对哥哥崇拜得五体投地。

周灵王则悲喜交加,悲的是从此父子仙人相隔,不复相见,喜的是自己的儿子竟能修道成仙,这是多少人梦想也达不到的境界。平心而论,周灵王是很喜欢这个儿子的,但他废掉晋儿,绝不后悔,也不打算重新起用他,儿子现在有了好的归宿,算得上因祸得福吧。毕竟是丧子之痛,周灵王潸然泪下,非常难过,亲自下旨安排人重修了嵩山上的白鹤观,作为王子晋的另一纪念圣地。

自此以后,周灵王愈来愈怀念儿子,久而久之,哀伤成疾。

就在王子晋驾鹤升天的第四个年头,也就是公元前545年,周灵王二十七年,由宋国的向戌反复进行穿梭外交,终于在宋国国都召开了晋、楚及大多数诸侯国参加的第二次弭兵大会,终于实现了天下暂时的安定,周灵王却一病不起。

周历十一月二十五日下午,在病榻上奄奄一息的周灵王让一直陪伴他在身边的纪伯姮召单靖公、刘定公、尹言多、甘悼公、巩成公等大臣来到身边,托孤负重。周灵王对他们说:"寡人梦到晋儿乘着白鹤前来迎接寡人,寡人就自知将不久于人世。寡人把王后、贵儿托付给你们,请你们共同扶助幼主,寡人就可以放心地去了!"说完,含笑瞑目。王后和单靖公异常冷静,和大臣们共同研究,在周灵王大丧期间,严密防止重大变故。

周灵王驾崩以后,周朝派使者讣告诸侯国,《左传》记载周灵王的去世日期是十二月十六日,这无关紧要,毕竟是天王驾崩,多数诸侯仍然表示一定会在次年的五月派出使者到王室参加周灵王的葬礼。

五月四日,是周灵王出殡的日子,儋括等人终于忍不住跳了出来,说国不可一日无主,要拥立小王子佞夫继任大统。王后以少见的从容镇定,一扫过去从不参政、温文尔雅的形象,义正词严地痛斥了儋括等人,由单靖公宣读了周灵王的遗诏,由太子贵承祧天子之位。这位周王的谥号是周景王。周景王立即下旨,斩杀了王子佞夫。儋括、瑕、廖等奸人逃亡去了晋国。《春秋》上记载:"天王杀其弟佞夫。"把责任推到了周景王头上,可见这一事件影响之大。

周景王上任后,对婉儿母子还是很好的。等到王侄宗敬长大,特别晋封到司徒之位,可见对其非常倚重。宗敬年年都陪同母亲婉儿到缑氏山去凭吊成仙的父亲,拨出财物,扩建了王子晋祠。其孝心、孝行感动了好多老百姓,人们对这位仙人的后代也非常崇敬。

周景王于二十五年传位于周悼王,宗敬作为王兄,本来会很忠诚地辅佐周悼王,可这个周悼王按照"一朝天子一朝臣,本朝不用前朝人"的潜规则,对王叔宗敬相当排斥。宗敬自觉不为周悼公所容,而且王室更加败落,无药可医,于是毅然决然地辞去一切职务,带领母亲石婉儿及全家人去缑氏山祭拜了父亲王子晋,然后举家搬迁到晋国的太原邑,做起了不参与政事的寓公。

此时的晋国,因八大公族恶斗,结果是魏、韩、赵三家占了上风,晋都新田成了空架子。太原远离新田,属魏氏公族的地域。由于远离政治中心,与世无争,且宗敬为人乐善好施,家风严谨,一门数支皆来自王室,所以当地百姓称他们为"王家",颇为敬重。自此血脉延续,成为"太原王"氏,继为王姓。

后来,在战乱中,有一支王姓后人转徙到山东琅琊郡,发展壮大后,称为"琅琊王",到了秦汉以后,另有一脉在豫章(江西南昌)枝繁叶茂,称之为"豫章王"。到了明朝初年,朱元璋下旨从山西移民,太原部分王姓后裔集中在洪洞县大槐树下,从那里出发,散徙到河南、河北、山东各地。目前,王姓后裔已经遍布全球,成为人口过亿的第一大姓氏。

在历史的长河中,王姓这一中华民族的大姓氏,历朝历代,出现的优秀人物犹如璀璨的繁星,层出不穷,不胜枚举。他们有:思想家——东汉王充,明代心学创始人王守仁,明末清初大儒王夫之,近代国学大师王国维;政治家——汉代王莽,北宋王安石,新加坡首任民选总统王鼎昌;军事家——秦代王翦,东汉王霸,唐代王忠嗣;科学发明家——三国天文、数学家王蕃,"当代毕昇"王选,光学之父王大珩,"电脑大王"王安,航天专家王希季,五笔字型输入法王永民;文学家——唐代王勃、王维,三国建安七子之一王粲,北宋王禹偁,明代王九思;医学家——唐代王焘,北宋王惟一;书法家、画家——东晋王羲之、王献之,清代王文治,清代画圣王翚;道教名人——东汉王玄甫,北宋王重阳;革命家——王若飞、王尽美、王天培、王树声、王震,"中国奥运之父"王正廷,劳动模范王进喜……这些优秀代表人物,都在为祖宗增辉,为人类做出了突出的贡献。

再回头说说本书的主人公王子晋。对于他驾鹤升天,有学者认为是为了安慰周灵王等人而编造出来的,纯属子虚乌有。作者以为不然,想其肯定有一定根据。但这件事过于神奇,特别受到道教推崇。垂暮之年的汉武帝刘彻一心想成仙,亲自到缑氏山凭吊过王子晋,而那个中国历史上唯一的女皇帝武则天,大兴土木,修升仙太子庙,亲自撰写《升仙太子碑》,这一切都逐级放大了王子晋作为仙人的形象,反而淹没了他从政善政、一心为民的光辉业绩。只有孔夫子明智,他虽然比王子晋晚生三十多年,但当了解了王子晋的业绩以后,曾哀叹说:"惜哉,杀吾君矣。"可见,这位一贯坚持"吾不言怪力乱神"的圣哲,看重的是王子晋从政必为明君,而不是他成为仙人的传说。

本书作者尽可能地搜集相关的历史资料,以史书上记载的重大历史事件为框架,模拟出王子晋短暂一生的历史轨迹,定不足以当作历史真实,仅能为读者提供一个有血有肉的先贤王子晋的艺术形象。其中很多细节会让学者、专家们挑眼,贻笑大方。作为作者的一家之言,敬请读者见谅。

至此,引用诗仙李白之《凤吹笙曲》,作为本书的收官:

仙人十五爱吹笙,学得昆丘彩凤鸣。
始闻炼气餐金液,复道朝天赴玉京。
玉京迢迢几千里,凤笙去去无穷已。
欲叹离声发绛唇,更嗟别调流纤指。
此时惜别讵堪闻,此地相看未忍分。
重吟真曲和清吹,却奏仙歌响绿云。
绿云紫气向函关,访道应寻缑氏山。
莫学吹笙王子晋,一遇浮丘断不还。

附　录

一、史籍中关于王子晋事迹的记载

《逸周书·太子晋解》

晋平公使叔誉于周,见太子晋而与之言,五称而三穷,逡巡而退。其不遂,归告曰:"太子晋行年十五,而臣弗能与之言。君请归声就、复与田。若不反,及有天下,将以为诛。"平公将归之,师旷不可曰:"请使瞑臣往与之言,若能搏予,反而复之。"

师旷见太子,称曰:"吾闻王子之语高于泰山,夜寝不寐,昼居不安,不远长道而求一言。"

王太子应曰:"吾闻太师将来,甚喜而又惧。吾年甚少,见子而慑,尽忘吾其度。"

师旷曰:"吾闻王子,古之君子,甚成不骄。自晋始如周,行不知劳。"

王子应之曰:"古之君子,其行至慎;委积施关,道路无限。百姓悦之,相将而远。远人来欢,视道如尺。"

师旷告善,又称曰:"古之君子,其行可则。由舜而下,其孰有广德?"

王子应之曰:"如舜者天。舜居其所,以利天下,奉翼远人,皆得己仁,此之谓天。如禹者圣,劳而不居,以利天下,好取不好与,必度其正,是之谓圣。如文王者,其大道仁,其小道惠;三分天下而有其二,敬人无方,服事于商;既有其众,而返失其身,此之谓仁。如武王者义,杀一人而以利天下,异姓同姓各得之谓义。"

师旷告善,又称曰:"宣辨名命,异性恶方。王、侯、君、公,何以为尊,何以为上?"

王子应之曰:"人生而重丈夫,谓之胄子;胄子成人,能治上官,谓之士;士率众时作,谓之伯;伯能移善于众,与百姓同,谓之公;公能树名生物,与天道俱,谓之侯;侯能成群,谓之君;君有广德,分任诸侯而敦信,曰予一人。善至于四海,曰天子;达于四荒,曰天王;四荒至,莫有怨訾,乃登为帝。"

师旷罄然。又称曰:"温恭敦敏,方德不改,闻物□□,下学以起,尚登帝臣,乃参天子，自古谁？"

王子应之曰："穆穆虞舜，明明赫赫，立义治律，万物皆作，分均天财，万物熙熙，非舜而谁能？"

师旷东蹑其足，曰："善哉！善哉！"王子曰："太师何举足骤？"师旷曰："天寒，足跑，是以数也。"

王太子曰："请入座！"遂敷席注瑟。师旷歌《无射》曰："国诚宁矣，远人来观；修义经矣，好乐无荒。"乃注瑟于王子。王子歌《峤》曰："何自南极，至于北极，绝境越国，弗愁道远？"

师旷蹶然起曰："瞑臣请归。"王子赐乘车四马，曰："太师亦善御之？"师旷对曰："御，吾未之学也。"王太子曰："汝不为夫《诗》《诗》云：'马之刚也，辔之柔矣；马亦不刚，辔亦不柔。志气镳镳。取予不疑。'是以御之。"师旷对曰："瞑臣无见。为人辩也，唯耳之恃，而耳又寡闻而易穷。王子，汝将为天下宗乎？"

王子曰："太师，何汝戏我乎？自太昊以下，至于尧、舜、禹，未有一姓而再有天下者。夫大当时不伐，天何可得？且吾闻汝知人年长短，告吾！"

师旷对曰："汝声清汗，汝色赤白，火色不寿。"

王子曰："然。吾后三年将上宾于帝所。汝慎无言，殃将及汝。"

师旷归，未及三年，告死者至。

《国语》

灵王二十二年，谷、洛斗，将毁王宫。王欲壅之，太子晋谏曰："不可。……自我先王厉、宣、幽、平而贪天祸，至于今未弭。我又章之，惧长及子孙，王室其愈卑乎？其若之何？自后稷以来宁乱，及文、武、成、康而仅克安民。自后稷之始基靖民，十五王而文始平之，十八王而康克安之，其难也如是。厉始革典，十四王矣。基德十五而始平，基祸十五其不济乎！……作又不节，害之道也。"王卒壅之。及景王，多宠人，乱于是乎始生。景王崩，王室大乱。及定王，王室遂卑。

汉·刘向《列仙传》

王子乔者，周灵王太子晋也。好吹笙作凤凰鸣。游伊、洛之间，道士浮丘公接以上嵩高山。三十余年后，求之于山上，见桓良，曰："告我家，七月七日待我于缑氏山巅。"至时，果乘白鹤驻山头，望之不得到。举手谢时人，数日而去。亦立祠于缑氏山下，及嵩高首焉。妙哉王子，神游气爽。笙歌伊洛，拟音凤响。浮丘感应，接手俱上。挥策青崖，假翰独往。

武则天《升仙太子碑》(节选)

升仙太子者,字子乔,周灵王之太子也。原夫补天益地之崇基,三分之二之洪业。神宗启胄,先承履帝之祥;圣考兴源,幼表灵髭之相。白鱼标于瑞典,赤雀降于祯符。屈叔誉于三穷,赐师旷以四马。谷洛之斗,严父申欲壅之规;而匡救之诚,仙储切犯颜直谏。播臣子之懿范,显图史之芳声。而灵应难窥,冥徵罕测。紫云为盖,见嘉贶于张陵;白霓成质,遗神丹于崔子。风笙汉响,恒居伊洛之间;鹤驾腾镳,俄陟神仙之路。嵩高岭上,虽藉浮丘之迎;缑氏峰前,终待桓良之告。傍稽素篆,仰叩元经,时将玉帝之游,乍洽琳宫之宴。仙冠岌岌,表嘉称于芙蓉;右弼巍巍,效灵官于桐柏。九丹可挹,仍标延寿之诚;千载方传,尚纪仙人之祀。辞青宫而归九府,弃苍震而慕重元。无劳羽翼之功,坐致玉霄之赏。虽黄庭众圣,未接于末尘;紫洞群灵,岂骖于后乘。斯乃腾芳万古,擅美千龄,岂与夫松子陶公,同年而语者也。

二、《左传》中与王子晋生前年代相吻合的
东周王室活动记载

1.《左传·鲁襄公五年》(公元前568年,周灵王四年)

王使王叔陈生愬戎于晋,晋人执之。士鲂如京师,言王叔之贰于戎也。

2.《左传·鲁襄公十年》(公元前563年,周灵王九年,王子晋二岁)

王叔陈生与伯舆争政,王右伯舆。王叔陈生怒而出奔。及河,王复之,杀史狱以说焉。不入,遂处之。晋侯使士匄平王室,王叔与伯舆讼焉。王叔之宰与伯舆之大夫瑕禽坐狱于王廷,士匄听之。王叔之宰曰:"筚门闺窦之人而皆陵其上,其难为上矣!"瑕禽曰:"昔平王东迁,吾七姓从王,牲用备具,王赖之,而赐之骍旄之盟,曰'世世无失职',若筚门闺窦,其能来东底乎?且王何赖焉?今自王叔之相也,政以贿成,而刑放于宠。官之师旅,不胜其富,吾能无筚门闺窦乎?唯大国图立!下而无直,则何谓正矣?"范宣子曰:"天子所右,寡君亦右之;所左,亦左之。"使王叔氏与伯舆合要,王叔氏不能举其契。王叔奔晋。不书,不告也。单靖公为卿士以相王室。

3.《左传·鲁襄公十二年》(公元前561年,周灵王十一年,王子晋四岁)

灵王求后于齐。齐侯问对于晏桓子。桓子对曰:"先王之礼辞有之,天子求后于诸侯,诸侯对曰:'夫妇所生若而人,妾妇之子若而人。'无女而有姊妹及姑姊妹,则曰:'先守某公之遗女若而人。'"齐侯许婚,王使阴里结之。

4.《左传·鲁襄公十四年》(公元前559年,周灵王十三年,王子晋六岁)

王使刘定公赐齐侯命,曰:"昔伯舅大公右我先王,股肱周室,师保万民。世胙大师,以表东海。王室之不坏,系伯舅是赖。今余命女环,兹率舅氏之典,纂乃祖考,无忝乃旧。敬之哉!无废寡人命!"

5.《左传·鲁襄公十五年》(公元前558年,周灵王三十四年,王子晋七岁)

官师从单靖公逆王后于齐。卿不行,非礼也。

6.《左传·鲁襄公二十一年》(公元前 552 年,周灵王二十年,王子晋十三岁)

栾盈过于周,周西鄙掠之。辞于行人曰:"天子陪臣盈,得罪于王之守臣,将逃罪。罪重于郊甸,无所伏窜,敢布其死。昔陪臣书能输力于王室,王施惠焉。其子黡不能保任其父之劳。大君若不弃书之力,亡臣犹有所逃。若弃书之力,而思黡之罪,臣,戮余也,将归死于尉氏,不敢还矣。敢布四体,唯大君命焉。"王曰:"尤而效之,其又甚焉。"使司徒禁掠栾氏者,归所取焉,使侯出诸辕辕。

7.《左传·鲁襄公二十六年》(公元前 547 年,周灵王二十五年,王子晋已故)

晋韩宣子聘于周。王使请事。对曰:"晋士起将归时事于宰旅,无他事矣。"王闻之曰:"韩氏其昌阜于晋乎? 辞不失旧。"

8.《左传·鲁襄公二十八年》(公元前 545 年,周灵王二十七年病故)

王人来告丧,问崩日,以甲寅告,故书之,以征过也。(注:甲寅即十二月二十六日)

9.《左传·鲁襄公三十年》

初,王儋季卒,其子括将见王,而叹。单公子愆期为灵王御士,过诸廷,闻其叹,而言曰:"呜呼! 必有此夫!"入以告王,且曰:"必杀之! 不戚而愿大,视躁而足高,心在他矣。不杀,必害。"王曰:"童子何知!"及灵王崩,儋括欲立王子佞夫,佞夫弗知。戊子,儋括围蒍,逐成愆。成愆奔平畤。五月癸巳,尹言多、刘毅、单靖公、甘过、巩成杀佞夫。括、瑕、廖奔晋。书曰:"天王杀其弟佞夫。"罪在王也。

三、《左传》记载公元前 568 年—公元前 543 年
大事摘要（左传·鲁襄公五年至三十年）

公元前 568 年，周灵王四年。

鲁襄公从晋国到达鲁国，鲁国大夫穆叔带被俘的鄫国太子到晋国，办理了鄫国归属鲁国的手续。九月，晋与鲁、宋、陈、卫、郑、曹、莒、邾、滕、薛、齐在戚地会盟。只有齐侯未到，派世子光参加。

公元前 567 年，周灵王五年。

莒国灭了鄫国。晋国讨伐鲁国，责备其把鄫国灭了。齐灵公灭了莱国。

公元前 566 年，周灵王六年。

楚国包围陈国，晋悼公召鲁襄公、宋平公、陈哀公、卫献公、曹成公、莒子、邾子在鄀地会见，商量解救陈国。

公元前 565 年，周灵王七年，王子晋出生。

鲁襄公春季就去晋国，听取晋国要求所献钱币的数目，郑国攻打了蔡国，并把战利品拿到晋悼公召开的邢丘会盟上奉献给晋国，取得会盟资格。邢丘会盟王室没有参加，晋悼公规定各国不再直接向王室朝贡。楚国攻打郑国，以责其叛盟和攻打蔡国，郑国在子驷力主下，同楚国讲和并重新结盟。晋悼公很生气，欲讨伐郑国。

公元 564 年，周灵王八年，王子晋一周岁。

秦楚联军攻打晋国，晋国正遭受饥荒，不能还击。入冬，晋国率联军攻郑，郑又投降，在戏地结盟，但郑国对盟誓的誓词不满意，认为不公平。晋国也没有指望郑国立即驯服。楚共王带兵攻打郑国，郑国又同楚国讲和，正好楚庄王夫人去世，楚共王撤军。晋悼公在卫国为十二岁的鲁襄公办了成人礼。

270

公元前 563 年,周灵王九年,王子晋二岁。

晋悼公又召集鲁、宋、卫、曹等十二国在柤地结盟,齐国的公子光参加。晋国军队攻下偪阳,送给了宋国。宋平公很感激在楚丘设宴招待晋悼公,鲁国、杞国国君作陪,用了《桑林》乐舞。晋悼公惊而退席。晋国攻打秦国,报复了一次。接着,带联军攻郑国。因为郑国与楚国联合攻打鲁国。接着,晋国与诸侯国联军在郑国西北虎牢筑城,随时准备攻打郑国。

公元前 562 年,周灵王十年,王子晋三岁。

这一年比较热闹,先是郑国不甘心总在晋、楚之间摇摆,定计攻打宋国试探晋、楚态度,结果晋国率联军攻郑,郑国依附晋国。在亳地结盟。楚共王向秦国请兵,联秦攻郑,郑再依附楚,秦、楚联军攻打宋国后退兵。九月,晋又带联军全部兵力攻郑,郑国彻底归顺晋国,晋悼公与包括郑国在内的十四国在萧鱼结盟,从此正式确定晋国霸主地位,史称"萧鱼定霸"。楚国没有出兵攻打郑国,秦军攻打郑国,晋国救援,大败秦国。

公元前 561 年,周灵王十一年,王子晋四周岁。

吴王寿梦死。周灵王向齐国求后。楚、秦军队攻打宋国,报复晋国得到郑国。

公元前 560 年,周灵王十二年,王子晋五周岁。

鲁国灭了邿国。楚共王去世,吴国乘机攻打楚国,楚国射手养由基参战,打败了吴军。楚国放了扣押两年的郑国人质。

公元前 559 年,周灵王十三年,王子晋六周岁。

晋国与诸侯列国在向地会盟,听取吴国向晋国报告与楚国战败情况,晋国批评了吴国不道德,不接纳吴国入盟。晋国逮捕了莒国的公子务娄,是因为发现莒国与楚国秘密来往。鲁国抱怨晋国要的财币太多,范宣子答应减轻。夏季,晋国带联合军队攻打秦国,各国出勤不出力,士鞅战败逃回,栾针战死,栾黡恼怒,士鞅逃亡到秦国。从此,范、栾两家失和。卫国内乱,卫献公逃到齐国。晋国恨齐攻秦时不出兵,又保护了卫献公,于是,在卫国的戚地会盟时,借齐国羽毛不还,羞辱齐国。楚国攻打吴国,吴国不出战,楚军无功而返。周灵王派刘定公到齐国赐命。

公元前 558 年,周灵王十四年,王子晋七岁。

周灵王立齐女仲姜为后。宋国将盲人乐师人质师慧归还郑国。齐国对晋

271

国有了二心,攻打鲁国求援,正赶上晋悼公逝世。晋悼公享年二十七岁。

公元前 557 年,周灵王十五年,王子晋八岁。

晋平公改换吉服后,与各诸侯国在温地重温盟誓。

许灵公因迁都问题与大臣之间产生矛盾,晋国单独出兵攻打许国。郑国派兵给晋军助战。接着,晋国又攻打楚国,一直攻打到方城山。齐灵公再出兵攻打鲁国,占领了成地。鲁国到晋国报告情况,请求增援。但晋国说得好听,却没有出兵。

公元前 556 年,周灵王十六年,王子晋九岁。

宋国攻打陈国,卫国攻打曹国,齐国攻打鲁国,邾国也攻打鲁国。宋国内乱。

公元前 555 年,周灵王十七年。王子晋十岁。

晋国召集诸侯各国在洛水会见,重温盟誓,共同发兵攻打齐国,在平阴大败齐灵公,齐军退到秦周。晋军攻势猛烈,齐灵公打算只身逃跑,被太子牙砍断马缰绳。晋国与诸侯国大掠齐国而去,齐灵公得病。楚国攻打郑国,突遭寒冷天气,因死伤很多而退兵。

公元前 554 年,周灵王十八年,王子晋十一岁。

春季,晋国与诸侯列国在督杨重新结盟,没有齐国。齐国又攻鲁国,晋国答应鲁国出兵相助,鲁国使臣季武子很感激。齐灵公死了,儿子公子光继位为齐庄公。晋国军队攻打齐国,听说齐灵公死了,按周礼而退兵。齐庄公带兵攻打鲁国的高唐,晋国却未派兵救援,鲁国只得筑城固守。晋国却向齐国讲和,在大隧结盟,鲁国很失望。

公元前 553 年,周灵王十九年,王子晋十二岁。

鲁国与莒国讲和,他们本来就是盟国。夏季,晋、鲁、齐、宋、卫、郑、曹、莒、邾、滕、薛、杞、小邾子又在澶渊这地方结盟,为的是与齐国和解。

公元前 552 年,周灵王二十年,王子晋十三岁。

晋国内乱,范氏灭了栾氏,栾盈路经王畿遭劫,王室归还其财物放行,让其逃向楚国。入冬,晋平公与诸侯列国在商任会见,为的是禁锢栾盈。齐庄公和卫殇公却不积极。

公元前 551 年,周灵王二十一年,王子晋十四岁。

晋国责怪郑国不听话,郑国据理力争,批驳了晋国。栾盈逃亡到齐国,齐庄公不顾在商任的盟誓,收留了栾盈,栾盈准备筹集兵力,反攻晋国。楚康王政治混乱,国内失和。

公元前 550 年,周灵王二十二年,王子晋十五岁。

杞孝公死了,晋悼公夫人是杞国公主,因而服丧,可儿子晋平公照样不撤除音乐。栾盈率领在曲沃招募的甲兵攻打晋国,被范鞅打败,被晋国人杀死并灭其族。秋季,齐庄公发兵攻打卫国,打败卫国后,又攻打晋国,以报复齐灵公失败的那次平阴之战,得胜后收兵,鲁国的三桓失和。

公元前 549 年,周灵王二十三年,王子晋十六岁。

范宣子主政晋国,对各诸侯国贡品索要太重,纷纷抱怨。郑国子产出使晋国,讲了一通道理,范宣子听后,减轻了诸侯的贡品。齐国担心晋国攻打,联合了楚国,楚国攻打郑国,以帮助齐国。因为发大水,晋国及诸侯国并未攻打齐国。

公元前 548 年,周灵王二十四年,王子晋十七岁。

齐庄公与最亲近的大臣崔杼的老婆棠姜私通,被崔杼杀死,齐灵公的另一个儿子继位,是齐景公。上任后,首先向莒国讲和,晋平公召集诸侯各国,要求出兵攻打齐国,以报复齐庄公那次攻晋战役,齐景公派人向晋国解释说齐庄公已经死了。于是,晋齐讲和,诸侯列国在重丘重新结盟。楚国灭了舒鸠国。吴国攻打楚国,吴王被射死。其子是吴王僚。

公元前 547 年,周灵王二十五年,王子晋已升天。

卫献公重新复位,楚康王与秦军攻打吴国,吴国早有准备,于是不战而归,顺路攻打郑国,郑军战败,主将皇颉被俘。晋、鲁、宋、郑、曹五国在澶渊会见,合伙攻打卫国,占领了六十邑交给了曾是卫殇公亲信的孙氏。俘虏了卫献公,卫国向晋平公献上美女卫姬,晋平公释放了卫献公。

公元前 546 年,周灵王二十六年。

宋国的宋文子向戌穿梭外交,自五月末到六月底,各诸侯国君陆续到达宋国都城,以晋楚为主言和,开了三个月的会议,终于达成停战协议,史称第二次"弭兵大会"。

公元前 545 年,周灵王二十七年。

各国休战,但齐国内乱却止息不下来。十一月二十五日,周灵王死,但向各国通报死期,却说是十二月十六日。

公元前 544 年。

齐国安葬齐庄公,楚国安葬楚康王,王室安葬周灵王,吴王寿梦的第四子季扎访问鲁、郑、晋、齐等国。特别是在鲁国听到了全套的周朝的礼乐和舞蹈,喜不自胜,赞不绝口,品评非常到位。这季扎也是一位圣贤。

公元前 543 年。

郑国的子产执政,第一年,郑国人骂他,第三年,又都赞颂他。

用虔诚、感恩之心追溯王姓英祖足迹（后记）

在我先夫的血管里，流淌着王姓一半的血液。由于对母亲的热爱，对母亲家族给予成长滋养的感激，我和先夫郝树声一直对"王"字充满敬畏，觉得"王"姓使人可亲。作为王姓先祖的王子晋更让我们憧憬。

"王"字简明，易认易写。自三皇五帝以降，夏、商、周三朝的最高统治者，都被称为王，那是权力的象征。先夫讲过，老虎为百兽之王，"王"字就取自于老虎前额上的花纹。后来他读了《易经》，暗自揣度，这"王"字起源于万经之首《易经》的卦画。无论是八个经卦的"三画卦"，还是六十四别卦的"六画卦"，都可以简化为三个横平的阴阳爻，分别代表着"天、地、人"三才，加上一竖，顶天立地，居中护人，成"王"字，其内涵是多么的深刻奥妙。

"王"姓使我们亲近。先夫自幼生活在外祖父家，是舅父们供养他读书长大的。在他的身边，外公、舅父、姨妈都姓王，还有更多的表舅、表姨等也都与王姓有着姻亲关系。可以说，没有王家，也就没有他的今天。先夫常说，母亲及她娘家对他的恩情是永远难以报答的。先夫生前一直有一个心愿：穷其心智，创作出一部王家得姓始祖《王子晋传》，一是报答母亲及亲人的恩情，二是为皇皇华夏姓氏文化增添一抹亮色。不料，天不假年，先夫抱憾而去。作为深爱他的妻子，我有责任和义务，去完成他的遗志。基于此，我怀着一颗虔敬和感恩的心，全身心地投入到此书的创作中。

2015 年初，王璋先生怀着一颗对先祖虔诚的心，为我们的创作提供了有力的帮助。他组织有关方面向我和先夫提供了一大批文史资料，又协助我们组织了研讨会，进行了实地考察。通过与新郑市著名姓氏文化专家刘文学先生及登封市学者常松木先生等一批名人大家座谈，查阅资料，网络搜索，我们得知，王子晋是一位很有作为的太子，在《逸周书》《列仙传》中都有迹可查，他与晋国大夫叔向、师旷斗法，在与其父周灵王关于抗洪抢险的争执中太子地位被废等史迹，展现了他过人的智慧和爱民的情怀。而真正使王子晋名扬天下、名垂千古的，则是他修仙炼道、驾鹤升天的神迹。虽然说王子晋生活在春秋末期（公元前565 年—公元前 548 年），仅仅在人世间走过了十七个冬夏，其政治作为可能有限,但是,令人震撼的是,中岳嵩山七十二峰之一高耸入云的"子晋峰",王姓发祥地缑氏山上矗立的武则天亲笔撰书的《升仙太子碑》,汉武帝祭拜缑氏山的传说,太室山上的白鹤观及太子沟、太子石、太子池、太子庙等王子晋的纪念地,以及屈原、杜甫、李白、刘禹锡等中华古代名人大家的吟咏,都足以奠定王子晋这一传奇人物的不朽地位,彰显出他巨大的人格魅力。

在先夫和我的创作计划里,根据这些素材要写出的是文学作品。不是写他得道成仙的神话传说,而是要依据一定的史料,写他作为人的一面:早慧敦敏,英明天纵、治国理政的天才传奇。写成章回体、传记性的小说故事,把历史考证的平面形象塑造成有血有肉的活生生的立体形象。春秋时期的社会形态与当今必定大不相同,再厉害的作家,也不会手执摄像机做全景录制,自然不可能真实地再现两千五百多年前的历史场景。涉及如此重大的历史人物,又是王姓的得姓始祖,的确害怕自己的笔力不逮,有悖于历史真实,有损于人物形象,有伤于后裔感情,更不能荒唐戏说,混入稗官野史之流,甚至与武侠、神话也不能搭界。为此,先夫不止一次地和我探讨,并进行了以下三个方面的探索。

一是把王子晋放在当时的历史框架里,考察研判。

人的意识形态、思想感情、行迹脉络都会受到社会大环境的影响,不可能孤立地存在,不可能是无本之木,无源之水。上天没有给王子晋多少年华,不可能让他踏遍青山人未老。他一生的活动,大体只能在王室、王畿范围内周游;学识的形成,离不开成年人的言传身教,离不开对当时竹木典籍的阅读;他的爱民情怀,必然是一个王公贵胄能够深入民间、接触地气才能萌生;他廉洁从政,爱民惜民护民的政治理想、雄才大略,也只有在晋升太子后,有了话语权才能施展;而他修仙炼道,乘鹤飞天,也肯定是在政坛失意、身体羸弱、无奈之下的选择,从而自我升华,结出生命的奇葩。

以上这些分析,打开了我们寻找史料的路径和方法。春秋时期,王室已不是天下共主,能从《春秋》《左传》中查找到的,王室在那一时期的动荡涟漪,也只有寥寥数笔。即便如此,对于作者来说,这已经难能可贵。我们就是借助于《左传》和近当代的考古发现,在当时的王室与诸侯列国形成的时空框架里,推测王子晋的生平行踪的。作品中的大事件,当时主要人物的姓名,都取于此。如王室内斗,齐国求后,戏地之盟,萧鱼定霸以及周灵王、单靖公、王叔陈生、伯舆、刘定公、瑕禽、史狄、阴里、单公子愆期等,凡能用的史料可算得上吃干榨净了。(庆幸之余,真得感谢孔子修《春秋》、左丘明著《左传》。正文之后的三个附录,有兴趣的读者可以相互参详。)

二是尽可能让事物发展的内在逻辑合理,人物故事自洽。

写人物传记,毫无疑问,有所虚构。但"虚中有实"必须当作创作原则坚持,力争做到实则有据,虚则合理。在阅读史料和当代学者们的论文之后,通盘考虑,我只能对众说纷纭、莫衷一是的论点有所取舍,史料不能偏废,那是真凭实据;学者们的论证,当然也是来自史料,但仁者见仁,智者见智,各自的论点、论据与结论不一,甚至有发生矛盾、相互打架的现象,有些提法似乎也是主观臆断,难以置信。我们要写文学作品,自然不需要过于严谨,但人物、故事的自洽上,必须坚守,力争使错综复杂的人物、故事相继融洽,浑然一体,既不失人物的本色,又让虚构的成分趋于合理。

比如盲臣师旷怎么能够看到王子晋的脸色,颜面潮红应当是先天性心脏病的表征;太后、周灵王与王后之间的感情纠葛;人们流传的王子晋与妹妹王观香所谓的"传书匣";他娶到的太子妃是什么身份等等,这所有的一切,都按自己的理解和推测,进行再造。尽管如此,我们仍然要对热心研究王子晋的学者表示衷心的感谢,是他们的卓越贡献,为我们开拓了思路,提供了分析、比较、归纳、综合的材料,形成构思的扎实基础。

三是力求古今语言贯通,融知识性、哲理性和趣味性于一炉。

小说是语言文学,通俗易懂是最起码的要求。古代汉语与现代汉语大相径庭,我则尽可能避开文言,用白话表述,不敢多用生冷僻字,故弄玄虚,以显示自己学识渊博。但是,也不能用现代人思维模式强加于古人。因此,在行文中也有意穿插了那时的历史掌故、轶闻风俗,正是为了贴近那个时代。

比如,尽管当时礼坏乐崩,但周公定下的礼法并未完全失效;又如中华文化的根亲文化就是祭拜文化,古人敬畏上天,信奉占筮卜巫判定吉凶,采用祭祀、郊祭、龟甲、蓍草方式祈福和决疑,都是那个时代留下的痕迹;再如西方人讲究契约,中国人讲究诚信,而那个时代多用盟誓的方式建立诚信关系;另外管仲相齐时成立有国家妓院等等这些古代风俗,都作为写作元素有所体现,融入故事当中,希望对于不了解这些历史知识的读者有所裨益。

根亲文化回答"我们从哪里来?"的哲学命题。对根亲文化情有独钟的王璋先生以王姓为例,进行了解读。太原王姓源自姬姓,另有来自尧祖的妫姓,来自比干祖的子姓。姬姓王为黄帝子孙的第一大姓,从黄帝一代起,至东周灵王共传四十一代,称为姬氏王史上四十一代。灵王后称史后太原王,从王子晋始祖一代起,现已记载要达到九十代以后了。河南王姓自山西省洪洞县大槐树下移民而来,随着改朝换代,时光变迁,王姓移民分枝越来越多,族群关系、宗亲观念逐渐淡化,辈分也有不少模糊,但仍不失为同祖同源。推而广之,如果从基因、血亲角度来看,自从汉代姓氏一体化以来,中国百姓,甚至推广至中华民族大家庭里,通过上千代的姻亲相连,都与王姓这一中国第一大姓有着说不清、道不明的千丝万缕的联系。由此可见,此书出版,必将为以姓氏文化为主体的根文化增添一道亮色。

最后,我必须强调指出,本书的形成,归功于王璋先生,完全是在他的创意、立意、指导下写作的,他对王子晋这个人物思想境界的高度,廉洁爱民的政治行为力度,对启迪后人、敬仰先祖的作品深度,都提出了明确的要求,为执笔的作者开启了创作的大门,并且对初稿多次审阅,提出了不少颇有见地的修改意见。感谢郑州市考古研究所的顾万发先生、郑州市文联的程韬光先生为本书提出的修改意见。感谢王姓九十代孙——王朝先生的鼎力资助。同时,对所有给予支持、提供资料和方便的朋友们,表示衷心的感谢!

郭成敏

2017 年 10 月 31 日

图书在版编目（CIP）数据

王姓始祖：王子晋传／郝树旭，郭成敏著. — 北京：中国文史出版社，2018.4

ISBN 978 - 7 - 5205 - 0214 - 6

Ⅰ．①王… Ⅱ．①郝… ②郭… Ⅲ．①王子晋（约前565 - 前549）- 传记 Ⅳ．①K827 = 25

中国版本图书馆 CIP 数据核字（2018）第 059627 号

责任编辑：卢祥秋　薛未未

出版发行：**中国文史出版社**

社　　址：北京市西城区太平桥大街 23 号　邮编：100811
电　　话：010 - 66173572　66168268　66192736（发行部）
传　　真：010 - 66192703
印　　装：廊坊市海涛印刷有限公司
经　　销：全国新华书店
开　　本：720×1020　1/16
印　　张：18　　　　字数：343 千字
版　　次：2018 年 4 月第 1 版
印　　次：2018 年 5 月第 1 次印刷
定　　价：45.00 元